世界一流企业管理
——理论与实践

黄群慧 等著

MANAGEMENT OF WORLD-CLASS ENTERPRISES

经济管理出版社
ECONOMY & MANAGEMENT PUBLISHING HOUSE

图书在版编目（CIP）数据

世界一流企业管理：理论与实践/黄群慧等著. —北京：经济管理出版社，2019.1
ISBN 978-7-5096-6319-6

Ⅰ.①世…　Ⅱ.①黄…　Ⅲ.①企业管理—案例—世界　Ⅳ.①F279.1

中国版本图书馆 CIP 数据核字（2019）第 016527 号

组稿编辑：陈　力
责任编辑：杨国强　张瑞军
责任印制：黄章平
责任校对：王纪慧

出版发行：经济管理出版社
　　　　　（北京市海淀区北蜂窝 8 号中雅大厦 A 座 11 层　100038）
网　　址：www.E-mp.com.cn
电　　话：（010）51915602
印　　刷：北京厚诚则铭印刷科技有限公司
经　　销：新华书店
开　　本：720mm×1000mm/16
印　　张：37
字　　数：401 千字
版　　次：2019 年 2 月第 1 版　2019 年 2 月第 1 次印刷
书　　号：ISBN 978-7-5096-6319-6
定　　价：98.00 元

·版权所有　翻印必究·
凡购本社图书，如有印装错误，由本社读者服务部负责调换。
联系地址：北京阜外月坛北小街 2 号
电话：（010）68022974　邮编：100836

前言 PREFACE

2019年是中华人民共和国成立70周年，经过70年的发展，中国从一个积贫积弱的落后农业国，成长为经济总量世界第二的经济大国，中国整体已经步入工业化后期。当今世界，一个大国的经济崛起，背后一定有众多现代企业从小到大、从弱到强的成长故事。截至2018年，中国市场主体已达1亿户，而《财富》杂志排行榜中世界500强企业中中国企业已经占据120席。数量庞大的企业组织在瞬息万变、激烈竞争的市场环境下所面临的经营管理问题以及所进行的经营管理实践活动，为中国管理学发展提供了肥沃的土壤。这促进了中国企业管理学的茁壮成长，无论是中国情境下管理知识的创新、传播和应用，还是中国管理学研究方法、学科体系、教育培训，中国企业管理学的各个"枝叶"都呈现出勃勃生机。

中华人民共和国成立以后，中国开始探索与建立中国自己的社会主义企业管理模式，出现了"鞍钢宪法"及《工业七十条》等有代表性的成果。1961年在马洪同志主持下，由中国社会科学院经济研究所和有关大专院校的同志编写了《中国社会主义国营工业企业管理》，被认为是中国社会主义企业管理学的奠基之作。从1949年中华人民共和国成立到1978年十一届三中全会之前，中国企业管理学呈现出计划经济条件下生产导向型管理的基本特征，为中国特色社会主义企业管理学从无到有的逐步建立起到了探索和奠基作用。

1978年以后，伴随着改革开放中国企业管理学迎来了发展的春天，尤其20世纪90年代以后，随着市场化、工业化、国际化和信息化进程的加快，无论是管理创新实践，还是以探索市场经济条件下管理活动规律为己任的管理学术研究，以及以培养管理人才为目标的管理学教育，都取得了很大进展。从1979年到1992年，中国企业管理模式开始从计划经济下的生产管理型转向市场经济下的经营管理型，学习国外管理学知识的重点从苏联转向美、日、欧等发达国家，管理学在学科建设、学术研究、教育培训等方面都取得了很大发展，中国管理学进入全面"恢复转型"阶段。这一时期一批管理学研究机构、期刊相继成立，一些重要文献陆续涌现，对管理学发展起到了重要推动作用。1979年，中国社会科学院工业经济研究所所长蒋一苇的《企业本位论》发表，提出了企业是国民经济的基础，是整个国民经济这个机体的细胞，企业这个细胞有活力，国民经济这个机体才能充满活力，经济体制改革应以企业为本位、为基点，这为面向市场经济的中国企业和中国企业管理学奠定了基础。1993年十四届三中全会以后，中国开始建立和完善社会主义市场经济体制，企业呼唤企业管理学对如何在市场化环境中改善生产经营、提升竞争力提供指导；国有企业改革的推进要求企业管理学积极总结改革经验教训、探讨改革难题、研究改革方向；随着中国日益融入全球发展浪潮，企业管理实践者和研究者能够接触到更多国外先进企业管理实践和管理学研究前沿，从而提升了中国企业管理学的水平，也推动其在学习、吸收的基础上结合中国实际不断创新；文化教育事业的繁荣为企业管理学教育的发展、管理人才的培养和管理知识的传播做出了积极贡献。2013年十八届三中全会以后，中国步入全面深化改革的新时代。中国的企业管理学整体上呈现学科体系日趋完备、研究方法逐步规范、专业研究队伍不断扩大、优秀管理实践更加丰富的发展趋势。

虽然中国企业管理学的发展取得了巨大的成就，中国企业管理学不断发展壮大，但也必须清醒地认识到，中国企业管理学还没有成熟，还没有完全形成自己的特色、风格和气派。对于中国企业管理学而言，当前还存在很多问题，如学科基础发展不牢固，学科积累不充分、体系不完善，教育质量还有待提高，管理研究学术水平与国际水平还存在较大差距等。尤其是面对高速发展的中国经济，还没有形成中国特色的社会主义市场经济条件下的企业管理理论，对丰富、活跃的中国企业管理实践还缺乏理论归纳和指导。重要的是，中国还没有独立提出的来自于中国的管理实践，且有国际影响、被国际管理学界所接受、对指导管理实践具有一定普遍意义的管理理论。

党的十九大报告指出："深化国有企业改革，发展混合所有制经济，培育具有全球竞争力的世界一流企业。"这不仅为国有企业改革提出了要求，也为未来中国企业的发展指明了方向。展望未来，中国企业要发展成为世界一流企业，必须创新出世界一流的企业管理方式，这也正是上述创新发展中国情境下中国企业管理理论的要求。什么是世界一流企业？如何才能成长为世界一流企业？世界一流企业的管理方式是什么样的？中国企业在管理上如何创新才能成长为世界一流企业？这既是中国企业需要用自己的创新实践解决的问题，也是中国管理学者进行理论探索需要回答的问题。虽然有关管理学的教材和研究文献已经汗牛充栋，但是，迄今为止中国从世界一流企业角度研究和撰写企业管理学的还几乎没有，本书是这方面的一个尝试，也是试图从世界一流企业角度分析和指导中国企业提高管理现代化水平的一个努力。2019年1月25日国务院国资委提出了把航天科技、中国石油、国家电网、中国三峡集团、国家能源集团、中国移动、中航集团、中国建筑、中国中车集团、中广核10家企业作为创建世界一流示范企业。我们期望本书能够对中国培育世界一流企业具有指导和参考意义。

黄群慧

2019年2月18日

目录 CONTENTS

第一章 世界一流企业：国际经验与中国情境 1
    一、问题提出 / 2
    二、概念界定 / 4
    三、案例研究 / 11
    四、管理启示 / 29
    五、中国情境下的进一步思考 / 36

第二章 世界一流企业的关键要素和动态演进 51
    一、世界一流企业的理论研究 / 52
    二、世界一流企业的关键要素分析 / 61
    三、世界一流企业支撑要素的动态演进 / 67
    四、结论和启示 / 78

第三章 世界一流企业理论的普适性与中国实践 85
    一、世界一流企业成长的系统性和动态性 / 86
    二、世界一流企业成长的一般规律 / 90
    三、世界一流企业成长的内在基因 / 100

四、世界一流企业理论在中国的实践 / 106

第四章　世界一流企业指标体系 ·················· **121**
  一、指标选定的原则 / 122
  二、价值导向指标体系 / 125
  三、资源基础指标体系 / 134
  四、动态能力指标体系 / 141
  五、战略柔性指标体系 / 148
  六、指标的组合应用与实践检验 / 154

第五章　企业家精神 ···························· **165**
  一、理论研究 / 166
  二、国外一流企业的经验分析 / 173
  三、中国企业实践与发展方向 / 181

第六章　组织文化 ······························ **189**
  一、理论研究 / 190
  二、国外一流企业的经验分析 / 199
  三、中国企业实践与发展方向 / 209

第七章　品牌形象与社会声誉 ···················· **215**
  一、理论研究 / 216
  二、国外一流企业的经验分析 / 231
  三、中国企业实践与发展方向 / 241

第八章　发展型战略管理 ························ **255**
  一、理论研究 / 256
  二、国外一流企业的经验分析 / 268
  三、中国企业实践与发展方向 / 285

第九章　业务架构转型 ·········· **293**
　　一、理论研究 / 293
　　二、国外一流企业的经验分析 / 302
　　三、中国企业实践与发展方向 / 318

第十章　全球资源配置 ·········· **329**
　　一、理论研究 / 331
　　二、国外一流企业的经验分析 / 341
　　三、中国企业实践与发展方向 / 356

第十一章　公司治理 ·········· **379**
　　一、理论研究 / 380
　　二、国外一流企业的经验分析 / 387
　　三、中国企业实践与发展方向 / 401

第十二章　企业集团组织管控 ·········· **415**
　　一、理论研究 / 416
　　二、国外一流企业的经验分析 / 437
　　三、中国企业实践与发展方向 / 443

第十三章　创新管理 ·········· **453**
　　一、创新型企业治理结构的基础理论 / 454
　　二、世界一流企业的创新分类 / 457
　　三、国外一流企业的经验分析 / 465
　　四、中国企业实践与发展方向 / 474

第十四章　人力资源管理 ·········· **485**
　　一、理论研究 / 486

二、国外一流企业的经验分析 / 494
　　三、中国企业实践与发展方向 / 514

第十五章　财务管理 ··· **521**
　　一、理论研究 / 522
　　二、国外一流企业的经验分析 / 535
　　三、中国企业实践与发展方向 / 541

第十六章　世界一流企业的未来发展趋势 ················ **553**
　　一、共同演化理论 / 553
　　二、世界一流企业发展的可能趋势 / 555
　　三、对中国企业的启示 / 571

后记 ··· **577**

第一章
世界一流企业：
国际经验与中国情境*

　　世界一流企业是在重要的关键经济领域或者行业中长期持续保持全球领先的市场竞争力、综合实力和行业影响力，并获得全球业界一致性认可的企业。基于案例分析，我们从资源基础、动态能力、战略柔性和价值导向四个维度归纳出一流企业成长的框架；将世界一流企业成长历程划分为创业阶段、增长阶段、转型阶段和超越阶段，对四维度要素在不同阶段的互动与演化关系进行相应的解释；同时从 11 个方面入手，论述了世界一流企业的管理特征。最后，探讨了中国企业培育世界一流企业的实践情况。

---

　　* 本章原为《培育世界一流企业：国际经验与中国情境》一文，刊发在《中国工业经济》2017 年第 11 期。

一、问题提出

企业是经济价值和社会价值的主要创造主体，现代化经济强国离不开企业的兴盛，一个大国的现代化经济体系更是离不开世界一流企业的支撑。近年来，中国企业快速融入全球市场经济体系，涌现出了一批大企业，在全球范围的影响力不断提升和增强。进入中国特色社会主义新时代以来，中国企业的国际影响力更是迅速提升。在这个大背景下，党的十九大报告提出"培育具有全球竞争力的世界一流企业"，为中国企业发展指明了方向，提出了中国企业的未来奋斗目标。

经过多年的探索和实践，中国企业总体上实现了跨越式发展，无论是在增长规模上，还是在发展质量上，都取得了很大的成绩，也出现了一批有影响力的大企业。然而，这些大企业是否已经成为世界一流企业，或是否已经接近于世界一流企业，仍然是一个没有定论的议题。其中的一个重要现实问题是对于什么是世界一流企业，依然存在不同的理解和认知。美国《财富》杂志发布的"全球财富500强"（以下简称"世界500强"）是一个较好的评价基准。根据2017年"世界500强"排名，中国企业上榜数量达到115家，仅次于美国，其中有48家中央企业上榜，国家电网、中国石油和中国石化分别居第二、第三、第四名（国资委新闻中心，2017）。然而入榜"世界500强"是否就一定意味着该企业已经属于"世界一流企业"?答案必然是否定的。现实情况是,在反映企业发展质量的主要经济指标(如资产收益率、劳动生产率、技术创新、国际化程度等)上,中国入榜企业同美、德、日等发达国家的入榜企业相比,还存在很大的差距。尤其是在品牌价值、公司社会声誉与业界影响力等方面,更是存在明显的短板和不足。当然,也需要看到,中国大企业的成长速度正在加快,已经具有了成为世界一流企业的基础和潜质,甚至在一些方面开始成为相关产业和业务领域的领先者,这倒逼研究者对它们生动与鲜活的实践活动予以关注。

为了更好地理解和认知世界一流企业,探索和挖掘出世界一流企业的成长历程和内在基因,本章采用案例研究方法。通过选择以Shell、Toyota、GE和IBM为典型代表的4家世界一流企业作为研究对象,构建有关世界一流企业内在关键要素和持续动态发展的理论框架。本章具体围绕两个核心问题来展开研究:第一,作为有能力在全球市场体系中担当"世界冠军"角色的一流企业,应达到怎样的标准和应具备何种特征?第二,世界一流企业是否有什么类似于"成功基因"的内在要素或实践经验来支撑其保持持续卓越的运营水准?解析世界一流企业的实践价值,有助于为致力成为世界一流企业的中国大企业提供可借鉴的经验。本章结合中国经济发展的现实国情和特点,针对中国大企业的现状和未来进行了思考,并试图回答:中国大企业的发展应该如何借鉴世界一流企业的发展经验,并将其融入自身的经营管理实践来加快发展以迈向世界一流水准;已经在中国经济成功中发挥重要作用的大企业，需要遵循怎样的客观规律而发展成为世界一流企业。本章提出的理论框架对于探索世界一流企业的理论研究具有一定的意义，在研究中挖掘的关键要素和动态特征可以丰富企业成长理论，为中国情境下的企业管理研究提供新的视角。同时，在党的十九大报告中提出培育世界一流企业的背景下，本章的研究更具有现实指导意义，能够为中国大企业在成为世界一流企业的不同成长阶段所面临的挑战提供有效指导。

二、概念界定

在西方管理学的语境里，"世界一流"并不是一个规范的学术概念，而是一个与应用性的企业经营管理实践紧密结合在一起的研究议题。有关"一流企业"的一种通俗理解是，能成为其他企业的标准和标杆的企业。在学术研究中，与这一定义相接近的概念是"卓越企业"（Excellence Enterprises）。关于卓越企业的研究成果比较丰富，但对卓越企业的界定却存在不同的观点。部分学者从企业的特定属性来认识，例如，Drucker（1954）指出，"企业的唯一目的就是创造顾客"，只有那些懂得如何聚焦客户需求来创造价值的企业才是卓越企业。Porter（1985）则基于竞争优势的角度，认为能够对内部价值链进行调整和优化，并在市场竞争中脱颖而出的企业就是卓越企业。Newman 和 Chen（1999）认为，卓越企业应该是世界级企业（The World Class Enterprises），且具有以下属性：合适的规模，优质的产品和服务，有在国内或者国际市场上与跨国公司开展竞争的能力，遵循全球运营规则和标准，实现国际化管理，较高的柔性管理能力和保持核心专长。还有部分学者通过对企业实践进行分析，提炼出了卓越企业的基本特征，例如，Peters（1982）通过分析 IBM、GE、P&G 等公司，概括了卓越企业的 8 个基本属性：崇尚行动、贴近客户、自主创新、以人助产、价值驱动、专注主业、结构简单和宽严并济。Collis（1994）对比了 20 余家全球卓越企业的发展历史，提出卓越企业之所以保持基业长青，关键在于以"价值理念"和"使命、愿景"为核心来实现持续变革和加以改善。总体来看，被定义为"世界一流"的卓越企业通常有能力展现出多方面的优势，并在诸多可与竞争对手相竞技的维度上——无论在产品或服务设计、生产工艺或者是品质控制等方面，还是在经济绩效、客户满意度、社会价值等方面——都能够形成与众不同的市场竞争力、行业领导力和社会影响力。

2010 年，国务院国资委提出了"做强做优中央企业、培育具有国际竞争力的世界一流企业"的目标之后，关于什么是世界一流企业的讨论开始成为国内管理学术界的新的议题。现有研究主要强调，世界一流企业一般会具有何种特征。例如，张文魁（2012）提出了世界一流企业的 8 个特征：竞争、份额、价值、产业（事业、社会贡献）、品牌、人才、机制和文化。周原冰（2012）提出了 7 个要素：战略管理能力和领导力，有机协调的业务体系，充分发挥协同效应和整体优势，高效的集团管控和资源配置能力，持续创新能力，风险管控体系和企业文化。国务院国资委（2013）也给出了世界一流企业具备的13项要素[①]，为明晰世界一流企业提供了很好的指引。与此同时，一些专业性组织也结合全球企业实践，从实践运用层面构建指标体系（或特征），阐述其对世界一流企业的理解和认识。例如，《财富》采用创新能力、产品和服务质量、管理水平、社区与环境责任、吸引与留住人才、国际化经营等指标来评判世界一流企业。麦肯锡（2012）提出，世界一流企业是战略导向、执行能力、进取活力的综合，包括"三标准"：做大（规模），做强（业绩不俗、产品、品牌、价值），基业长青（愿景、价值观、使命与文化、治理与管理体系）。德勤（2013）提出了"九要素"评价标准体系，包括战略决策、领导力建设、公司治理、运营与控制、国际化、人才管理、品牌与客户、创新管理，以及经营绩效。罗兰贝格（2017）认为，世界一流企业的特征包括：海外收入份额，跨地区经营利润分配，管理团队整合；拥有综合且独特的发展战略计划，全球品牌或形象影响，全球技术影响力，以及国际化发展治理模式和跨公司合作与拓展合作伙伴关系等。波士顿咨询（2017）也提出，世界一流企业需要具备四大优势：充裕的资本流通、跨行业信息洞察、

[①] 13项要素分别是：建立起规范健全的法人治理结构；主业突出，具有较强核心竞争力；自主创新能力强，拥有自主知识产权的核心技术；发展战略性新兴产业具有明显优势；国际化经营能力与运作能力较强，跨国指数较高；拥有国际知名品牌；具有合理的规模经济与较强的盈利能力；内部改革适应国际竞争要求，激励约束机制健全；集中有效的集团管控模式；风险管理体系完善，拥有较强风险管控能力；管理信息化处于较高水平；重视领导力建设，建立起学习型组织；具有先进独特的企业文化和较强的社会责任。

集团管理人才储备与集团品牌价值。

从直接的语义角度分析，"世界一流企业"中"世界"是指处于领先状态所比较的对象范围的界定，"一流"是相比其他企业处于领先状态的表述，它意味着如果一个企业进入世界上其他企业难以超越的领先状态，就成为"世界一流企业"。原本简单的语义，为什么会有研究者们对"世界一流企业"的不同描述？这是因为，要准确把握这简单语义，需要回答一个关键问题——如何衡量企业是否处于领先状态，或者说其领先状态体现在哪些方面。这需要考虑两个维度，一是衡量因素是单一的还是多因素的，二是具体衡量是动态的还是静态的。关于第一个维度，从上述研究看，几乎所有的研究都是从多方面衡量描述世界一流企业的，不过，描述的角度不同、表述不同。从这些标准看，基本上不仅是企业外在的一般财务、规模等方面的数量指标，更多的是强调企业内在的能力指标。这背后蕴含着要为企业管理实践提供指导的管理学思维——只有把握这些因素才能够解释企业是如何成长为世界一流企业的，进而才能够为企业发展提供指导。但是，这些研究所提出的描述要素大多对要素之间的关联强调不够，也就是缺乏对世界一流企业的系统整体性分析，尤其是理论和实践关联性较弱，大都是基于已有的研究文献、常识和经验来构建理论，导致理论与实践之间的关联较为微弱（Perrow，1986；Pfeffer，1982）。尽管有一些专业机构通过分析世界一流企业的现状来构建评价指标体系，但也存在重实践运用而理论基础不足的情况。从第二个维度看，动态与静态分析的区别，其关键是回答世界一流企业是长时间处于领先状态，还是只在一段时间内处于领先状态，以及其在不同发展阶段各个方面会面临怎样的问题和有怎样的表现。世界一流企业的成长不可能一蹴而就，而是要经历一个漫长的过程，期间要面对快速发展、繁荣、挫折、转型等不同的情境，使得关于世界一流企业认知更为复杂化。已有研究大多没有明确回答这个问题，多是针对特定时间点的世界一流企业的现状进行分析和判断，进而理解其在特定方面或多个方面可能存在的突出优势，分析其竞争力的来源。一些研究在描述中比较重视长期能力方面的指标，体现出对长期竞争优势培育的关注。

我们认为，关于世界一流企业成长规律的认识需要结合系统性和动态性的视角，不仅要注重其中的关键要素，还要从系统性的角度认识不同要素间的组合可能产生的综合效益，以及从动态性的角度理解世界一流企业如何得以跨越时空情境，实现可持续发展。从系统性的分析视角看，任何要素都不可能独立存在、不受其他要素的影响，而是在一个系统中并存、属于整体中的一部分，且不同要素之间存在关联互动。对世界一流企业的认识，需要"从点到面"，分析企业内部多种要素之间可能存在的协同、交互等作用机制，如此才能更深入地理解企业要成为世界一流，需要在哪些方面投入、补充、提升和完善。从动态性的分析视角看，世界一流企业除了在一些要素上具有比较优势和竞争力之外，更需要通过时间检验来证明这些要素的确能够在特定社会背景下或环境中持续地发挥出决定性的作用，并能够根据社会、市场发展的需要进行持续的演化和升级，如此方能解释世界一流企业如何灵活配置和利用各种要素来塑造持续的阶段性竞争优势。基于以上两个视角，本文认为所谓世界一流企业，是在重要的关键经济领域或者行业中长期持续保持全球领先的市场竞争力、综合实力和行业影响力，并获得全球业界一致性认可的企业。具体而言，世界一流企业需要从以下两个维度描述：

一是多因素系统维度。世界一流企业的"领先状态"属于一个系统集成的概念，要求其必须在重要的行业或业务领域中具备强大的整体竞争优势。首先，世界一流企业所处的行业必须具有举足轻重的地位。只有在这样的重要行业里，企业规模才有可能足够大，影响力也才有可能足够广。一方面，但凡行业的重要性一般——哪怕已经达到了"隐形冠军"的卓越水平，由于其在行业重要性上欠缺，也不属于本文所界定的世界一流企业的范畴；另一方面，在重要行业或在与重要行业相关联的产业环节上的"小而美"的企业，由于在规模量级与影响力上的局限性，也不在本文所界定的世界一流企业之列。其次，世界一流企业在其所参与的主要产业或业务领域，必须具有综合实力，且有杰出成就和能够成为企业发展标杆的突出业绩，否则，依然不能称为一流企业。如果仅在某个方面或有限的若干方面达到"一流"或"卓越"状态，却在其他一些方面有明显欠缺，也不属于本文所界定的世界一流企业的范畴。例如，有些企业有相当的经济规模，甚至也有好的经济效益，但在社会责任表现上频频受人诟病，则不应被归属于世界一流企业。最后，世界一流企业一定是能够实现跨国竞争，且在国际产业体系中能够积极构建和改变市场竞争的制度环境，制定或改变游戏规则，拥有话语权、定价权、规则制定权等（杨杜和欧阳东，2012）。通过参与重要市场领域竞争规则的构建与修订，世界一流企业能够干预和影响到未来的市场竞争秩序，从而有可能在更长久的时间周期里占据有利的竞争地位。

二是长时期动态维度。在做大、做强的同时能够实现做久，真正经得起时间检验并呈现出持续竞争力，这在某种程度上是企业孜孜以求的终极目标，也是定义世界一流企业的根本标准。世界一流企业并非自然天成，必然会经历多个发展阶段，是量的成长和质的成长相结合的不均衡过程，并最终产生一种复合经济效益（杨杜，1996）。评判一个企业是否是世界一流企业，需要基于最佳实践的"事实标准"——即能否经得起时间检验这一公认标杆。一方面，任何一个世界一流企业的崛起，都具有鲜明的时代背景和烙印，也可以称之为"时代的企业"；另一方面，尽管世界一流企业总是应运时代潮流而生或脱颖而出，但它们不会因时代的更迭而被淘汰出局。在我们看来，世界一流企业的特质是多因素共同演化的结果，是不同要素协力发展并实现了在不同发展阶段顺畅转换的非均衡动态过程。任何一个只在某一段时期达到"一流"或"卓越"状态而在更加漫长的时期里却销声匿迹或趋于湮没的企业，并不能称为世界一流企业。例如，柯达、施乐等大公司，都曾经达到世界一流的状态，但它们与今日仍存续的世界一流企业不同之处在于，它们终究没有经历长时期的考验。与之不同，另一些企业在成长历程中，可能经历一些挫折，甚至重大失误，但依然可以通过持续的创新、变革等活动来保障"领先状态"的持续性——从长周期来看，这些企业在总体上始终将自身发展到了业内领先而未被超越的竞争状态。我们视后一类企业为世界一流企业，正是其所特有的成功内核或"基因"有效地帮助了企业不断适应环境剧变，完成一次又一次的组织蜕变，从而构筑长青基业。

三、案例研究

明确了世界一流企业的基本内涵，本章并不想具体设计一个复杂的指标体系来定量描述世界一流企业是一个什么样的具体的领先状态，因为更值得关注的问题是如何培育世界一流企业，回答后一问题，需要分析世界一流企业成长的过程、关键要素和管理特征是什么。

（一）研究方法

本研究中采用案例研究方法来进行世界一流企业理论特性的归纳。案例研究方法遵循从实践分析到理论研究的逻辑思路，能够很好地体现并归纳那些存在于特定研究对象中动态变化的现象，所构建的理论在创造力、可验证性以及经验效度上也具有明显的优势（Eisenhardt，1989）。利用案例研究方法来分析实践中的问题，不仅可以将理论与实践更紧密地联系在一起，而且可以从实践活动中总结和归纳出合适的理论思路，从而帮助加深对现实中研究现象的理解，完成新的概念和思路的寻找，或理论框架构建。

可以看到，案例研究方法与本研究的问题特征有很好的契合性。在以下研究中，资料信息的处理过程依据了标准化的流程和步骤，尽可能多地收集了资料并运用了归纳法对现存现象和问题进行研究，随后，将资料现象化、概念化、范畴化，挖掘典型世界一流企业成长过程中的关键要素维度及其在不同阶段可能存在的影响和作用。

（二）案例选择

每个世界一流企业无论是发展历程，所处产业和业务领域，还是在产品、服务、管理等方面都存在较大的差异，为此，需要挖掘出案例之间的相似点和不同点，打破以往研究中过于简化的思维框架。多案例研究可以从不同角度入手，根据不同案例，归纳出世界一流企业在成长历程中的关键因素和潜在逻辑，更有效地认识其中可能存在的关键因素，进而完成理论框架的构建，引导后续研究工作的开展。因此，在本研究中，采用了多案例研究方法来进行。

关于世界一流企业典型案例的选择，需要根据一定的标准进行筛选，包括以下条件：①样本企业必须是世界上某一特定经济（行业）领域的重要开拓者之一，具有全球持续领先的整体竞争力、综合实力和行业影响力，以及较高的业界认可程度，能够持续引导行业发展；②在本研究中主要瞄准世界级企业，其重要指标之一就是国际化程度较高，具有较强国际竞争力；③将时间维度引入对世界一流企业的分析是一个重要基准，做到基业长青，是世界一流企业必须具备的特征之一；④相关案例企业的研究资料必须充沛，能通过追溯历史发展的时间逻辑进行分析、梳理和还原出样本企业在历史发展过程中的重要事件和显著特点。同时，案例研究资料应具有多个角度的记录，以保证资料之间能够形成三角验证，力求真实可信。基于以上要求，本文选择了壳牌（Shell）、丰田（Toyota）、通用电器（GE）、国际商业机器（IBM）这4家作为案例研究样本企业，如表1-1所示。

表1-1 全球典型行业的世界一流企业

企业名称	成立时间	所属国家	主导行业	销售收入（亿美元）（2016）	国际化程度	世界500强排名（2017）
Toyota（丰田）	1933年	日本	汽车	2400	生产企业50家，遍布全球27个国家	5
Shell（壳牌）	1890年	荷/英	石油	2547	业务遍及100多个国家，12个全球研发技术中心	7
GE（通用电气）	1878年	美国	器材、航空	1267	业务遍及100多个国家，4个全球实验室	31
IBM（国际商业机器）	1911年	美国	IT、计算机	799	业务遍及160个国家，36个世界工厂，300个运营中心	81

资料来源：《财富》500强企业，以及各公司网站信息。

（三）数据收集

案例研究中常用的数据收集方法包括文件法、档案记录法、访谈法、直接观察法、参与观察法和人工制品法（Yin，1994）。案例研究有两个要点：一是使用多证据来源来提高研究的效度，包括多资料来源、多收集形式，以及多学科和多理论视角；二是对资料进行记录和整理，建立案例研究资料库，包括案例研究笔记，研究中访谈、观察或文件分析的结果，对研究问题进行调研生成的文字叙述和描述材料等。本文选择的样本企业普遍得到了研究者和实务工作者的高度关注，积累了大量素材，因此，本文将借由二手文献资料开展研究，相关资料以过去已发生的事件为主。

为最大限度降低定性数据的主观性特点，提高信息与数据客观性，本文采取以下措施：①对所选取案例企业成长历程中的相关资料进行了大量阅读和筛选，通过文献阅读、访问公司网站、搜索相关的媒体报告等方式获取，进行相互补充、增强、比对和验证，以确认内容的完整性、正确性与可信度（Patton，1990）。②选择具有一定客观性的信息资料来源，包括公司的公开数据、档案文件、关键事件、当事人观点、公开报道、主要人物回忆录等，尽可能采用多种证据来源形成一条完整的证据链进行多角度验证，提高研究的信度和效度。

（四）案例特征描述

任何一家世界一流企业的成长都会经历一个持续的动态演化过程。在不同的发展时期，世界一流企业经常会面对复杂多变的市场经营环境，导致支撑企业成长的各要素及其重要性程度不断变化。综合来看，每个企业都经历了一些关键的阶段，包括创业成立、稳定增长、国际化发展和转型发展等。尤其是进入 21 世纪以来，世界一流企业为了适应市场和动态环境，实施了不同程度的创新变革,且变化频率越来越快。在此,本文借鉴 Geriner (1972) 的企业生命周期理论以及 Helfat 和 Peteraf (2003) 针对能力生命周期中所提出的动态演化机制,通过追溯 Shell、IBM、GE、Toyota 这 4 家世界一流企业的发展历程,将世界一流企业的成长历程划分为创业阶段、成长阶段、转型阶段和超越阶段,并分析了它们在不同成长阶段中呈现出来的相关特征,如表 1-2 所示。

表 1-2 典型世界一流企业的成长阶段

企业名称	创业阶段	成长阶段	转型阶段	超越阶段
Shell	1890~1906年:把握跨国贸易的产业机遇,从贸易小店发展为跨国石油贸易企业;安昆·邵克创办荷兰皇家石油公司	1907~1960年:壳牌运输与贸易公司(英属)与荷兰皇家石油公司合并,成为横跨欧、美、亚、非四大洲的能源巨头	1961~2003年:OPEC 成为了决定国际石油价格走势的主导性力量。壳牌在应对各类危机中快速发展和壮大	2004年至今:强调社会责任、规范企业治理结构等方面的可持续发展阶段,从利润最大化的理念向关注多方利益者价值平衡进行转变
Toyota	1937~1950年:发明 G 型自动织布机,售出织布机专利,转向研制丰田 AA 型汽车,并于1938年设立母工厂,进入量化生产阶段	1951~1965年:面临劳资争议和精减员工的经济危机,开始拓展市场,加大新车型的研制和开发,扩大生产规模,1965年获得戴明奖	1966~1998年:随汽车市场需求的迅速增长,丰田快速推进了全球扩张,并经历了日本经济衰退的考验	1999年至今:从1999年起,先后在纽约和伦敦上市,随后开始实施全球扩展战略计划,为了支持这个战略,不断完善其治理结构
GE	1878~1939年:成立爱迪生通用电气公司,从实验室走向工业化,进入直流供电生产领域,专注于发电系统、传输系统等专业领域的传统的电气厂商	1940~1970年:实现战略转型,形成高度多元化且以技术为基础的企业集团,从事各种电器设备,包括灯泡、冰箱、洗衣机、电风扇、音频广播、发电设备的研发与生产	1971~2001年:推进国际化,涉足并扩展了新兴市场;提出四大战略(全球化、服务、六西格玛和电子商务);加快多元化战略,在医疗、电力和照明领域获得突破,设立全球研发中心	2002年至今:收缩资本规模,投资新兴市场,聚焦传统核心业务,注重依靠研发和服务等方面创新,转型为偏重制造工业设备的集团

15

续表

企业名称	创业阶段	成长阶段	转型阶段	超越阶段
IBM	1911~1956年：IBM品牌建立，确定了IBM品牌的核心理念以及核心竞争能力：尊重个人，顾客服务和追求卓越	1957~1992年：不断加快科技研发创新，推出大量新产品和新技术；同时，强化市场拓展，逐渐成为计算机行业的霸主——蓝色巨人	1993~2002年：开始十年转型，涉及企业文化、价值观、财务、市场业务等各个领域的变革，推出了全新的服务概念E-business	2003年至今：加快从产品到服务的转变，并强调"价值观"重塑，成就客户，创新为要和诚信负责

资料来源：作者整理。

（五）数据分析

多案例研究需要先针对个案分析，然后进行案例间比较，最后构建概念框架的逻辑（Eisenhardt，1989）。在具体操作中，首先从相关资料、数据发掘不同公司存在的阶段划分和特征，随后挖掘出不同阶段的核心主导要素，并就此进行归类分析。本研究采纳Miles和Huberman（1984）的思路，利用表格与图标的形式进行辅助比较，对比和挖掘不同案例之间的异同点，探索其中的新构念和理论逻辑，并最终构建出贴近现实的理论框架。同时，严格遵守Strauss和Corbin（1990）的编码技术程序来进行相关概念的范畴归纳和模型构建，以保证研究的信度和模型效度。

1. 开放性编码

为了更好地对以往资料中的关键信息进行挖掘，采用开放性编码来将企业资料、记录逐步进行概念化和范畴化，并进行逐级缩编，利用相关概念和范畴来正确反映资料内容，从而将相关构念抽象出来，重新进行分类、重组和归纳（Patton，1990）。本章利用 A、B、C 和 D 分别指代 Shell、Toyota、GE 和 IBM。在整理中，就分别对应的现象，使用二级类目编码（1，2，3，…）的方式来进行现象归类汇总，例如，"Shell 的马库斯·塞缪尔把握产业机会，开展跨国贸易，进入运输业"，以 A1 来进行标识。在定义现象中，对于不同的阶段出现的初步概念化以三级类目编码（a，b，c，d，…）的方式进行界定，例如，"企业家具有较强的创业精神"（A1a，…）。文本对 4 家典型世界一流企业在成长历程中不同阶段发生的重要事件和现象进行了概念化和范畴化，简表见表 1–3~表 1–6。通过开放性编码，总共得到 16 个范畴，分别是企业家、核心产品、人力资源、财务资本、技术创新、组织创新、管理创新、公司治理、战略定位、战略规划、业务转型、国际化战略、企业家精神、品牌价值、组织文化和社会责任。

表 1–3 典型世界一流企业创业阶段的开放性编码结果

企业	情景	贴标签	定义现象	概念化	范畴化
Shell（1890~1907 年）	马库斯·塞缪尔开了伦敦小古董店。随着汽车工业的发展，石油需求大幅提高，开始石油运输；安昆·邵克创立石油公司，主要从事石油勘探、开发和提炼等业务	A1 马库斯·塞缪尔把握产业机会，开展跨国贸易，进入运输业	A1a：企业家把握创业机会	企业家精神（A1a，A3a）	企业家精神
		A2 安昆·邵克创办荷兰皇家石油公司，从事石油勘探开采及生产	A2a：企业家把握创业机会	从业经验（A1a，5a）	企业家
		A3 全球汽车产业开始繁荣，石油的社会需求开始变大	A3a：市场机会出现	目标市场（A1a，3a）	战略定位

……

资料来源：作者整理。

表 1-4 典型世界一流企业成长阶段的开放性编码结果

企业	情景	贴标签	定义现象	概念化	范畴化
Toyota（1950~1965年）	市场处于低迷状态，资源短缺与汽车需求萎缩，出现亏损，甚至濒临倒闭。24家银行对其注资，Toyota分为汽车销售公司和汽车工业公司。引进全面质量管理，技术上新台阶	B9 石田退三临危受命，担任公司的经理，带领公司走出困境	B9b：企业家扭转乾坤，实现转危为安	企业家（B9b, B23b）	企业家
		B10 总结科学的管理方式，实现组织结构的专业化、合理化和科学化	B10b：推动组织结构调整	组织变革（B10b, B12b, B13b）	组织创新
		B11 创造"丰田生产方式"，即产即用，无须设置存货库存，使传统的整批生产转变为弹性生产	B11b：形成新的生产管理流程体系	管理创新（B11b, B17b）	管理创新

......

资料来源：作者整理。

表 1-5 典型世界一流企业转型阶段的开放性编码结果

企业	情景	贴标签	定义现象	概念化	范畴化
GE（1971~2001年）	面对的最大问题是战胜竞争对手和巩固市场地位，开始着重提升对市场信息的反应速度和市场竞争策略的灵活性。一旦战略规划赶不上环境变化，则推动企业新一轮的组织变革与调整	C24 1971年，在事业部内设立"战略事业单位"，以便事业部将人力物力能够机动有效地集中分配使用	C24c：推动组织结构调整	组织变革（C24c, C28c, C30c, C31c, C32c）	组织创新
		C25 1972年，GE年度科研总费用超过8亿美元	C25c：注重研发的投入	技术创新（C25c, 26c）	技术创新

......

资料来源：作者整理。

表1-6 典型世界一流企业超越阶段的开放性编码结果

企业	情景	贴标签	定义现象	概念化	范畴化
IBM（2003年至今）	开始第二次转型：软件+硬件+服务。将PC业务剥离，转型为IT解决方案+战略咨询，完全实现轻资产化；2012年后，进一步转型为认知解决方案+云平台	D43 推动全球整合，强调跨组织的协作和影响	D43d：推进国际化经营，注重集团管控	国际化发展（D43d, D59d, D60d）	国际化战略
		D44 在内生增长基础上，以并购驱动转型	D44d：推动企业开始进行战略转型，实现并购整合	战略规划（D44d, D45d, D46d, D47d, D56d, D60d）	战略规划
……					

资料来源：作者整理。

通过对4家世界一流企业的案例分析可以看到，企业在不同的阶段中存在的关键要素存在差异，但都是支撑世界一流企业持续发展所必需的，且每个阶段基于不同要素的共同作用来形成竞争优势，帮助企业获得行业内的领先地位。虽然不同企业身处不同的行业，但在相同的阶段也会保持一些共性，使得相关范畴在不同的发展阶段呈现出明显的聚集现象。为了更好地理解世界一流企业在创业阶段的静态界面特征，本章对各阶段的关键要素进行汇总来形成整体的要素体系，其中包括现有资料中该要素在概念化时出现的频率次数和在范畴化时出现的频率次数（见表1-7）。一些范畴会在特定的阶段发挥着极其重要的作用，例如，企业家精神更多的是强调以企业创始人的内在特质，IBM的老沃森（Thomas J. Watson）、GE的爱迪生和Toyota的丰田喜一郎，都是传奇性的企业家个体，在创业阶段中起着决定性的作用；同样，社会责任和组织文化通常是当企业进入了转型阶段和超越阶段之后，其重要性才逐渐凸显出来，并能帮助企业塑造竞争软实力。有些范畴会在全部成长历程中均凸显出来，例如，技术创新和管理创新，能够提供合适的制度体系建设、管理思维和方式，开展动态的调整组织结构，提升创新活动的效率，加强对现有产品和服务的改进等活动，使得企业能够在不同情境下保持领先状态。

表 1-7　开放性编码范畴在世界一流企业成长历程中的分布

阶段 范畴	创业阶段	成长阶段	转型阶段	超越阶段
企业家	(8：4)	(4：2)	(6：2)	—
核心产品	(9：4)	(9：2)	(1：1)	(3：1)
财务资本	(1：1)	—	—	—
人力资源	(1：1)	(5：2)	(7：3)	(12：4)
技术创新	(7：3)	(3：2)	(8：2)	(9：3)
管理创新	(8：3)	(12：4)	(15：5)	(13：3)
组织创新	(1：1)	(14：5)	(12：3)	(7：2)
公司治理	—	(13：3)	(5：2)	(11：3)
战略定位	(12：5)	(7：2)	(3：1)	(1：1)
战略规划	(5：1)	(11：5)	(9：3)	(28：5)
业务转型	—	(7：2)	(14：3)	(2：1)
国际化战略	—	(8：2)	(8：3)	(12：4)
企业家精神	(4：2)	—	—	—
品牌价值	(1：1)	(5：1)	(5：2)	(6：2)
组织文化	—	—	(4：2)	(4：2)
社会责任	—	(1：1)	(3：2)	(8：3)

注：企业家（8：4）表示在本研究的资料中先后有 8 次提出企业家具有显著重要作用；在 4 家企业的创业阶段中，企业家具有重要作用。为展现一致性认识，本文对得到 2 家及以上的企业在特定阶段中凸显的相关范畴进行重点标识。

资料来源：作者整理。

2. 主轴性编码

在开放性编码过程中,虽然对每个并购事件和现象进行了概念化和范畴化,但各个范畴之间的逻辑关系并未建立。主轴性编码是将开放性编码中被分割的数据,通过类聚分析,在不同范畴之间建立关联,把各范畴联系起来,挑选与研究问题最相关的范畴形成主范畴,从而得到相关的证据链。本章将案例研究中根据开放性编码得到4个成长阶段的16个副范畴归纳为4个主范畴:资源基础、动态能力、战略柔性和价值导向(见表1-8)。其中,资源基础是指企业生产经营活动中的必要投入要素,包括企业拥有(或控制)的可用于生产、经营和管理等各项组织活动的资产,包括企业家、核心产品、财务资本和人力资源4个副范畴;动态能力是指企业内部一系列互补性知识和技能的组合,能够使企业业务达到竞争领域一流水平能力,包括管理创新、组织创新、技术创新和公司治理4个副范畴;战略柔性是指结构化和协调不同资源和功能单元的组织定律,能帮助企业在快速变化的环境中成功竞争,包括战略定位、战略规划、业务转型和国际化战略4个副范畴;价值导向是指企业的经营管理活动围绕长期目标进行价

表1-8 典型世界一流企业的成长历程关键要素主轴性编码结果

副范畴	主范畴
企业家、核心产品、财务资本、人力资源	资源基础
管理创新、组织创新、技术创新、公司治理	动态能力
战略定位、战略规划、业务转型、国际化战略	战略柔性
企业家精神、品牌价值、组织文化、社会责任	价值导向

资料来源:作者整理。

值创造的目标导向和重要基准，包括企业家精神、品牌价值、组织文化和社会责任 4 个副范畴。

3. 选择性编码

开放性编码和主轴性编码的分析展示了世界一流企业成长历程的基本框架，还需要进行进一步的深入分析和探索。世界一流企业在其成长的过程中，会动态调整支撑其发展的关键要素，并对其进行有效的组合。为更好地揭示不同要素在不同阶段的显著性，我们利用选择性编码进行后续处理。选择性编码除了具有选择核心范畴的功能之外，更重要的是对不同的范畴之间的关系进行解释，从而形成一个具有分析能力的完整解释架构（刘志成和吴能全，2012）。

基于 4 家世界一流企业的案例分析可以看到，资源基础、动态能力、战略柔性和价值导向组合形成了世界一流企业成功的基因，在不同的阶段，不同要素的重要性存在差异。在创业阶段，企业更注重物质资源的积累，强调产品、资本等；进入增长阶段后，则注重专利、专有技术、商标、品牌等战略资源的重要性。在知识经济时代，物质资本所占比重越来越小，人力资源的作用越来越大，在增长阶段，企业需要不断根据组织环境、战略、规模等来调整组织结构和管理机制，使之能够不断克服企业上规模后的"大企业病"，保持有活力和健康的组织状态。例如，GE 为适应动态环境，采取了设立新的业务模式，成立新的职能部门等组织结构变革，形成了较强的企业发展"骨骼"，为快速进行规模扩张形成了支撑。在转型阶段，世界一流企业通过有效的战略规划和战略实施，持续推进业务架构调整与企业转型，顺应环境变化。例如，Toyota借助全球价值链调整与重构的契机，在成本导向和比较优势推动下进行全球市场高效配置资源活动。最后，世界一流企业在业绩增长与资本回报等经济运行效率与效益指标上有优异表现，在内部，形成独特的组织文化，且"因其超凡脱俗的表现，而创造了与众不同的、特殊的价值"（德勤，2013）；在外部，塑造出众的企业品牌与声誉，通过积极承担社会责任和社会义务等来践行企业的价值理念。例如，Shell坚持"低碳经济、绿色经济、循环经济"的发展理念，积极提高资源综合利用效率和实施环境保护、节能减排，追求企业与环境的和谐发展。

（六）基本发现

在上述对4个案例的挖掘研究过程中，我们已经回答了一个问题，那就是世界一流企业成长中关键要素是什么，本研究发现：资源基础、动态能力、战略柔性和价值导向，构成了世界一流企业成长的四维关键要素。这是本文的第一个基本发现。但是，我们的研究还需要进一步引申，以回答这些关键要素是如何随着成长阶段变化而发生变化进而协同发挥作用的。正如Penrose（1959）所认为的，企业成长过程是有效地协调其他资源和管理职能的结果，并会从一种非均衡状态向另外一种非均衡状态转化。那么，在企业从创立到超越的不同阶段中，这四维关键要素会发生怎样的变化呢？基于对4家企业的经验性知识进行的归纳，我们可以进一步发现世界一流企业在成长不同阶段四维因素的支撑作用的变化情况。综合看来，正是资源基础、动态能力、战略柔性和价值导向这四个维度因素发生的交互作用所形成的复合竞争力，支撑了世界一流企业获得持续发展，推动其从一个阶段向另外一个阶段转变和跃升。

第一，在创业阶段，资源基础是主导企业能否走向成功的决定性因素。很多企业之所以得以创立，其关键因素不仅在于拥有一些专利技术，或特殊资产，更在于企业家本人。特别是在有限的资金、经验或人员等限制条件下，很多企业主要依靠其创始人来带动发展。具有市场敏锐感知的企业家在众多类型的资源之中，发挥着决定性的作用，他们是一种最特殊的人力资源。从企业内部活动而言，企业的创立在很大程度上取决于企业家个体是否能够牵头组织并形成能进入市场的产品和技术资源。在创业初期，企业缺乏成熟企业所具有的专有资产、组织绩效等可供外人进行直接评价的实力基准，能够让外部社会形成直接感知的主要是企业家个体，如由企业家来承担主要的市场推广和对外交流活动，包括对外展示企业的市场机遇、产品功能等。例如，在 Shell 的创业阶段，壳牌的马库斯·塞缪尔和荷兰皇家石油公司的安昆·邵克各自从石油运输和石油贸易入手，抓住了石油市场的发展契机，形成了有竞争优势的资源获取的基础；Toyota 的丰田喜一郎及其代表的丰田家族的创业成功，建立在 G 型自动织布机和丰田 AA 型汽车的产品技术资源的基础上；IBM 的老沃森曾是一名销售天才，他领导公司从打孔卡、打字机等简单机器设备制造领域进入了电子产品制造领域，逐渐占据了行业领先地位；GE 的爱迪生，更是将企业家个人与产品技术领袖进行完美结合的一个典范。在成立之初，为立足于市场，企业还需要敏感地认识到外部市场需求，挖掘出客户的需求并加以满足，因此，很多企业在初期发展中最为重要的部门是业务部门，依靠业务员、技术员和生产工人等，将现有的技术转化为产品或服务，并在市场中销售出去以获得稳定的现金流。在 IBM 的创业阶段，除了拥有核心技术之外，老沃森明确提出，销售人员是企业的重要人力资源，只有他们能够将产品销售出去，才能保证企业实现基本的生存，才有后续的资金支持运营活动的持续。可以说，此阶段主要是基于资源驱动的发展。

第二，在增长阶段，企业完成了原始积累之后，已经获得了一定的市场规模、客户资源和核心产品等优势，开始进入稳定发展的规模扩张阶段。随着企业规模扩大，企业需要考虑的是在更高规模层次或水平上的发展问题。所有的世界一流企业，在这个阶段会自觉或不自觉地去追求极大可能的规模经济和范围经济。特别是以往发展中的一些经营管理弊端日渐凸显，此时，企业家不得不分出一部分精力来放在对内部管理制度的建立和完善上，即完成了创业发展之后，企业要回过头来解决组织内部存在的各种问题。Helfat 和 Peteraf（2003）指出，企业家的重要工作之一就是将个体能力转化为组织能力来创造企业竞争优势。对世界一流企业的成长而言，不能简单依靠某一位杰出的企业家，更需要依靠企业的整体实力来提升竞争优势，否则，很容易被市场淘汰。在此阶段，企业能力集中体现在公司治理、创新管理和集团管控三个方面。首先，公司治理即是治理公司的能力。对任何大型企业组织而言，一旦企业资源累积的规模足够大，就需要企业具备对股东和日渐趋于广泛的利益相关者之间的复杂关系作妥善的治理安排的能力。其次，创新管理和集团管控这两个方面的能力。业务结构不同的企业，对这两方面能力的具体要求又有所不同。有的企业专注于相对单一的产业领域，由于资源规模庞大，需要有实施创新管理的强大能力。例如，Shell 引入了矩阵式管理架构，着力建立了规范化、标准化和流程化的管理体系，在规模总量、行业引领力、业内话语权、经营业绩、核心技术等方面确立了业界的卓越地位。Toyota 引进全面质量管理（TQC），不断总结和发展科学的管理方式，实现组织结构的专业化、合理化和科学化，最终创造了为业界所盛赞的"丰田生产方式"。还有一些企业会选择通过多元化实现发展，这类企业的能力体现为其企业集团总部管控多个业务板块的能力以及企业集团不断适应多业务的市场格局变化而动态实施组织变革与业务协同的能力。GE 抓住了第二次世界大战中出现的市场机遇，大幅扩张了与国防相关的飞机、船舶及军品制造业务，形成了业务多元化格局，先后实行了 7 次组织变革，推动自身的组织架构与业务发展相匹配。再如，IBM 重设了自身的组织架构，设立了五大业务集团，实现了从一个家族企业向由职业经理人管理的现代企业的组织转型。综上，此阶段可以看作基于能力构建的发展模式。

第三，在转型阶段，在实现了企业在量化和质化上的成长之后，企业开始追寻和挖掘市场中新的发展机会。当企业具备了一定的实力之后，需要不断向外部扩张来提升市场规模，发展新的业务增长点，其中既可以是推动现有的业务转型，也可以是重新寻找新的经济增长点，还可能是通过开辟新的业务区域等多种战略措施并举以保证获得持续的竞争优势。另外，企业的经营活动将进一步趋于宽范围化和多层次化，并加速向国际化企业转型，直到完成全球资源配置与整合，形成较稳定的优异业绩和能起示范作用的管理实践。此外，企业还需要以战略柔性来引领自身的业务架构调整与战略转型，实现在高度变化的市场环境条件下的可持续发展。世界一流企业的显著优势在于能够动态适应外部变化的环境，基于对外界环境因素与内部资源和能力的正确认知，为实现长期目标而不断修正和更新企业发展战略，确保始终以正确的战略导向来指引企业的经营管理活动。在此阶段中，一个重要特征是企业进入全球化发展的轨道中，在国际市场上进行扩张。有的企业主导了全球产业链的重构与市场规则的设定，控制全球产业链高端环节，有的企业则通过不断深入的全球化进程来布局和配置低端环节，持续挖掘具有市场成长性的业务。例如，Shell 在面临着全球石油业原有竞争格局被改变的市场环境时，前有石油危机带来的巨大的市场不确定性，后有环境保护浪潮兴起的挑战，公司强调打造全产业链来化解风险，实现全流程控制。Toyota 依靠全球区域市场布局，有效应对了石油危机对汽车产业造成的不利影响以及日本经济持续衰退的负面冲击，最终从激烈的国际汽车产业竞争中脱颖而出。也有的世界一流企业强调通过战略转型来延伸产业链和增强企业自身的国际竞争力。例如，GE

凭借持续不断的业务架构调整与企业转型，实现了从竞争激烈的美国市场上的领先企业向全球市场上的领先企业的转变。IBM 则是紧跟全球信息技术领域日新月异的变化，不断推动战略变革、业务架构调整与企业转型，从主机制造厂商转向了"软件+硬件"相结合，再全面转向 IT 服务提供商，完成从制造向研发业和服务的战略变革。综上，此阶段可以看作基于战略转型的发展阶段。

第四，一旦经历了转型阶段的重重考验之后，企业已经属于在国际市场具有一定影响力的跨国公司，这些成功者将以世界一流的状态进入到超越阶段。超越阶段并不是一个有明确的界限或发展特征的独立阶段，其存在只为了表明：如果一个企业已经跻身世界一流之列且仍在保持生命力，则该企业进入了超越阶段。处在超越阶段的世界一流企业，需要不忘初心，持续进行自我升华的提升活动。作为具有强大的社会影响力的国际企业，世界一流企业比一般企业承担了更多的社会责任和经济责任，更积极推动人与自然、社会的和谐与可持续发展。本文中的 4 家案例企业都提出了企业与社会同步发展的自我主张，也长期致力于成为其他企业所学习和仿效的企业公民典范。在超越阶段，世界一流企业需要专注于自己的资源基础、动态能力与战略柔性，围绕以往发展阶段中的每个部分或者要素中存在的相对不足之处来进行"查漏补缺"，以求在各个方面能够做到均衡，通过对各种要素的充分整合和重新构架来形成难以为竞争对手所学习和认知的复合竞争力。世界一流企业会持之以恒地增强人力资本，推动国际化战略，不断形成新的集团管控模式和组织结构等，同时，积极开拓新领域。例如，GE 不时启动新一轮业务调整，IBM 进入云计算领域等，其他的一些公司从业务发展转向平台发展——这样既可以驱动自身的核心竞争力不断向前发展，又提高了竞争对手的进入壁垒。处在超越阶段的世界一流企业必然有其独特的价值导向，能塑造出良好品牌形象和社会声誉，这样才能够引导内外部相关利益主体共同参与到企业价值创造的动态交互活动中去（Chandler & Vargo，2011；Edvardsson et al.，2011），最终创造出融合经济、社会等多价值维度的复合效益和相对持久的竞争优势。综上，此阶段可以作基于均衡协同的发展阶段。

四、管理启示

我们对 4 个案例的挖掘研究，得出了两方面结论，一是从资源基础、动态能力、管理柔性和价值导向 4 个维度分析描述一流企业成长的框架，以解决系统性因素的问题；二是对该分析框架中各要素在不同阶段的互动与演化关系进行必要的解释，进而阐述其如何推动企业实现动态性的持续发展。这也呼应了我们从系统维度和动态维度对世界一流企业概念的界定。基于这两方面的发现，我们将进一步引申回答世界一流企业应该具有怎样的管理特征。这种引申的意义不仅在于可以进一步描述世界一流企业在管理上会达到什么样的"领先状态"，从而对世界一流企业进行更为全面的"画像"，更为重要的是，只有具体指明这些管理特征，才能指导那些将世界一流企业作为奋斗目标的企业如何改善自己的管理，从而使本研究更有现实指导意义。基于上述4个案例和已经挖掘出的两方面结论，我们认为世界一流企业应具有以下11个方面的管理特征。

（1）世界一流企业是具有强大的企业家精神的企业。企业家精神的载体是企业家通过一代又一代的企业家得以延续与传承。GE的杰克·韦尔奇、杰夫·伊梅尔特，IBM的老小沃森、路易斯·郭士纳，Toyota的丰田喜一郎、丰田章男，他们是人们耳熟能详的知名企业家。虽然伟大的企业家有各自不同的出身背景，但他们的共同之处在于，拥有能够开创事业、发展事业的强大精神力量——这种精神力量是创立和发展世界一流企业的关键性的驱动力量。一流的企业家不仅擅长发现、甄别和捕捉机会，还擅长运用从未有过的组织管理方式来调动企业内外部资源以获取利润。正是在他们的领导下，企业及企业中的全体员工，被带入到一个又一个的新领域，不断摒弃原有固定的做法，朝着更新和更高的目标前行。

（2）世界一流企业的组织文化重在以"文"化人。组织文化，对企业成功而言，是至关重要和不可或缺的要素，也是世界一流企业走向成功的多种经营管理要素中最难以描述与仿效的要素。世界一流企业组织文化具有塑造员工的观念与行为的力量，其共同特点是：一是倡导超越财务指标的经营理念和价值观，重"质"而不重"量"。好的企业绩效，只不过是正确的企业价值观所激发的经营行为的必然结果。二是坚持不懈推进"文化洗脑"，使公司理念与员工的日常实际工作能够紧密结合起来。世界一流企业价值观的内容和表达方式，以激发基层员工信念与潜能为根本，致力于将抽象的经营理念和价值观落实到员工日常行为中去。三是作为组织文化最忠诚的信奉者和践行者，企业最高领导人充当着企业精神导师的角色，他的思想在最高的抽象层面上，有崇高的愿景，同时，他的行动又能落实到日常琐事中，不断向员工传递对企业价值导向观的热情与执着。

（3）世界一流企业通过追求长远价值和优秀品质获取著名品牌和良好声誉。世界一流企业在品牌形象与社会声誉方面有五个共同特点：一是企业的产品和服务是可信赖的。二是企业财务业绩优秀，有可持续的竞争力。三是企业行为富有责任感，能够负责任地对待每一个利益相关方，自觉维护利益相关方的权益，以建立和谐的利益相关者关系为己任。四是在社会性维度方面关注度及参与度高，以解决社会问题和促进社会进步为企业发展的驱动力，社会贡献度处于全球领先地位。五是在各利益相关方心目中有良好的形象与声誉，获得了人们广泛的情感认同与尊敬。

（4）世界一流企业擅长以发展型战略应对复杂多变的环境。传统战略管理的基本思路是在内部条件与外部环境的约束下，努力创造竞争对手难以模仿的匹配性，进而形成独特的可持续竞争优势。伴随企业外部环境向着动态、复杂的高不确定性方向快速演变，人们日渐放松了对产业边界和技术边界可预见性的假设，提出了即兴战略、应急战略、柔性战略、两栖战略、自组织战略或类似的以环境不确定性、复杂动态性和不可预测性为核心的后现代战略管理理论和方法。世界一流企业的发展型战略具有"半固定式"的战略导向特征，遵循演化性、平衡性、渐进性三项基本原则，形成有意识地按照环境变化方向和节奏改变自身活动中的资源配置，并能够跟随环境不确定性信息的发展而自我调整、自我匹配、自我强化的良性循环，从而避免大型企业组织故步自封于既定战略的陷阱。

（5）业务架构转型是世界一流企业的发展常态。任一行业领域的卓越企业要想保持基业长青，都必须根据自身资源和能力变化以及外部环境的变化适时实施业务调整与优化，不断推进转型。一流企业擅长于围绕核心资源来搭建与调整业务架构，其主要产品或服务，始终建立在核心能力的基础上。许多长期持续创造价值的企业集中精力发展一类、最多两类核心业务，并成为了这些核心业务领域的行业领导者或强有力的追随者，其绩效远远领先于多元化经营、没有清晰核心业务的竞争者。有的一流企业的核心能力与业务架构的关系很明晰。也有的一流企业拥有多领域貌似不相关的业务，但其实这些业务能形成良好的战略协同，各业务之间能相互支撑、相互促进，这种不同业务板块之间的协同能力恰恰是该企业的核心能力。在新技术经济条件下，有的企业打造的是商业生态系统，联合参与商业生态系统的关联企业，与其他对手开展竞争。世界一流企业的关键性业务架构转型，往往是由极具卓越经营才能的企业领导人来主导推进的。

（6）世界一流企业具有全球化资源配置和管理能力。不经历国际化与全球化考验的大企业，称不上是世界一流企业。按照海外资产规模排名,全球排名前三位的企业分别是 Shell、Toyota 和 GE,三家公司的跨国指数(The Transnationality Index,TNI)分别是74%、59.1%和56.5%。世界一流企业一定是在全球具有竞争力的企业,它们需要在容量大和增长快的市场布局,以保持自身的成长性;也需要在有战略性资源(包括优质的人力资源)的国家布局。因此,全球化配置资源,是世界一流企业的优势资源、能力和商业生态在全球市场延伸的需要,同时也是企业为了获得、掌控资源,培养、获取和强化核心能力的必然选择。当前,发展中国家和转型国家的大企业,尽管有的在经济规模上越来越接近发达国家的大企业,但前者的全球竞争力仍然明显低于后者。

(7)世界一流企业优秀的公司治理结构为企业可持续发展提供坚实的制度保障。全球公司治理实践,一方面,越来越强调商业伦理、企业社会责任等现代社会议题与传统公司治理体制之间的互动与交融;另一方面,在高度不确定的国际市场环境中,越来越重视加强风险控制与防范。同时,国际金融危机,激发了人们对美国公司治理体制的两大弊端的反思,一是对公司长期价值的忽略;二是对公司高管的过度激励。在充斥多样性的各国实践中,可以找到世界一流企业公司治理实践中的一些共性元素,比如,强调对短期与长期以及经济与非经济的多维价值导向的平衡;强调多个治理主体之间的相互制衡与多方利益相关者共同参与治理;强调中长期激励机制;奉行透明度原则和重视信息披露。

(8)世界一流企业推行紧密化的集团管控。集团化是大企业迈向世界一流企业历程中的必经之路。世界一流企业的集团管控与组织创新重在解决四方面的问题：一是打造紧密管控的集团组织，避免集团总部的功能虚化或"控股公司化"。二是适度的多元化经营，始终确保企业内部能力的变化和外部市场机会的变化趋向相匹配。三是在主要的业务领域，追求通过垂直整合来推进全产业链一体化经营。四是构建集团内部资本市场，提高资本在多业务领域的最优配置。

（9）世界一流企业的管理创新活动能够把握重大机遇与克服组织惰性。在管理创新的具体方式上，世界一流企业的做法各具特色。有的企业抓住产业技术路线转换的契机，实现了突破式创新；有的企业致力于架构创新、低成本创新或新市场创新，擅长于在已有产业技术路线上，创建新的产品市场或扩大全新的市场领域；有的企业擅长于将企业内外部的数量众多的渐进式创新，持续高效地转化为企业的利润和竞争力。这些世界一流企业的创新管理具有两方面的共性特点：一方面，能把握住不同时代的产业技术突变的重大机遇，在决定企业存亡命运和行业竞争范式选择的战略性问题上有所创见，做出独特的价值贡献；另一方面，能不断克服大型企业组织弊端和惰性，使各种形式的创新活动得以在企业内部的日常经营中不断涌现出来。

（10）世界一流企业的人力资源管理激发员工的奉献精神与创造力。这些企业以尊重员工、信任员工为核心理念，将员工视作可以增值的资本而不是成本，其管理目标在于造就积极主动、有专业能力又能够解决问题的员工队伍，创造各种条件，鼓励员工发挥潜能和提高能力，为企业创造价值。其实践要点包括：首先，"选人"胜于"育人"。世界一流企业采用慎重的招聘方式，注重人才的潜质和可塑性，强调筛选符合企业价值观、文化和技术要求的人才。例如，Toyota 倡导："找到能与公司度过'一生'的人。"其次，在"育人"时，重视培育员工的品质、态度，胜于培训员工的技能和能力。再次，重视为未来长远发展而不断积累人才，愿意与员工共建长期信任关系。最后，乐于增进员工参与企业事务的机会，赋予员工充分的工作自主权。

（11）世界一流企业推行战略型与价值型的财务管理。传统的财务管理聚焦财务核算，对应于事务性工作，自 20 世纪 90 年代以来，世界一流企业的财务管理日渐向战略型和价值型的方向转型。其实践要点包括：一是财务管理与战略管理趋于融合，围绕公司战略，来设计公司财务体系，构建符合战略特性的财务管理框架。二是发展财务共享服务，将企业内部共通的财务管理功能集中起来，高质量、低成本地向各业务单元与部门提供流程化和标准化服务。例如，Shell 将 80 多个国家的财务流程集中到了在全球布局的 5 个财务共享服务中心。三是倡导业财整合和精细化的财务管控，使财务体系与企业业务流程能紧密结合起来，既强化财务监督职能，实现财务管理"零"死角，又拓展财务管理服务功能，挖掘潜在价值。

五、中国情境下的进一步思考

基于上述对世界一流企业成长的研究，在中国当前的经济发展情境下，有必要进一步思考以下三个问题。

（一）中国已经出现了世界一流企业了吗？

今日的中国经济已经被增长成功的光环所笼罩。在这样的时代背景下，中国是否已经出现了世界一流企业？虽然当前的中国并不缺乏企业成功的故事，已经有相当一批优秀的中国企业实现了快速的跨越式发展，并逐步走向国际市场，但是，我们的基本判断是，迄今为止，中国还没有出现跻身世界一流企业之列的大企业。虽然中国既有以华润、招商局、同仁堂为代表的百年老店，也有以华为、腾讯、阿里巴巴、海康威视等为代表的业界新锐，它们是一批正在接近于世界一流企业，或正在加速成长为世界一流企业的大企业，或已经具备在全球市场的某一竞技场上冲击世界一流企业的条件。但是，没有证据表明其中的任何一家企业确信自身能够在全球市场竞争浪潮中保持持久的领先竞争力。之所以说，中国缺乏世界一流企业，其原因在于中国大企业的发展历程太短。大部分中国企业都是改革开放之后，才开始在相对稳定的市场经济制度环境下谋生存与发展，至今不足 40 年。即使是今日非常成功地站在各行业领域巅峰的少数大型国有企业，它们也依然还没有经历过足够漫长的时间检验,没有经历过出人意料的大幅经济波动乃至经济危机的考验与洗礼。如果到21世纪中期前后,今日这些成功的大企业仍存续且保持了稳固的市场竞争地位,则无疑会真正蜕变成为举世公认的世界一流企业。

依托前文提出的世界一流企业的成长阶段划分和4维分析框架,以审视改革开放40年来的经济高增长中成长并壮大起来的中国大企业,可以看到,它们普遍呈现出了多发展阶段的混合性特征。首先,中国大企业具有显著的世界一流企业在创业阶段时的资源积累型的特征,这意味着在某些方面,它们仍处于迈向世界一流企业的发展进程中的相对早中期的阶段,没有完全脱离由资源基础主导企业发展的运行规律。其次,在实现了资源规模的迅速扩张后,中国大企业普遍面临世界一流企业在进入增长阶段后面临的提升与组织管理活动紧密相关的动态能力的艰巨挑战。例如,无论是国有企业的"改制",还是民营企业的"建制",都是中国大企业所经历的重要活动。当前,不少中国大企业遇到了世界一流企业在转型阶段普遍面临的战略柔性的问题,开始面向全球市场和全球价值链开展区域布局和业务转型。例如,在积极响应"一带一路"倡议的要求和加快"走出去"的过程中,有一批中国大企业正率先应对开展国际化经营的艰巨挑战。最后,中国大企业与世界一流企业的根本差距,仍在价值导向这个维度上。在这一方面,大多数的中国大企业尚未真正起步,更多的是注重企业经济价值,忽略了对于企业社会形象、声誉,承担社会责任等方面的价值担当。只有在价值导向这个维度上有所建树和突破的中国大企业,才有可能接近于世界一流企业。综合来看,中国大企业普遍处于介于成长阶段与转型阶段这二者之间的运行状态,不同企业的具体步伐有快有慢,一旦进入超越阶段,则意味着它们向世界一流企业蜕变目标的顺利达成。

中国大企业的发展实践虽然脱胎于改革开放以来中国经济的独特的成功故事,但它们仍在很大程度上,验证着世界一流企业的成长的一般规律。从全球经验看,世界一流企业代表了全球市场运营者的最好水平。无论是英国,还是美国,其一流企业都有一段辉煌经历,即它们为全球市场提供的增长贡献,比其他任何一个国家的企业都多。而这两个国家在相应的历史阶段,在经济效率、劳动生产率和技术创新等重要经济指标中成为了世界第一(小钱德勒,2005)。德国大企业的全球影响力,尽管难以与美国大企业相匹敌,但仍然是非常可观的。英、美、德等国家的世界一流企业往往带有非常突出的业务一元化特征。与之相区别的是,中国既有在某行业中占支配地位的垂直整合型的大企业,比如,华为、海尔、万科、伊利;也有以横向多元化面貌出现的大企业,比如,华润、招商局、复星。这种情况,同日本和韩国相类似,在日本,前者如丰田、索尼等,后者如三井、住友等。韩国的三星、现代等财团,既有垂直型的核心大企业,又有高度多元化的成员企业;同时,韩国也有像浦项钢铁这样业务一元化的大企业。20世纪的两次世界大战之后,法国政府曾实施"民族冠军"政策,鼓励发展大企业,在这一政策推动下,出现了一些核心企业不够突出的企业集团。意大利在重要的能源部门组建了

IRI 和 ENI 这两大企业集团。无论业务特征如何，法国、意大利、日本、韩国等后进的发达国家的大企业在进入国际市场时，都要经历从不具备足够的组织能力或是缺乏竞争活力的状态向有效激发和提高组织能力的状态（小钱德勒，2005）的转型阶段，才能真正步入世界一流企业之列。可以看到，中国大企业在未来的发展道路上依然还有很长的路要走。

（二）中国国有企业能够成为世界一流企业吗？

党的十九大报告提出："深化国有企业改革，发展混合所有制经济，培育具有全球竞争力的世界一流企业。"这对中国国有企业通过深化改革发展成为世界一流企业提出了要求。但是，近些年来，存在一种声音，认为中国国有企业的发展更多的是垄断和政府支持的原因，甚至认为政府通过国有企业在经济增长中充当了企业家角色，国有企业是"政府企业家"或者"国家企业家"在发挥作用。这类论调，在 50 年前的法国、意大利、日本、韩国的政府与企业领导人心目中，并不是什么罕见的观念。这些国家的经济发展历史告诉我们，任何一个有发展雄心的赶超国家，强有力的政府对经济增长的执着追求，是完成这个国家经济腾飞奇迹的不可或缺的条件。中国只不过站在这些国家曾经站过的河流之中——尽管早已不是同一条河流。

但是，与信奉政府企业家观念的其他国家相区别的是，当下的中国最大限度地利用了国有企业制度。其他国家更倾向于用其他的政府干预经济的方式，而不是国家所有制的方式，以控制和影响大企业。中国与那些国家不同，中国是世界上少有的充分有效地利用了国有企业制度的国家。在计划经济体制下，中国既有受益于庞大的国有经济部门的良好的历史记忆，也有受累于过于低效的国有经济部门的惨痛的失败教训。而今，中国国有企业制度取得的成功，其原因是平衡好了一组看似南辕北辙却又殊途同归的矛盾关系：一方面，中国坚持社会主义价值观，将国有企业制度作为最大限度地培育与维护全社会的共同财富与公共福利的基本制度安排；另一方面，市场化、商业化和公司化是国有企业不断改革的方向——如果没有后一方面的改革约束，国有企业是很容易走上背离企业本质的歧途，掉入预算软约束和内部人控制的低效率陷阱的。

从中国国有企业的经验与教训看，市场化是释放国有企业组织创造力的重要制度基础。正是社会主义市场经济体制的确立，才使中国经济在微观层面形成国有企业与民营企业共生、共同繁荣的格局成为可能。自20世纪90年代的公司制股份制改革的日渐普及之后，中国国有企业的制度形式发生了重要且积极的变化。无论是从国外经验看，还是从国内经验看，一个国有企业如果能够将国有企业的"政治使命"或"国家利益"诉求，有机融入企业的价值导向之中，同时，在企业的日常运营层面，恪守公平竞争的商业规范，这样的国有企业，是有可能成为举世公认的卓越的企业组织的。

实际上，改革开放40年来，中国国有企业经过了1978~1993年的"放权让利"、1993~2003年的"制度创新"、2003~2013年的

"国资改革",以及 2013 年至今的"分类改革"四个时期(黄群慧和余菁,2013),国有企业经营机制发生了重大变化,大部分已经进行了公司制、股份制改革,初步建立起现代企业制度,公司治理结构逐步规范,大多数国有企业已经成为独立自主经营的市场主体,从计划经济体制附属的传统国营企业转变为市场经济体制下的"新国企"。在计划经济体制下形成的以国有经济为主体的单一的微观经济结构已经得到显著改观,适应建立社会主义市场经济要求的公有制为主体、多种所有制共同发展的混合经济结构正逐步确立。中国国有企业的发展取得了巨大成就,成长出一大批"新国企",为中国经济快速发展提供重要支撑,中国渐进式国有企业改革的成功经验成为中国经济发展经验的核心内涵。尤其是通过分类改革,除了公益类企业和少数垄断性国企外,绝大多数国有企业都是竞争性商业企业,这些企业通过进一步深化国有企业混合所有制改革,国有企业所有制标签将逐步淡化,都将成为具有混合所有的股权结构、完善市场化的经营管理方式的"全新国企"(金碚和黄群慧,2005)。而"新国企"通过学习世界一流企业的管理经验和成长规律,逐步提高自己的管理能力,是可以逐步发展成为世界一流企业的。实际上,从中国现在的企业总体发展状况看,像华为这样的接近世界一流企业的民营企业凤毛麟角,接近世界一流企业的更多的是"新国企",只要按照党的十九大报告要求进一步深化国有企业改革,在中国建立现代化经济体系的过程中,必将有一批"新国企"成长为世界一流企业。

（三）中国企业能向世界贡献一流的企业管理方式吗？

从世界企业管理史角度看，美国崛起时，将美国大企业的经理革命与组织革命推广到了全球；德国与日本崛起时，也使德国大企业出众的定制设计、强大的工程师技能系统与日本大企业的大规模精益制造方式、终身雇佣制，为世界所熟知。当前，中国经济取得了巨大成就，中国已经步入工业化后期阶段，但客观地讲，迄今为止中国还没有自己独特的企业管理方式供世界学习，中国企业管理总体水平仍然不尽如人意。有观点对比了中印管理的差距，印度高校中不少学生将 MBA 学习变成习惯性选择，印裔管理者正越来越多地出现在世界一流企业领导者的舞台上，而华裔管理者在这个领域仍极为鲜见。更为根本的是，迄今为止无论是企业管理者，还是企业管理学者，都没有总结概括出大家公认的世界一流管理方式。虽然也有中国一些著名大企业努力概括自己的管理方式，并试图向世界宣传推广，但或者因为总结概括语言稀奇古怪，或者因为其内涵乏善可陈，都难以得到学术界和企业界的认可。这意味着相对于中国企业成长的成功实践而言，中国企业管理理论概括则相对落后。

实际上，学术界也一直试图总结中国企业成功的经验，并试图上升到理论层面，例如有一些学者使用创新成本相对较低的集成创新的思维方式来总结中国企业的成功经验。他们用"再创能力"（孙黎和邹波，2015），或者是用"资源拼凑"（Bricolage，也称"巧创"或"就地取材"）的概念，来解释中国企业在资源短缺条件下完成的持续迭代式的创新创业活动（Baker & Nelson，2005；赵兴庐等，2016；李平和周诗豪，2017），或者用复合创新（Componovation，也称"整合式或组合式创新"）来描述中国企业的成功之道。受时间因素的局限，中国经济及中国大企业的深层次的能力仍在培育与成熟化的进程中。的确，有些中国大企业，它们孕育的一些带有明显的中国特质的经营管理元素正初具雏形，但这些元素彼此之间在共同的中国情境下所反映出来的共性仍然不够显著，同时，它们对全球企业经营管理知识的明确的增值性贡献，也远远不够显性化。但是，我们认为，支撑中国经济增长奇迹的中国企业确实有其独特之处，而且中国大企业的独特智慧不能简单用类似于"拼凑"或"组合"的词汇来描述。就如当年的美国、德国、日本的大企业一样，今天的中国大企业正在以其他国家的大企业难以模仿或复制的新管理方法与管理方式，创造出其他竞争对手无法想象的经营业绩。

前文给出了世界一流企业的4维分析框架，也许在其中的资源基础、动态能力与战略柔性三个方面，中国大企业的成长没有规律上的特殊之处，但在价值导向这个维度上，中国大企业已经展现出了不容忽视的异质性。在我们看来，自从洋务运动开始的"中体西用"理念，实际上一直在支配着中国企业的管理方式的创新。美国前财政部长Paulson（2015）用"中体西术"（Chinese bodies, Foreign Technology）来概括中国改革开放的成功。显然，"用"或"术"的方面的因素是相对次要的，更本质的是"体"或"道"的方面的因素——它们是支配人的行为的深层次因素，决定了企业和企业中的人将如何选择、嫁接或发展"用"或"术"层次的因素。那么，在中国企业管理方式创新中到底什么是体现中国特色的"中体"的内涵呢？中国博大精深的传统文化应该是"中体"的一部分，是中国传统文化价值观念所滋养出来的对复杂环境中众多高度不确定因素的出色的应景性平衡的智慧。在特定的环境条件下，可供选择的"西术"多如牛毛，到底是什么样的根本因素，去引导和决定企业如何展开"资源拼凑"，如何进行"整合""组合"或"复合"，进而完成"再创"或"巧创"？企业是如何因人制宜、因地制宜、因时制宜，用其他人意料之外的方式去创建并巩固一个大型企业组织的？正是中国文化传统中特有的平衡之道，使中国大企业绽放出独特的企业家精神魅力，使他们能够在看似风险的环境中把握住机会，在资源质量和能力水平相对低的恶劣条件下，仍然能够顺利穿越复杂环境中的迷雾，完成那些被其竞争对手视为不可能完成或无利可图的市场交易。

有人或许会提出疑问：中国的传统文化古已有之，为什么直到今日才彰显出来力量呢？这是因为，改革开放以来的经济体制改革，逐步让中国探索并确立了社会主义市场经济体制，正是这种独特的制度环境，营造了市场活力与中国特有的一些文化元素相结合的沃土。而且，中国比较幸运地抑制了其传统文化中不利于市场发育的种种负面性因素，较多地激发出来了其传统文化中的积极性因素。例如，前文论及了国有企业制度在中国的成功，这在西方自由市场派的学者眼中，简直是不可思议的存在。再如，同样是东亚地区的集体主义精神，在中国情境下，同时与宏观层次的国家战略、中观层次的团队协作、微观层次的个体主义进行了较为完美的结合,扬长避短的效应非常显著。按照市场化的要求,对复杂且彼此矛盾、冲突的文化要素在不同层次上进行拆解与再组合,这本身也成为了"中体式"的平衡之道及由此而派生出来的社会经济竞争力的有机组成部分。

结合中国企业实践看,"用"或"术"层次的现象千变万化,足以迷惑人心。相似的企业成功故事,在中国有可能会找到成百上千种范例,不同企业的做法五花八门,一些企业禁止或有所禁忌的做法,却很可能被另一些企业奉为圭臬。纵观中国企业的经营管理实践,可谓八仙过海、各显神通,而它们殊途同归的可贵之处,也就是它们在"体"或"道"上的共性是:成功的企业都在做一件事,即它们都在以自己所坚持的行为方式去探索开放多元的世界,努力达成天时、地利、人和因素的相对和谐统一。一旦中国企业及企业领导人的这种精神气质确立下来,它们往往表现得比其他竞争对手更开放、不墨守成规,它们更善于学习,更能够包容错误和更加能够承受失败与挫折,有更强大的符合实用主义原则的解决不断涌现出来的实际问题的能力。我们看重和尊重的,正是中国企业这样的一种独特的精神文化气质。这种精神文化气氛中,蕴藏了适合现代商业组织繁荣的社会文化基因。在这样的精神气质的滋养下,中国企业在短短几十年时间里呈现出了一种百花齐放的发展格局,有的企业在雄心勃勃地追求与欧美大公司比肩,有的企业在刻苦地赶超德国式的隐形冠军企业,有的企业潜心钻研日本企业的精益化与工匠精神,更多的企业则以中国式的经营管理执念和种种毫不拘泥的"四不像"的模式不厌其烦地打磨着自己的"术"的魔方组合——它们共同谱写了中国企业的成功故事。

展望未来，中国企业要发展成为世界一流企业，创新出世界一流的管理方式，要和两大历史机遇结合起来思考：一是全球化的形势正在发生深刻的变化。当前，以美国为代表的发达国家逆全球化态势明显，而以中国为代表的赶超国家面临着仍在形成中的新的开放秩序下谋求新市场空间的巨大挑战与机会。在这个方面，很多机会是与中国政府深度参与的经济体制或经济增长模式联系在一起的。二是以数字经济为代表的新一轮工业革命，给正步入工业化后期的中国大企业带来了在高度不确定的新产业技术条件下谋加速发展的难得机遇。在这个方面，中国大企业与发达国家的跨国公司们同台竞技，需要充分展示中国式的企业管理智慧，在更丰富的几乎没有先验性知识可以习得的前沿领域创造出发展奇迹。我们相信，在新一轮全球化和工业革命的背景下，中国一定会走出世界一流企业，并向世界贡献中国特色的企业管理智慧与企业管理方式。

参考文献

［1］波士顿咨询公司.打造全球一流的价值创造型企业集团［R］.2017.

［2］德勤.对标世界一流企业：做优做强，管理提升之路［M］.北京：经济管理出版社，2013.

［3］罗兰贝格.中国如何造就全球龙头企业［J］.中国工业评论，2017（7）：18-25.

［4］国务院国资委.做强做优中央企业、培育具有国际竞争力的世界一流

企业要素指引 [Z]. 2013.

［5］国务院国资委. 2017《财富》世界 500 强公布 国务院国资委监管 48 家央企上榜[EB/OL]. http://www.sasac.gov.cn/n2588025/n2588119/c7419470/content.html, 2017-07-20.

［6］黄群慧,余菁. 新时期新思路：国有企业分类改革与治理 [J]. 中国工业经济, 2013（11）: 5-17.

［7］金碚,黄群慧. "新型国有企业"初步研究 [J]. 中国工业经济, 2005（6）: 5-14.

［8］李平,周诗豪. 梦想式巧创：中国企业的独特创新范式 [J]. 清华管理评论, 2017（6）: 72-80.

［9］刘志成,吴能全. 中国企业家行为过程研究：来自近代中国企业家的考察[J]. 管理世界, 2012（6）: 109-123.

［10］麦肯锡. 完善系统对标,推动管理转型,打造世界一流企业 [R]. 2012.

［11］钱德勒. 大企业和国民财富 [M]. 北京：北京大学出版社, 2005.

［12］孙黎,邹波. 再创能力：中国企业如何赶超世界一流[J]. 清华管理评论, 2015（z1）: 78-84.

［13］杨杜. 企业成长论 [M]. 北京：中国人民大学出版社, 1996.

［14］杨杜,欧阳东. 迈向世界一流企业的管理 [J]. 企业管理, 2012（4）: 22-23.

［15］张文魁. 世界一流企业的八个特征 [J]. 港口经济, 2012（2）: 26.

［16］赵兴庐,张建琦,刘衡. 能力建构视角下资源拼凑对新创企业绩效的影响过程研究[J]. 管理学报, 2016（10）: 1518-1524.

［17］周原冰. 什么样的企业称得上"世界一流" [N]. 国家电网报, 2012-01-17.

［18］Baker T., Nelson R. E. Creating Something from Nothing: Resource Construction through Entrepreneurial Bricolage [J]. Administrative Science Quarterly, 2005, 50 (3): 329-366.

［19］Chandler, J. D., & Vargo, S. L. Contextualization and Value-in-context: How Context Frames Exchange [J]. Marketing Theory, 2011, 11(1): 35-49.

[20] Collis, D. J., Research Note: How Valuable are Organizational Capabilities [J]. Strategic Management Journal, 1994 (15): 143-152.

[21] Drucker, P., Innovation and Entrepreneurship [M]. Harper & Row, New York, 1985.

[22] Edvardsson, B., Tronvoll, B., & Gruber, T., Expanding Understanding of Service Exchange and Value Co-creation: A Social Construction Approach [J]. Journal of the Academy of Marketing Science, 2011, 39 (2): 327-339.

[23] Eisenhardt, K. M. Building Theories from Case Study Research [J]. Academy of Management Review, 1989 (14): 532-550.

[24] Helfat, C., & Peteraf, M., The Dynamic Resource-Based View: Capability Lifecycles[J]. Strategic Management Journal, 2003, 24 (10): 997-1010.

[25] Greiner, L., Evolution and Revolution as Organizations Grow [J]. Harvard Business Review, 1972 (50): 37-46.

[26] Miles, M. B. & Huberman, A. M. Qualitative Data Analysis: A Sourcebook of New Methods [M]. California: SAGE publications Inc., 1984.

[27] Newman, W. H., & Chen, M. J.World-Class Enterprises: Resource Conversion and Balanced Integration, Challenges for Global Enterprise in the 21st Century [C]. Academy of Management National Meetings, 1999.

[28] Patton, M. Q. Qualitative Evaluation and Research Methods [M]. Thousasnd Oaks, CA: Sage, 1990.

[29] Paulson, H. Dealing with China: An Insider Unmasks the New Economic Superpower [M]. Headline Book Publishing, London, 2015.

[30] Penrose, E. The Theory of the Growth of the Firm [M]. Oxford: Basil Blackford, 1959.

[31] Perrow, C. Complex Organizations [M]. New York, Random House, 1986.

[32] Peters, T. & Waterman, R.H., In Search of Excellence: Lessons from America's Best-run Companies [M]. Harper & Row, New York, 1982.

[33] Pfeffer, J. Organizations and Organization Theory [M]. Pitman,

Marshfield, 1982.

［34］Porter, M. E. Competitive Advantage: Creating and Sustaining Superior Performance ［M］. Free Press, New York, 1985.

［35］Strauss, A. & Corbin, J., Basics of Qualitative Research: Grounded Theory Procedures and Techniques ［M］. Newbury Park: Sage, 1990.

［36］Yin, R. Case Study Research: Design and Methods ［M］. Thousand Oaks, CA: Sage Publications, 1994.

第二章
世界一流企业的关键要素和动态演进

世界一流企业并非是一个简单的概念，而是一个复杂的有机体；并非是一蹴而就的，而是脚踏实地走出来的；并非是企业自封的称号，而是需要得到业界普遍尊崇和认可的。纵观世界一流企业的发展历程，大部分企业受到了时代背景、经济周期、市场机遇等诸多因素的不同影响，但它们始终坚持在特定行业和领域结合内外部环境，通过自身努力，抓住市场机遇，推动创新变革，形成卓越的市场竞争力、行业领导力和社会影响力。虽然可以从当前世界一流企业的发展现状的研究中得到一些表象性特征来界定世界一流企业，但是，更为重要的问题是要回答这些世界一流企业何时具有这些特征，以及在其以往的发展中，这些特征是如何推动企业动态发展的。关于这些问题的答案，才是理解世界一流企业发展规律的关键，也是引导其他企业向世界一流企业迈进的重要导向。为此，需要揭示有哪些关键要素能够支撑世界一流企业在不同阶段的发展。

一、世界一流企业的理论研究

（一）世界一流企业的理论观点

虽然世界一流企业并非完美企业，但一定会在某个或某几个特征上具有其过人之处，相对其他企业而言，也更具有竞争优势，能够对国家经济、产业发展、社会进步、技术创新等方面做出卓越的贡献。在以往的研究中，也是从不同的角度来探索企业之所以保持竞争力的关键所在。

1. 价值观

企业从事生产、经营和管理活动的核心在于创造价值，否则就失去了存在的基础（Collis，1994）。基于价值导向的企业经营活动一直是管理理论和组织理论的核心概念之一，什么是价值，以及如何创造和实现价值，也成为了理论研究中的重要问题（Lepak，Smith & Taylor，2007；Castaner & Kavadis，2013；Ceccagnoli & Jiang，2013）。关于价值活动的思想最早可追随到亚当·斯密提出的社会财富创造。Porter（1985）认为，价值的核心在于附加值，他使用价值链来描述企业内部的价值活动。Seth（1990）提出，价值是通过整合不同的资源来得以创造出来的，价值活动是企业面对环境约束和机会下的战略行为。企业经营活动中的价值是决定竞争优势的基础性要素，是通过经济行为者使用人力、有形和无形的资源来执行的,在帮助企业在满足市场需求的同时也获得了相应的多元化收益。就此来看,价值是一个系统性概念,会发生在不同层次中,是通过多层次交互活动来产生的(Lepak,Smith & Taylor,2007),进而形成一个综合的价值体系,并会因为不同的对象和目标来提供最终产出。

世界一流企业之所以能够获得持续的竞争优势,其显著的特点是能够不断地根据发展的阶段性特征来对现有的价值活动进行有效管理,并能够根据发展目标来进行动态调整,最终形成能够支撑企业发展的多价值要素的优化组合。其中,不仅是自身的利益,同时也包括为社会创造多元化价值,并在多个方面做出应有的贡献。价值导向存在于企业生产、供应满足目标客户需要的产品或服务的一系列业务活动及其成本结构。价值导向推动下的企业活动中,不仅涉及企业自身的独立运营,也包括外部关联客户的参与,以及其他相关群体的共同参与,是由多个行动者参与的动态交互活动(Chandler & Vargo,2011;Edvardsson et al.,2011),其最终是为了创造出融合经济、社会、股东等多个利益主体的复合效益,从而使企业获得竞争优势。

2. 资源观

资源是企业在生产经营活动中的必要投入要素,是为企业所控制的,能够在生产运营和战略活动中提高效率和效益,并实现稳定发展的全部投入品(Daft,1983),包括企业拥有(或控制)的可用于生产、经营和管理等各项组织活动的资产、组织程序、公司属性、信息、知识等。Rumelt(1984)通过分析企业管理活动中所存在的一些特殊资源的作用，认为竞争优势根植于企业的内部资源而不是外部环境（Wernerfelt，1989）。作为企业成长的基础，资源最大的作用是为企业创造竞争地位，并形成资源位势壁垒，使其他的企业和竞争对手很难进入其中（Wernerfelt，1984），具有价值性、稀缺性、难以模仿性和难以替代性的特点（Barney，1991）。企业需要拥有一些独一无二的核心资源，例如具有市场敏感认知的企业家，他们不仅是企业的创业基础，同时也会运用自己的社会网络、以往工作经验、认知判断等为企业创造持续竞争优势。当企业拥有特定的资源基础时，不仅可以实现"人无我有"的优势，同时还可以为生产、经营和管理活动提供有效的支撑。

为了获得持续的竞争优势，企业不仅需要从外部获得新的资源，包括知识、资产、技术、技能等，还需要从内部挖掘和创造出新的资源，例如人力、专利、品牌、声誉等，它们会作为企业在生产运营、技术创新等活动中的投入品来创造收益和绩效。虽然资源对企业获得竞争优势具有支撑作用（Peteraf，1993），但企业是一个不断发展的经济体，存在一定的动态性，这就对资源提出了不同的要求，即应该结合企业在不同发展阶段的实际需求，来获取或形成相应的资源来支撑企业发展，以实现绩效的持续提升。世界一流企业在其发展历程中之所以能够获得持续的竞争优势，其中一个很显著的特点就是综合性地驾驭了所拥有的各类资源要素，并擅长根据发展的阶段性特征来对现有的资源基础进行调整，以形成能够支撑企业发展的资源要素组合。

3. 能力观

在外界环境快速变化和企业发展目标不断调整的要求下，企业必须不断地改变它们的资源组合（Penrose，1959）。Noda 和 Collis（2001）提出，除非企业能认识到建立一个很有促进作用的资源配置的动态过程和机制，否则，资源难以为企业提供持续的竞争优势。企业只有不断地提升其内部的各项能力，才能持续对运营活动进行修正来适应新的发展需求（Madhok & Tallman，1998）。为了能有效面对未来发展，企业需要根据外部环境和内部资源基础，来不断开拓新的业务领域，引领产业、行业、产品的未来发展。Collis（1994）认为，能力的重要性在于通过一个"黑箱"来将物质投入转化为产出。能力能够帮助企业适应快速变化的环境，具备特殊的能力是使一个组织做得比其他组织好，具备竞争力的根本。

企业是在不断变化的经济环境中生存和发展的有机体，而构成该有机体的基础是企业内部长期积累的能力（Winter，2003）。作为企业培育核心竞争力的关键要素，能力的主要任务是探索企业专属资产，培育难以为竞争对手所复制的混合竞争优势集合体（Mahoney & Pandian，1992）。能力并不是天然形成的，而是在企业逐渐发展的过程中不断发展起来的，并需要进行持续更新和改进。同样，能力并不是固定不变的，而是需要通过不断地创新来更新和提升其内在的内容，使得企业能够持续地保持生命力。组织为了满足企业对于能力的需求会进行一种变革活动，它既可能是企业重新修正已经存在的能力，也可能是发展新的能力

(Fowler et al., 2000; Marsh & Stock, 2002)。在能力活动中，其重点是为企业提供合适的制度体系建设、管理思维和方式、动态调整组织结构，帮助企业不断地提升创新活动的效率，加强对现有产品和服务的改进来满足市场需求等一系列的复杂活动，使得企业在不同情境下都能持续获得竞争优势。世界一流企业之所以能够获得持续竞争优势，其中一个很显著的特点是能够不断地根据发展的阶段性特征来对现有的能力体系进行调整，形成能够支撑企业发展的多能力的优化组合。

4. 战略观

企业在成长的历程中经常面临着战略问题，它不仅关系到新产品开发、新市场拓展，而且关联到现有企业的组织结构、管理系统和人力资源发展的转型。战略是指将企业的日常业务决策同长期计划决策相结合而形成的一系列经营管理业务（Ansoff, Declerck & Hayes, 1976）。随着市场环境的变化，支撑企业发展的一些核心要素很容易发生变化（Flint & Mentzer, 2000），这就需要企业必须能够根据内外部条件进行提前预判，做好自我调整。战略会指引企业适应外部环境和塑造内部制度、流程，会决定企业采用怎样的战略来适应或改变环境以符合更优配置的原则（Manu & Sriram, 1996）。当企业拥有很明确的战略导向时，则更容易制定合理的行动来参与到不同的管理活动中。例如，当企业进入新的商业领域，面对新的问题，需要有新的战略决策来加以引导。就如 Bourgeois（1985）所指出的，"战略的中心原则是环境条件和组织能力、能力之间的匹配，这对企业绩效是相当关键的，战略工作就是发现、创造这种匹配"。战略的形成一般基于两种方式：一是排列出组织可以实现的战略进行合适的判断、选择和执行；二是企业的高层领导者必须具有较强的认知，能够对市场环境、产业前景和企业管理活动进行有效的预判。在精准的战略引领下，企业可以更好地在特定的区域内拥有非常突出的竞争优势和市场领导地位，形成较稳定的优异业绩和能起示范作用的管理实践。

企业只有以面向未来发展的战略思维制定战略规划，明确战略导向，对资源进行识别、发展、保护并在产品市场中进行适当的配置，建立与环境相匹配的核心竞争能力，使得发展思路、业务经营、组织管理等方面能够实现准确的安排和实施，才能获取竞争优势。战略是不稳定的，会因为市场竞争、政策调整和社会动荡等原因而产生相应的变化，会导致企业经营的不确定性，增加管理活动的难度和复杂性。因而，企业战略需要进行持续更新（Burgelman，1983；Barnett & Burgelman，1996）。例如，需要根据国际环境、市场变化和任务目标，随时调整战略方向。世界一流企业之所以能够获得持续的竞争优势，其中一个很显著的特点就是，它们总是能够不断地根据发展的阶段性特征更新现有战略，形成新的战略定位和战略规划，不断推动业务转型和坚定不移地实施国际化战略，最终形成能够支撑企业发展的多战略性要素的优化组合。

（二）研究评述

世界一流企业一定是在某一方面或多个方面具有特定的优势，即拥有对企业发展形成重要支撑作用，能促进企业获得持续竞争力的关键要素。在以往的一些研究中，也试图去整理、归纳和总结世界一流企业的基础要素以供企业进行对标管理，帮助企业在日常经营管理活动中进行全方位的"提质、降本和增效"，从而帮助企业在行业内或领域内建立竞争优势。然而由于企业本身存在差异性，且生产、经营和管理活动中涉及的要素众多，很难实现面面俱到，因而大都是基于一些关键点来探究世界一流企业的成功要素。

从世界一流企业的发展过程中来看，拥有独一无二、与众不同、数量极少的固定资产、无形资产、文化等资源才能确保获得竞争优势。例如，在企业生产经营活动中涉及的投入要素包括资本、设施、设备、员工技能、专利、品牌、财务、核心技术等，并可以分为财务资源、实体资源、人力资源、技术资源、声誉和组织资源等。然而随着市场开放程度的增加，大部分要素都可以从外部公开市场中获取，企业要保持持续稳定的竞争力，不仅需要拥有合适的、难以为竞争对手所复制的专属性资源，同时还要不断地对现有资源进行升级来形成战略资产。然而对任何企业而言，都不能无限地拥有所有资源，而是需要选择性地去占有、控制和使用资源，否则就会造成资源冗余，对今后发展形成潜在的障碍。

拥有资源并不代表企业能够获得竞争优势，例如，一些企业虽然拥有较大规模的资产，拥有较多的人员，但其内部的工作效率和效益依然较低，这也是其不能称为世界一流企业的一个主要原因。只有当企业能够动态地不断获取、创造和控制新的资源，并将这些不同的资源融合起来时，才能形成竞争优势，从而产生更高的绩效。Prahalad 和 Hamel（1990）就此提出，竞争优势的真正源泉在于发现和巩固企业广泛的技术和生产技能以增强适应快速变化环境的能力。企业需要在生产、经营和管理活动中将分散组织内部不同的资源、部门、职能、业务等综合起来，形成规范的管理制度、顺畅的运营流程和完善的组织体系，才能保证企业内部能够按照既定的节奏来实现经营管理，并在财务管理、人力资源管理、成本控制等诸多方面做到为适应外界环境而变，培育出企业核心竞争力。尤其是作为市场中的独立经济体，企业不仅需要能够为市场提供产品或服务，还要积极参与市场机制的运作，努力成为市场准则和行业标准的制定者。世界一流企业的一个显著特点是能够参与到市场制度机制的构建，通过其强大的实力来影响市场准则，提出了一些行业标准和准则，从而占据主导地位。

任何企业都是在变动的外部环境下生存和发展的，然而市场环境很容易出现波动和变化，导致企业现有的核心竞争力出现衰退。这就要求企业必须不断地针对这些变动的需求来更好地进行适应性发展。仅仅拥有资源和能力并不能支撑企业的持续发展，为了获取持续的经营绩效，企业必须制定明确且具体的战略，并引导随后开展的相应管理活动，既要实现指导当前的发展，又要做到未雨绸缪的未来规划。世界一流企业之所以能够获得持续竞争力，其关键也在于能够迅速根据市场变化持续推进变革，并针对这些显性或隐性的企业内部外变动制定出有针对性的措施加以解决。尤其是针对未来可能出现的不利因素，提前做到预案，在企业内部采取有效措施。为了获得持续的竞争优势，一些企业在业务中特别注重"质与量"的结合，除了不断地寻找新的利润增长点之外，还不断对现有的资产等进行调整和升级。可以说，世界一流企业经营活动的目的不是营造出暂时的竞争优势，而是更有效地实现竞争优势的延续（Ireland，Hitt & Sirmon，2003）。

在世界范围内有些企业所拥有的资源，无论人力、物力，还是财力都不可谓不丰，但创造的效益却难以与此匹配，或完全没有竞争力，其中一个重要原因是企业忽视了创造价值（刘志彪、姜付秀，2003）。从经济效益看，企业在经营活动中会通过选择性地使用生产要素，利用自身特有的经营管理活动来完成新资源的交换和整合，使其内在价值外化，其中企业内部的劳动分工、管理工作，以及"干中学"都是财富创造的决定性因素。然而在此过程中，又会涉及不同的利益主体，包括客户、社会、股东、员工等，如何能照顾到更多利益主体，则成为企业在日常经营活动中需要重点关注的任务之一。世界一流企业之所以能够取得杰出的市场地位，并获得业界的认可，其中很重要的一个内容是能够在创造经济价值的同时，也照顾到其他相关主体的实际利益，并成为一个社会、经济等诸多价值的创造源泉。

综合来看，关于世界一流企业的研究已经开始注重物质、管理等方面的重要性。例如，现实中的实物资产，无形的知识，经营中的战略导向，以及可能存在的多种利益主体等都是世界一流企业所具有的关键特征和拥有的关键要素。然而在企业不同的发展阶段，出于不同原因的考虑，所面对的对象可能并不是固定的，所需要的要素也会存在变动，这也导致如果仅仅拥有一些特定的要素并不能为企业带来持续的竞争优势，而只是形成阶段性的、短暂的竞争优势，为此除了需要关注这些关键要素之外，还要认识其内在的动态演化路径。

二、世界一流企业的关键要素分析

通过前述的案例研究可以看到，世界一流企业成长的历史分为四个阶段：创业、增长、转型和超越。在每个阶段，企业的主要任务和目的也会存在不同，概括起来就是"活下来、活得好、做得大、做得强"。世界一流企业的一个显著特点是在其成长的过程中，会动态地调整支撑其发展的关键要素，并进行有效的组合来获得持续竞争优势。

（一）创业阶段关键要素分析

在成立之初，企业首先需要解决的问题是"活下来"。从资源的视角来看，形成企业竞争优势的关键在于占据和控制了相应的资源，其中资源包括产品、技术、人力资源、资产、企业家等（Barney，1991）。在实践中，很多企业之所以创立，或是因为创业者具有很强的企业家精神和愿景，或是因为拥有了一定的核心技术、专利来满足市场需求。特别是在有限的资金、经验或人员等限制条件下，很多企业更多的是依靠其创始人来带动发展。与此同时，受制于内部有限资源的限制，企业会将加强对外部资源的获取，并将其放在日常工作的重要位置。为了能够立足于市场，企业需要敏感地认识到外部市场需求，挖掘出客户的需求并加以满足，因此很多企业在初期发展中最为重要的部门是业务部门，依靠业务员、技术员和生产工人等，将现有的技术转化为产品或服务，并在市场中销售出去来获得稳定的现金流，帮助企业度过创业期。从能力的视角来看，能力的存在是因为形成了惯例，能够持续对企业资源进行加工来形成差异化资源或者战略资源，进而成为竞争优势的源泉之一（Winter，2003；Helfat & Peteraf，2003）。企业在经过一段时间的发展之后[①]，也必然开展以创新为内核的体系建设，保证企业内部行政规范化、标准化的运行模式。其中既可能是由技术创新来形成新的技术、产品或服务来满足市场需求，也可能存在内部的管理制度构建和改善。从战略的视角看，企业在成立之后就需要明确今后一段时间内的发展目标和方向（Hitt，Dacin，Tyler & Park，1997）。当企业所处发

---

① 由于大部分企业都经历了较长时间的发展历程，创业阶段都是经历20年以上的时间，如果完全按照新创企业的42个月进行划分，则并不恰当。因此，在本研究中不采用新创企业中关于创业期时间的划分。

展阶段不同，其战略任务也不尽相同。例如，处于创业阶段中的企业首先关注的是如何从市场中寻得上级，发掘出可能存在的客户需求，并将产品销售出去，因此需要围绕客户、市场来寻求发展，即基于市场导向来制定合适的战略目标。之所以价值维度较低，是因为在创业阶段企业的目标是为了能够从市场竞争中生存下来，很少关注到包括价值理念等方面。

（二）增长阶段关键要素分析

在完成了原始积累之后，此时的企业已经获得了一定的市场规模、客户资源和核心产品等优势，开始进入稳定发展的规模扩张阶段。随着企业规模的扩大，企业需要重点解决的问题是"活得好"。由于企业在创业阶段已经实现了市场生存的初级目标，在随后会更多地考虑如何扩大市场份额，提升自身发展质量等，制定更为精细化的发展目标等。尤其是经过创业阶段的粗放式发展，此时企业需要不断地修正以往发展中存在的一些问题。例如，在初期阶段中，企业会专注于从外部获取大量的资源来促进快速发展，并没有考虑如何对这些资源进行整合和优化以获得更大的效益。特别是以往发展中的一些弊端逐渐凸显，此时企业家的精力也更多的是放在对内部管理制度的建立和完善上，即完成了创业发展之后，企业开始回过头来解决组织内部存在的管理问题和技术创新问题，尤其是前期出现的管理制度不健全，创新投入不足，激励制度不完善等问题。在此过程中，很多企业开始重视通过建章立制的制度创新、管理机制改革等措施来提升工作效率，优化生产流程，增强企业的自身实力和发展质量。为了进一步优化配置资源，一些企业也在推动组织结构创新，形成一些新的职能部门管理结构和模式等。随着企业规模的扩大，需要不断地对组织结构进行有效的调整，构建新的制度体系，形成新的管理方式等来提升内部工作效率，发掘新的资源、市场机会等。因而，在此阶段企业一般会立足于企业自身来加强变革创新，从而形成新的竞争优势。

(三) 转型阶段关键要素分析

在实现了企业在量化和质化方面的成长之后，企业开始追寻和挖掘市场中新的发展机会，重点需要解决的问题是"做得大"。企业之所以进行转型，目的在于对企业经营活动进行持续的修正、更新和变革，原因可能是原来的发展环境发生了重要变化。例如，某种突发性的社会、经济、技术变革，或者企业对环境特点的认识产生了变化，或是因为企业自身的经营条件与能力发生了变化等情况的出现。企业转型不再是一种形式的变化，更重要的是其中的内涵发生变化，不仅包括企业战略层面的业务调整变革，而且也包括组织内部的管理结构、管理制度变革等方面的全方位变革。当企业开始进入转型阶段，无论是外部市场环境，还是企业内部经营，都开始发生一系列的显著变化，市场竞争程度更加激烈。如果完全依靠对某一种资源或业务环境的控制，很难获得持续的竞争优势。这与Hamel和Prahalad（1990）提出的企业需要塑造其核心竞争力（Core Competence）的思想不谋而合。从资源的视角来看，虽然资源依然是企业的重要支撑要素之一，但其地位已经明显降低，且资源本身也在根据时代需要不断演化升级，从简单人力资源逐渐提升到不断积累人力资本来推动企业发展。从能力的视角来看，企业内部的管理活动持续进行有序调整，并对其自身的能力提出了更高的要求，不仅涉及管理结构的调整，还涉及制度创新，例如，按照现代企业制度来完善公司治理等。从战略的视角来看，为了实现战略转型，企业首先开始明确未来的战略发展方向，推动企业内部业务结构的调整，强调打造一体化产业链，注重未来的可持续发展等，以及进一步扩张国际化经营等。从价值的视角来看，面对社会对生态环境的认识和重视程度的逐渐提高，要求企业无论是产品，还是服务，甚至是发展理念都必须注重企业、人类、社会等协调发展等现实需求，企业开始注重对于相关利益者共同利益的重视，并主动承担起一些社会公益活动来引导社会的发展，开始主动发布社会责任报告，向社会承诺自身的发展会照顾公众利益等。

（四）超越阶段关键要素分析

当企业进入自我超越的发展阶段之后，则已经属于在国际市场具有一定影响力的跨国公司。为了能够继续保持强有力的竞争力，这些世界一流企业开始推动面向未来的升级发展，此时所需要解决的问题是"做得强"。充满不确定性的 21 世纪经济发展，面对传统市场规模缩小、新型市场增长加速和生态环境保护压力增大，也会对企业产生不同程度的影响和冲击。特别是进入信息化社会，甚至是智能化社会之后，传统产业开始受到重大冲击，需要企业去化解风险并寻求新的利润增长点。与此同时，世界经济依然未能从2008年的金融危机中恢复过来，部分国家和地区的经济发展依然存在一些困境。为了提升市场竞争力、行业领导力和社会影响力，不少企业谋求在核心能力、业务结构和产业链地位等方面进行突破，力图通过实现总体战略转型，占据市场竞争的先机，开创超越发展的可持续性之路。在这个阶段中，企业已经开始认识到作为一个规模庞大的世界级公司，任何一个失误或不足都会给企业带来更深重的影响。在此基础上，这些企业也开始注意到对资源、能力、战略和价值等多方面的关注，并注意保持协调以完成良好的匹配获得竞争优势。随后，它们开始围绕以往中的每个部分或者要素中存在的不足来进行"查漏补缺"，例如增强人力资本，为了推动国际化战略而形成新的集团管控模式和组织结构等，试图在各个方面都能够做到均衡，并通过对各种要素的充分整合和重新构架来形成难以为外部其他企业所学习和认知的复合竞争力。同时，作为具有一定社会影响力的国际企业，它们也开始承担一些社会责任和经济责任，并持续更新自身的发展理念来推动人与自然、社会的持续发展。

　　世界一流企业不仅要对特定的单一要素进行升级，同时也会不断地进行整合以形成更为复杂的核心竞争力。这样不仅可以使得自身的核心竞争力不被模仿，同时也提高了其他竞争性企业进入壁垒。因而，可以看到世界一流企业之所以能够发展并维持竞争优势，其本质是在不同要素的共同推动下，从而形成持续的竞争力,实现了不同发展阶段顺畅转换。

命题1:世界一流企业的发展历程是基于资源基础、动态能力、战略柔性和价值导向的支撑,并就此获得持续的竞争优势。

三、世界一流企业支撑要素的动态演进

在世界一流企业的成长历程中,虽然不同的要素对不同的阶段起着重要的支撑作用,但依然可以看到,有些要素一直保持影响作用,例如制度创新、战略变革、市场导向和企业价值等;有些要素会在很长一段时间内都产生重要影响,例如企业家、管理创新、国际化战略等;有些要素仅仅是在特定的时间点会对企业产生重要影响,在另一个阶段则被弱化。同样,在每个阶段中,企业也会针对具体的要素进行不断的升级和提升,使其与企业的发展目标和外部市场环境等相匹配。因此,可以看到世界一流企业之所以能够维持竞争优势其根本也在于其能够动态地更新内部支撑要素。

(一)资源基础支撑下的世界一流企业成长

虽然资源对企业获得竞争优势具有支撑作用(Peteraf,1993),但企业是一个不断发展的经济体,存在一定的动态性,这就对资源提出了不同的要求,即在不同的发展阶段应该结合企业的实际需求来获取或形成相应的资源。创业阶段的首要资源是企业家个

体，他们的重要性在于不仅可以通过自身的认知能力来发掘可能存在的市场创业机遇，也会作为发明家而拥有部分核心技术，并通过其强有力的个人权威和领导魅力等行为特征来帮助企业走上运营正轨。除此之外，资本、人员、市场等也会作为关键的资源要素来推动企业持续运营。企业之所以能够在创业期间保持生存和发展，其重要的原因之一也在于能够针对市场需求来提供合适的产品或服务，或通过挖掘潜在的市场需求来加以满足。面对企业内部资源的有限，加上市场上的竞争者较少，企业还可以从公开的要素市场获取所需外部资源，例如资本、场地、设施、设备、人员等，从而克服内部资源的不足。

随着企业进入增长阶段后，企业家的角色和重要性开始逐渐减弱，企业更多的是作为独立的经济主体来参与市场竞争。Helfat 和 Peteraf（2003）指出，企业家的重要工作之一就是将个体能力转化为组织能力来创造企业竞争优势。对世界一流企业而言，不能简单地依靠某一个具有领导能力的企业家，更需要依靠企业的整体实力来提升竞争优势，否则很容易被市场所淘汰。随着更多的企业开始发现潜在的市场机遇，市场中出现了更多的竞争者，这对企业从外部获得资源的发展模式形成了挑战。特别是当大部分产品和技术都可以从外部公开市场中获取或抄袭等，企业很难依靠一种特定产品或服务，以及技术来支撑持续发展。这就要求企业必须拥有合适的，难以为竞争对手所复制的专属性资源或战略资产来形成竞争优势。例如，有些企业开始不断地对现有的产品或服务进行升级和创新以提供新的产品或服务，实现产品能够在市场中做到领先对手一代，以时间差来获得竞争优势。随后，企业开始从外部资源获取转向内部资源挖掘，进行资源要素的升级和创造，包括加强人力资源管理，注重培养与企业能够实现共同发展的员工，并以此作为持续竞争优势的重要支撑。

当企业进入转型阶段后，开始进入国际市场实行国际化经营管理，对于互补性资源的获取则重新成为企业关注的重点任务之一。为了更快地拓展国际市场业务，形成未来竞争优势，很多企业开始采取通过外部并购的方式获得互补性资源（Grant，1991）。此时涉及的资源要素的类型也更为广泛，包括具有较强的客户市场，低廉的生产成本，充沛的劳动力资源等，对这些分布在全球个体资源的获取，也将为企业成为世界一流的跨国企业提供支撑。

在超越发展阶段的一个重要现象是部分企业开始实施资源升级策略，通过一定的手段把各种资源要素积累起来，经过消化、吸收并加以配置，形成各类专用性资产。此时，对于企业人力资源的升级尤其突出。一些企业在前期发展中，可能更多关注技术工人和销售人员的培养，但到了后期则注重对管理人才、研发人才的培养，并通过构建企业内部的组织学习体系，提升员工知识储备，从人力资源升级到人力资本，使其成为战略资产。例如，随着知识经济时代的到来，现代高新技术企业中的物质资本所占比重越来越少，而人力资本的作用越来越大。当前的世界一流企业在跨国经营中也更加重视地域文化的差别，逐步实行本地化和国际化人才队伍，包括管理队伍、市场营销队伍、技术队伍和资本运作队伍，且结构不断优化。

命题 2：不同的资源基础要素会支撑世界一流企业历经不同的发展阶段，且关键要素会因为企业成长的阶段性背景发生持续的动态更新和演化，进而支撑企业获得竞争优势。

（二）动态能力支撑下的世界一流企业成长

能力并不是天然形成的，而是在企业逐渐成长的过程中不断获得持续更新和改进。在 Helfat 和 Peteraf（2003）的能力生命周期（Capability Life Cycle）理论中也提出，能力存在形成、成长、成熟和其他各种演化的路径及过程。这种提升活动不仅发生在产品或技术上，同时也包括管理创新、制度创新等多个方面。

创业阶段最为核心的资源是技术和产品，然而仅仅拥有这些静态资源并不能为企业带来持续的竞争优势，还需要不断地针对这些技术和产品进行后续的升级及创新。技术创新从根本上来说是企业生存和发展的重要基础。当企业拥有技术创新能力，则可以掌握技术进步方向，并不断进行产品创新，开发出新的技术标准，从而拥有垄断的资本和技术，享有更多的市场份额和利润。通过不断进行技术创新，在创新中获得持续竞争力，也逐渐成为企业快速成长和发展的必然选择。企业的创业过程同样也是一个制度构建的过程，在创业初期企业必须完成基本的制度构建工作，使其能够符合运营的基本要求。随后在发展中，也需要不断地针对现实需求来完善现有制度体系中的不足。没有一个不断创新的企业制度体系，企业的其他创新活动是很难做到持久的。只有通过持续的制度变革来实现制度创新，才能为企业后续发展扫清障碍，并提供有效的制度保障和适宜的发展环境。

当企业进入增长阶段，生产运营的规模开始快速扩张，组织管理结构的复杂性也在加大，要求企业必须加强以制度创新和组织变革为内核的能力提升活动。此时的企业已经进入市场，建立现代企业制度也成为当前工作的重要任务。此时的制度创新不再是"从无到有"，而是要实现体系化、规范化的建设和完善工作，包括进行产权、公司制、法人治理结构等方面的系统性改革，制定有效、合理的治理结构，扁平化的组织管理体系，规范化的母子公司体制，如此才能为快速增长提供支撑。在企业创业初期，其基本构建较为简单，一般属于创业团队的内部合作，然而随着企业规模的扩大和业务内容的增加，需要为企业建立合适组织结构和强化集团管控机制建设来支撑发展。从世界一流企业的发展历程来看，其也开始从直线制组织结构向直线职能制、事业部制组织结构进行转变。在此基础上，企业也在持续推动内部管理模式变革，创造新的管理方式和方法，形成较强的资源配置能力和资本运作能力，打造完善的财务管控模式等机制和手段来控制风险和降低交易成本，增强企业竞争力。

在转型阶段，企业发展的一个重要特征是实现跨国经营，在市场开拓、业务范围、资源占有、收入比重等方面具有较高的国际化程度，这就要求企业必须具有较强的全球集团管控能力。例如，作为治理者来影响和控制全球产业价值链，并能够有效应对不同国家、不同文化的市场竞争。随着管理覆盖面的扩大，加强管理创新是世界一流企业所共同关注的。这样可以将现有核心资源的应用扩大到相关行业，创造性地重新配置组合现有资源，退出新的产品和服务，以便在竞争中处于领先地位，保持并扩大现有的市场份额。由于很多企业开始采用一些多元化经营，要求各个部门之间必须紧密配合和快速反应，组织结构也开始进入新的调整期，例如矩阵式组织开始成为一种新的职能管理方式。为了与国际化经营实现匹配，企业也开始构建能够与国际市场规则接轨，遵守国际通行法律准则的制度体系，包括能够实现管理制度化、制度流程化和流程信息化，同时形成科学决策、有效制衡的公司治理机制等。

在超越阶段，企业需要做到全方位的均衡发展。在保持稳定的制度创新和管理创新的基础上，企业也开始不断地进行技术创新，并将其融合到生产运营管理中加以商业化运作，开发出适合市场需求的新产品，这也是决定企业能否实现持续稳定发展的关键所在。例如，以现有技术为起点，不断引领换代步伐，始终走在世界技术进步的前列，做市场开拓者；或者紧跟时代步伐，在已有技术的基础上，不断改进并推出另一种意义上的新产品，从而在新技术、新工艺、新产品等方面始终保持全球领先地位。除此之外，由于国际化程度的提升，推动组织变革也成为企业重新构架的一种活动，其核心在于重新进行组织内部的分工与协作，形成良好的权利与责任体系。很多企业开始设立独立经营、独立核算的事业部，使得事业部和总部之间做到分工明确。例如，随着信息技术的发展，网络化扁平组织在大型企业集团中也越来越普遍，并起到了良好的效果。与此同时，世界一流企业还在不断地根据组织环境、战略、规模等制定管理机制，改进和完善现有的制度体系等，并将此一直贯穿在成长全过程中。

命题3：不同的动态能力要素会支撑世界一流企业历经不同的发展阶段，且关键要素会因为企业成长的阶段性背景发生持续的动态更新和演化，进而支撑企业获得竞争优势。

（三）战略柔性支撑下的世界一流企业成长

在创业阶段，企业的一切活动都是围绕着市场来进行的。市场的核心是客户，出于对客户需求的满足，企业需要对战略进行精准的定位（Narver & Slater，1990），主要关注如何从外部市场中获得有效的信息来确定现有的发展战略，进而主导企业的业务活动（Day，1994；Gatignon & Xuereb，1997）。通过对市场需求进行深刻的了解和认知，在其引导下不断地修正其现有资源配置的活动（Day，1994），进而引导企业的战略选择。随后，企业会根据所处的外部环境、内部的资源和能力来改变企业市场活动的战略内容，例如确定未来的业务发展领域，调整现有的业务组合和结构，以及推动相关业务的转型和升级等。可以说，在创业阶段，企业的战略主要是开发合适的产品，进入市场来满足需求，做到能够持续经营。如果市场出现了波动，则会通过战略变革来进行重新定位。

在增长阶段，外部市场开始呈现高度的动态性和竞争性，使得市场需求很容易发生变化。为了获取持续的组织绩效，企业必须在发起战略活动之前制定明确的战略导向，并就此展开相应的战略行动。战略导向是在企业战略决策中的方向和模式，会指引企业适应外部环境和塑造内部制度与程序，进而决定企业采用怎样的战略来适应或改变环境以达到更优配置的原则（Hambrick，1983）。企业只有不断把视点对准市场才能有效获得各项信息、机会，认识其中可能存在的趋势和变化，才能实现竞争优势延续。作为对市场认知的反馈，企业也会不断地根据市场信息进行适应性调整，例如生产出能为市场所接受的产品或服务，进而把企业的经营管理模式加以固化，为战略目标的实现提供基础保障以获得持续增长。

在转型阶段，企业的发展重点是从国内企业向跨国企业进行转型。在进入国际市场之前，很多企业高度重视国际化战略布局的重要性，例如根据东道国的国别特征、市场环境等明确的国际化战略和企业定位，选择合适的进入模式，细化战略执行方案，使得国际化战略具有可行性和可持续性。与此同时，企业在国际化战略中也会考虑推动多元化，既有将现有生产制造模式复制到不发达国家来加强产能合作，也有的沿价值链扩张或弥补价值链的缺失从低端向高端延伸来丰富和整合全球价值链。此外，一些企业也开始面向未来进行动态调整，以更加合理、高效的方式来获取、优化和整合人力、资本、技术等要素，提升企业的管理能力、完善企业的运行机制等。例如，随着国际分工的调整，开始系统评价自身资源，合理确定战略目标，从国内经营走向跨国经营，从国内市场进入国外市场，对国内外的生产要素进行重新优化配置以提升综合竞争力。

在超越阶段，随着市场竞争越来越激烈，企业开始考虑进入新的业务领域。为了保证战略活动的有效实施，必须提供基础性的指引。例如，在国际化运营中，制定相应的国际化战略规划、产业战略和支持战略等，包括未来的市场区域、行业及产品战略、市场营销及售后服务战略、产品与行业覆盖战略，以及以制造、研发和采购为核心的产业战略，保证企业能够具有明确的国际业务开拓方向。与此同时，为了满足客户的显性需求和潜在需求，企业还需要对现有的目标客户有更深刻的理解和认知。例如，针对新业务市场中的客户期望、企业定位等，通过合适的外部渠道、方式、认知模式来了解市场，通过在与客户交流活动中不断地去发掘、利用潜在的关于客户的相关信息，对企业整体发展活动进行规划和方向指引，如此才能获得持续的竞争优势。

命题4：不同的战略柔性要素会支撑世界一流企业历经不同的发展阶段，且关键要素会因为企业成长的阶段性背景发生持续的动态更新和演化，进而支撑企业获得竞争优势。

（四）价值导向支撑下的世界一流企业成长

在创业阶段，对普通的企业来说，首要的目的是求得生存和发展等现实利益，注重经济效益也就无可厚非。企业会将如何实现股东最大的回报，提升企业的内在价值，为投资人创造经济价值等作为公司的核心价值理念。虽然其中可能会存在一些特定的情境，会存在双重制度逻辑等因素的影响，但对于企业而言，依然需要以成立的宗旨和愿景来执行经营管理活动。然而对于一些较为特殊的企业而言，则必须接受双重的评价，即在做好与其他企业相似的本职工作之外，还需要照顾到特定主体的现实利益。

在增长阶段，从企业本身的经济利益来看，需要充分考虑以经济效益为主导的价值体系内容，不仅要关注短期业绩，也要注意长期利益，这是企业的立企之本。除了经济利益之外，同时也要兼顾其他利益相关者（诸如员工、客户和社会等）的利益。在此阶段中，企业规模扩大的一个重要体现就是人员组织规模的扩大，开始雇佣更多的员工来促进快速发展，需要通过组织文化塑造活动来支撑企业作为独立的经济体得以生存下来。与此同时，企业还需要积极探索新的盈利模式，从注重规模向注重质量效益转变，从产业链过度延伸向价值链中高端转变，从国内经营向国际化经营转变，增强价值创造能力。此外，随着企业规模的扩大，部分企业也开始在日常经营中注重承担社会责任，以创造社会财富，造福民众为己任，服务社会，奉献社会的价值理念，强调企业与社会的和谐发展。

在转型阶段，根据时代的进步和社会的要求，企业除了要实现经济效益、市场利益和客户价值等之外，还会积极推动社会责任融入企业运营，力求将社会责任理念融入公司使命、价值观、业务运营、基础管理和职能管理等各个领域，以便实现社会责任理念在企业的真正落地。特别是进入20世纪90年代以来，很多世界一流企业开始编制并发布企业社会责任报告，披露公司履行企业社会责任的理念、措施和绩效，企业所承担的责任，从事的社会公益活动等。例如，Shell公司始终坚持"低碳经济、绿色经济、循环经济"的发展理念,不断提高资源综合利用效率,积极实施环境保护和节能减排,追求企业与环境的和谐发展,努力构建"资源节约型、环境友好型"企业。在业务发展中,加大清洁能源投资力度,开发风电、太阳能等清洁能源,提高资源利用效率,积极实施循环经济战略。同时,很多企业还会根据法律法规和监管规定,制定并完善信息披露等管理制度,并进一步加强投资者关系管理,拓宽与投资者的沟通渠道,提升公司治理水平,并在企业内部加强企业文化建设,塑造员工价值理念,例如采取各种有力的措施使企业核心价值观内化为员工自己的价值观和外化为员工的集体行为等。

在超越阶段,对企业价值的衡量需要以提升发展质量和效率为考核导向,同时结合企业内部不同业务领域和板块,不同发展阶段的特点,形成新的价值管理理念和体系。例如,在企业价值方面,一般会以提升价值为重要导向,加大科技投入,加快新技术、新工艺的创新,开展商业模式创新等来破解制约价值提升的瓶颈。同时,确定具有挑战性的目标,持续改善,包括构建 CRM 体系,增加客户产品和服务的附加值,提升客户满意度,做到利益共享、风险共担,以及提升企业业绩,盈利能力达到国际一流水平。随着人力资本在企业内得到高度重视,世界一流企业也开始意识到为实现战略目标,在其内部必须具有凝聚力的全体员工认同的价值观。为此,企业也开始努力秉承企业与员工共同发展的理念,建立人尽其才、才尽其用的用人机制,营造公开、公平、公正的用人氛围,为员工提供各类培训机会,鼓励岗位成才,使员工意识到自身的价值，进而提高工作的积极性、主动性和创造性，充分发挥自身潜能，以最大限度实现其自身价值，并与公司共同发展。

命题5：不同的价值导向要素会支撑世界一流企业历经不同的发展阶段，且关键要素会因为企业成长的阶段性背景发生持续的动态更新和演化，进而支撑企业获得竞争优势。

四、结论和启示

关于什么是世界一流企业和如何成为世界一流企业已成为理论与实践关注的重要问题。在以往的理论研究中，已经提出获取竞争优势是世界一流企业的关键内容，并具有相当重要的作用。然而在以往的研究中对于其中的具体内容不仅存在不同的划分，且并没有设定到具体的背景条件中进行认识。在本研究中试图探索其中的关键因素，同时明确不同要素在企业成长历程中的作用和运作机理。综合来看，为了保证实现持续发展，企业需要不同的要素进行组合以帮助获得持续的竞争优势，进而提出企业成为具有国际竞争力的世界一流企业的演化路径，具体可以分为以下核心内容：

第一，世界一流企业的发展需要众多的资源要素来支撑，其发展历程也表现在对现有资源利用和新资源开发的动态均衡状态中。在不同的发展阶段，企业的外部功能会存在动态转换，也要求在不同发展阶段的企业必须具有对成长能够起相对主导作用的某种资源要素，而且这种资源要素会随着企业功能的转换而实现更替。世界一流企业与其他企业的不同之处，不仅在于拥有有价值的、稀缺的、无法仿制的和不可替代的资源，而且还在于形成能够为企业带来长期竞争优势的、非交易性的、积累过程缓慢且符合市场需求的战略资产，使企业进入一种持续的"循环流转"的资源升级状态中。

第二，作为一个能力的集合体，企业构建、积累、整合和重塑能力的组织活动将最终决定企业竞争优势（Eisenhardt & Martin，2000）。企业经营管理活动的主要任务是探索企业专属资产，培育难以为竞争对手所复制的混合竞争优势集合体。世界一流的企业不仅需要拥有较强的能力体系，能够在现有的业务基础上，通过综合业务管理和运营来获得稳定持续的竞争力和超额利润，确保业绩增长是自然的、健康的，且能够经历时代变迁而继续实现增长。同时，还能够在创新驱动的作用下，根据需求不断地动态调整其内部的能力结构，并形成新的能力组织集合体来满足企业在不同情境下的需求，形成一套适合自己的企业文化和制度体系，促进企业实现质的飞跃，实现螺旋式上升。

第三，具有国际竞争力的世界一流企业与其他企业相比，其中的显著优势也在于能够在不断变化的环境中，基于对外界环境因素、内部资源和能力的认知理解，为了长期的增长和最终目标的实现，不断地修正和更新企业战略，形成合适的战略导向来指引经营活动。例如，世界一流企业通常具有国际化战略理念，准确、清晰的战略定位，能够引领世界范围内相关业务、产业的未来发展方向，尤其是在变化多端的外部环境中不断寻求和利用机会，实现全球战略布局，开展全球业务拓展，做好本土化经营，为企业发展提供更大的发展空间和更多的市场机会，使企业能够与时俱进，保持可持续发展，实现基业长青。

第四，价值导向会因为企业的目标导向和任务差异而存在不同，包含员工、组织、客户、社会等多个主体。从个体来看，价值导向依赖于探索和挖掘现有员工价值，并通过使用一组人力、有形和无形的资源来促进经济价值创造。从组织来看，企业会立足于组织边界内部的自身活动来逐渐塑造自身的价值理念和文化精神等。从客户来看，企业会不断面向外部市场需求而进行资源整合以形成或增加客户的收益价值。从社会来看，当企业发展到一定程度后，则会使自身价值与社会价值保持一致，以推动社会财富创造作为企业使命，并通过自身和自我实践活动满足社会或他人物质的、精神的需要所做出的贡献和承担的责任来回馈社会。例如，承担社会责任，履行社会义务等。

第五，世界一流企业并非是完全依靠某一种要素来获得持续的竞争优势，而是能够在其不提供的阶段，有效形成要素间的复杂交互来形成核心竞争力，从而保证竞争优势的持续。例如，在国际化运营活动中，通常会利用其卓越的管理制度、流程和技术创新能力等，在全球组织和整合研发、采购和生产，推动实施跨国、跨行业的经营管理活动来提升国际化运营的规模和效率。同时，不断地进行自我能力提升，不断地完善现有的公司治理体系，变革企业发展理念，形成新的集团管控能力等，不仅有效地提升了企业的效益，同时也创造了更多的社会价值，从而实现"做大、做优、做强，具有竞争力的世界一流企业"的战略目标。

参考文献

［1］刘志彪，姜付秀. 基于无形资源的竞争优势［J］. 管理世界，2003（2）.

［2］Ansoff, H. I., Declerck, R. P., & Hayes, R. L. From Strategic Planning to Strategic Management ［M］. London: Wiley, 1976.

［3］Barnett, W.P., & Burgelman, R.A. Evolutionary Perspectives on Strategy［J］. Strategic Management Journal, 1996 (17): 5-19.

［4］Barney, J. Firm Resources and Sustained Competitive Advantage［J］. Journal of Management, 1991 (17): 99-120.

［5］Burgelman R. A. A Process Model of Internal Corporate Venturing in the Diversified Major Firm ［J］. Administrative Science Quarterly, 1994 (28): 223-244.

［6］Castañer, X., & Kavadis, N. Does "Good" Governance Prevent "Bad" Strategy? A Study of Corporate Governance, Financial Diversification, and Value Creation by French Corporations, 2000-2006 ［J］. Strategic Management. Journal, 2013 (34): 863-876.

［7］Ceccagnoli, M., & Jiang, L. The Cost of Integrating External Technologies: Supply and Demand Drivers of Value Creation in the Markets for Technology ［J］. Strategic Management Journal, 2013 (34): 404-425.

［8］Collis, D. J. Research Note: How Valuable are Organizational Capabilities［J］. Strategic Management Journal, 1994 (15): 143-152.

［9］Day, G. S. The Capabilities of Market-Driven Organizations ［J］. Journal of Marketing, 1994, 58 (4): 37-52.

［10］Drucker, P. F. Innovation and Entrepreneurship: Practice and Principles ［M］. New York: Harper & Row, 1985.

［11］Edvinsson, L., & Malone, M. S. Intellectual Capital: How to Identify and Calculate the Value of Intangible Assets of Your Company [J]. Barcelona Management, 1999 (1): 7-14.

[12] Eisenhardt, K. M. & Martin, J. A. Dynamic Capabilities: What are They? [J] Strategic Management Journal, 2000 (21): 1105-1121.

[13] Flint D.J. & Mentzer, J. T. Logisticians as Marketers: Their Role when Customer Desired Value Changes [J]. Journal of Business Logistics, 2000, 21 (2): 19-41.

[14] Fowler, S. W., King, A. W., Marsh, S. J. & Victor, B. Beyond Products: New Strategic Imperatives for Developing Competencies in Dynamic Environments [J]. Journal of Engineering and Technology Management, 2000, 17 (3-4): 357-377.

[15] Gatignon, H., & Xuereb, J. M. Strategic Orientation of the Firm and New Product Performance [J]. Journal of Marketing Research, 1997, 34 (2): 77-90.

[16] Grant, R. M. Contemporary Strategy Analysis: Concepts. Techniques, Applications, Basil Blackwell [M]. Cambridge, MA. 1991.

[17] Hambrick, D. C. Some Tests of the Effectiveness and Functional Attributes of Miles and Snow's Strategic Types [J]. Academy Management Journul, 1983, 26 (1): 5-26.

[18] Hitt, M. A., Dacin, M. T., Tyler, B. B., & Park, D. Understanding the Differences in Korean and U. S. Executives' Strategic Orientation [J]. Strategic Management Journal, 1997, 18 (2): 159-167.

[19] Helfat, C. E., & Peteraf, M. A. The Dynamic Resource-based View: Capability Lifecycles [J]. Strategic Management Journal, 2003, 24 (10): 997-1010.

[20] Ireland, R. D., Hitt, M. A., & Sirmon, D. G. Strategic Entrepreneurship: The Construct and its Dimensions [J]. Journal of Management, 2003 (29): 963-989.

[21] Lepak, D. P., Smith, K. G., & Taylor, M. S. Value Creation and Value Capture: A Multilevel Perspective [J]. Academy of Management Review,

2007, 32 (1): 180-194.

[22] Madhok, A., & Tallman, S. B. Resources, Transactions and Rents: Managing Value Through Inter-firm Collaborative Relationships [J]. Organization Science, 1998, 9 (3): 326-339.

[23] Mahoney, J. T., & Pandian, J. R. The Resource-based View within the Conversation of Strategic Management [J]. Strategic Management Journal, 1999 (13): 363-380.

[24] Manu, F. A., & Sriram, V. Innovation, Marketing Strategy, Environment, and Performance [J]. Journal of Business Research, 1996, 35 (1): 79-91.

[25] Marsh, S. J. & Stock, G. N. Creating Dynamic Capability: The Role of Inter-temporal Integration, Knowledge Retention, and Interpretation[J]. The Journal of Product Development & Management, 2006 (23): 422-436.

[26] Narver, J., & Slater, S. The Effect of a Market Orientation on Business Profitability[J]. Journal of Marketing, 1990, 54 (4): 20-36.

[27] Noda, T., & Collis, D.J. The Evolution of Intra-industry Firm Heterogeneity: Insights from a Process Study [J]. Academy of Management Journal, 2001, 44 (4): 897-925.

[28] Penrose, E. The Theory of the Growth of the Firm [M]. Oxford: Basil Blackford, 1959.

[29] Peteraf, M. The Cornerstones of Competitive Advantage: A Resource-Based View [J]. Strategic Management Journal, 1993, 14 (3): 179-191.

[30] Porter, M. Competitive Strategy: Techniques for Analyzing Industries and Competitors [M]. New York: The Free Press, 1980.

[31] Prahalad. C. K & Hamel. G. The Core Competence of the Corporation [J]. Harvard Business Review, 1990 (May-June): 79-91.

[32] Rumelt, R.P. Towards a Strategic Theory of the Firm [A]// Competitive Strategic Management, Lamb, R.B. (Ed.), Englewood Cliffs [M]. NJ: Prentice-Hall, 1984.

[33] Seth, A. Value Creation in Acquisitions: A Re-examination of Per-

formance Issues [J]. Strategic Management Journal, 1990, 11 (2): 99-115.

[34] Wernerfelt, B. A Resource-Based View of the Firm [J]. Strategic Management Journal, 1984, 5 (2): 171-180.

[35] Wernerfelt, B. Tacit Collusion in Differentiated Cournot Games [J]. Economics Letters, 1989 (29): 303-306.

[36] Winter, S. G. Understanding Dynamic Capabilities [J]. Strategic Management Journal, 2003, 24 (10): 991-995.

第三章
世界一流企业理论的普适性与中国实践

什么是具有国际竞争力的世界一流企业？如何成为具有国际竞争力的世界一流企业？这一直是理论研究和管理实践中试图探索与努力回答的重要问题。衡量一个企业是否具有国际竞争力的标准有很多。例如，具有较大的组织规模，较高的国际化水平，较强的领导力，高效的集团管控，持续的创新能力，完善的风险管控，优秀的企业文化，等等。然而，仅仅依靠这些静态指标来衡量，那么，不少名列世界500强的企业至少会在某一方面表现得极其优秀，但是，这并不意味着它们就是世界一流企业。评判一个企业是否是世界一流企业，需要基于最佳实践的"事实标准"，即能够经得起时间检验的公认标杆。如何在做大、做强的同时，能够实现做久，真正经得起时间检验并呈现出持续的竞争力，在某种程度上，是大企业发展进程中孜孜以求的终极目标，也是定义世界一流企业的重要标准。

一、世界一流企业成长的系统性和动态性

现有的有关世界一流企业的研究及观点，大多专注于某一类具体的要素来分析，主要强调其对企业竞争优势或企业绩效的影响和作用；或基于商业性、或基于政策性的考虑来进行，主要强调通过构建指标体系来进行评价和对标，并设置了一系列的静态指标，提出如果企业在这些指标上具有良好的特征，就成为了世界一流企业。这些已有的研究成果存在两方面的不足。

（一）立足于对具体要素的分析，忽略了对系统性的认识

虽然通过构建一套较为完善的评价指标体系可以帮助我们在特定的时间点对世界一流企业的发展现状进行分析和判断，理解世界一流企业在特定的某个方面或多个方面可能存在的突出优势，但却忽略了其中的系统性。如果仅仅就单个指标看，一些企业的确相当突出，但从整体看，则并非如此。尤其是任何要素都并非是独立存在，不受其他要素的影响，而是存在一个系统中，属于整体中的一部分，且不同要素之间存在关联互动。例如，仅仅拥有稀缺的、有价值的和不完全模仿的异质性资源并不能确保企业实现价值，资源只有在被评价、控制和合理配置时才会获得价值（Lippman & Rumelt，2003）。同样，对资源进行有效组织或

组合的管理活动也具有相当的重要性，企业需要时常创新经营思维，高效地调整现有的业务流程，不断进行优化和改进来提升运行效率和效益，形成新的资源交换和整合方式，新的做事方式和工作模式（Teece et al.，1997），产生特定业务环节的价值增值（Moran & Ghoshal，1996），才能获得新的业务市场和竞争优势。此外，任何企业战略的形成和执行都依赖于其现有的水平，需要其内部形成具有明确的发展愿景、导向和规划，再加上完善的、系统化和组织制度体系才能实现。

从目前的研究来看，很少有研究从较为系统的角度来分析世界一流企业内部不同要素之间的协同与匹配，大多数研究都比较专注于特定要素，容易出现"木桶效应"，无法取得好的整体绩效。因此，针对世界一流企业的认识，不仅需要甄别某一要素可能对企业发展的影响，还要注重多种要素之间可能存在的协同、交互等作用机制，才能更深入地理解企业要成为世界一流，到底需要在哪些方面进行投入，如何进行有效合理配置，以及需要围绕企业的现实基础制定哪些针对性的战略措施等。

（二）注重于对静态界面的分析，忽略了对动态性过程的认识

世界一流企业的发展并非一蹴而就，而是经历一个过程，除了需要在一些要素上具有比较优势和竞争力之外，还需要历经时间的检验来证明这些要素的确是在特定的社会背景下或环境中发挥出了重要的作用。尤其是这些企业可能正是因为在特定的时间

点上对一些关键要素实现了占有、控制和组合等，才能做得更加出类拔萃，能够在市场和行业中脱颖而出，获得了市场竞争力、社会影响力和行业领导力。因此，对于世界一流企业的认识需要结合静态与动态进行分析。

以往的研究忽略了世界一流企业的历史发展演化过程，这就容易导致对企业成长规律的认识出现偏差。例如，在20世纪的大半时期里，通用汽车（GM）可以称得上是美国制造业的至上荣光，在1955年"美国工业企业500强"中排名第一，营业收入也达到124.43亿美元。然而，在21世纪初，等待被拯救于水火之中的通用汽车，俨然已经接近于没落中的传统制造企业代名词（余菁、王涛，2015）。在一个动态的环境中，企业发展可能受到众多种因素的综合影响，而受制于企业内外部环境，通常，只会使得其中某一个或某几个因素的影响表现得更为突出，起到主要的或决定性的影响与作用。如果能从企业的动态成长历程中挖掘和提炼出其中的关键因素，并使之与企业的发展历程相匹配，就可以将其视为促进企业持续发展的特质因素。例如，在企业成长的过程中，可能会出现数十种能力，如果企业全面发展这些能力的话，很可能无法形成竞争优势。有限理性决定了企业必须根据自己所控制的有限资源，结合特定的环境条件来发展某种差异性能力。

从动态分析的视角看，丧失价值的管理思维和活动可能成为核心刚性，阻碍企业适应新的竞争环境。当企业过度投资于标准化和流程化的管理活动时，容易阻止企业开发新的管理制度或体系，从而难以适应环境变化并阻碍绩效提升。如何推动管理能力的持续变革和创新，形成新的管理思维和战略措施组合来推动资源的创造、演化和重构，使资源能以一种全新的方式来支撑竞争优势，依然属于未能得到完全认识的理论问题。只有基于动态分析，人们才能更好地理解世界一流企业的历史发展背景，进行合理判断，解释其战略发展思维，从而对世界一流企业的发展路径的实现，有更清晰的认知。

综上来看，以往研究通过设定评价指标体系或从多方面来分析卓越企业及其竞争力的来源的研究思路，为我们逐步认识和了解世界一流企业的成长规律提供了帮助。不过，从理论探讨和实践指导的需要看，上述研究思路依然存在一些未能解决的现实问题。例如，通过对标来发现不足并在特定方面加大投入，是否就能确保实践主体成为世界一流企业？如果仅仅这样思考的话，容易陷入"照猫画虎"的尴尬局面。我们认为，对于世界一流企业的认识，需要遵循"从点到面，从截面到过程"的原则，不仅要注重其中的关键要素，更需要从体系化的角度来认识不同要素间的组合可能产生的综合效益；不仅需要看到现在世界一流企业是什么，还需要通过全景分析来更深入地认识其内在运行机制和模式，如此才能触及世界一流企业的真正内核。我们还认为，仅仅进行静态对比分析是不够的，需要结合世界一流企业的历史脉络进行分析，了解不同的发展阶段的企业成长的特定情景、背景及其阶段性特征。例如，在不同阶段中，企业需要获取和占有何种资源？需要具备和提升哪些能力？其中的战略导向又如何指导企业发展？需要围绕何种对象来强化价值创造以满足需求？只有通过对这些更为细化的问题进行深入探讨，才能真正帮助中国企业学习和借鉴世界一流企业发展的先进经验和历史教训，结合自身实践进行合理定位，少走弯路，实现借道超车。

二、世界一流企业成长的一般规律

企业成长也可以被看成是量和质的同步增长，即企业规模随着时间推移而逐渐增大，其运营效率和效益也会得到同步的提升。Penrose（1959）将企业成长的过程看作是通过有效地协调其他资源和管理职能的结果，从一种非均衡状态向另一种非均衡状态转化。结合前文给出的世界一流企业的分析框架，我们可以看到，在发展过程中，价值导向会引导企业的资源基础、动态能力和战略柔性形成一种复杂的交互状态，使得在每个阶段都会有相应的要素来支撑企业的发展，并完成从一个阶段向另一个阶段的转变和跃升。其中，有些要素保持全程性的影响，例如，企业家、资源获取基础、市场导向等；一些要素在企业成长早期出现又在后面消失，例如，创业机遇等；一些新的要素会在企业进入特定的成长阶段后出现，例如，国际化经营等。

（一）创业阶段

从价值导向的角度看，企业在创业阶段的首要价值理念是求得生存和发展等现实利益。企业会将如何实现股东最大的回报,提升企业的内在价值,为投资人创造经济价值等作为公司的核心价值理念。由于企业家在此阶段会主导企业一切经营活动,如果具有企业家精神则会更好地引导企业去实现稳健发展,在此阶段中,企业文化更多的是企业家个体的内在价值理念的外化。在一些特定的情境中,有的企业会受到双重制度逻辑的支配和影响,使得企业既需要以成立的宗旨和愿景来执行经营管理活动,也需要照顾到特定主体的现实利益。例如,国有企业通常要照顾国家股东方面的国家利益,需要为国家、为社会贡献价值,承担更多的责任。虽然这类企业比较特殊,但依然有一定的代表性。欧洲一些发达国家在历史上也曾经拥有国有企业,但随着时代的变化,这些国有企业的国家利益的价值导向开始有所衰退,更加强调企业高度商业化的独立运作。

从资源基础的角度看,创业阶段的首要资源是企业家个体,他们的重要性在于不仅可以通过自身的认知能力来发掘可能存在的市场创业机遇,也会作为发明家而拥有部分核心技术,会通过其强有力的个人权威和领导魅力等行为特征来帮助企业走上运营正轨。其他的资本、人员、市场等有可能作为关键的资源要素来支持企业运营。例如,能够针对市场需求来提供合适的产品或服务,或通过挖掘潜在的市场需求来加以满足。在企业内部资源有限的情况下,企业还可以从公开的要素市场获取所需的资本、场地、设施、设备、人员等外部资源,以克服内部资源不足的问题。

从动态能力的角度看,创新活动是企业生存和发展的根本。

如果企业拥有技术创新能力，就可以掌握技术进步方向，不断进行产品创新，开发出新的技术标准，从而拥有垄断的资本和技术，享有更多的市场份额和利润。企业的创业过程也是一个制度创新的过程，在创业初期企业必须完成基本的公司制度构建工作，使其能够符合运营的基本要求。在随后的发展中，又需要不断地针对现实需求来弥补和完善现有制度体系中的不足。只有通过持续的制度变革，才能为企业后续的健康发展扫清障碍，提供有效的制度保障和适宜的发展环境。没有制度创新体系提供的组织保障，企业的其他创新活动是很难做到持久的。

从战略柔性的角度看，创业阶段的企业一切活动都是围绕着市场来进行的。市场的核心是客户，出于对客户需求的满足，企业需要对产品与服务战略进行精准的定位（Narver & Slater，1990），主要关注如何从外部市场中获得有效的信息来确定现有的产品与服务的发展方向，进而使企业的各项业务活动与之相配合（Day，1994；Gatignon & Xuereb，1997）。通过深刻地了解和认知市场需求，引导企业的产品战略选择，不断修正企业现有的资源配置（Day，1994），企业会不断根据所处的外部环境、内部的资源和能力来改变企业市场活动的具体内容，包括制定未来的产品与服务发展领域，调整现有的产品组合和结构，推动相关业务的转型和升级等。在创业阶段，企业的主要任务是开发适销对路的产品与服务，进入市场和满足需求。如果市场出现了波动，企业就需要对产品与服务战略进行重新定位。

(二)增长阶段

从价值导向的角度看,企业开始充分考虑以经济效益为主导的价值体系内容,不仅要关注短期业绩,也要注意长期利益,这是企业的立企之本。除了经济利益之外,也要兼顾其他利益相关者(诸如员工、客户和社会等)的利益。在此阶段中,企业的规模扩大的一个重要体现就是人员与组织规模的扩大,企业开始雇佣更多的员工来促进快速发展。此时,企业不再完全依靠企业家个人能力来支撑发展,而是需要以群体思维来支撑发展,为此,企业不仅需要依靠企业制度体系,更需要在组织内部,完成从企业家精神引领企业发展向组织文化支撑企业发展的转变,形成企业的内核性的价值理念与价值观。这种软实力建设会促进企业积极探索新的盈利模式,从注重规模向注重质量、效益转变,增强企业的价值创造能力。随着企业规模的扩大,有一部分企业也开始在日常经营中越来越注重承担社会责任,强化自身的服务社会、奉献社会的价值观念,提出以创造社会财富和造福民众为己任,强调企业与社会的和谐发展。

从资源基础的角度看,在企业进入增长阶段后,企业的持续发展不能再简单地依靠某一位具有领导能力的企业家,更需要依靠企业的整体实力来提升竞争优势。增长阶段的一个很重要的特征是企业的体量开始快速增长。例如,制造业企业开始扩充生产规模,服务业企业则开始拓展业务服务范围,同时,企业对于资本的需求量开始迅速增加。在资本市场完善的发达国家,企业会有更多的融资渠道来作为支撑。市场机遇的发现，会带来更多的竞争者，这将对企业从外部获得资源的发展模式形成挑战。特别是当大部分产品和技术都可以从外部公开市场中获取或抄袭时，此时的企业很难依靠一种特定的产品或服务、技术支撑自身的持续发展。此时，企业必须拥有难以为竞争对手所复制的专属性资源或战略性资产来形成自身的竞争优势。例如，有些企业开始不断地对现有的产品或服务进行升级，或者是创新来提供新的产品或服务，以实现本企业的产品能够在市场中做到领先竞争对手一代或多代，以时间差来维系竞争优势。在增长阶段，企业将从外部资源获取转向内部资源挖掘，着力进行内部资源要素的升级和改造，包括加强人力资源管理，注重培养与企业能够实现共同发展的员工，这些都将成为企业在快速增长阶段的持续竞争优势的重要支撑。

  从动态能力的角度看，随着生产运营规模的快速扩张，组织管理结构的复杂性也在加大，此时，企业必须加强制度创新和组织变革活动。此时的制度创新的任务不是"从无到有"，而是要实现体系化、规范化的制度体系的建构和完善工作，包括进行产权、公司制、法人治理结构等方面的系统性改革，制定有效、合理的治理结构，扁平化的组织管理体系，规范化的母子公司体制，如此才能为企业进一步的快速增长提供支撑。在企业创业初期，其基本制度的构建一般都较为简单，属于创业团队的内部合作的范畴，而随着企业规模的扩大和业务内容的增加，企业就需要建立适合其业务特点的组织结构和集团管控机制。从世界一流企业的发展历程看，往往是在这一阶段，完成了从直线制组织结构向直线职能制、事业部制组织结构的转变。同时，企业往往会在增长阶段，持续推动内部管理变革，创造新的管理方式和方法，形成较强的资源配置能力和资本运作能力，打造完善的财务管控体制，来控制经营风险和交易成本，增强企业竞争力与对抗风险的能力。

从战略柔性的角度看，增长阶段的外部市场开始呈现高度的动态性和竞争性，使得市场需求很容易发生变化，这样就要求企业必须重新进行战略定位。通常，企业需要在发起战略活动之前就能够制定明确的战略导向，再据此展开相应的战略行动，例如，指引企业适应外部环境和塑造内部制度与程序，进而决定企业采用怎样的战略来适应或改变环境以达到更优配置（Hambrick，1983）。企业只有不断把视点对准市场才能有效获得各项信息、机会，认识其中潜在的影响战略决策的各种趋势性变化，才能确保实现竞争优势的延续。

（三）转型阶段

从价值导向的角度看，根据时代的进步和社会的要求，此阶段的世界一流企业除了要实现经济效益、市场利益和客户价值等之外，还会积极承担社会责任，力求将社会责任理念融入公司使命、价值观、业务运营、基础管理、职能管理和运营活动的各个领域，以实现社会责任理念在企业的真正落地。特别是进入20世纪90年代以来，很多世界一流企业开始编制并发布企业社会责任报告，披露公司履行企业社会责任的理念、措施和绩效，企业所承担的社会责任和从事的社会公益活动，等等。例如，Shell 公司始终坚持"低碳经济、绿色经济、循环经济"的发展理念，不断提高资源综合利用效率，积极实施环境保护和节能减排，追求企业与环境的和谐发展，努力构建"资源节约型、环境友好型"企业。在业务发展中，不断加大清洁能源投资力度，开发风电、太阳能等清洁能源，提高资源利用效率，积极实施循环经济战略。很多企业还会在企业内部加强企业文化建设，塑造员工价值理念，采取各种有力的措施使企业核心价值观能够逐渐内化为员工自己的价值观和外化为员工的集体行为等。

从资源基础的角度看，当企业进入转型阶段后，开始进入国际市场和实行国际化经营管理。在此发展阶段，对互补性资源的获取，成为企业关注的重点任务之一。为了加快拓展国际市场业务，形成未来的竞争优势，很多世界一流企业会通过外部并购的方式来获得互补性资源（Grant，1991）。此时，企业所需要获取的资源要素的类型广泛，包括具有较强吸引力的市场资源、低廉的生产要素资源、充沛的劳动力资源等。跨国运营和全程化运作，正是那些不断寻求发展的企业搜寻与获取分布在全球的各种资源的必然结果。与此同时，在企业内部，结合前期发展的经验，企业开始注重获取能够帮助企业实现可持续发展的独特的战略资源（Wernerfelt，1984）。例如，专利、专有技术、商标、研发人员等，它们可以帮助企业在发展过程中保持持续的竞争优势。

从动态能力的角度看，此阶段企业发展的一个重要特征就是实现跨国经营,在市场开拓、业务范围、资源占有、收入比重等方面具有较高的国际化程度,这就要求企业必须具有较强的全球集团管控能力。例如,作为治理者来影响和控制全球产业价值链,并有效应对不同国家、不同文化的市场竞争。随着管理覆盖面的扩大,加强管理创新是世界一流企业所共同关注的。这样可以将现有核心资源的应用扩大到相关行业和区域,创造性地重新配置组合企业存量资源,推出新的产品和服务,保持并稳健地扩大现有的市场份额。由于很多企业开始采用一些多元化经营,要求各个部门之间必须紧密配合和快速反应,组织结构也开始进入新的调整期,有的企业将矩阵式组织作为新的职能管理方式。为了与国际化经营实现匹配,企业也开始构建能够与国际市场规则接轨,遵守国际通行法律准则的制度体系。

从战略柔性的角度看,在转型阶段,企业面临的主要挑战是要实现从国内企业向跨国企业的转变。在进入国际市场之前,很多企业高度重视国际化战略布局重要性。例如,根据东道国的国别特征、市场环境等来明确国际化战略和企业定位,选择合适的进入模式,细化战略执行方案,使得国际化战略具有可行性和可持续性。企业在国际化战略中通常会考虑推动多元化,既可以将现有生产制造模式复制到不发达国家来加强产能合作,也可以沿着价值链扩张或弥补价值链的缺失,通过从低端向高端延伸来丰富和整合全球价值链,实现全球资源的重新配置与优化。有一些企业也开始面向未来,实行与战略相匹配的内部组织动态调整,以更合理、高效的方式来获取、优化和整合人力、资本、技术等要素，提升管理能力和改善运行机制。

(四) 超越阶段

从价值导向的角度看，在超越阶段，一些世界一流企业开始提出以提升发展质量和效率为价值评价与绩效考核的重要导向，同时，会结合企业内部不同业务领域和板块及其所处的不同发展阶段的特点，形成新的价值管理理念和体系。不少企业以提升价值为导向，加大科技投入，加快新技术、新工艺的创新，开展商业模式创新等，以破解制约企业价值提升的瓶颈。还有一些企业会设定极具有挑战性的目标，持续改善。随着人力资本在企业内得到高度重视，世界一流企业会越来越重视对全体员工的价值观和凝聚力的塑造。不少企业开始努力秉承企业与员工共同发展的理念，建立人尽其才、才尽其用的用人机制，营造公开、公平、公正的用人氛围，为员工提供各类培训机会，鼓励岗位成才，使员工意识到自身的价值，进而提高其工作的积极性、主动性和创造性，充分发挥员工的潜能，使之能够与公司共同发展、进步。在此阶段，企业也会更加愿意承担社会责任，以此塑造出良好的社会声誉和企业品牌，促进提升企业的软实力。

从资源基础的角度看，超越发展阶段的一个重要现象就是部分企业开始实施资源升级策略，通过一定的手段把各种资源要素积累起来，经过消化、吸收并加以配置，形成各类专用性资产。随着知识经济时代的到来，现代高新技术企业中的物质资本所占比重越来越小，而人力资本的作用越来越大。此时，对于企业人力资源的升级尤其突出。一些企业在前期发展中，可能更加关注技术工人和销售人员的培养，但到了企业发展的相对中后期阶段，则会更加注重对管理人才和研发人才的培养，通过构建企业内部的组织学习体系，提升员工知识储备，使其能够转变成为企业的战略性"活"资产。世界一流企业在跨国经营中，还会格外重视地域文化的差异，逐步实行本地化和国际化人才队伍建设，包括管理队伍、市场营销队伍、技术队伍和资本运作队伍，不断优化人才结构。例如，驱动 IBM 发展的重要推动力就是其不断推行的人才培养和使用策略。随着海外经营规模的扩大，海外机构的财务风险控制将会成为世界一流企业经营风险管控的关键一环。在国际化经营的背景下，无论是从分支机构数量上，还是从管理层级上，都会更加趋于多样化、复杂化，这将对企业运营财务资本的整体效能提出更大的挑战。

　　从动态能力的角度看，企业需要做到全方位的均衡发展。而均衡发展，要求企业在保持稳定的制度创新和管理创新的基础上，持续进行技术创新和提高生产运营管理水平，并以成熟的商业化运作来实现适合市场需求的新产品的推陈出新，这是决定企业能否实现持续稳定发展的关键所在。在具体的方式上，有的企业以现有技术为起点，不断引领换代步伐，始终走在世界技术进步的前列，做市场开拓者；有的企业紧跟换代步伐，在已有技术的基础上，不断改进并推出另一种意义上的新产品，从而在新技术、新工艺、新产品等方面始终保持全球领先地位。除此之外，由于国际化程度的提升，推动组织变革也成为企业重新构架的一种活动，其核心在于重新进行组织内部的分工与协作，形成良好的权利与责任体系。随着互联网技术的迅速发展，网络化的新型组织在大型企业集团中也越来越得到普遍应用，并起到了良好的效果。

从战略柔性的角度看，随着传统市场领域的竞争越来越激烈，很多世界一流企业会考虑进入新的技术经济领域。为了保证适应环境变化的战略行动的有效实施，必须为之提供基础性的战略指引。例如，在国际化运营中，需要制定相应的国际化战略规划、产业战略和支持战略，包括未来的市场区域、行业及产品战略、市场营销及售后服务战略、产品与行业覆盖战略，以及以制造、研发和采购为核心的产业战略，保证企业能够具有明确的国际业务开拓方向。为了满足客户的需求，企业还需要对现有的和潜在的目标客户有更深刻的理解和认知。例如，针对新业务市场中的客户期望、企业定位等，通过合适的外部渠道、方式、认知模式了解市场，通过不断地与客户进行沟通交流不断发掘、利用潜在的关于客户需求的关键性信息，给企业整体发展活动提供战略性的规划和方向指引。

三、世界一流企业成长的内在基因

在世界一流企业成长阶段中的要素背后，隐藏了能够支撑企业可持续发展的内在基因，这些核心的要素，是世界一流企业与其他企业相比的本质差别所在。综合前文的分析，我们认为，世界一流企业之所以能够获得成功，其根本在于至少拥有以下六种内在基因：

（一）价值理念

企业是创造价值的组织。但是，价值的评价标准是多样的，因此，会存在不同的价值导向。德鲁克认为，企业有自身的存在价值，要清楚能为社会做什么、贡献什么，才能在产业社会中找到自身存在的价值和理由。作为市场经济主体的企业，首先应该以经济利润为导向，为市场提供合适的产品来满足客户需求，确保自身盈利和持续生存。同时，企业需要明确"有所为，有所不为"，克服一些可能出现的不合理的价值导向。例如，不是以利润和市值作为追求目标，而是单纯追求销售额的大小；过于强调社会责任，对企业自身发展重视不够等。这些都是需要企业及时进行纠正和调整的偏离了的价值导向。当企业成为一个公众企业后，更需要注重正确的价值理念的发展，包括建设良好的组织文化，承担更多的社会责任，为市场和社会创造更大的财富等。对像国有企业这样的特殊企业而言，还需要注重多种价值诉求的平衡，例如对国家利益、社会发展、企业经济等多种目标进行协调，使其达成一致并综合成为企业未来发展的愿景和使命。例如，根据国家环保措施来开发和适用节能环保产品，降低对环境的危害。再如，将企业做大做强，保证普通员工的实际利益，做到与员工共享发展成果。

(二) 创新精神

创新精神是世界一流企业适应形势变化、适应市场竞争的关键，是创造核心竞争力的内在基因，其主要功能是维持企业持续的竞争力以使企业能够持续成长（Nystrom，1990；Rickards & Moger，2006）。Schumpeter（1937）在对"破坏式创新"进行阐述时指出，创新活动来自于对原有基础的结构性破坏，它既可能是对于局部或某一点的突破，也可能是一种彻底的革新活动。组织内部的创新精神表现为企业组织内部的领导和员工持续采用了新的知识，引致了新的组织变革活动，并通过持续的创新为企业带来了发展上的突破。企业创新活动都应该遵循需求导向的原则，用以实现增加竞争力或者企业总体利润等具体目标，并展示在组织内部的不同活动中，包括管理、技术、生产和运营等诸多环节，最终呈现为新产品、新服务、新流程、新技术、新原料及新的经营模式等各种新颖有用，且能提高生活质量的产品或服务（Drucker，1985）。在创新精神的驱使下，从高层领导到普通员工，他们都会认识到创新对于企业持续发展的重要性，乐于在日常工作中将创新植入到组织内的一系列活动中。例如，开发出新的产品或服务来满足内外部客户和市场的需求，或者是将新要素引进到组织的生产或服务运营流程活动之中。

(三) 人力资本

人力资本是所有企业资源要素中最具独特性、最具核心价值的资产（Edvinsson & Malone, 1999），也是组织创新的源头（Stewart, 1997），属于企业成长的重要基础和战略资源。企业的人力资本不仅包括企业家，也包括高层管理团队、全体员工。企业的人力资本越密集，企业越容易形成具有高附加值的、不可替代的核心资产，后者会影响到企业的收入效益，最后决定企业的竞争力。人力资本作为个体所拥有的技能知识和企业运营活动的初始知识供给源泉（Becker, 1964），能够在企业层面推动物质、人员和技术等资源的进一步结合，形成一个以知识流为基础的正向循环活动来不断支撑企业实现自我发展和持续更新。当企业拥有了高素质的人力资本，就能够有效推动企业经营管理活动，制定明确的战略规划，获取合适的资源要素，培育恰当的组织能力。为了推动人力资本积累，企业需要格外重视人力资源管理，给予员工适当的发展空间和地位，培养员工的价值观念，帮助员工制定职业生涯规划，安排员工参与企业收益分享，将企业长远利益和员工利益结合起来。

（四）战略思维

Porter（1980）指出："战略就是创造一种独特、有利的定位，设计各种不同的运营活动，并在各种运营活动之间建立一种相互配称、环环相扣、紧密链接的链，综合提升企业整体系统竞争力。"卓越的战略思维是世界一流企业所必须具备的内在基因之一，特别是随着企业的阶段性演化，总是需要有明确且清晰的战略认识，做到聚焦战略定位，一步一个脚印，每一步都走踏实，按照自己的战略规划来执行，才能真正实现企业做强、做稳、做久之目标。战略思维的关键是在日常经营管理活动中实时分析和预测宏观环境因素的重要变化，确定影响企业和行业的关键性因素，并预测这些因素未来的变化趋向。尤其是在一些关键性的发展阶段和时间点上，企业必须踏准时代发展的节奏，基于对现有经营的收益、成本和风险的综合考虑来制定合适的战略决策，在战略定位和规划清晰明确的基础上执行日常经营管理活动，及时根据企业发展、行业发展制定清晰战略定位，不断修正企业的战略与策略并向企业员工阐述清晰：做什么而不做什么，提供哪些产品服务不提供哪些产品服务，为哪些顾客服务不为哪些顾客服务，从而能够在企业内部形成上下一致的使命、愿景、价值观，努力提升运营管理绩效。

（五）制度建设

虽然世界一流企业会因为行业差异、地域差异、企业规模差异、企业历史和企业家个性等诸多方面存在不同，但都面临着持续完善企业制度建设的挑战。特别是这些企业一般都采用具有庞大的组织规模，难以依靠"人治"，而更加需要依靠"以制度来管理"的发展模式。世界一流企业一般会是采纳某种制度的先行者，倾向于较早采纳或推行制度创新（余菁等，2013）。制度建设存在于宏观的制度环境和微观的企业制度两个层面。前者要求企业适应外部制度环境，在日常经营管理中的行为符合法律、法规的要求，能够准确理解行业的技术和产品标准，遵守市场交易活动中的"游戏规则"(Dacin, Ventresca & Beal, 1999),并按照运作规范、程序规范等方面的要求来执行。当企业能够按照约定俗成的规则来开展运营管理活动,或采取类似的做法,以合理的组织行动参与市场和社会互动,容易得到外部社会主体的接受,从而降低认知成本和潜在风险。为此,大企业需要构建和完善其现代企业制度体系,建立和实施有效的科学管理制度,通过制度安排来充分发挥企业内部各要素主体的能动性,实现规范化的运营管理活动。当企业能够在管理体制、企业制度和经营机制等方面实现规范化,将有利于在今后通过不断的自我变革来构建新的制度、实现自我提升,从而使得现有的管理制度能够得到不断修正与优化。

(六)复合竞争力

世界一流企业在发展中的每个阶段,都会存在资源、能力、战略与价值相互交织的复杂交互活动,这将帮助企业形成复合竞争力。例如,形成战略资产,增加创新难度,提高进入壁垒等,使得企业可以在特定的领域获得超额的经济。再如,当企业运用动态能力来推动创新活动时,其内部必须拥有一定的人力资本(Adner & Helfat, 2003),帮助企业有效地整合现有的技术、产品等,提升企业内部的管理效率和构建完善的制度体系。同样,随着外部市场环境的变化,企业战略要发生相应的变化并根据新制定的战略来调整企业原有的资源基础。在战略的指引下,企业会不断地修正其现有的资源配置活动(Day, 1994),如此,企业的可控资源才能为企业战略目标的实现提供基础保障。价值，也是通过整合不同的资源而得以创造出来的，是企业面对环境约束和机会下的资源配置和优化的组织活动，既有可能存在于企业内部的创新活动中，也有可能通过提供新颖和合适的产品或服务而获得更大的附加值。随着企业走向国际市场，还需要系统地对国际化战略进行思考和规划，根据国际市场特点来制定明确的发展战略，明确企业战略实施步骤、过程与关键环节，完成从产品出口向创造市场的转变以及从全球价值链的中低端向中高端市场的跃升，不断地增加科技含量和提升企业品牌形象，并在更宽领域和更高层次展开竞争与合作，提高企业在全球市场中的综合竞争地位。

四、世界一流企业理论在中国的实践

自改革开放以来，中国企业实现了快速与高效的发展，《财富》数据显示，2018年，世界500强中上榜的中国企业有120家，其中，新上榜和重新上榜企业共13家，国家电网、中石油、中石化分列第2~4位。位列世界500强的企业，每家企业都各有特色，虽然这并不意味着所有上榜企业都是世界一流企业，但很多中国企业依然能立足自身实践情况，形成了不同的发展模式，在迈向世界一流企业的成长道路上，稳步前行。

（一）明确价值导向

在初始发展阶段，企业开展价值活动的根本目的是如何在激烈的市场竞争中生存下来，价值导向主要面向企业内部。例如，通过实现运营活动中的各环节（包括生产、营销、研发等）紧密协作整合不同资源来进行价值创造。然而当发展到了一定规模之后，企业的价值活动逐渐面向外部，会通过强化组织间协作创新以增加潜在共同收益。例如，基于市场导向与其他组织建立合适的关联关系，通过有效的交互机制来形成更优化的资源组合方式，从而实现"1＋1＞2"的价值创造，获得更大的价值增值。价值活动也围绕不同的导向来执行和实施。例如，很多企业在日常沟通过程中，不断修正对于利益相关方期望的理解，促使自身不断进步，最终获得融洽的利益相关方关系。

价值导向在不同的层面也会有所差异。在宏观层面，国家利益是企业一切活动的最高意识形态，它是一个国家在经济利益、政治利益、文化利益、安全利益和外交利益等方面的有机统一体。一些国有企业在成立之初，就有较强的政治使命，是为了实现国家利益，带动国家经济发展等。例如，投入到国有经济需要进入的重要领域或重点企业，实现跨行业、跨地区、跨企业的产业结构调整。这也使得企业的一些战略活动不能仅仅关注市场，还要始终考虑国家利益，做到与国家战略保持一致来实现企业使命，并基于此来制定战略目标，并落实到最终的战略行动中。在中观层面，企业履行社会责任也是一种价值导向，很多中国企业要根据自身特点,确定社会责任主要议题,即企业应当在哪些领域履行社会责任。一般而言,中国企业履行社会责任主要涉及的议题包括:劳工、环境、公平运营、消费者和社区等。在微观层面,一些中国企业也开始准确地评价不同产品产业在全球价值链中的地位、分工和竞争力,明确需要升级和提升的目标和方向,突破关键技术,增强营销能力,实现在全球价值链中向价值高端延伸。同时,加强与国际知名企业合作,发挥在要素成本、技术优势、营销优势等方面的比较优势,积极构建和拓展市场渠道。

专栏3-1:中国中车——践行"一带一路"国家战略

中国中车股份有限公司(以下简称"中国中车")是由中国北车股份有限公司、中国南车股份有限公司按照对等原则合并组建的集团公司。目前,中国中车共设立56家境外子公司,分布于六大洲21个国家,境外资产226亿元、员工4625人,是全球规模最大、品种最全、技术领先的轨道交通装备供应商。主要经营:铁路机车车辆、动车组、城市轨道交通车辆、工程机械、各类机电设备、电子设备及零部件、电子电器及环保设备产品的研发、设计、制造、修理、销售、租赁与技术服务等。中国中车以融合全球,超越期待为己任,紧紧抓住"一带一路"和全球轨道交通装备产业大发展等机遇,以全球视野、行业发展和开放心态,立足配置全球资源,融入国际产能合作,大力推进经营模式创新、技术创新和管理创新,提升经营品质,全面建设全球领先、跨国经营的高端装备系统解决方案供应商，助推中国高端装备走向世界，以卓越的业绩回报股东、回馈社会。

中国中车已经成为中国高端装备的代表，坚定不移地贯彻国家战略，推进装备"走出去"，以"技术+市场"双轮驱动加强国际产能合作，大力推进国际化经营。在业务发展方向上，中国中车主要围绕国家战略来解决"一带一路"痛点，致力于提供系统解决方案，建立超值服务体系，进一步扩展"产品+技术+服务+资本+管理"五位一体模式。不仅提供优质的产品，深度融入各国民众生活，还持续推进以"本土化制造、本土化采购、本土化用工、本土化维保、本土化管理"为特色的"五本"模式，在马来西亚、土耳其、印度等国建立本土化的制造基地，为当地设计建设更加合理、高效、经济的运输体系，提供装备制造商以外的增值服务，带动当地就业和产业链的完善，提升轨道交通装备产业水平。此外，还努力推动新能源汽车、风电装备、污水处理等中车新产业走向"一带一路"，为建设绿色"一带一路"提供新选择，让各国民众享受"中车方案""中车智慧"和"中车经验"带来的便捷和舒适。

资料来源：中国中车集团公司《中国中车参与"一带一路"共建情况》，国资委宣传局，2017年6月15日，引自 http://www.sasac.gov.cn/n4470048/n4470081/n4582104/c45942210/content.html。

（二）夯实资源基础

在此模式下，企业会立足于自身资源和优势来整合不同业务单位和核心要素，推动研发、制造和营销等方面的资源的调整等，并根据对现有的市场环境、经济发展趋势和产业升级方向等的了解来完成对自身资源基础的动态调整，从而形成良好的持续增长。例如，主动从一般竞争性领域退出，向重要行业和优势产业集中，推进资本经营和新业务开拓，推进资产重组和结构调整，增强市场竞争力。特别是在国际化经营过程中，传统的企业价值链已经随着业务扩张而出现片段化，进而突破企业、区域的边界，并向全球范围进行扩张。随着全球价值链的形成，企业的竞争条件以及形式已经开始发生巨大变化，从过去的产品和服务的竞争上升为价值链竞争。一些中国企业也在努力适应国际市场需求变化，利用全球资源促进创新发展，实现在全球价值链中的价值环节升级，提升在国际价值链分工体系中的地位和核心竞争力。例如，提高对国际市场优势资源的挖掘，整合优势资源进入价值链里以实现替代和强化，进而构建出全球联动的价值体系，动态调整资源体系中不具有优势的或非核心环节，使每个价值节点上创造的价值都能在全球范围内被分享，为企业创造更高的效益。

随着国际化经营经验积累，一些中国企业开始嵌入全球价值链中的优势环节，吸纳与整合全球资源，控制关键增值，使企业在国际化经营过程中将其技术优势、资源优势转变成市场竞争优势，具体活动包括进入国际市场来不断挖掘、获取、吸收和整合国际市场优势资源，包括研发资源、技术资源、能源矿产资源、人力资源和资金资源等，从原材料到最终产品形成的分工、协作，形成有序的、互相衔接的链条关系。部分中国企业已经从寻求自然资源转向全球战略布局。在全球资源获取和整合的进程中，立足于维持国家经济安全的能源、矿产等多个领域，业务经营内容将持续拓展和丰富。在对外合作中，不少国家的经济高度依赖能源、矿产等资源型行业，一些中国企业在进入这些国家之后，制定跨国经营战略，明确重点发展区域和方向，有重点、有目标、有组织地开展对外投资和经济合作，特别是拓展在制造业、新能源、物流业等多领域的合作。例如，可以提供投资、建厂各种机械和交通运输设备等来开展广泛合作。

专栏3-2：中国五矿打造"全产业链航母"

中国五矿是一家以矿产资源勘查、采选、冶炼、材料加工和流通为核心业务，同时提供矿冶科技与产业金融服务的综合性、国际化企业集团。中冶集团则是全球最大的冶金建设承包商和冶金企业运营服务商，占全球冶金建设市场60%以上的份额。为了打造具有全球竞争力的一流企业，中国五矿和中冶集团经过重组形成了新的中国五矿，有效解决了两家企业长期发展中形成的产业分布过宽、战线过长、资源分散等问题，有利于两家企业在更高层次、更高水平实现资源优化配置；有利于实现优势互补，形成更强的市场竞争能力和行业话语权；有利于聚焦做强金属矿产主业，更好地保障我国对金属矿产资源的战略需求。

重组后的中国五矿在整个产业链中体现出互补性，有利于发挥协同效应，在全球金属矿产领域，率先打通了从资源获取、勘查、设计、施工、运营到资源流通的全产业链通道，可以形成为金属矿产企业提供系统性解决方案和工程建设运营一体化全生命周期的服务能力。重组后的中国五矿资产规模超 7000 亿元，拥有近 24 万员工，29 个国家级科技创新平台和重点实验室，累计有效专利超过 1.8 万件，境外矿山遍布亚洲、大洋洲、南美洲和非洲等主要资源地，境外机构与工程项目遍布全球 60 多个国家和地区，2015 年合计营业收入超过 4300 亿元，体量超过必和必拓、力拓、淡水河谷三大矿业巨头。在资源品位、运营管理、盈利和创新能力等方面与世界一流的金属与矿产企业集团的差距大幅缩小。在立足于资源获取的国际化扩张基础上，中国五矿在下一步将继续以符合金属矿产领域国有资本投资公司管控要求为目标，强化资源配置、资产管理和资本运营等功能，进一步提升企业综合竞争力。

资料来源：金属矿产"全产业链航母"启航［N］. 经济日报，2016-11-08.

（三）强化创新驱动

当原有的发展范式开始限制企业各种要素效能的发挥，并成为严重制约企业竞争力的桎梏时，就需要通过采取相应的创新活动来形成突破，打造新的企业竞争力。企业创新活动一般存在于管理创新和技术创新两个方面，从管理创新来看，世界一流的企业不仅需要拥有较强的管理能力，能够在现有的业务基础上，通过综合业务管理和运营来获得稳定持续的竞争力和超额利润，确保业绩增长是自然的、健康的，且能够经历时代变迁而继续实现增长。为了适应国际市场发展的需要和自身管理制度体系的提升，一些中国企业开始加强与国际接轨，强化制度创新，完善现代企业管理制度，确保海外经营活动做到有章可循、治理规范和管理透明。国际市场的商务环境、法律法规、人文习俗等方面与国内存在很大不同，特别是部分发达国家在企业治理、环境保护、社会责任等方面的要求比国内要高很多。我国进入国际市场的主要目的之一就是通过学习、运用国外先进的管理经验来帮助自己提升和完善现有的管理制度体系。特别是发达国家的企业已经经过了长期的国际化经验积累，已经形成了较为完善的管理制度体系，涵盖了从公司治理到具体的业务运营，并应用于战略制定、投融资决策、财务报告管理、内部审计体系建设等方面。

同样，技术创新是企业发展的基础，也是实现一个企业不断创新的保障。当企业的技术能力较强时，能够有效降低企业的内耗与协调成本，发现新的盈利机会，为客户创造新的价值，并带来企业绩效的提升。通过加强技术创新，可以进一步激发企业的创新活力，包括在新一轮技术与产业创新长周期期间发展创新经济，形成新技术、新产品、新业态等，从而满足人们日益增长的新需求。技术创新的关键在于能够占领技术高地，不断推出新的技术标准来引领产业未来发展方向，同时也能够持续地创造出具有知识产权的专利来提供持续的价值收益。此外，作为一个具有旺盛生命力的企业更需要不断地根据自身的需求来动态地提升其内部的科技、研发等技术水平，并形成新的技术能力，才能满足企业在不同情境下的需求，获得持续发展。

专栏3-3：华为公司形成创新驱动高地

作为全球领先的信息与通信（ICT）解决方案供应商，华为公司成立于1987年，是一家由员工持有全部股份的民营企业。自20世纪90年代以来，华为公司面对爱立信、阿尔卡特、西门子、富士通、朗讯、北电等技术强大、资金雄厚的国际竞争对手，从众多的市场竞争者中脱颖而出。目前，华为公司的业务遍及全球170多个国家和地区，服务全世界1/3以上的人口，致力于为运营商客户、企业客户和消费者创造最大的价值，提供有竞争力的ICT解决方案、产品和服务。

在创立之初，华为公司就特别强调创新在公司发展中的作用。华为公司在国际化经营中高度重视经营管理与国际接轨，推动制度创新和完善，建立适应国际市场规则、合法守规的跨国经营制度体系，完善现代企业制度，构建公司治理结构，降低在国际化经营中的成本和风险。同时结合自身实践来开展技术创新，采取一种折中却最具市场效率的方式，即"在产品技术创新上，华为要保持技术领先，但只能是领先竞争对手半步，领先三步就会成为'先烈'，明确将技术导向战略转为客户需求导向战略"。这种创新思路强调了华为公司并不是为了创新而创新，而是力图做到集成创新，即形成研发、生产、市场等一体化创新模式，保证创新的产品能够满足、引导市场需求。

近年来，华为公司在国际化的销售中利用专利积累已经开始建立起稳固的保护壁垒。截至2017年末，华为拥有专利74307

件，其中国内专利64091件，外国专利48758件，90%以上均为发明型专利。根据国家知识产权局数据，在2018年上半年，华为公司共被授权专利1775件，名列国内企业第一名（不含港澳台）。其背后的支撑是，2018年华为在研发方面投入达到1400亿元左右，其中20%~30%的经费被投入到基础科学研究。如今华为公司的产品和解决方案已经应用于全球170多个国家和地区，服务全球运营商50强中的45家，涉及全球1/3的人口，例如，华为5G预商用系统已经进入英国、德国等多个信息产业发达国家。

资料来源：作者根据公司网站资料整理。

（四）加快国际发展

随着全球化成为当今世界经济发展的主流，面对新的战略机遇和现实挑战，推动和实践国际化经营是我国企业在全球化市场中生存和发展的必然选择。此后，我国企业应加大"走出去"开展国际化经营的力度，实现全球范围设点布局。经过近些年的发展，我国企业国际化经营的领域、区域和规模不断扩大，整体层次和发展质量不断提升。企业国际化业务的分布区域更趋于广泛化、合理化，在巩固亚、非等传统市场区域的同时，继续开拓欧、美等发达国家市场区域，着力挖掘拉美、中亚等非传统市场区域的发展中国家经济体。为了保证国际化战略的顺利推进，企业开始利用自身所拥有的技术、资金、设备、人力、管理经验等资源来整合全球资源并进行优化配置，从以往的绿地投资转向跨国并购、设立研发中心、营销网络等，实现在全球不同市场间的联系和协同，提高了企业综合竞争力，推动跨国经营的持续进行。除了采取直接投资之外，越来越多的企业开始采取并购、合资、参股、上市、新建等方式进入国际市场，使得国际化经营方式呈现多样化。其中，并购、参股和上市是当前我国企业进入国际市场时选择较多的方式。在投资并购活动中，部分企业开始从量的扩张转向质的提升，更加注重合作双方或多方在生产技术、运行管理，以及产品研发等方面的优势互补，并在投资活动中利用合资、联盟等多种形式设立新业务实体以培育和提升企业竞争优势。

经过长期的经验积累，我国企业对国际化经营内涵的理解逐渐深入，开始高度重视国际化战略布局的重要性。一些企业在进入国际市场之前，已经开始根据东道国的国别特征、市场环境等来明确自己的国际化战略和企业定位，选择合适的进入模式，细化战略执行方案，使得国际化战略具有可行性和可持续性。同时，在国际化战略模式上也开始推动多元化，既有将现有生产制造模式复制到不发达国家来解决生产过剩的问题，也有沿价值链扩张或弥补价值链的缺失从低端向高端延伸来丰富和整合全球价值链，并从以往的绿地投资向跨国并购、设立研发中心、营销网络等多种方式进行拓展。为了保证国际化战略的顺利推进，我国企业也开始利用自身所拥有的技术、资金、设备、人力、管理经验等资源来整合全球资源并进行优化配置，实现在全球不同市场间的联系和协同，提高综合竞争力，推动跨国经营的持续进行。在具体执行中，通过分析、组织策划和长期视野来帮助企业更好地适应发展的需求,在上游可以在科技资源密集的国家和地区,通过自建、并购、合资、合作等多种方式在海外设立研发中心或建立全球研发体系,逐步与国外科研机构、先进企业开展"全方位、宽领域、多层次"的合作模式。在下游,可以以技术创新联盟为依托,加强与国际知名企业合作,发挥在要素成本、技术优势、营销优势等方面的比较优势,积极构建和拓展市场渠道。

(五) 当前的不足和未来之路

从全球视角看,中国企业经过 20 年的发展有了质的提升,越来越多的企业开始进入世界 500 强之列。在迈向世界一流企业的道路上,中国企业不仅得益于国家经济增长,产业结构调整、转型和升级等经济活动,还通过实施"走出去",利用海外投资与国际实现接轨,正在加快融入到世界市场中;通过实施"引进来",而与国外一流企业保持了紧密的接触,中国企业的模仿能力、学习能力迅速提升,赶超速度很快。但我们也要看到,虽然大部分中国企业都在各方面取得了可喜的进步和成绩,但相比于真正的世界一流企业而言,中国企业依然处于实力较弱和发展较慢的发展的中早期阶段。世界一流企业是有能力做到规模、质量和效益相统一的企业。首先是规模,规模小而精的企业,可能各方面的指标优秀,但也不能成为世界级的一流企业;其次是质量,如果过于强调规模化,而不注重质量,企业将掉入"外强中干"和不可持续的发展陷阱;最后是效益,实际的效益,这是衡量企业发展成效的基准,或者是产生经济效益,或者是产生社会效益或符合国家利益等。中国企业只有在这三点上做到极致，才能被称为世界一流企业。

随着经济全球化进程的加快，具备国际化视野的世界一流企业已经开始进行全球资源配置和开拓市场。诸多发达国家的世界一流企业开始利用技术、品牌等综合影响力在全球组织和整合研发、采购和生产，推动实施跨国、跨行业的并购重组活动，提升国际化运营的规模和效率。世界一流企业必须以国际市场为舞台，融入各国家与地区的本地市场，树立国际化思维和观念，与国际接轨。照此标准看，中国企业在这方面还有明显的欠缺。由于中国大企业先天就有在国内大市场抢占有优势的竞争地位的有利条件，因此，它们对于实施国际化战略和深耕全球市场的兴趣与重视度仍然不够，很少制定长远规划，也缺乏全力实施资源、能力、战略和价值的国际化的决心。这些企业的跨国经营活动，更多地强调拓展国际市场，将国内产品销售出去，或者是转移国内过剩生产能力，以及向上下游延伸、并购研发中心。很多制造业企业依然未能摆脱为国外客户打工的 OEM 或 ODM 市场定位，企业在国际市场上的影响力和行业竞争力仍然相对薄弱，缺乏真正的世界一流企业的视野与格局。

国际化的基本要求是融入国际市场，经营本地化和走国际化路线。中国大企业今后的发展目标是通过持续稳健发展来实现"做强做优、世界一流"，着重全球布局资源，布置市场，实现生产要素在全球范围内进行整合，推动研发、生产、销售等不同价值环节的重构和再整合。为此，中国大企业需要系统地对未来的发展进行深刻思考和仔细规划，根据国际市场特点来制定明确的发展战略，明确企业战略实施的步骤、关键环节和过程，在更宽领域和更高层次展开竞争与合作，提高在国际市场中的综合竞争力。

参考文献

［1］余菁，王欣，常蕊，郭媛媛，万丛颖. 转型中的中国国有企业制度［M］. 北京：经济管理出版社，2013.

［2］余菁，王涛. 繁杂现实下的简约制度：一个新分析框架［J］. 经济管理，2015（12）.

［3］Adner, R., & Helfat, C. E. Corporate Effects and Dynamic Managerial Capabilities, Strategic Management Journal, 2003（24）：1011-1025.

［4］Becker, G. Human Capital［M］. Chicago：The University of Chicago Press, 1964.

［5］Dacin, M. T., Ventresca, M. J., & Beal, B. D. The Embeddedness of Organizations：Dialogue and Directions［J］. Journal of Management, 1999, 25（3）：317-356.

［6］Day, G. S. The Capabilities of Market-Driven Organizations［J］. Journal of Marketing, 1994, 58（4）：37-52.

［7］Drucker, P. F. Innovation and Entrepreneurship：Practice and Principles［M］. New York：Harper & Row, 1985.

［8］Edvinsson, L., & Malone, M. S., Intellectual Capital：How to Identify and Calculate the Value of Intangible Assets of Your Company［J］. Barcelona Management, 1999（1）.

［9］Gatignon, H., & Xuereb, J. M. Strategic Orientation of the Firm and New Product Performance［J］. Journal of Marketing Research, 1997, 34（2）：77-90.

［10］Hambrick, D. C. Some Tests of the Effectiveness and Functional Attributes of Miles and Snow's Strategic Types［J］. Academy Management Journul, 1983, 26（1）：5-26.

[11] Lippman, S. A., & Rumelt, R. P. A Bargaining Perspective on Resource Advantage[J]. Strategic Management Journal, 2003, 24 (1): 1069-1086.

[12] Moran, P. & Ghoshal, S. Bad for Practice: A Critique of the Transaction Cost Theory[J]. Academy of Management Review, 1996 (21): 13-47.

[13] Narver, J., & Slater, S. The Effect of a Market Orientation on Business Profitability[J]. Journal of Marketing, 1990, 54 (4): 20-36.

[14] Nystrom, P., Vertical Exchanges and Organisational Commitments of Am-erican Business Managers [J]. Group and Organisational Studies, 1990 (15): 296-312.

[15] Penrose, E. The Theory of the Growth of the Firm [M]. Oxford: Basil Blackford, 1959.

[16] Porter, M., Competitive Strategy: Techniques for Analyzing Industries and Competitors [M]. New York: The Free Press, 1980.

[17] Rickards, T. & Moger, S. Creative Leaders: A Decade of Contributions from Creativity and Innovation Management Journal [J]. Creativity & Innovation Management, 2006 (15): 4-18.

[18] Schumpeter, J. A. Preface to Japanese Translation of Theorie der Wirtschaftcilhen Entwicklung [A]// R. V. Clemence (Ed.), Essays: On Entrepreneurs, Innovations, Business Cycles, and the Evolution of Capitalism. New Brunswick [M]. NJ: Transaction Publishers, 1937.

[19] Stewart, T. Intellectual Capital: The New Wealth of Organizations, Doubleday, Currency [M]. New York, NY. 1997.

[20] Teece, D., Pisano, G. & Shuen, A. Dynamic Capabilities and Strategic Management[J]. Strategic Management Journal, 1997, 18 (7): 509-533.

[21] Wernerfelt, B. A Resource-Based View of the Firm [J]. Strategic Management Journal, 1984, 5 (2): 171-180.

第四章
世界一流企业指标体系

　　世界一流企业分布在不同的产业中,既是各自产业中处于绝对优势地位的领导者,也是推动全球经济发展的重要引擎。在崇尚丛林法则、优胜劣汰的经济社会形态下,这些企业之所以能够脱颖而出,并且不断发展壮大,必然具有为外部其他竞争者所难以模仿和复制的过人之处,否则难以获得持续的竞争优势。本章通过5家具有代表性的世界一流企业进行剖析案例研究,找出这些企业实现持续发展的重要衡量指标,可以对其他企业产生启发,帮助明确未来发展方向,准确进行自我定位,并进一步认识到自身优势、潜在能力、尚存在的差距,以及可以采取的措施等,从而在更短的时间内提升自身竞争力以促进发展。在本章的研究中,主要是结合典型的世界一流企业案例分析,根据其在发展历程中所呈现出的显著特点和特定优势,构建基于实践的三级指标体系,并对其进行理论解读,从而完成理论与实践的结合。

一、指标选定的原则

现有的研究一般将世界一流企业称为"卓越企业",对什么是"卓越企业"的界定也会因为研究视角的不同而有所差异。在当前的理论研究和实践探讨中,关于什么是世界一流企业的成果已经得到了广泛的关注,其中也提出了诸多世界一流企业的评价标准,既有来自于定性的指标,也有来自于定量的指标。可以说,不同学者、研究机构、单位提出的指标体系,各有千秋,且具有典型的代表性。例如,国务院国资委提出的"13个要素"属于定性指标,而《财富》500强则是基于定量指标来确定世界一流企业。然而,需要注意的是,尽管对世界一流企业应具备的共性要素的度量不尽相同,但其核心要素仍然具有一定的规律性。不同产业和领域的世界一流企业会经历完全不同的时代,但又是可以归结为较为相似的阶段性,而每个阶段又会具有一定的差异性,这也使得会因为行业的不同而导致对企业衡量的指标也不尽相同。因而,在指标的选取和设定上,需要注意其中的普遍性和差异性,尽可能做到"求同存异",挖掘出真正具有代表性的指标来保证其通用性和实用性。

在本章的研究中,主要是采取案例研究,通过选取以Shell、Toyota、GE、IBM和Temasek为代表的世界一流企业的实践行为特征,继而在组织层面探索出其中的关键指标,进而分析其中存在的内在逻辑关系，试图归纳和提炼出世界一流企业的指标体系。基于前述中构建的世界一流企业发展理论框架，本章结合现有的文献和相关研究来构建世界一流企业的三级指标体系，试图将理论框架和相关概念进一步细化以实现落地，从而有助于理解世界一流企业能够取得成功的真正内核。关于指标体系的设定，指标的选取，以及指标的归类和层次划分并不是随意的，而是需要基于一定的原则来进行，如此才能展示其科学性和合理性。

（一）指标应能实现横纵结合

世界一流企业一般都处于当前时期内其他企业难以超越的领先状态，通常也在未来相当一段时期具有可持续的竞争优势，因而，指标的选定需要考虑能够影响企业发展的多方面复杂性因素，以及能够针对世界一流企业的发展全过程进行解析的时间动态性变量。鉴于此，世界一流企业的度量指标必然在横向的空间上与纵向的时间上兼具同一性和多样性。具体来看，空间上表现为多维性，时间上则表现为动态性。例如，壳牌公司在初创阶段的重要行为，包括进行石油相关业务、发现成本低廉的产品、通过创新降低运输成本并进行跨国贸易等，已经囊括了资源、能力、战略等多个维度；在增长阶段，一些重要行为或要素所对应的指标维度会发生一定程度的变化，从而体现出动态性。

（二）指标应能实现粗细兼具

在世界一流企业的发展过程中，关键要素会存在较大的差异，但在不同的阶段都会形成不同要素的有效组合以提供发展支撑。在本文中，通过对世界一流企业的案例分析提炼出其中的关键要素，并进行相应的归纳和汇总，分别是价值导向、资源基础、动态能力和战略柔性这四个模块。在世界一流企业发展理论的框架构建中，也是尝试将现代管理理论中有关解释卓越企业保持经营成功和基业长青的内在基因归结为以上四个维度，并融合成为一个整体性的分析框架。在本章的研究中，则是立足于理论与实践相结合的视角，通过对每个维度进行细化分析来形成三级指标体系，从而涵盖世界一流企业所应具备要素的各个方面，力争做到既无遗漏，也无重叠。

（三）指标应能涵盖重要特征

世界一流企业依赖于多维度要素之间的复杂且高度动态化的交互作用来获得可持续竞争优势，其竞争优势的来源应能被纳入指标体系内的相关维度中。

从价值导向的维度来看，世界一流企业的个体差异性需要得到充分的展示，例如，在不同的时间点根据企业的需求来围绕不同的对象进行价值创造，并能随企业的目标导向和任务差异而存在动态变革。

从资源基础来看，世界一流企业的发展需要众多类型的资源要素来支撑，其成长历程也表现在对现有资源利用和新资源开发的动态均衡发展状态中。

从动态能力来看，世界一流企业作为能力的集合体，其构建、积累、整合和重塑能力的组织管理活动将最终决定企业竞争优势能够实现持续更新和提升。

从战略柔性的维度来看，与其他企业相比，世界一流企业的显著优势在于其能够动态地适应外部变化的环境，并基于自身对外界环境因素以及内部资源和能力的正确认知，为实现企业的长期战略目标来不断进行修正和更新，从而形成合适的战略导向来指引经营管理活动。特别是那些具有国际竞争力的世界一流企业，都有成功的国际化战略。

二、价值导向指标体系

价值导向指企业的经营管理活动围绕短期和长期目标进行价值创造的目标导向和重要基准，也是企业之所以存在的根本。随着时代的发展，关于价值的内涵也在得到逐步的深入和细化，开始从个体层面上升到组织层面，从经济价值逐渐拓展到组织文化、社会价值等，并已成为世界一流企业获得持续发展的软竞争力。在世界一流企业的成长历程中，价值导向包括政治使命、社会责任、组织文化、企业价值和企业家精神5个关键要素。

（一）政治使命

作为企业所处的宏观环境，国家可以从政策、社会、经济、文化等各方面环境影响到企业的日常经营管理、价值创造等。从某种意义上来说，任何一个企业都是具有国家属性的，企业创造价值的意义也会具有相当的政治使命，并表现在两个方面：一是从经济上通过税收等方式支撑了政府财政，例如，通过按时足额缴纳税款的方式承担经济责任，从而成为国家整体经济增长的重要组成部分；二是在展现国家使命方面，积极响应、参与国家的相关政策，进入一些特定的业务领域，在行业、国家乃至国际上制定相应的产品、技术、工艺等标准来展示国家整体实力等。企业的政治使命感越强，对国家利益的贡献越多，则企业的社会形象和公众基础越好。然而需要注意的是，毕竟绝大部分的企业都是经济利益体，并非是完全的公益性组织。因而，在企业承担政治使命时，需要考虑到其中的投入成本，承担的责任也要与自身的资源、能力等相匹配，不能无限承担责任，否则容易影响到正常的生产运营活动，反而会成为国家经济发展的负担。

世界一流企业一般都是跨国公司，会具有超然的地位和姿态。例如，在全球价值链中一般都是价值链的治理者身份，既需要获得自身的利益，也需要带动整个价值链来进行升级，特别是以全球生产的指挥者和组织者的身份来协调价值创造活动。这也使得相对于其他的企业而言，其国家属性在东道国的表现更为明显。尤其是在国际化发展的今天，任何一家跨国公司的发展不能只考虑股东经济利益，还应该重视东道国的公共利益，包括就业办法、劳工权益、环境政策、与供应商和消费者的关系、与政府的互动及其他活动等，这也是跨国公司在东道国所要履行的政治使命。如果出现不尊重东道国工人和民众、不尊重当地文化、不按照东道国相关规定进行工程开发、忽视当地经济社会的可持续发展等情况（张爱玲、邹素薇，2017），将直接影响着跨国企业的持续运营发展，并会因此进而影响到所属国家在东道国的社会形象等。因而，世界一流企业在东道国的经营活动一般都会从全面维护东道国长远利益出发，规划开发目标任务，强调通过合作来共同把增量做大，并尽可能避免与当地企业进行竞争。此外，世界一流企业还会将东道国本土化和为东道国进行价值创造等充分考虑到日常经营管理中，承担更多的运营责任，更好地传递管理经验，让东道国享有资产增值的收益，与东道国合作伙伴结成利益共同体。如此，也可以为所属国今后更多的企业进入东道国寻求发展奠定基础。

（二）社会责任

企业既是市场经济体，也是社会经济体，同样需要承担相应的社会责任。目前，比较流行的社会责任评价体系有国际 SA8000 标准等。企业履行的社会责任包括经济责任、社会责任以及环境责任。世界一流企业作为追求可持续发展的践行者，一般也会基于本企业的实际情况，结合最新的国际发展理念，发展一套包含经济责任、环境责任和社会责任在内的可持续发展战略，并且在公司发展的进程中，严格遵守制定战略之初对于可持续发展的承诺。尤其是一些实业型的世界一流企业会着重构建资源节约型、环境友好型企业，大力推行节能减排，不断实施技术改造，深入推进对标管理，积极发展循环经济。事实上，也有多家500强跨国公司曾被揭露存在对于生态环境重视不够,导致企业声誉受损的问题,比如违背环保要求的米其林、生产不合法口腔护理品的宝洁、一天浪费百吨水的星巴克、排污超标的联合利华等,这给企业发展造成了不良的影响。此外,关于社会责任不仅要做到,而且还要让社会得到认知来提升公共教育,很多企业也在每年发布社会责任报告,全面披露企业在经济发展、改革、诚信经营、环境保护、安全生产、创新、员工发展、社区等各个领域的理念、行为和成果等。

就具体的社会责任而言,包括积极参与公益事业,主要体现在日常参与慈善募捐活动,设立基金会提供社会福利,在重大灾害时参与救灾、减灾和捐款,以及相关账目的公开透明程度和社会反响。同时,企业还需要注重环境责任,当前很多世界一流企业已经明确提出需要更加注重环境友好,坚持绿色发展,大力实施节能减排,推动低碳循环发展,实现资源可持续利用,加强环境保护,积极应对气候变化等发展理念。注重生态环境保护是企业获得社会赞誉、提升企业品牌形象的重要渠道,也是获得国际社会认可、进入国际市场的通行证(杨依依,2007),主要涉及避免水、土地、噪声、光等多种污染的负外部性,如果已造成或无法避免,应以环境税等方式弥补,如是否定期分析环境影响并及时修正,是否推行绿色环保生产理念,做好配套技术创新,在相关方面的投入费用和资金占比如何;对污染物排放是否建立监测和控制系统;是否对员工进行过环境保护方面的培训等。此外,企业也可以通过注重科技、管理创新和商业模式创新等来注重绿色低碳发展,并将可持续发展作为企业重要战略追求,主动适应全球低碳发展趋势,大力发展循环经济,贯彻发展循环经济、完善生态产业链、创建资源节约型企业和环境友好型企业的发展思路。

(三) 组织文化

组织文化是企业软实力的重要体现,如华为的狼性文化、"桌子精神"等,虽然褒贬不一,但却是企业的特色与品牌。企业文化分为内外两个内容,对内强调企业是否具有成体系的核心文化,企业是否对此表示认同,是否围绕这一文化做出宣传和工作指导;对外则是企业外部形象的表征,包括对消费者负责,提供安全的产品,保障消费者健康,提高产品质量水平,保证消费者多样性需求得到满足,产品售后能够保障消费者依然得到最优质的服务。世界一流企业在长期发展过程中,必然都会将全体职工的各种力量统一于企业的整体文化观念、价值标准、行为方式、道德规范,增强企业职工的内聚力、向心力和支持力的综合,强调集体统一性和企业文化的趋向一致性。组织文化建设的核心是要把人的积极性和创造性激发出来,让企业的每一个员工都尽可能地将自己的最大潜能释放出来,以便使整个企业充满朝气与活力,有利于运营活动的开展和价值创造的有序进行。

企业的成功源自于员工的成功,卓越的企业总是把人的价值放在首位,对于员工价值的重视已经开始成为当前组织文化的重点内容。对世界一流企业而言,经过长期的积累和沉淀,已经形成了尊重人的价值,开发人的潜能,升华人的心灵,保护员工权益,实现企业价值和员工价值最大化的企业文化和发展理念。尤其是在企业开始由组织转向平台化发展的未来,需要更加注重尊重员工,尊重劳动,尊重创造,关心员工生活,了解员工需求,加强员工培训,激发员工热情,积极倡导和谐人际关系,注重效率和公平,为员工成长成才提供机会,从而提高员工的幸福指数和归属感。如此员工才能为创建具有国际竞争力的世界一流企业多做贡献,并成就人生梦想。为此,企业需要通过调整岗位设置减少结构性、摩擦性失业,降低失业率,制定足够的最低工资标准和福利体系,保障员工的基本生活,使员工得到和感受到自身人力资本的增值,从而实现马斯洛需求层次理论中的较高层次的需求。

(四)企业价值

传统的企业价值是利用财务、绩效指标进行评价,如每股收益、每股收益增长率、每股经营现金净流量、分配股利或分红支付的现金等现时指标。除此之外,发展质量、行业排名等长期指标也应受到关注,以判定企业是否承担了相应责任,所实施策略是否有益于股东财富长期增值。围绕企业价值观体系来构建相应的载体,搭建基层单位载体创新的机制与平台,才能让理念体系真正生根开花。在以往的发展中,很多世界一流企业也在注重经济价值,采取各种措施来降低企业融资成本、提高资金利用效率、降低经营风险等。例如,一些企业会采取产融结合的方式,使得金融产业与实体经济合作共赢,共同创造企业价值,实现资本、实业两个市场的协同创新。同时，也会做好科学管理提升投资企业价值，提高发展的速度和质量，加快推进优质资产上市，推动资产证券化，以支撑持续发展。

具体来看，当企业开始按照现代企业管理制度运行，则需要重视股东价值。股东是与企业最为相关的利益主体之一，其投入资产的保值增值理应得到企业的保证。企业对股东的责任在于保护其利益，通过创造财富并制定可行的股利分配、分红方案，及时披露生产经营情况和财务报告的方法，保障股东合理合法行使权力。从财务意义上来说，股东利益包含了企业过去、现在和未来的价值信息，尤其着重于未来，即对期望归属股东的企业未来持续现金流量的折现值。因此，对该项的考察应包括当前价值、价值可持续性及价值增长潜力，评价方法则包括成本加和法、市场法和收益法。其中，经济增加值 EVA 及修正指标 REVA 是一种常用的评价指标。这一指标在国内外文献中均有叙述，如格拉斯曼（2003）、王庆芳等（2001），均从不同角度介绍了 EVA 指标的定义及应用。该类指标可以进行更为精确的衡量，其中 EVA = 税后净经营利润 − 资本 × 加权平均资本成本 = NOPAT− WACC × (NA)，其中 WACC 是企业的加权平均资本成本，NA 是公司资产期初的经济价值。REVA 则反映了资产市场的价值，公式为 $REVA_t = NOPAT_t - (MV_{t-1}) \times WACC$，其中 $NOPAT_t$ 为 t 期末公司调整后的营业净利润，MV_{t-1} 为 t−1 期末公司资产的市场总价值。

（五）企业家精神

企业家精神是企业家在日常经营管理活动中所表现出来的行为与才能的共性特征和特质。虽然企业家精神会因为企业目标、个人理念等方面的差异而得出不同的理解和含义，但是企业家精神能够在促进企业持续成长、提升经济增长和稳定社会发展等方面发挥重要作用则获得了一致的认可。特别是企业家精神具有典型的时代特征，能够与社会发展实现同步演进，充分融合了企业家在经营管理活动中的各种优秀技能和个体素质，例如，敬业、冒险、合作、诚信、求精、感恩、执着等品质，其中创业、创新、务实和担当精神在企业家的日常经营活动中尤为突出。在新创企业发展初期，面对变化的市场机遇，能够敢于打破常规，积极主动地去发现和挖掘新的市场机遇，从而创造出全新且与众不同的企业价值和产品价值，并会展示出积极探索、坚强意志、诚信态度等综合品质。在企业家主导的创新活动中，既会对原有基础形成结构性破坏，也会实现对局部或某一点的突破，其最终结果是为企业创造出一种结构和功能上的变革。创新精神是企业家在生产经营管理活动中，通过发现、发展并创造新的产品、生产过程、组织、技术、制度和系统等所展示的勇于变革、敢于冒险、敢于尝试等综合品质。任何管理实践活动都需要立足于脚踏实地的工作，能够针对一件事情做到精、专和极致，如此才能体现出企业与其他竞争者的差异。务实精神是企业家以长期发展为基准，尊重经济规律，践行实践价值所展现出来的实事求是、求真务实、真抓实干等综合品质。担当精神要求企业家必须超越个人对于财富的追逐和对权力的享受,追求实现更长远的价值创造与包容性增长以满足更广泛利益相关者的期望,做到对国家、民族、社会的担当,展现出忠诚履责、尽心尽责、勇于担责等综合品质。价值导向维度评价指标汇总见表 4-1。

表 4-1 价值导向维度评价指标汇总

一级	二级	三级	指标解读
价值导向	政治使命	经济使命	通过依法税收等方式支撑政府财政收入
		政策使命	根据政府相关政策参与到相关产业、领域的投资和运营
		国家形象	维护国家涉外形象,尊重东道国的利益和价值等
	社会责任	公益责任	参与涉及公共利益的慈善募捐活动,建立公益性基金会
		环境责任	推行绿色低碳发展,采用环保技能技术等
	组织文化	核心文化	组织内部形成了统一的、一致性的企业发展价值理念
		企业声誉	拥有良好的社会形象,得到社会的广泛认可和称誉
		员工价值	重视员工利益,维护员工权益,倡导和谐人际关系
	企业价值	经营绩效	长期发展目标导向,发展质量,行业竞争力和排名等
		股东价值	股票价值,股东权益,基于成本加和法、市场法、收益法;对 EVA,REVA 等进行核算
	企业家精神	创业精神	企业家具有积极探索,挖掘机遇,坚强意志,诚信态度等精神
		创新精神	企业家敢于冒险,勇于变革,愿意为创新活动进行付出,并承担相应的成本和风险
价值导向	企业家精神	务实精神	企业家尊重市场规律和客观事实,在经营管理中实事求是和求真务实,具有真抓实干的态度等
		担当精神	企业家超越个人利益享受,注重对企业、社会、国家的奉献,愿意为相关管理活动承担责任

资料来源:作者整理。

三、资源基础指标体系

资源基础是世界一流企业的存在基石,企业的发展也需要众多类型的资源要素来提供支撑。Brush 等(2001)认为,资源是企业在经营活动中投入和利用的各种有形的和无形的资源总和。生产力系统中的要素分为实体性要素、运筹性要素、渗透性要素和准备性要素四种,其中与资源有关的要素包括:实体性要素,即产品资源、人力资源等;渗透性要素,包括技术资源等;运筹性要素,包括财务资本等。在世界一流企业的发展历程中,资源基础包括企业家、核心产品、人力资源和财务资本等,且关键要素会因为企业成长的阶段性背景发生持续的动态更新和演化,进而支撑企业获得竞争优势。

(一)企业家

关于企业家的认识存在宏观层面和微观层面两个角度。其中,宏观层面的企业家一般被看作是促进经济增长的生产要素之一,当该生产要素越多、越好,并能够得到充分利用,则可以获得较高的经济收益和回报。微观层面的企业家一般被看作是企业组织的核心群体,他们既是创业、创新、变革等诸多管理活动的决策者和发起者,也是企业实现持续成长的推动者和实施者。本章的企业家是指微观层面的群体,他们通常在企业日常经营管理活动中主导着企业的一项业务或开创了一项事业,在国家、社会、产业或企业等不同层面做出了相应的贡献。企业家对生产的作用机制同样是与其他要素,如资本、土地等一并有效结合、统筹进行,体现了要素之间的统一性。不同则在于,企业家的投入作为复杂的脑力劳动,作用于对其他要素的整合和引领上。卓越的企业领导力是影响群体实现目标的重要一环,面向未来的发展,如何成为世界一流企业也给管理团队提出了更高的要求和挑战。

世界一流企业的企业家不仅需要追求企业经营绩效和股东价值,还要立志于超越自我,超越现状,甚至把目标定为要在某一方面为社会和人类做出杰出贡献。在一些情况下,"全球领导力""合理配置资源""敏锐的洞察力""跨职能技术"等将成为企业家的基本素质。企业家对企业业绩及存续的贡献很难通过一般的量化体系进行度量,一般是强调人口统计特征。例如,个人的学历、从业经验等各项硬性能力,是否具有旺盛的创业热情和学习精神,进入管理层的年限,以及管理期间所获得的荣誉与社会评价等。同时,外部社会也会评价企业家对市场盈利机会的敏锐度和把握程度,以企业生命周期中各阶段的平均利润率或平均利润增长率来衡量,要求在企业发展历史中的各阶段均能超过同时期行业平均值,或超过行业中竞争对手的同项数值。此外,企业家自身的软能力也是一个重要指标,包括企业战略的制定、制度体系的完善,相关决策的事实和执行是否有效,以及对风险的嗅觉和困境中的领导能力等。

(二) 核心产品

要成为世界一流企业，需要拥有能适应复杂市场需求的产品资源，即关键产品。这是企业在生命周期的不同阶段中得以维系利润、保持地位的重要资源，多以销售量、收入、成本、利润等作为衡量标准。传统上采用Vernon（1966）的产品生命周期理论，将产品所处的发展阶段划分为开发、成长、成熟、衰退等过程，每阶段的成本、销量、需求等主要特征有着明显区别。产品资源的子级指标与企业所处的生命周期阶段有关，可以区分为主导产品和先导产品（侯仁勇，2002）。前者是对企业现在的效益和发展起支撑作用的产品，具有市场需求量大、增长速度快、市场竞争力强、盈利能力强的特性，评价指标主要是利润指标；后者对企业未来发展更有意义，具有技术优势、潜在增长速度快、潜在市场竞争力强、潜在盈利能力强，评价指标则分三个维度，即技术水平、市场前景和产品效益。

主导产品主要由市场指标和利润指标衡量，包括：①市场占有率或覆盖率，前者即该主导产品的销售量与同类产品该时期销售总量之比，后者即该主导产品的投放地区数占应销售地区数的比重。两指标的选择需要根据企业的销售目标确定，采取深度扎根市场策略的，应重点观察市场占有率；采取推广销售渠道的，则应关注市场覆盖率。观察不同行业的情况，可设定出占比的不同衡量区间。②出口总额，想成为世界一流企业，国际化必不可少，该指标衡量该产品的国际渠道，从而对企业的国际化程度有所估计。③销售增长率反映该主导产品的市场受欢迎程度，并能在一定程度上反映其可延续性。④边际利润及利润增长率，边际利润需不低于行业平均水平。考虑到生命周期中产品初创期需打开市场，成熟期可能采取薄利多销策略，因此该指标不要求一定高于行业平均。

先导产品主要由技术指标和前景指标衡量，可以包括：①单位产品成本，需要不高于同行企业，低于同行企业平均水平的比率越高，竞争力越强，就越接近世界一流企业标准。但应注意到，此处成本是考虑到质量前提下的成本，若产品质量高，或处于产品生命阶段的初创期，则价格略高于行业平均也可以接受。②优等品率，优等品在全部制成品中所占的比重，反映了产品的质量标准，需与单位成本指标结合考虑。③技术水平层次，定性指标，可以以该产品使用的专利数、研发投入等进行衡量。④产品生命周期阶段，定性指标，观测该产品是否的确具有先导性，市场前景如何，是否有可参照样本。

（三）人力资源

人力资源是企业各类要素有机结合起来的重要渠道。企业是人的集合体，而员工是企业人群中的大多数，既是企业财富的创造者，也是企业创新活动的发起者和执行者，是支撑企业实现持续发展的重要基础。世界一流企业的人力资源可以归结为"两系统、五机制"。第一个系统是能力系统，包括选人机制和育人机制。①选人机制。世界一流企业的选人重于育人，涉及招聘匹配的数量及质量。为保证最终入职员工的数量和质量,需要考察甄选比率(入职员工数与投递简历员工数的比例)、计划完成率(入职岗位和有招聘需求的岗位总数的比例)、匹配程度(将由部门领导、同事和工作业绩综合评定)、透明程度(过程的公开性)。与此同时,还要考察培训选拔的匹配度及长效性,前者是新员工经培训后与岗位的适合程度,后者则指长期内用人部门领导和同事对新员工的评价,包括员工培训满意度、理解程度、测试通过率、后续考核情况等。②育人机制。育人是管理者的重要职责,善于塑造员工、保证自己的人才库尤其是中高层管理人员的充足,是企业通往一流企业的必经之路。这可以分为培训本身和培训结果两方面,前者包括员工培训数量、成本、覆盖率及时长(可采取年均数量),后者则包括高学历员工比例、员工从业经验、员工持有专利数或相关行业资格证数量等。

　　第二个系统是动力系统,包括激励机制、保障机制和评价机制。具体涉及在员工的低离职率与人力资本的高使用率间保持平衡,保证既不出现人员的过度流动,也不导致结构冗余。几大机制均是为这一目的所设。①建立激励体系。绩效管理要进行量化,包括绩效考核体系、绩效反馈情况(如员工满意度)等;晋升通道要多样化,包括是否存在多渠道晋升机制,如传统通道外是否存在技术人员晋升;是否存在横向流通,即轮岗制度。②通过薪酬管理和员工沟通实现保障机制。薪酬水平在同行业的排名、薪酬增长率、福利满意程度、是否具有股权激励等世界一流企业流行的长期人才吸引标准等,均属于重要指标。员工沟通则包括是否对员工有职业生涯规划、是否保证员工对适合项目的参与度、是否建立 OAP（员工援助计划）系统、是否与员工定期谈心、员工离职前是否存在专家谈话以了解离职原因等。③建立评价机制。评价机制贯穿于前两个机制的过程中，如绩效考核、薪酬制定等均与评价有关。

（四）财务资本

现在越来越多的世界一流企业开始向着综合化发展，其中很重要的发展路径就是从完全的实体性产业向产融结合进行延伸。这样就会出现各类资源向资本逐步转变，并注重要素资本结构的重要性。资源和资本是有区别的，资源只有在它不断被运用的过程中，为企业创造出大于其自身价值的时候，才会被称为资本。财务是科学管理企业、提高企业价值的关键环节，财务资本包括土地、不动产、证券、债券等各种价值体。世界一流企业的财务资本，首先是能够形成稳定的现金流，来保障企业的基本运营活动；其次是形成金融为实业"补血"，实业为金融"输氧"的协同发展；最后是强化财务金融内部的协同来推动业务板块整合等，实现价值增值。重组的财务资本能满足企业内部和外部的利益相关者的需求，包括各产业环节的生产经营活动存在巨大的金融服务需求，包括融资需求、财险和寿险需求、企业年金等专项基金的资金管理需求、产业兼并收购中的顾问式需求等。例如，将外部金融机构获得的利润转移至企业内部，从而增加企业整体的内部利润。

财务资本的充足还可以降低融资成本,提高利润,并形成财务资本控制关系和资本纽带,采用以资金价值和货币指标为对象的价值管理模式替代传统的实物管理模式。财务资本在筹资管理、投资管理、资金管理、利润分配管理等财务管理全过程中具有重要作用,是支撑世界一流企业实现扩张发展和创新发展的重要基础。财务资本集中在资金管理方面,包括推进资金集中管理、统筹调度,降低资金使用成本,提高资金使用效率,保障资金使用安全,以及树立全面预算管理理念等。财务资本涉及股东及企业所有者投入企业的货币资本,政府资金划拨或税收优惠、金融机构的贷款、风险投资及外部资金合作平台,各类动产与不动产的账面价值、公允价值、折旧率、折旧年限,金融资产及其价值变动,商誉增值和公司获得的荣誉等。资料基础维度评价指标汇总见表4-2。

表4-2 资源基础维度评价指标汇总

一级	二级	三级	指标解读
资源基础	人力资源	选人机制	甄选比率、计划完成率、匹配程度、透明程度等
		育人机制	员工培训数量、成本、覆盖率,横向流通机制等
		激励机制	具有量化绩效评价体系,职业发展通道等
		保障机制	社会保险机会、退休金计划、员工援助计划等
		评价机制	绩效评价体系、绩效反馈等
	企业家	人口统计特征	个人学历、从业经验等
		经营管理	执掌企业时的平均利润率、平均利润增长率
		软实力	卓越战略的制定,制度体系的完善,风险的感知力,扭转危机的能力

续表

一级	二级	三级	指标解读
资源基础	核心产品	主导产品	市场占有率和覆盖率，产品销售总额，产品利润，销售增长率、边际利润等
		先导产品	单位产品的成本，优等品率，产品生命周期阶段等
	财务资本	资本价值	土地、不动产、股票、债券等
		资本运用	充足现金流、内部资本市场、价值增值等
		财务管控	资金使用的成本、效率、安全以及全面预算管理等

资料来源：作者整理。

四、动态能力指标体系

动态能力是世界一流企业的内在发展动力。唯有不断提升企业赖以生存的核心能力，不断寻找创新增长点与动态环境的结合点，企业才能够始终保持竞争力。Prahalad 和 Hamel（1990）将企业核心竞争力阐述为企业内部一系列互补性知识和技能的组合，能够使企业业务达到竞争领域的一流水平。随着新时期、新背景的到来，创新发展的大趋势会不断出现新的规则，企业的动态能力也需要进行持续的变动。在世界一流企业的成长历程中，动态能力包括公司治理、管理创新、组织变革、技术创新等关键要素。

（一）公司治理

自从企业以特定的组织形式成为市场经济主体后，如何形成有效的治理机制，构建完善的制度体系已经成为研究关注的重点。

公司治理指对公司整体的治理能力，主要目的建立一套适当的公司内部治理机制，引导相关人员致力于公司运营，在追求自我利益的诱因下，尽到对股东、债权人与其他的利害关系人的责任。企业则在遵守契约以及法律的前提下，建立一套公司管理机制来实现价值最大化的目标，即企业董事会必须维护所有关系人与股东之间的权益，确保高阶主管对股东负起创造财富的责任（Eppsa & Cereola，2008），并以创造企业的长期利润和实现持续经营为发展目标。通过良好的公司治理运作，能够利用这些制度安排的互补性质来降低委托代理的成本和风险。公司治理要解决的是股东、董事会、经理及监事会之间的权责利划分的制度安排问题，主要是通过一整套包括正式或非正式的、内部的或外部的制度或机制安排来协调公司与所有利害相关者之间的利益关系，以保证公司决策的科学化，从而维护公司利益。公司治理作为一种公司制度，主要是通过明确董事会的权利与责任，投资者的作用与影响，公司管理层的报酬，形成内部管理控制体系等诸多内容来协调公司内的所有者、经营者、雇员和公司等相关利益者关系，从而起到化解冲突，协调关系，保障稳定发展的目的。

公司治理包括治理结构、经营效果和配套机制，并涉及董事会功能、股东权益、信息披露、风险管控等诸多方面的内容。①治理结构。确立股东大会、监事会、董事会"三会"，梳理清结构，明确其作用和职权。以股东大会为例，将考察其结构是否合法，举行频率是否适宜，是否能够体现股东意志，并作为公司最高权力机关，真正参与到经营方针和投资计划的制定中。②经营效果。

包括收入增长、成本减少或生产率提高的幅度，资金周转率、融资能力或信贷约束、资产贴现能力、工艺改造能力、生产能力的高低，机器完好率、产品退货率、保修期限是否处于行业领先地位等。③配套机制。包括产权制度，即产权的明晰程度，尤其是国资背景下的企业是否做到了权责匹配；规章制度，即企业形成纸面文件的规定；协调机制，包括风险管控、激励约束、信息披露等部门及相应配套规章是否建立、是否完善，执行力度如何等。

（二）管理创新

管理创新是企业得以长青的重要能力，也最能体现本维度中动态的部分。传统意义上的创新主要指研发中心给技术带来的提高，例如，OECD 在《技术创新调查手册》中将其界定为工业技术创新，包括新产品、新工艺和相关变化。现代的创新则加入了企业制度对内部及外部创业的开放性提升，使更为广义的管理创新也被纳入其中。广义的管理创新设计建立健全内部控制制度，战略规划、股权管理、财务管理、资本运作和风险管理，以及明确管理界限和业务交易规模，提出风险控制措施等。狭义的管理创新包括管理层的意识、管理活动的提升、员工的质疑试验和外部人才的联系等诸多方面的内容。例如，管理者必须为组织中每一个成员获取信息、终生学习、掌握新知识提供服务和创造条件；组织必须不断满足其成员的不同需要、实现其成员的个人价值。管理创新活动的主要内容包括：建立、健全各项管理制度，设计好管理的流程，做到有章可循，并为此搭建一个能够实现管理信息在不同管理主体之间安全、及时、充分地流动的信息系统等。

　　管理创新与各部门的管理改革均有关联，涉及部门内部专业化程度，部门间协作与竞争的平台设立和权衡，企业对行业环境与市场变化的适应性和反应速度，组织结构扁平化程度与弹性（需因企制宜，如企业不适合扁平结构或采取其他更先进组织结构，则更换为相应结构的实施程度），内部结构调整速度，学习模仿速度，以及对管理创新本身的重视程度等。此外，还需要创新后模式与企业动态匹配，因此应着重于衡量其变革前后对企业绩效的促进程度，以观察这种动态能力是否适宜、变革后效果是否与整个企业相适应。具体可以归为：变革前后的绩效对比，以资产收益率、报酬率等主要财务指标的变化情况进行衡量；计划完成度，针对进行组织变革的目的，评价目标完成情况，如企业欲凭借组织变革达到更高水平的人力资源管理，则以人力资源相应细分指标的前后变动来评价本项组织变革的效果；满意度，向员工、顾客、出资人、政府、社会公众及产业链上下游企业等进行广泛调查，听取其满意程度及反馈情况。

（三）组织创新

　　与一般企业相比，世界一流企业往往资产规模庞大，业务结构复杂，如何将这些多元的资产和业务组织化，形成高效率的组织结构，同时如何在集团与众多下属企业之间构建一个科学的管控体系，在保持下属企业经营活力的同时，确保其在发展战略、投资决策、利润分配等方面不出现偏差，是这些企业一直所面临的独特而极其重要的任务。在组织创新活动中，企业可以通过耦合的方式获得持续的成长助力，不仅展现在技术创新，更包括制度创新等诸多方面。例如，快速的技术创新需要相应的制度创新与其匹配，并实现耦合；在制度创新中，则可以实现企业制度同构和制度异构之间的均衡，使得企业既能从制度层面形成独特竞争力，又能彼此形成一致认知的前提，也是未来企业在创新进程中不容忽视的。组织创新活动中重要内容之一是集团管控，主要是针对含有一级或多级分公司、子公司的大型集团，是母公司对分公司、子公司的管控，超级集团甚至可能存在对供应链、行业联盟的管控。集团管控的核心是层级控制，总部对子公司及下属板块进行统一协调，使各部分保持协同发展；并且要注意总部对下属的控制力。

集团管控根据对子公司的考核标准和干涉程度，可以分为以财务、投资、盈利等财务指标为考核标准的财务控制型，由总部制定核心战略和主要流程的战略控制型，以及由总部对经营进行全方位管理的运营控制型三种。在对该项二级指标进行考察前，首先应确定企业与分、子公司的关系，并综合考虑所处行业的特点，来确定适合采用三分法中的哪一种和三级指标的相应标准。例如，若企业为财务控制型，则着重考察财务类指标；如为运营控制型，则对母子公司间的关系密切性和干涉程度予以适度放宽。之后需要关注的细化指标包括：①对集团整体战略、规模、经营业务的把控，如各自的定位与业务分工应采取高度专业化、关联专业化还是无关多元化策略，即总部及成员公司间的业务差异度有多大。②总部与下属板块间的相互联系，包括层级结构搭建是否合理，核心业务在集团内部应如何分配、组合、协同，才能更好地发挥集团优势，避免内部竞争损耗；一旦出现同业竞争时是否有相应应急预案。③总部对下属板块进行管控的方式，包括是否定期查账、监督、汇报、视察，以使总部能够及时知晓整个集团的各方面细节。④下属板块的业务、战略完成情况，包括下属板块是否如期、保质、保量地完成。

（四）技术创新

技术创新包括专利与软件著作权数量，据此生产的新产品种类数、原有产品发生重大改进的数量，科技论文、提案、文档等相关文件的绝对与相对数量。在企业创立阶段，发展企业的技术创新需要具有较强的初始能力，即企业通过自身的经验积累或对其他企业产品的模仿，来掌握产品创新的规则和方法，开发出新的产品来满足市场需求。对于再创能力的培育和提升也是世界一流企业之所以获得竞争力的重要体系。随着企业的初步发展，需要进一步培养再创能力，即企业对创新知识进行有效的调整、配置和不断迭代的动态能力（孙黎、邹波，2015）。再创能力使创新由原来大规模、一次性的"状态 A 到 B 的惊险一跃"转变为可循环的、分阶段的"龙卷风式持续创新"，这种创新更加符合互联网、制造外包、开放源代码运动等企业外部环境的变化，且创新成本相对较低、开发新产品的速度更快也更能及时对客户需求进行反映，是实现技术赶超的有力途径。只有通过从初始能力向再创能力的承接和延续，企业才能保证技术创新成为持续发展的重要支撑。

技术创新固然重要，但经济全球化浪潮逐步使标准竞争上升到了更好的地位。制定具有国际领先的标准是推动企业走向国际市场的"通行证"。在国际竞争中，已经形成了三流企业做产品，二流企业做市场，一流企业做标准的发展势态。因此，要成为行业发展的领导者和创新者，就必须能够以行业治理者的身份来执行行业发展规则，制定行业标准也成为世界一流企业的重要目标之一。对标准的关注既包括通常意义上的产品生产、创新等与主营业务相关的核心技术标准，也包括更广义的对组织、研发、财务、人力资源的辅助技术标准。对于前者，英国 Sussex 大学的科技政策研究所（SPRU）在 20 世纪 70 年代，由弗里曼等（Rothwell et al., 1974）牵头，承担了 SAPPHO 计划，即对 29 个创新成功和失败的项目进行测度，并提炼出 6 个最重要的影响创新成败的因素，包括是否了解用户需要；研发部门、生产部门与市场营销部门的合作状况；与外界的科技网络的联系程度；研发质量的高低；高层创新者是否具有成功的经验与权威；企业内部是否开展相应的基础研究。动态能力维度评价指标汇总见表 4-3。

表 4-3 动态能力维度评价指标汇总

一级	二级	三级	指标解读
动态能力	公司治理	治理结构	"三会"结构，变革频率，股东的意志体现和参与度等
		经营效果	生产率提高幅度，融资能力或信贷约束，资产贴现能力等
		配套机制	完善的产权制度，体系化规章制度，协调机制等

续表

一级	二级	三级	指标解读
动态能力	管理创新	管理变革	设立新的业务单元、引入新的管理技术方法
		制度完善	建立健全的管理制度体系，运作良好的规章制度
		业务流程	通畅的价值创造流程，安全、及时、充分沟通的信息系统等
		动态匹配	创新前后的商业模式协调、效益对比等
	组织创新	组织变革	重组的创新要素供给，组织结构变革频率和幅度等
		集团管控	有效的层级控制，母子公司关系协调、监督管控机制等
	技术创新	研发产出	专利数量，新产品种类和数量等
		再创能力	对创新知识有效调整、配置和迭代
		标准制定	形成了具有国际领导性的技术标准体系；具有行业领先的技术检测能力等

资料来源：作者整理。

五、战略柔性指标体系

　　战略是企业针对未来发展制定的定位、规划，以及后续执行的总体方案。作为企业未来发展的指南针、引航图，战略的设定和执行都是结合企业的现有资源，继而选择划定范围，确定需要提升的能力。然而需要注意的是，企业一直都在面对未来世界的不确定性，并面临新环境所带来的各种新问题，为此需要结合环境和自身来选择合适的战略，制定恰当的措施来推动发展。因而，好的战略活动需要具有柔性，以符合企业所处的战略环境，事半功倍地加快企业跻身一流行列的速度，可以说是企业跻身世界一流的保障。在世界一流企业的成长历程中，战略柔性包括战略定位、战略规划、业务转型和国际化战略等关键要素。

（一）战略定位

战略定位是针对外部环境因素和企业自身因素进行精准的判断，继而为后续的战略规划设定提供前期的基础。面对外部环境的变动，企业需要对环境做出主动的预测和反应，把握环境变化所带来的机会，并通过主动变异来适应环境的变化。当前的资源基础和能力提升在很大程度上决定了企业在面对环境变化时的反应行为，也决定了企业在新的环境下构建新的资源基础和提升能力的方向，企业的内部变异可能发生在新的战略定位、新的组织结构方面，而外部变异则可能发生在兼并收购或者采取影响政策的活动等方面。战略定位的重要任务是进行战略环境分析，即对外环境分析主要涉及可能对企业未来发展产生影响的各种因素。例如，法律制度的变化、政策环境的波动、社会环境的变革等，以及在这种情境下企业如何选择与其他企业的竞争与协作，包括对竞争协作关系的定期梳理、对竞争者新推出政策的及时反应、对协作者的定期关系维护、对行业内创新技术的重视和抢先利用等。对内部变异的解读则多为对自身优劣势的SWOT分析，包括主打行业属于红海还是蓝海、产品是否具有特异性、能否开拓增值服务等。在对变动环境的预测和应对上，企业可以采取遵循惯例、搜寻经验或创新做法等不同的形式。例如，根据以往经历或国际国内经验形成一定的惯性，在遇到相类似的问题时，遵循惯例来解决当前所遇到的问题；当遇到新问题时，企业可以进行创新，不断摸索，通过创新形成新的惯例和经验等。

（二）战略规划

为了更好地获取资源、降低运营成本、拓展市场规模，世界一流企业一定会实行全球发展战略，即在发展思路、业务经营、组织管理等方面放眼全球进行谋划和实施。世界一流企业也会结合各方面因素的综合考虑，制定一个远大而又明确可行的长期目标，一切经营活动都会坚定地围绕这一目标来进行。例如，基于全球视角对资源、市场等进行的管理整合正是目标确立的必然途径，强调是否依据时代特征来引领市场发展和创造社会需求。然而战略规划并不是一劳永逸的，需要具有一定的弹性和调整的范围。这种弹性包括资源弹性、文化弹性以及管理、组织架构的随时可调节性。只有当企业拥有强大的战略弹性时，其内部的协调系统才会因此而确立。当这种协调系统能够随环境的变化而发生变动，且因其独特适用性和复杂性，其他企业对其模仿和复制的可能性较小，由此形成了企业的战略优势。战略规划调整需要注意各部门协同性与竞争性的权衡，资产利用及投资战略的选择等。随着企业面临的经营环境更加复杂，在日益提高的不确定风险之下，企业需要具有更加快速的反应，这必然依赖企业战略规划来提供支撑和保障。特别是在全球化的推动下，行业的界限、企业的界限日趋模糊，战略规划也不再限于既定的行业内市场份额、产品或服务竞争，必须从全球的角度、从跨行业的角度考虑配置自身的资源，在资金、人力资源、产品研发、生产制造、市场营销等方面进行有机地组合，以获得最佳的管理整合效果。

（三）业务转型

业务架构决定了企业应采取怎样的主营业务或业务组合，业务转型是生产业务经营的结构性调整。随着外部环境的不确定性增加，以及企业内部创新活动的增强，企业需要不断地对自身业务进行调整以进行自我竞争力提升。其中，既可能通过存量调整来形成新的业务组合，以及从现有的业务中衍生出新的价值增长点，也可能是通过增量调整来创造出新的业务来形成新的价值增长点。Ansoff（1957）提出了安索夫矩阵（Ansoff Matrix），根据市场/产品两个维度，产生了四种组合，并给出了不同组合下应采取怎样的经营战略，包括市场渗透、市场发展、产品延伸和多元化经营战略，以及在成熟及衰退环境下的市场巩固战略。当业务架构的策略与市场及产品所表现的特征相背离时，企业应及时做出调整。例如，根据市场属于蓝海市场还是现存市场、产品属于新产品还是现存产品，选择出企业应采取的策略，并进行特异化调整。业务转型活动中也涉及资产剥离，一般会通过企业分拆、资产出售的方式来进行。业务转型的重点是尽快调整企业结构以适应新的业务，同时发挥旧业务的最大经济价值，着重认识转型前后的对比情况，包括主要产品、业务的市场占比、年收入、净利润等的变动情况。

(四) 国际化战略

世界一流企业要在全球具有竞争力，不仅需要在本国进行战略布局，更要放眼世界。作为世界一流企业不仅需要在全球价值链中占据优势地位，还要能实现对价值链进行有效治理以实现持续发展。随着国际市场的调整，各国企业力图以更加合理的方式在全球市场获取、优化和整合人力、资本、技术等要素，嵌入并扎根在全球价值分工体系中的优势环节，形成新的国际分工体系和价值体系。为更好地推动"走出去"战略，企业需要系统评价自身资源，合理确定战略目标，从国内经营走向跨国经营，从国内市场进入国外市场，对国内外的生产要素进行重新优化配置以提升综合竞争力。在开展和实施全球化经营过程中，企业需要在专业化分工的生产服务模式下，选择进入国际市场的合适环节，立足于自身资源和优势来整合全球不同业务单位和企业的核心要素，推动全球资源整合需要在企业内部进行业务调整，包括研发、制造和营销等方面的资源。其中，既有公司将母公司各种知识和资源转移到海外子公司来降低人力资源成本和研发成本，也有公司将海外公司从国外获取的新知识和资源转移回母公司来推动相关资源的流动、转移和整合，实现优势互补和协同效应，如此才能形成良好的业绩增长。

国际化战略体现在资源调配、运营目标、治理手段等各个方面，包括：

（1）国际业务布局，东道国的原材料、市场和技术优势是激发企业进行国际化经营的重要动因。通过本土化发展，企业能够对东道国当地的文化、法律、政治、经济、风俗习惯等更加熟悉和了解，具备与当地政府、民众和合作伙伴沟通、交流的优势，能够帮助企业以更低的成本和更小的风险在东道国扎根和发展。企业的目光应放在两类国家上，一是拥有战略性资源的国家，二是发展速度较快、有较大发展潜力的国家，将拓展国际市场作为近期战略目标和纳入远期战略体系。

（2）国际化发展思维，提高海外业务在当前业务中的比重，注重吸收国外先进的经验和各种资源要素来提升发展；注重自身品牌的建设，树立国际化品牌和形象，利用品牌带来溢价和实现增值。随着经济全球化进程的加快，具备国际化视野已经成为推动企业进行全球资源配置和开拓市场的重要条件。诸多发达国家跨国公司已经利用技术、品牌等综合影响力在全球组织和整合研发、采购和生产，推动实施跨国、跨行业的并购重组活动来提升国际化运营的规模和效率。

（3）国际化经营模式，重视经营管理与国际接轨，推动制度创新和完善，建立适应国际市场规则、合法守规的跨国经营制度体系，完善现代企业制度，构建公司治理结构，降低在国际化经营中的成本和风险。建立海外发展支持体系，建立海外人才库、制订海外机构设置及派出员工管理办法、形成海外业务发展考核与激励机制，进一步完善海外业务发展支持保障体系。形成较为完善的管理制度体系，涵盖从公司治理到具体的业务运营，并应用于战略制定、投融资决策、财务报告管理、内部审计体系建设等方面。战略柔性维度评价指标汇总见表 4-4。

表 4-4 战略柔性维度评价指标汇总

一级	二级	三级	指标解读
战略柔性	战略定位	环境分析	影响企业未来发展因素分析,企业间的竞争与协作等
		内部判断	自身优劣势分析:行业蓝海,产品特异性,服务增值性等
	战略规划	战略目标	明确的发展思路,清晰的战略愿景等
		战略执行	清晰可执行的战略措施、执行方案等
		战略调整	动态的战略更新计划、及时的战略反馈等
	业务转型	市场业务	当前的业务结构能够符合市场发展
		产品业务	当前的产品线或产品簇能够满足客户需求
	国际化战略	国际布局	选准业务发展区域和国家,了解国际发展趋势等
		发展思维	海外业务比重,国际品牌和形象等
		经营模式	海外发展支持体系,海外人才库,海外机构设置等

资料来源:作者整理。

六、指标的组合应用与实践检验

任何一个企业都是时代的企业,不是生来就是世界一流企业,而是要向世界一流企业发展,并能够通过持续的发展来保持世界一流企业的地位。从历史的角度看,成为世界一流企业的条件在逐步提高,在每一个时代,成为"世界一流企业"的条件是不一样的。当前的世界一流企业之所以做到优秀,很重要的原因是在此之前的一段发展阶段,能够接受环境的选择,并进行自身的不断调整和修复,从而能在当前环境下做到略胜一筹,能够依据环境的变化进行自我更新和调整，通过不同的要素组合形成竞争优势。在全球化的今天，成为世界一流企业的条件和门槛则远远高于过去，这使得各个支撑维度中的要素不断丰富，且要素的内涵也不断深化。为此，无论是正在成为世界一流企业的企业，还是当前的世界一流企业，都需要能够面向未来的发展，做到未雨绸缪的提前调整和动态变革，针对现有的关键要素进行有效提升。

（一）组合应用：多指标的均衡与融合

尽管维度不同、角度不同，但不同指标之间也存在着关联互动，单一指标的变化影响并非是单一的。只有考虑到协同、交互等指标间的作用机制，通过综合考量、系统评定，才能获得更为准确、全面的答案。从研究的视角出发，本章将资源基础、动态能力、战略柔性和价值导向这四大维度拆分开来，独立阐述，但在企业实际的经营发展中，这四者是互为依托、密不可分的。正是它们之间的交互作用，共同推动了企业由平凡走向卓越。以资源为基础的竞争优势理论认为，任何一家公司都是资源与能力的独特组合，这些资源和能力是组织战略的基础及利润的重要来源。组织战略的选择应该最大化地发挥由资源和能力结合而成的企业核心竞争优势，并使之与外界环境相匹配，从而获取超额利润。非均衡性是企业与环境动态互动的本质特征，强调不断动态调整的过程。对于世界一流企业而言，这种非均衡性不仅指企业内部结构和外部环境本身的不均衡，也指企业内部结构和外部环境之间的非均衡。世界一流企业不断进化的过程实际上也是企业在各要素间不断调适、不断寻求相对均衡的过程。在其成长历程中，资源基础、动态能力、战略柔性和价值导向内部的各种关键要素对企业不同发展阶段所起到的作用是非均衡的。

在初创时期，形成企业竞争优势的关键在于占据和控制了相应的资源，能力的存在是因为形成了惯例，能够持续对企业资源进行加工而形成差异化资源或者战略资源，进而成为竞争优势的源泉之一。在该阶段，企业的战略和价值创造目标较为简单；在增长阶段，企业一般会立足于企业自身来加强变革创新，从而形成新的竞争优势。特别是当企业已经开始开辟了新的业务领域之后，会有更多的企业采取模仿跟随策略进入该市场，并形成较强的市场竞争氛围，战略引领在这一阶段显得尤为重要。此外，随着企业规模的扩大，需要不断地对组织结构进行有效的调整，构建新的制度体系，形成新的管理方式，以提升内部工作效率，发掘新的资源、市场机会等。在转型阶段，资源类型要素的影响作用逐渐稳定；能力类型要素的影响依然显著，但程度有所降低；战略类型要素的影响出现提升；价值类型要素的影响则出现较大增长，表明在调整阶段，企业继续重视能力和战略要素，同时将价值要素的重要性提升。在超越阶段，各企业支撑要素分布较为广泛，影响较为均衡，其中资源的影响有所提升，能力的影响依然显著，但程度有所降低；战略的影响有所增强，而价值的影响保持相对稳定，表明在转型阶段，企业更加追求稳定发展。总体来看，在世界一流企业的成长历程中，不同要素对不同阶段起着重要的支撑作用，但依然可以看到，有些要素一直保持影响作用，例如制度创新、战略变革、市场导向和企业价值等；有些要素会在很长一段时间内都产生重要影响，例如企业家、管理创新、国际化战略等；有些要素仅仅是在特定的时间点会对企业产生重要影响，在另一个阶段则被弱化。

随着调适能力的增强，世界一流企业的发展会在更多时点上出现要素间的相对均衡、内部结构和外部环境的相对均衡，在这些时点上，资源、技术、制度、理念、人才、人性、产品、市场、环境等要素之间处于一种相对均衡状态，内部能力和外部环境也处于一种相对均衡状态，但这种相对均衡，并非是要素比例的均衡，而是指在相互作用的关系中，每一方都同时达到了约束条件下可能实现的利益最大化目标。从"世界一流企业"发展的整个历程看，这种相对均衡非常短暂，经常被破坏，处于不断调整状态下，因为各种环境和要素都在不断发生着变化。"世界一流企业"在不断寻求相对均衡的过程中实现长效的发展，比如企业利益，是注重短期利益，还是注重长期利益？这长与短的均衡就是一个企业发展的关键。假如企业的生存与发展要以破坏环境，透支能源，牺牲员工、消费者的利益为代价，那么这种发展必然会阻碍企业的持续发展。

从总体上来讲，世界一流企业的相对均衡调适是一个系统工程，资源、能力、战略和价值是系统中不可或缺且相互交织、博弈的有机组成部分。在外界环境快速变化的情况下，企业必须通过战略规划来不断调整发展目标，而这同时要求企业必须不断地改变它们的资源组合和对自身价值的定位，系统内的这些要素牵一发而动全身。为此，企业只有不断地提升其内部的各项能力，才能持续对运营活动进行修正来适应新的发展需求。世界一流企业的相对均衡调适也是一个动态的过程，如果企业只在意某一要素的优先发展，则当前的效益很容易是短暂的。只有实现各种要素的动态均衡，协同推进，企业才能够基业长青。例如，华为公司之所以能够在较短时间内异军突起，关键也在于形成了长期坚守的核心价值观，"坚持均衡的发展思想，推进各项工作的改革和改良。均衡就是生产力的最有效形态。通过持之以恒的改进，不断地增强组织活力，提高企业的整体竞争力，以及不断地提高人均效率"。

可以看到，企业的持续活力在于对相对均衡状态的持续追逐，因此在某种意义上来讲，能够实现经营者管理动态均衡的企业，必定是商业领域的赢家。在未来，现有体系内的各个指标，也很有可能会逐渐呈现融合或耦合发展的趋势。

1. 技术创新和管理创新的融合

成为世界一流企业要求两者相伴而生，因为从理论上讲，技术的进步势必会推动管理的进步，管理的变革必须适应技术的进步。技术创新会相应带来新的管理思路、管理理念、管理体制或管理流程，为管理创新提供必要的技术支撑条件和方法手段，而也只有管理创新与技术创新相匹配才能使企业在信息化、全球化、激烈化的竞争市场中取得竞争优势。网络经济时代的发展，信息技术应用的创新，创造了电子商务经营模式，信息技术与生产技术应用的融合及其创新，促进着生产方式的变革与创新，以计算机集成制造、敏捷制造、精益生产、大规模定制为代表的先进生产方式反映了管理思想、管理模式的创新（严新忠，2003）。

2. 管理创新和战略定位的融合

一个企业的创新能力和水平是该企业制定战略规划的前提，企业的战略定位又必须与该企业的技术能力和水平相适应，所制定的战略规划又为企业未来的创新能力和水平提出需求及要求。同时，创新本身也是一种战略思想的体现，产品战略的选择对创新战略的选择产生直接的影响，而企业创新战略必须服从企业的总战略，技术的战略角色意味着技术和战略在一定程度上的融合性，一改以往的从属性的手段角色与边缘性的环境角色，这是技术与企业战略的相互关系上的一大进步和未来趋势。

3. 人力资源与技术创新、组织文化的融合

人力资本是一种占据主体地位的能动性资源，既能推动其他物质资源的发掘，也能主动适应于各种复杂的内外部环境，并形成创新活动的主体和价值创造的力量。有效开发和利用人力资源，特别是大规模开发企业发展需要的各种专业人才，使人力资源转化为人力资本，是"世界一流企业"资源和能力提升、创新发展的内在要求，是员工价值实现的重要目标，也是企业可持续发展的关键所在。

（二）指标体系的实践检验

不同的世界一流企业，既有体系所描述的共性，也有细化指标反映的特性。本研究报告依照企业规模、存续时间、所在国家、

国际化程度和产业领域这五个方面,最终选取了石油产业中的Shell(壳牌),汽车产业中的Toyota(丰田),器械、航空产业中的GE(通用),IT、计算机产业中的IBM,金融产业中的Temasek(淡马锡)5家企业作为典型例子来分析。根据上述企业在发展历程不同阶段表现出的不同特征,对照评级体系,分别在每一阶段抽取一个典型公司,将其行为与指标对应情况如表4-5~表4-8所示。5家典型的世界一流企业均可以被三级指标体系完全解构,而指标体系中具体到第三级指标,每一项指标也都可以由典型企业的数据所支撑;即使再向下细化,也有多数共性指标能够得到实践支持,部分属于时代特征或企业特性的,也可以依据标杆企业选择的标准,对对标企业因地制宜地采取相近指标来衡量、评价。

表4-5 壳牌公司创业阶段行为与指标对应情况

行为	归类	三级	二级
马库斯·塞缪尔把握产业机会,开展跨国贸易,进入运输业	响应行业政策,利用跨国贸易进入行业	发展思维	国际化战略
全球汽车产业开始繁荣,石油的社会需求开始变大	企业外部环境发生变化,相应行业策略随之变动	环境分析	战略定位
安昆·邵克创办荷兰皇家石油公司,从事石油勘探开采及生产	把握市场变化,改变业务策略	市场业务	业务转型
在荷属殖民地印度尼西亚的苏门答腊地区发现石油	获得石油资源	主导产品	核心产品
马库斯·塞缪尔依靠运输经验,承包了一支蒸汽船队,运输石油	依靠企业家经验	人口统计特征	企业家
首艘油轮Murex革新石油运输方式	实现了运输技术革新	研发效果	技术创新

资料来源:作者整理。

表 4-6 丰田公司增长阶段行为与指标对应情况

行为	归类	三级	二级
总结科学的管理方式,实现组织结构的专业化、合理化和科学化	推动组织结构调整	治理结构	公司治理
创造"丰田生产方式",即产即用,无须设置存货库存,使传统的整批生产转变为弹性生产	创造核心业务的新型生产方式	业务技术	核心技术
建立弱矩阵项目研发组织管理模式,实现以最低的成本、最快的速度推出新车	推动组织结构变革,提升生产运营效率	要素偶尔	组织创新
转而建立强矩阵项目形式的研发组织模式,实现项目导向管理	在环境发生改变时相应管理战略也发生调整	环境分析	战略定位
明确国内市场狭小,多品种、小批量并不适合大量生产方式的要求	对市场有清晰的认识,围绕市场需要来研发、生产产品	市场业务	业务转型
实行现场管理方法创新,提出目视管理法、五问法、一人多机、U型设备布置法等	推动运营管理制度创新	制度完善	管理创新
引进全面质量管理(TQC),组建质量小组	对质量进行控制,承担起消费者责任	企业声誉	组织文化
1957年进入美国市场,开发的Corona受到市场好评,成为第五大进口品牌	将美国市场纳入考虑,推动跨国发展	国际布局	国际化战略
1962年,与员工签订了《劳资宣言》,提出没有企业的成长发展就没有员工生活的安定	形成新的劳资协议,保障员工生活	员工价值	组织文化
1957年拿出4亿日元投资建设了机动车驾校,促使司机的普及	主动创造市场需求	内部判断	战略定位
确定了市场调研的制度,开发适应市场的新车型,针对顾客需求设计汽车	面向市场进行产品开发	产品业务	业务转型
为国民生产物美价廉的"真正的国产轿车"	准确定位市场需求,据此生产符合消费者需要的产品	主导产品	核心产品
通过"四个主义和三个目标"规划丰田的发展战略与路线,明确了企业发展的目标与要点	制定适合企业的战略发展规划和措施	战略目标	战略规划

资料来源:作者整理。

表 4-7　IBM 公司转型阶段行为与指标对应情况

行为	归类	三级	二级
郭士纳推动企业文化、价值观、财务、市场、业务等各个领域的变革调整	根据市场等各方面环境变化进行战略变革	战略调整	战略规划
开发出领导力素质模型来支持"高绩效文化"	推动管理制度创新	制度完善	管理创新
要求企业员工必须有"渴望成功的动力"和"对事业的热情"	注重企业内部员工价值体系建设	员工价值	组织文化
建立矩阵式管理模式,加强组织内部的全球一体化管理	组织结构适应全球一体化,加强集团管控	集团管控	组织创新
对客户进行需求细分,分为商品化解决方案、定制化解决方案和量身定做三个类型	围绕客户来建立经营管理活动的战略	环境分析	战略定位
把服务业务单独调整为整合系统解决方案公司,提出 IT 服务的概念	根据业务及公司定位,创造新的子公司,以提供专业化服务	产品业务	业务转型
将开发软件作为独立核算业务,放弃应用业务,全力打造独立软件开发商生态系统	推动业务结构调整,制定战略实施策略	市场业务	业务转型
不仅持续分红让股东获得回报,还通过股票的回购来还利于股东并且保护股价	注重维护投资者的利益	股东价值	企业价值

资料来源:作者整理。

表 4-8　GE 公司超越阶段行为与指标对应情况

行为	归类	三级	二级
2004 年,将 13 个业务集团重组为 11 个,新的组织结构包括 7 个增长引擎	进行集团整体结构调整	集团管控	组织创新
减少自身在全球生产和经营活动中的温室气体排放,并以环保产品和服务作为新的业务增长点	注重社会生态可持续发展,加强服务和创新	环境责任	社会责任
2008 年,精简组织架构,业务部门已从 13 个简化为 4 个	推动治理结构调整	结构变革	组织创新

续表

行为	归类	三级	二级
2007年，在智力基础建设方面已投资了150亿美元，产生2350项全球专利，以及遍布全球的知识产权资产	加大对技术创新的投入，获得专属资源，形成新的产品和服务	研发产出	技术创新
设立全球研发中心将新的技术创想转化为产品	设立全球研发中心，给核心业务技术的研发创造辅助平台	国际布局	国际化战略
重新规划了投资组合，积极向未来的行业领域扩张，如绿色能源、水利和医疗保健等，剥离金融服务业务等	顺应未来行业趋势，改变投资战略	战略调整	战略规划
很少进入一个已经成熟而且竞争对手很多的市场，大都是在自己已有业务的基础上自然而然展开	实施归核化战略，实现转型升级	市场业务	业务转型
推动回归发明创造传统的业务转型，重整核心业务，将研发支出提升到5%，致力成为全球领先的高科技公司	确定新的核心业务	内部判断	战略定位

资料来源：作者整理。

参考文献

［1］格拉斯曼·D. EVA革命以价值为核心的企业战略与财务薪酬管理体系［M］. 王晓璐等译. 北京：社会科学文献出版社，2003.

［2］侯仁勇，胡树华. 企业关键产品的选择模型及实证分析［J］. 武汉理工大学学报（信息与管理工程版），2002，24（6）.

［3］孙黎，邹波. 再创能力：中国企业如何赶超世界一流［J］. 清华管理评论，2015（1-2）.

［4］王庆芳，周子剑. EVA：价值评估与业绩评价的理论探讨［J］. 当代财经，2001（10）.

［5］严新忠. 技术创新、管理创新互动与竞争战略融合［J］. 现代管理科学，2003（9）.

［6］杨依依. 企业社会价值创造与企业可持续发展［J］. 经济师，2007（9）.

[7] 张爱玲, 邹素薇. 跨国公司在东道国履行企业社会责任的国别差异——以戴姆勒集团为例[J]. 对外经贸, 2017 (2).

[8] Ansoff I. Strategies for Diversification [J]. Harvard Business Review, 1957 (1): 113-124.

[9] Brush C. G., Greene P., Hart M. M. From Initial Idea to Unique Advantage: The Entrepreneurial Challenge of Constructing a Resource base [J]. The Academy of Management Executive (1993-2005), 2001, 15 (1): 64-80.

[10] Eppsa R. W., Cereolab S. J. Do Institutional Shareholder Services (ISS) Corporate Governance Ratings Reflect a Company's Operating Performance? [J]. Critical Perspectives on Accounting, 2008, 19 (8): 1135-1148.

[11] Prahalad. C. K., Hamel G. The Core Competence of the Corporation[J]. Harvard Business Review, 1990, 68 (3): 275-292.

[12] Rothwell R, Freeman C, Horlsey A., et al. SAPPHO Udated-project SAPPHO Phase II[J]. Research Policy, 1974, 3 (3): 258-291.

[13] Vernon R. International Investment and International Trade in the Product Cycle [J]. International Executive, 1966, 8 (4): 190-207.

| 第五章 |

企业家精神

考察世界一流企业，要关注那些个性鲜明的企业家的存在。这些企业家虽然各自背景不同，但他们有着共同之处，那就是拥有能够开创事业、发展事业的精神力量。企业家精神是企业创立与发展壮大的关键驱动力。许多研究表明，经济增长在很大程度上归因于技术进步。而技术进步依赖于企业家的首创精神。如果忽视了企业家，将无法对历史上的经济增长给出完全充分的解释（威廉·鲍莫尔，2010）。从微观层面看，企业家对企业成长的作用更是至关重要，其开创性活动奠定了企业的存在基础，开辟了它们积累财富与发展壮大的最佳途径（戴维·兰德斯、乔治·莫克、威廉·鲍莫尔，2016）。中国企业要在技术上跻身世界前茅，就必须重视对企业家精神的学习和运用。经营企业常被称为是艺术，而艺术是需要天赋的，但同时也需要刻苦的训练。我们应该借鉴国外经验，造就企业家精神孕育、成长的环境氛围，使具有天赋者不至于在蒙昧中夭折，让社会产生更多的企业家。

一、理论研究

企业家精神（Entrepreneurship）这一概念，是美籍奥地利经济学家约瑟夫·熊彼特所确立的。熊彼特用该词来表示企业家（Entrepreneur）的行为、活动和才能。但中文中的"企业家精神"是比英文中的"企业家精神"含义更窄的概念。在这里，企业家精神经常被理解为企业家的人格特征，如吃苦品质、坚强意志、勇敢精神等。而本章将遵循熊彼特的定义，从广义视角去阐述企业家精神。

所谓的企业家精神理论，实质上是通过对企业家在经济活动中所表现出的行为与才能特征进行观察，总结和归纳出的企业家行为的一些共性。它大致有三种观点。第一种观点把企业家精神与创新相联系，把创新行为、创新活动与创新能力纳入企业家精神的内涵。第二种观点把企业家精神与捕捉机会相联系，把洞察机会、甄别机会与利用机会的能力与行为视为企业家精神的核心。第三种观点融合第一种观点和第二种观点的基本内容，认为捕捉机会并运用创新方式获取利润是企业家精神的主要特征。

（一）创新是企业家精神的本质

熊彼特是这一观点的代表者。熊彼特（2016）认为，企业家是致力于创新的人。这里的创新，是指把一种从未有的、生产要素的"新组合"引入生产体系。它有 5 种情形：①生产新产品；②引进新技术，即新的生产方法；③控制原材料或半成品的新供应来源；④开辟新市场；⑤实现新的企业组织形式（约瑟夫·熊彼特，2016）。企业家所从事的这些创新行为，以及表现出的创新才能，就是企业家精神。在熊彼特看来，创新是企业家精神的本质。如果没有创新，企业家就不存在，也就没有企业家精神。企业家为什么要创新？他认为是受到持续追逐利润动机的驱使。在竞争市场中，企业家为了持续获取利润，就要不断创新。正是企业家的这种持续追求创新的行为推动了市场经济的发展。

在熊彼特的理论中，创新有着广泛的范围，涉及产品、技术、市场、组织等诸多方面的革新。但是，创新不同于发明。"创新是把发明付诸实施的过程，把一个无形的创意转变成可操作的、经济上可行的经营活动"（威廉·鲍莫尔，2010）。而"使发明得到实际运用，和发明是完全不同的任务，而且，完成该任务要求具有完全不同的才能"（约瑟夫·熊彼特，2016）。熊彼特认为，创新需要想象力和意志力，既能够洞察到创新发生后可能出现的新世界，又要倾注全部精力调动各方资源去实现这种想象力，而非坐"想"其成（马克·卡森、安德鲁·戈德利，2016）。他在《经济发展理论》一书中指出，企业家在进行新计划决策时，没有可供参考的数据和行动规则，因此，要凭借直觉，也就是以一种尽管在当时不能肯定而以后则证明为正确的方式去观察事情的能力，以及尽管不能说明这样做所根据的原则，而却能够掌握主要的事实、抛弃非主要的事实的能力；企业家要有"心灵上的自由"，也就是坚强的意志力,能克服心灵中畏惧困难的习惯阻力,去为创新搏斗;企业家还要能够承受来自社会抵制创新的种种压力,超越或克服各种反对,来调动各方资源(约瑟夫·熊彼特,2016)。在熊彼特看来,只有少数人才具备这些才能,企业家以及企业家精神是一种稀缺资源。

(二)捕捉机会是企业家精神的核心

奥地利经济学家伊萨贝雷·柯兹纳(1973)是这一观点的代表者。在柯兹纳之前,经济学家们认为市场参与者拥有完全信息,总是能够理性决策。但柯兹纳认为,市场参与者不是全知全能,不是所有人都能够发现市场中存在的获利机会。只有企业家能够捕捉机会并利用机会获利。因此,捕捉机会是企业家精神的核心。捕捉机会,就意味着需要用"企业家的警觉"来发现机会和找到实现机会的有效途径。在这里,企业家的警觉是指对获利机会的敏感性、想象力、信念的大胆跨越和决断性行动,它们来自于企业家的主观知识和实践经验。在柯兹纳看来,企业家并不像熊彼特所讲的那样,只属于极少数人,而是每个人都具有成为企业家的潜能。如果每个人都保持对市场获利机会的敏锐嗅觉,并努力找到实现获利机会的有效途径,就能够获得利润而实现发展。

马克·卡森、安德鲁·戈德利(2016)认为,捕捉机会这一概念不仅包括发现机会,而且还应包括甄别机会,因为不是所有机会最终都能带来利润。成功的企业家能够甄别出真正有利可图的机会,而把可能带来风险的机会剔除掉。他们指出,甄别机会要求企业家具备良好的判断力。而判断力是在没有既定程序或者缺乏客观证据的毫无前例的情况下做出成功决策的能力。好的判断力会权衡"由创新失败导致错失有利机会带来的风险"和"实施错误创新所产生的犯错风险"两者间的利弊得失。具备良好判断力的成功企业家只会利用那些确实有利可图的机会。

(三) 捕捉机会并运用创新方式推动企业发展是企业家精神的主要特征

熊彼特把通过创新打破均衡状态理解为企业家精神，柯兹纳把对获利机会的快速捕捉作为企业家精神的表现，而第三种观点则把二者融合起来，认为企业家精神是指企业家捕捉机会并运用创新方式获取推动企业发展的行为。

威廉·鲍莫尔、罗伯特·斯特罗姆（2016）认为，企业家是那些能够敏锐洞察机会而主动从事经济活动以增加自身财富、权力或声望的人。企业家行为包括洞察机会以及实现机会的所有经营行动。这些经营行动中，既有熊彼特所说的创新行为，又有熊彼特所忽视的模仿创新行为。威廉·鲍莫尔（2010）认为，熊彼特式创新的主要作用是为前景可期的发明构思最佳用途并把这些发明推向市场，以此确保这些发明的利用。而模仿创新的作用是进行技术扩散，即把技术或者其他创新思想或生产过程从一个企业或地区扩散到另一个企业或地区。企业家为一个在其他地区已经被广泛接受并且成为常规的工艺选择一个新的运用场所，不仅增加自身财富而且还能推动经济发展。并且，技术扩散也不意味着对技术不加任何改进,相反,企业家总是需要通过改进使引进的技术更加适合于本地的情况(威廉·鲍莫尔,2010)。因此,模仿创新行为也属于企业家精神范畴。

威廉·鲍莫尔还提出,企业家精神不是仅有"高尚"含义的概念。企业家精神可以是生产性的,也可以是非生产性的。生产性的企业家精神推动经济发展,而非生产性的企业家精神损害经济发展。比如,在一个双边垄断的管制性产业中,一方垄断者想出一个新的法律原则并且运用它来劝说监管当局采取对他们有利的干预。这类活动不会给经济产量或效率带来任何好处。像这样通过新方法增加自身财富、权力或名声但给社会经济带来损害的行为是寻租型企业家精神(威廉·鲍莫尔、罗伯特·斯特罗姆,2016)。他认为,企业家在经济活动中总是面临着行为方式的选择,即在追求潜在利润过程中是采取生产性企业家行为还是采取非生产性企业家行为,而这将取决于社会制度对企业家精神的激励导向。

彼得·德鲁克(2016)认为,企业家不是资本家,也不是雇主。他做与众不同的事情,如熊彼特所说的,企业家从事创新活动。同时,企业家对变化极其敏感,"他们总是寻找变化,对其做出反应,并将其视为机遇而加以利用"。他指出,企业家精神是一种行动,不是人格特征。而这些行动不局限于企业家个体,也存在于企业员工或企业本身。另外,企业家精神是以有目的、有组织的系统创新为特征的行为。创新主要包括四种情形。第一,开辟新市场和新顾客群。比如,麦当劳凭借着应用管理概念和技巧，将产品标准化，设计制作流程和工具，并基于工作分析设定标准，根据标准培训人员，大幅度提高了资源的产出，也开创了新市场和新顾客群。第二，将技术应用到新领域。比如，将信息技术运用到传统的工艺中，并将这种工艺改造成为系统的科学流程。第三，创造新颖而与众不同的商品，改变价值。德鲁克写道，"成功的企业家试图去创造价值，做出贡献。他们的目标非常高。他们绝不会仅仅满足于对现有事物加以改进或修正，他们试图创造全新且与众不同的价值和满意度，试图将一种'物质'转换成一种'资源'，试图将现有的资源结合在一种新型、更具有生产力的结构里"。因此，对创新的执着追求是企业家精神的显著特点。第四，实施社会创新。创新不仅存在于技术领域，还存在于制度领域。现代企业、现代大学、现代医院，以及金融体系等现代市场机制的创立与发展，无不建立在各种制度变革的基础上。德鲁克还认为，企业家精神是一种实践，每个人通过训练可以学会在哪里和如何寻找创新机遇，以及如何将创新机遇发展成为可行的事业或服务。

斯蒂芬·P. 罗宾斯（1997）把企业家精神定义为"个人追求机会，通过创新满足需要，而不顾手中现有资源的活动过程"。企业家精神是和大胆、创新、投机、冒险这样的特征相联系的。罗宾斯认为，企业家和传统管理者在独立性、创新驱动和风险承担三方面截然不同。传统管理者的行为受企业的规则、政策和其他因素的限制，决策要向上司汇报，并且，管理者行为受晋升驱动，所有财务风险都由企业承担。而企业家趋向于独立担当解决问题、设定目标和依靠自己的努力实现目标；崇尚独立和特别不喜欢被别人控制；他们不怕承担风险，但他们绝不盲目地冒险，而更愿意冒那些他们认为能够控制的风险；他们受潜在利润机会的驱动，而不是由现有的资源驱动；传统管理者是根据自己掌握的资源决定能够开发哪些机会，而企业家是先发现机会和搞清楚需要哪些资源，然后再决定如何得到资源。由此，他认为在典型的大企业或大机构里很难出现富有生产性的、不安于现状的企业家。企业家多存在于新创企业。

（四）企业家精神的基本要点

基于上述理论研究的简单概括，我们可以得出这样的结论：企业家精神是捕捉机会，并运用从未有过的方式来调动资源以推动企业发展的行为。企业家擅长发现、甄别并利用机会。并且，企业家执着于通过创新方式来推动企业发展。他们并不局限在技术领域的革新，而是把市场、组织乃至社会制度也作为变革的考量对象。面对新事业的不确定性及压力，企业家的行为特征是沉着应对、不屈不挠。企业家事业成功的最有力武器是基于知识的洞察力和基于坚强意志的领导力。

企业家精神，是可以通过学习、实践获得的。世界上之所以有很多关于企业家精神的理论研究，就是为志在成为企业家的人提供学习的基本材料。然而，这些研究只是对企业家行为中的普遍性成分进行了概括。实际上，由于每个企业家所处的环境不同，也就形成了具有特殊性的行为特征，因此，在学习理论、掌握企业家精神的普遍性成分的同时，也需要研究企业家的具体案例，在现实环境中理解企业家行为的特殊性内容，这样才能形成对企业家精神的全面认识。

二、国外一流企业的经验分析

本部分通过国外一流企业的案例，在现实环境中理解企业家行为的具体内容，对企业家精神进行聚焦分析。

（一）捕捉市场机会

企业家精神的内涵之一就是善于捕捉市场机会。这体现在两个方面，一个是对社会形势和市场变化的高度敏感，另一个是对未来技术和社会发展的主动预见。这种洞察可以帮助企业家发现新的盈利机会，激发他们的趋利动机。同时，"捕捉市场机会"还意味着对机会的果断行动。很多人能够发现机会，但却止步不前，而企业家却能够果断决策，大胆行动，从而使机会真正属于自己。

但凡国外一流企业的成功，都可归根到企业领导人的英明决策，其具体表现是能够密切关注社会形势和市场变化，果断决策，抓住机遇。美国汽车工业的发展，在源头上和几位企业家对市场结构变化的高度嗅觉紧密相关[①]。19世纪初，汽车还是富裕阶层的奢侈品，每一辆车都由一名熟练工人机械加工并手工装配，价

---

① 关于亨利·福特和威廉·格兰特案例的资料来源参见约翰·德鲁克（2016）。

格昂贵，大约相当于富裕商人年收入的40倍。之后，随着经济发展，买得起汽车的人开始增加。大众消费市场的这个变化立刻引起了亨利·福特的注意。他想到如果市场需求增加，原有依靠单个熟练工人的生产方式不仅没有效率，而且成本太高会影响价格。于是，他大胆推翻了原来的生产方式，提出了大批量生产模式。在这个模式下，汽车生产过程被科学地划分为不同的工序，每个工序的操作被简单化和标准化，以至于半熟练工人就可以胜任，并且还能操作得更快、更准确，从而生产出更多、更便宜的汽车，以满足增长的市场需求。后来，按照这种生产模式生产出来的福特T型车确实便宜，价格只相当于当时最便宜型号车的1/5。由于亨利·福特抓住机遇，果断决策，使福特汽车公司迅速发展并占领了大部分市场份额。而在同一时期，另一位企业家——威廉·格兰特也注意到市场变化。他认为，即将出现的大众消费市场是一个涵盖各个阶层的巨大市场，不同阶层需要不同汽车和不同服务，因此，要有一个大型企业通过专业化生产和销售来满足这些需求。于是，他通过兼并收购多个汽车公司成立了通用汽车公司，也快速增加了市场份额。亨利·福特从市场变化中看到建立新生产模式的大好时机，而威廉·格兰特则看到了建立大型专业化企业的大好时机。两位企业家都因为抓住机遇而获得了事业成功。

当市场结构发生变化时，有的人没有察觉到变化，因此错过了发展机遇，但也有人发现了变化，却在犹豫不决中失去了机会。因此，果断决策，把机遇变成行动，是企业家精神不可缺少的部分。稻盛和夫在他20多岁时和朋友创立了后来进入世界500

强的京瓷公司[①]。这个公司的市场第一次成果源于稻盛和夫抓住了电视机市场迅速发展的机遇。20世纪60年代末，日本电视机需求飞速增加，但当时电视机显像管中的陶瓷绝缘体，日本还生产不了，包括松下电器公司在内的日本电视机企业都要从荷兰飞利浦等公司进口陶瓷绝缘体。外国产的陶瓷绝缘体价格昂贵，对电视机价格有一定影响。松下电器公司希望能有可替代的国产品。稻盛和夫从中看到了发展陶瓷绝缘体的大好时机。尽管京瓷公司还是无名新创企业，但他没有畏惧退缩，而是带领公司员工日益奋战，最终开发出了镁橄榄石陶瓷U字形绝缘体，建成了月产20万件的生产线[②]，从而赢得了松下电器公司的订单，创下了公司创立后第一年便盈利的好绩效，据此在事业开端上站稳了脚跟。

如果说镁橄榄石陶瓷U字形陶瓷绝缘体的开发与批量生产，使国产品替代了进口品，帮助稻盛和夫在事业开端上站稳了脚跟，那么，1966年稻盛和夫毅然决然地对大规模集成电路陶瓷多层封装的投资，则不仅奠定了京瓷公司在日本国内行业中的领先地位，而且还成功地进入了国际市场。当时，半导体行业飞速发展，但国际有名的大企业都对集成电路陶瓷多层封装技术前景持消极态度。而稻盛和夫却从其中看到了发展机会，深信半导体陶瓷多层封装会改变京瓷公司以至于整个行业。不久，京瓷公司获得了在大规模集成电路开发和应用上属于最高水平的IBM公司的

---

① 稻盛和夫案例的资料来源于Mayo A.J.、江川雅子等（2013）。
② 京瓷公司官网，http://www.kyocera.co.jp/recruit/new/aboutus/history.html，2016-11-03。

2500万个产品订单。京瓷公司按时交货并通过了IBM公司严格的品质标准。这一业绩在行业内传开，又引来了英特尔、得州工业、摩托罗拉等国内外大企业的订单。由于较早的投资，形成了质量稳定、规模大的生产体制，京瓷公司从此销售规模大增，在世界陶瓷封装行业中成为了数一数二的有名企业[1]。

对于富有企业家精神的人而言，不论市场变化正在发生还是可能发生，都能引起他们的高度关注。通常来讲，他们会对未来技术和市场发展趋势高瞻远瞩，提前布局，占据先机。

20世纪70年代末，爆发了全球性石油危机，替代能源成为经济发展的关键。京瓷公司创始人稻盛和夫敏锐地认识到未来能源市场的发展将取决于替代能源。虽然京瓷公司的本行不是能源，但如果提早研究，先行布局，还是有可能在新领域中跑在前面。于是，在稻盛和夫领导下，京瓷公司联合其他4家企业成立了"日本太阳能源公司"，进行太阳能发电研究。当时，要生产出在价格上能与传统技术相对抗的电能，有很多技术难题需要克服。公司为此投入了大量人力、物力，却未在短期内产生出相应的效益。后来，石油供给形势缓和、油价下降，其他几家企业支撑不住，都纷纷撤出，只剩京瓷公司一家企业坚持下来。最后这个公司解散了，但京瓷公司成立了太阳能电池事业部继续进行开发研究，现在太阳能发电系统已成为京瓷公司的主力产品之一[2]。

---

[1] 京瓷公司官网，http：//www.kyocera.co.jp/recruit/new/aboutus/history.html，2016-11-03.

[2] 京瓷公司官网，http：//www.kyocera.co.jp/solar/，2016-11-03.

(二)勇于创新

勇于创新,是企业家精神的另一个重要特征。它具体体现在三个方面。一是不断挑战困难项目,持续开发新产品、核心技术,成为行业领先者;二是创新管理方式,不断追求卓越绩效;三是敢于挑战不合理的社会制度,在获得自身发展的同时促进市场制度完善。

凡是国外一流企业,都是行业领先者。它们之所以能够成为行业领先者,是因为拥有行业最先进的产品和核心技术。而这种优势是在企业经营者的领导下取得的,因此,和企业经营者的不断挑战困难、持续开发新产品技术的创新精神有着密切关系。惠普公司创始人戴维·帕卡德和比尔·休利特,在公司创立初期就立下了不当"追随者"的志向[1]。他们不想仅仅靠模仿市场上已有的产品来经营公司,而是开发真正代表技术进步的新产品,以促进科学、工业的发展,为人类谋福祉。为了专注于开发含有新技术的新产品,公司在发展初期阶段没有设立销售部门,而是把这些产品出售给有销售能力的企业。戴维·帕卡德和比尔·休利特要求产品必须融入新技术,同时具有应用价值。他们在进行是否投入某个领域研究的决策时,首先看此研究对该领域有没有贡献,其次看此研究满足哪些客户的需求。为了从众多新思路中选择那些具有应用价值的新创意,公司开发了一套方法,以便在研制新产品时帮助确定其客户对象。他们还按照6:1回报率的原则来选择

---

[1] 戴维·帕卡德和比尔·休利特案例的资料来源于戴维·帕卡德(2016)。

项目，也就是说，一项产品的使用期内获得的利润，至少应该是产品开发成本的 6 倍之上。这也意味着一旦决定开发，就必须不断寻求新思路，来开发更好的产品。戴维·帕卡德和比尔·休利特的创新精神推动了惠普的新产品开发，公司先后开发了石英新仪器、激光干涉仪、发光二极管、电子计算器、计算机、激光打印机等技术，成为电器仪器、计算机行业的领先企业。

开发新产品有时也是一种经营选择。比如，新创企业或中小企业只能凭借独创性产品在大企业的夹缝中生存。然而，不是所有企业都能创造出独创性产品，更不用说据此发展壮大。一般来讲，能够实现这一目标的，都离不开其经营者对技术的坚定信念与追求。京瓷公司在创立初期员工少，没有像样的设备，并且不属于任何一个大企业创立的"系列"，要拿到大企业的订单很困难。因此，稻盛和夫决定走自己的路，那就是避开和大企业直接竞争，不在相同领域生产仿制品，而主动去做那些竞争对手认为做不了的新产品。当时，公司所承接的订单都是竞争对手认为做不了的新产品。开发这些新产品，对于京瓷这样的小企业，困难比较大。但稻盛和夫没有畏惧，他带领员工竭尽全力，夜以继日，朝着目标努力拼搏，开发出了一个又一个的新产品。比如，以松香作为黏合剂成功合成了镁橄榄石，在此基础上开发出了镁橄榄石陶瓷 U 字形绝缘体技术以及批量生产工艺，这个技术被认为是世界首创[1]。

---

[1] 京瓷总经理与龙谷大学校长的对话. https://www.ryukoku.ac.jp/about/pr/publications/51/taidan.html.

创新不仅表现在技术方面,也表现在管理方面。管理是实现技术目标的手段。国外一流企业总是不满足于现状,而是不断改进管理,追求卓越绩效。在这个过程中,企业家精神的具体表现是,不盲从甚至于推翻原有固定的模式,从现实出发,创造最简便、快捷的方式解决问题。丰田汽车公司在创立初期学习福特汽车生产方式,建立了大批量生产流水线[①]。时任公司总经理的丰田喜一郎从大量实践中发现,日本和美国国情不同,日本需求变化多并且规模小,应该在市场需要时生产市场所需要数量和型号的车辆,于是,他提出了"及时生产"的理念。后来,以大野耐一为首的高层领导在生产方式上对丰田进行改革,经过长时期坚持不懈的努力,创立了与福特生产方式完全不同的丰田生产模式。这个模式能够灵活应对市场变化,并且保持低成本、高质量和高效率,被认为是最高效的生产方式。

稻盛和夫在20世纪60年代创造了阿米巴管理模式[②]。当时,随着企业快速发展,稻盛和夫遇到了管理瓶颈:公司的经营原则难以落实到下层组织,员工与管理者间有心理隔阂,一线部门对市场变化反应迟钝,不关心成本,管理粗放,并且随着组织规模扩大和管理事务的增多,管理者的精力与能力也越来越不够。为了发挥一线部门的主动性,并使之分担管理职能,稻盛和夫决定把组织分割成一个个独立的小单元(阿米巴),并充分授权,以便

---

① 丰田汽车公司案例的资料来源于大野耐一(2014)。
② 稻盛和夫案例来源于稻盛和夫(2013)。

在市场快速变化时,做出迅速反应,同时每个小单元收支独立计算,就像一家小公司,以强化一线部门的成本观念,杜绝资源浪费。稻盛和夫还创造了小时核算制度,通过简单计算进行收支管理,同时制定了交易定价、成本分担、争议处理规则,在制度与协商框架下来平衡利益冲突。阿米巴管理改变了京瓷公司的组织方式,建立了自下而上的成本管控体系,并激发了一线部门的主动性和创造性,从而支持公司取得了自创立以来每年盈利的好绩效。

创新是对原有固定规则的改变甚至推翻,因此,具有极大的风险。但企业家对此通常表现出无所畏惧的精神。世界一流企业的发展,离不开企业家的创新行为。除了上面讲到的技术、管理创新以外,还有一类创新行为值得指出,那就是敢于挑战不合理的社会制度,在获得自身发展的同时促进市场制度完善。稻盛和夫原来是经营陶瓷元器件和电子元器件的,但后来进入到电话通信领域,创建了 DDI 公司(即现在的 KDDI 公司)[①]。在他的领导下,这家公司也发展成为世界 500 强企业。回顾 DDI 公司的发展,不得不说,稻盛和夫的企业家精神对此起着十分重要的作用。20 世纪 80 年代初期,日本政府撤销部分产业禁入限制,允许民营企业进入电话通信领域,而在这以前,日本只有两家国有电话公司,电话费远远高于美国等国家。虽然所有人都看好电话通信行业的发展前景,政府又放宽了限制,但当时没有一家民营企业敢于进入由国有企业控制多年的领域。一是因为电话通信业务的投资过

[①] 稻盛和夫案例的资料来源于 Mayo A.J.、江川雅子等(2013)。

大；取得线路铺设土地许可的困难较大，而大部分土地已被国有电话公司或其他国有土地公司占有。二是因为国有电话公司不允许后来者使用由它们铺设的全国性电话网络，其长话服务必须经由国有电话公司的网络。然而，稻盛和夫没有被这些困难吓倒，他联合其他企业成立了 DDI 电话公司。后来这个公司开发了能够自动选择廉价线路的转换器，在使用国有电话公司网络的不利条件下，仍然迅速扩大用户数量，打开了局面。稻盛和夫坚信，降低成本是推进电话通信业务发展的关键。因此，DDI 公司在日本各地积极建立销售、服务网点，采取了不断降价和扩大电话网的战略。这一战略不仅为 DDI 公司带来越来越多的用户，使公司成立 2 年后就实现了盈利，而且也激发了电话通信市场的竞争，加速了话费垄断的解体。在民营企业的低价格攻势下，国有电话公司被迫降价，日本的话费大幅下调，如东京—大阪间的话费由原来 3 分钟 400 日元下降到了 80 日元。

三、中国企业实践与发展方向

以上案例表明，企业家精神是国外一流企业发展所不可缺少的"驱动力"。国外一流企业都有能敏锐洞察市场机会、行动果断并富有创新精神的企业家。是这些企业家把企业带入到一个又一个的新领域，不断摈弃原有的固定做法，朝着更高的目标前行。他们的企业家精神，是集洞察力、决断力、知识智慧和坚强意志为一体的综合体现。反观中国的优秀企业，应该说并不缺乏企业家精神，并且在捕捉市场机会和挑战商业规则以获取利润方面有鲜明的特点。

华为仅仅用了 10 年左右时间就将资产扩大 1000 倍，并且在技术上从模仿到跟进再到领先，建立了与国际接轨的管理模式[①]。华为的成功和其创始人任正非的企业家精神有着密切关系。任正非在公司创立初期就拥有"成为世界级领先企业"的抱负。他认为，华为的核心价值观不是追求利润最大化，而是在电子信息领域实现顾客的梦想，依靠点点滴滴、锲而不舍的艰苦追求，使企业成为世界一流的设备供应商。而为了实现这一目标，他要求华为要以客户价值观为导向，以客户满意度为标准。因为对于华为来讲，客户就意味着机会。尤其是在华为还是无名企业时，抢先抓住机会，就能打开局面。因此，华为在经营客户关系方面想尽了办法，无微不至的服务不仅包括客户本人也涵盖其家人以及周边人群。比如，为了抓住电信管理局这一重要客户，华为员工除了参观公司等常规业务以外，还经常把该部门各层级领导的夫人接到深圳看海，甚至于帮她们换煤气罐，做家务事。华为的努力付出换来了无数机会。华为创立之后仅仅用了 7 年时间就把业务拓展到了中国的主要城市。

华为还非常擅长于从国家外交战略中发现机会。因为在国家外交背景下，可以顺利打开市场格局，优先获得政策优惠。按照任正非的话说，华为发展初期的跨国营销战略就是"跟着我国外

---

① 华为案例的资料来源于赵海涛、陈广（2012）。

交路线走"。华为紧跟国家外交战略,在20世纪90年代末就已经"走出去",在印度、拉美国家投资建厂,这些地区现在仍然是华为最重要的利润来源之一。当然,华为的成功与市场机会相关,更与其持续研发技术和不断创新管理有关。华为每年拿出销售额10%以上的资金投入到技术研发中,这使得华为与竞争对手的技术差距不断缩小,甚至在一些领域超越了对手。华为制定了《华为公司基本法》、对干部实行末位淘汰、"全体重新签约"、全员股权激励等,这些做法在中国企业中很多都是首创,它们对提升华为的竞争力起到了重要作用。

海尔董事局主席张瑞敏的经营方式中,充分体现着企业家精神,并且具有中国特色①。第一个特点是超越国界的技术追求。当海尔开始生产白色家电产品时,该行业的生产技术已经基本成熟,日本及欧美企业占据了国际市场。但中国的进口限制,为海尔提供了可以大有作为的广阔天地。张瑞敏从一开始就瞄准世界尖端,从国外引进一系列的产品设计、制造技术以及生产设备,使得海尔的产品水平一开始就与国外相差无几。在成套生产体系建立、稳固地占领国内市场后,张瑞敏则将技术追求的目标定向了国外的技术开发人才。技术,在很大程度上是依附于人的隐性知识。国外企业家电产品的研发历史长,不仅积累了大量的图纸、数据等资料,还培养了拥有技术诀窍的人才。而这些诀窍难以用文字、图纸、数据等载体表示,只存在于人的大脑之中,在特定的条件

---

① 海尔案例的资料来源于作者调研。

下发挥作用。所谓的特定条件，就是研发组织内人与人之间的分工与合作、交流沟通。国外企业经过多年的摸索，也形成了一整套有效的研发组织管理方法。张瑞敏通过注资国外企业、聘用国外人才等方式，成功地构筑了自己的研发队伍，使海尔产品的技术水平也达到了国际领先。

第二个特点是配合国策的海外发展。向世界市场发展，是成为一流企业的必经之路。由于消费偏好、竞争对手等因素的制约，要快速地在发达国家获得大份额市场还有难度。张瑞敏敏锐地觉察到了中国外交政策的动向，决定配合国策，去占领非洲、南美等发展中国家市场。发展中国家家电产品消费的经验短暂，没有形成固定的消费嗜好，容易接受海尔产品。并且，有国策的支持，不仅在资金上，而且在与对方国关于用地、用人、销售许可等的交涉上，海尔都获得了很大的优势。通过在发展中国家积累经验，海尔现在已经真正成为了国际化的大企业，在世界多地拥有研发、生产和销售基地。

第三个特点是激人奋进的管理改革。张瑞敏从创建企业之始就不断地改进管理制度，目标是最大程度地发挥人的潜力，推动员工去创造更大的附加价值，甚至创造性地将固定成本的劳动力变成了可移动的人力资源。张瑞敏将企业组织按职能、业务范围划分为数千个在经营目标设定、资金筹措、人员使用、薪金发放等方面有自主决定权的有机型组织，并设计了一整套管理表格，要求各组织每日盘点结算，对照目标，明确差距和问题，确定改进方法，次日就开始实施。张瑞敏改革用人制度的一个独创，就是"小微企业"。张瑞敏鼓励员工包定企业内部的部分业务，如原材料及零部件采购、销售、产品开发、软件及平台设计与维护等，结合数人成立公司。海尔对如此形成的小微公司给予资金等方面的援助，待小微公司不仅有效地完成海尔的业务，还能从外部获得订单独撑门面时，海尔就鼓励小微公司真正独立，该公司的人员也就正式从海尔分流出去了。

中国现在已经涌现出了数量不少的优秀企业，从这些企业中确实可观察到与世界一流企业相比毫不逊色的企业家精神。但同时也能看到，一些企业经营高层的行为中，存在着与一流企业家精神相去甚远的斑斑点点。

缺少真正的长期战略。一些企业的战略仅仅是空洞的套话，没有可行性。而要构建一流的企业，至少需要数十年的持续努力，如果没有明确、可行的战略指引，目标就不可能实现。一些企业缺乏长期战略，与经营高层的素质有关，更与经营者任命方式有关。上级指定、任期制、目标考核等管理制度中，不可能产生出有长期战略追求的企业家，而只有得过且过、短期指向、追求晋升的体制内干部。

缺少对技术创新的追求。技术创新，需要有捕捉机会的专业知识、充分并持续的研发投资，但这在一些企业经营高层的决策中很难发现。他们一些人热衷于将企业收益转化为个人及小群体的奢侈消费，一些人则热衷于土地买卖及不动产开发。还有一些人总在利用信息技术"圈钱"上想门道。中国制造业规模虽大，但在产品技术、制造技术上却没能跻身国际前列，这可以说是企业家精神欠缺的反面证明。

缺少正确的人力资源理念。优秀的企业家知道，劳动者是价值的创造者。员工不是固定地耗费成本的负担，而是有着无限创造力的资产。世界一流企业的薪酬福利也是一流的，员工是企业大家庭的成员，雇用是安定的、有保障的。而中国的一些企业不仅不为员工专业发展提供培训、学习等机会，吝啬教育投资，还将不稳定雇佣制度作为刺激员工老实干活的工具，企业收益一出现减少，便将损失向员工转移，或降薪或解雇。可以说，要成为世界一流企业，首先要能从企业经营高层的行为中看到尊重劳动者的精神。因为，企业是以人为本而立的。

总体而言，中国企业家精神中有缺乏长期战略眼光、技术创新追求和人力资源理念的问题。但必须指出，这和中国企业家所处的商业环境（经济、政治、法律、文化）有很大关系，而环境的改变需要长时间的磨合。同时，这也是成长过程中的暂时现象，随着人的素质的提高、社会制度的改革，我国在企业家精神上与国际接轨只是时间的问题。

参考文献

[1] 戴维·兰德斯，乔治·莫克，威廉·鲍莫尔. 历史上的企业家精神 [M]. 北京：中信出版社，2016.

[2] 威廉·鲍莫尔. 企业家精神 [M]. 武汉：武汉大学出版社，2010.

[3] 斯蒂芬·P. 罗宾斯. 管理学 [M]. 北京：中国人民大学出版社，1997.

[4] 彼得·德鲁克. 创新与企业家精神 [M]. 北京：机械工业出版社，2010.

[5] 约瑟夫·熊彼特. 经济发展理论 [M]. 北京：商务印书馆，2016.

[6] 伊萨贝雷·柯兹纳. 竞争与企业家精神 [M]. 北京：商务印书馆，

1973.

[7] 马克·卡森，安德鲁·戈德利. 英国的企业家精神：1830~1900［C］// 戴维·兰德斯，乔治·莫克，威廉·鲍莫尔. 历史上的企业家精神［M］. 北京：中信出版社，2016.

[8] 威廉·鲍莫尔，罗伯特·斯特罗姆. 企业家精神的"有用知识"：历史上的一些启示[C]//戴维·兰德斯，乔治·莫克，威廉·鲍莫尔. 历史上的企业家精神［M］. 北京：中信出版社，2016.

[9]［日］稻盛和夫. 阿米巴经营［M］. 东京：日本经济新闻出版社，2013.

[10]［日］Mayo A.J.，江川雅子等. 日本的创业家：稻盛和夫［C］// 哈佛商学院，哈佛商学院日本研究中心. 案例研究，日本企业事例集［M］. 东京：钻石社，2013.

[11] 戴维·帕卡德. 惠普之道［M］. 重庆：重庆出版社，2016.

[12] 大野耐一. 丰田生产模式［M］. 北京：中国铁道出版社，2014.

[13] 赵海涛，陈广. 华为的企业文化［M］. 深圳：海天出版社，2012.

第六章
组织文化

　　组织文化，是企业核心竞争力的精神磐石。在这个精神磐石上，敏锐洞察市场及技术动向的产品创新能力、品质稳定的制造能力，以员工经济社会生活为重的社会责任以及自然环境保护的地球人责任得以树立，使企业能够在市场竞争中脱颖而出，并且能够持续发展，以至于延续百年，为自身和社会创造价值。纵观市场经济发展历史，只有到了当代，组织文化这个概念才被提炼出来、普及开来，而迄今为止那些不开化的、落后的经营方式终于退出了历史舞台。组织文化是员工在解决问题时所共同信奉和依据的理念和价值观，是影响员工行为方式的最重要因素。组织文化使员工有了行动的目标和主动性，成为文明行为的主体，为了自身和组织的价值而充实地劳动。然而，组织文化的内涵因组织而异，有着很大的不同。因为，它的产生形成是与组织特定的因素，如创始人背景、时代背景以及经营坏境密切相关的。所以，从管理科学的角度看，完全复制其他组织的文化是很难做到的。可以做的，也是应该做的就是：在完整理解优秀企业文化的基础上，结合自身情况，进行再创造，生成有着自我烙印的文化。要使组织文化在企业行为中发挥作用，还有如何向成员灌输、传承及发展的问题，这也正是本章的主题。本章以研究文献为出发点，阐明文化管理的基本机制，进而援引国内外一流企业案例来分析企业文化的实践经验。

一、理论研究

（一）组织文化的内容

在分析优秀企业的成功经验时，很多研究都指出了凝结在这些企业中的组织文化的作用和意义（杰伊·B.巴尼、德文·N.克拉克，2011）。彼得斯和沃特曼（2012）认为，卓越企业的成功和7个相互依存的变量有关：结构、战略、人员、管理风格、系统、共同价值观（文化）和技能。而文化对企业成功的影响，远远超出了其他变量。

1. 组织文化的层次

美国学者沙因（2014）指出，组织文化是"一个群体在解决其外部适应性问题以及内部整合问题时习得的一种共享的基本假设模式，它在解决此类问题时被证明很有效，因此对于新成员来说，在涉及此类问题时这种假设模式是一种正确的感知、思考和感受的方式"。从这个定义可知，文化的本质是深入到企业所有员工心灵深处、指导其行为方式的信条和基本原则。它不仅确定了与企业相关的内外问题是什么，也为企业如何处理这些问题定下了基调。沙因认为，企业需要共享基本假设是基于心理原因。人希望认知是稳定的，而不稳定将给他们带来焦虑。而有了共享基本假设，就可以防止认知遭到改变，还可以为人界定身份，提供生存意义和价值观，指导他们如何与他人相处和提高自我感觉。因此，企业要确保持续生存和适应的能力，必须使其员工围绕使命、目标、方式、绩效考核以及修正机制这些外部适应性问题形成共同认识，并且要创建一种共同语言和概念系统，在员工身份认同、权力地位分配、同事之间关系、奖惩方式等方面达成一致看法。

组织文化呈现为三个层次（沙因，2014）。表层是可观察、可感觉到的所有现象，包括群体的有形产品、气氛、行为。比如，企业标识、建筑物、服饰、接人待物风格、仪式与典礼、组织结构图、成文的使命宣言等。表层文化是最直观的部分，观察企业文化往往从这里开始，但它不是文化的全部。中间层是信奉的信念和价值观。比如，理想、目标、价值观和抱负等。信念和价值观可以明文写出，也可以口述身传、心领神会，但在"组织中众所周知的行为准则"这一点上是共同的。在现实中，信念和价值观可能仅仅反映了企业的愿望，不一定和实际观察到的现状一致。对实际行为产生真正影响的，则是处于深层的潜在基本假设。这是一些无意识的、理所当然的信念和价值观,是指导人们理解、思考和感受事物的"心智地图",包括对待事实和真理、时间与空间,以及人性、活动和关系的态度。沙因指出,如果不了解潜在基本假设发挥作用的方式,就不知道如何去正确解释文化表层的所有现象或者人们对所采纳的价值观的信任程度。

2. 组织文化的共同特征

每个企业都有自己的文化,但文化对员工的影响不尽相同。之所以产生如此差异性,原因在于文化的共享强度不同。有研究发现,高度共享能够创造出很强的行为控制氛围。如果核心价值观能够得到强烈的认可和广泛的认同,就会对员工的行为产生极大的影响(斯蒂芬·P. 罗宾斯,1997)。而现实中,优秀企业往往能够发展出强大的文化,管理高层与基层员工对关键问题保持高度一致,员工自觉配合企业的核心价值观,发挥最大积极性和创造性。

彼得斯和沃特曼(2012)通过调查 IBM、惠普、强生等 43 家美国经营最成功的企业发现,这些企业的价值观具有三个共同特征。第一,价值观是以"质"表达,而不是量化的。该类企业认为,获利是工作精益的自然产物,不应该因果倒置。因此,它们提到财务目标时,只是作为价值观引发行为的结果来表述,而不是按财务目标来分析员工行为。第二,价值观把激发基层员工斗志放在首位。这些企业认为,财务目标只能激发部分尤其是中高层员工的积极性,而企业需要依靠所有人尤其是一线员工的热情。因此,价值观的内容和表达方式要把激发基层员工潜能作为首要目标。第三，价值观的取向是明确唯一的。企业在经营中会遇到许多矛盾：成本和服务、经营和创新、控制导向和以人为本导向等。该类企业通常会从矛盾的对立面中，选择其一作为坚持的理念。根据彼得斯和沃特曼的观察，成功企业的价值取向结构具有共同之处。比如，相信自己是最好的；注重细节；重视员工的差异性；追求品质与服务至上；提倡积极创新但容忍失败；积极推动沟通；肯定增长和获利的重要性。

柯林斯和波勒斯（2009）也研究了IBM、迪士尼、宝洁等18家美国经营成功企业的组织文化。他们指出，这些企业都建立了强大的组织文化，并且为了不使文化成为导致集体思考停滞、扼杀创造力和多元化的障碍，它们在保存核心与刺激进步、控制与自主两方面通常采取了平衡措施。比如，灌输统一的价值观和信仰，但同时强调自己与众不同的精英特征，强化追求远大目标的意识，以激发员工追求完美、挑战目标的精神；在理念方面实施严格的控制，同时采取分权制度，提供广泛的作业自主性，以鼓励个人首创精神。该类企业文化的管理特点，是能够把理念和管理控制均衡结合，从而使员工以理念为中心、忠诚地团结起来，并且最大程度地发挥出潜力。如果企业要建立授权或分权的工作环境，促进员工最大程度地发挥主动性、创造性，可以利用企业文化，明确此种环境中的行为理念，并把这种理念灌输给经过筛选的员工，同时清除不符合企业文化的人。对于留下来的人，赋予他们身属精英组织的高度责任感。

(二)组织文化的作用

巴尼和克拉克(2011)基于资源基础理论把文化视为持续竞争优势的来源。他们认为,组织文化是影响企业行为方式的一组价值观、信仰、假设和符号等。如果文化具有价值、稀缺性和不可完全模仿性,它就可以成为企业持续竞争优势的来源。文化的价值,是指文化对企业经济价值的正向影响。比如,注重细节、执着于改进、追求质量与服务的理念和价值观,支持员工取得高生产率,使员工与市场更加紧密,为客户提供更满意的服务。文化的稀缺性,是指文化是有限、独特的。某些文化可能只存在于相对少数的企业中。因为这些企业有非同寻常的经历,包括创立期的独特环境和情形、缔造者的独特人格、发展过程中的特定环境、员工的独特人格和经历。文化的不可模仿性,指的是文化难以被复制和改变。

他们认为,价值观、符号、信仰等因素都是难以描述和定性、定量判断的。因此,这些高度主观的组织特性和企业竞争优势之间的关系难以规范化地描述和评判。文化的价值和稀缺性通常被称为企业内部一种心照不宣或者不被感知的共识或常识,不同的组织会有不同的共识,这就形成了组织文化的稀缺性,同时也使它们难以模仿。巴尼和克拉克指出,企业基本不可能通过模仿文化来获得持续竞争优势。已经掌握有价值的、稀缺的和不可复制的文化和文化管理技能的企业,应该识别和培育这些组织特性以获得竞争优势,以保证它们的竞争优势不会因为管理不善而消失。而不具有如此特性文化的企业，则要通过其他方面去获得竞争优势。根据他们的理论，在分析企业为何能出类拔萃、卓越非凡时，对组织文化的研究不可缺少，要从观察、归纳组织文化内涵入手，进而分析这些文化特征是如何支持员工行为、企业又是如何培育和维持它们的。

罗宾斯（1997）认为，组织文化可以成为引导、塑造人们行为的有力工具。文化的功能包括：分界线的作用；成员对组织的认同感；使成员不仅注重自我利益，更考虑组织利益；增强社会系统的稳定性，是社会黏合剂；是一种意义形成和控制机制。文化决定了组织内主流意识、权利分配以及行为自律等的游戏规则。

（三）组织文化的维系机制

罗宾斯（1997）指出，在组织文化的维系过程中，有三个因素格外重要。第一个是高层管理者通过自己的所作所为，把行为准则渗透到组织中去；第二个是通过甄选机制筛选掉那些对组织核心价值观构成威胁的人；第三个是通过故事、仪式、物质象征、语言学习组织文化，帮助新员工适应组织文化（社会化过程）。

关于如何植入组织文化，沙因（2014）指出有主要机制和次要机制。主要机制与领导者行为相关，包括 6 个方面。①领导者需要定期关注、监测和控制问题。系统地关注是一种强有力的信息沟通方式。他认为，持续关注比高强度关注、所有领导一致关注比某个领导单独关注，更加能够有效地传递信息。②如何应对组织关键事件和危机。从领导者解决问题的行为中，员工可以学到组织关于处理内外问题的基本原则。③如何分配资源。员工可从该方式中领会到指导领导者分配的理念与价值观。④有意识地进行角色示范、讲授以及指导。领导者的教授与指导有正式和非正式两种类型，但非正式形式往往是更为有力的教授和指导机制，比如，领导者亲临一线进行手把手教授和指导，就比视频录像更能有效传播领导者的关注点、态度和行为方法。⑤如何分配奖酬和职位。如果领导者要让员工领会自己的价值观或共享基本假设，就必须建立一套相应的奖励、晋升和职位体系。虽然领导者的日常行为可以传递某些信息，但人们却会根据这些日常行为是否与正式制度一致来进行评判。所以，这两方面的信息内容应该一致。⑥如何招聘、选拔、提拔以及解雇员工。其中，遴选新员工时注重其文化可塑性，是保证组织文化传承的重要手段。

文化植入的次要机制，指通过企业的组织、制度以及有形产品来显示、强调组织文化，包括：组织设计与组织结构；组织制度与组织程序；各种典礼和仪式；物理空间、外观以及建筑物的设计；重要事件和重要人物的故事描述；组织哲学、信条以及规章制度的正式声明。沙因认为，文化植入的次要机制，只有和主要机制相互一致时，才能发挥作用。

彼得斯和沃特曼（2012）发现，卓越企业具备一致的价值取向，而为它们奠定价值观的领导人几乎都具有极为鲜明的人格特征。这些领导者必须兼顾思想和行动两个层面。他的思想必须在最高的抽象层面上，行动必须落实到日常琐事中。一方面，为公司塑造价值观的领导者要具备极为崇高的愿景，激发公司数以万计的员工的热情，身为开路先锋；另一方面，领导者必须将价值观落实到许许多多日常工作中，才能给员工传递对价值观的热情。也就是说，领导者既是思想家，又必须是卓越的执行者。在这样的角色里，领导者极为注重细节，并把握所有机会，直接通过行动对员工灌输公司的价值观，注重将公司理念与实际工作相结合。并且，领导者对价值观的执着、坚持不懈，是企业文化最忠诚的信奉者和践行者。只有领导者如此坚持不懈地身体力行，才能发挥表率作用，让企业文化在各组织单元及个人行为中扎根开花。IBM、惠普等企业所奠定的价值观能够历久不衰，重要的原因之一在于坚持。领导者推行价值观的最有效方式，就是跟员工共同行动。并且不仅仅是他个人，整个高层管理团队都是如此，要通过在员工群体中的身体力行来灌输企业价值观。对于如何表现才能将价值观传送给员工、激发员工的热忱，成功企业有自己的方式。审核下级管理者业绩的一个重要内容，就是调动员工工作热忱的能力。

柯林斯和波勒斯（2009）通过考察 18 个美国经营成功企业指出，这些企业在灌输和延续其文化时有一些共同之处。在这些企业里，理念灌输、传承被具体机制保障，以此发出持续一贯的理念信号，采取以下措施对员工灌输理念，促使他们产生身属特殊团体的意识：制定以理念与行为规则为内容的新人培训与后续培训计划；制定在职社会化培训计划，由同事和上司教授组织行为规范；实施严格由内部逐级提升的政策，从年轻员工开始塑造企业价值观的精神架构；用口号、歌曲、故事等，强化企业价值感，强化心理认同；在招聘和选拔中采取严格程序；对符合公司理念的人或行为大力褒奖，对违背公司理念的人或行为严惩不贷。

（四）组织文化的基本要点

基于以上考察的结论，我们认为，企业的组织文化是员工在解决问题时所共同信奉和依据的理念和价值观，是影响员工行为方式最重要的因素。组织文化无处不在，它表现在标识、建筑物、员工着装等可以观察到的现象层面，也体现在理想、目标、行为准则等明文规定的理念层面，更依存于员工无意识、被视为理所当然的基本假设中。并且，真正指导员工思考和行为的，是处于深层次的隐性基本假设。根据沙因（2014）的分析，这些基本假设决定了人们对待事实和真理、时间与空间，以及人性、活动和关系的基本态度。

企业为了存续和发展，需要创建和维系属于自己的文化。组织文化是减少冲突、增强稳定性的群体心理防御机制和社会"黏合剂"（沙因，2014）。组织文化为员工提供身份认同、工作意义和精神慰藉。组织文化作为一种意义形成和控制机制，能够引导和塑造员工的态度和行为（罗宾斯，1997）。组织文化如果有价值、稀缺和不可模仿，和管理控制有效结合起来，就可以成为企业持续竞争优势的来源（巴尼和克拉克，2011）。

研究表明，国外一流企业都建立了强大的组织文化。它们通过领导者行为、制度机制以及社会化过程持续一贯地植入、传导和延续其理念和价值观，在员工层面形成对之高度信奉、一致认识、自觉遵守的组织氛围，这对企业持续发展和创建高绩效起到了重要作用。尽管每个企业拥有不同内容的组织文化，但在管理和维系组织文化的能力和机制方面却呈现出鲜明的共同特征。它们都倡导超越财务指标的理念和价值观，把激发基层员工信仰放在首位；提出明确统一的价值取向（彼得斯和沃特曼，2012），在理念和价值观与管理控制之间进行平衡（柯林斯和波勒斯，2009）；领导者坚持不懈地发挥导师作用，采取严格的招聘、奖惩程序，以保持组织的"纯洁"；通过密集的宣教手段强化心理认同（柯林斯和波勒斯，2009；彼得斯和沃特曼，2012）。这些行动措施，有力地支持了企业将抽象的理念和价值观落实到员工的日常行为中。

二、国外一流企业的经验分析

企业组织文化的本质，是依存在员工心灵深处的信念与价值观。它具有无意识、理所当然和难以言传的特征，因此，组织文化的内容是独特且不可被模仿的。企业要通过模仿一流企业来构建组织文化是不可行的。但是，在国外一流企业对组织文化的管理与维系机制中，有一些共同特征，具有普适性，是可以借鉴的。因此，本部分的重点，不是单纯地介绍国外一流企业的组织文化有何具体内容，而是重点分析它们付出何种形式的努力去植入和维系已经创建的组织文化，主要包括领导者的导师作用、文化灌输、人才挑选与选拔、制度配套四方面。

（一）领导者积极发挥导师作用

一般来讲，企业领导者既是组织文化的创建者、缔造者，也是组织文化的执行者。领导者要把自己创建的理念和价值观灌输和植入到员工头脑，最有力的方法就是用言行示范、传授和指导。观察国外一流企业可知，领导者所承担的一个重要角色就是导师，其职责是负责将公司理念和价值观传授给员工。他们对之发自内心地深深拥护和坚决相信，这种信念绝不会因为环境变化而有所改变。为了使员工拥有同一个理念和价值观，他们重视与员工建立信任关系，注重在此基础上进行示范、讲授和指导。他们通常系统地关注问题，注重工作细节，在资源分配、奖惩、招聘、选拔等关键事项中，采取与组织文化相一致的行动。

丰田公司（以下简称丰田）经过长期探索和实践发展出了丰田模式[①]。该模式由理念、流程、员工和解决问题四个部分组成，它指导员工如何思考、改进流程和解决问题。丰田认为，管理者即领导者，领导者即导师，他的重要工作之一，就是将丰田模式定义、分析、交流和解决问题的方法传授给年轻员工。丰田历代领导者早期靠语言一代一代地传授公司理念和价值观，后来经过10年时间把丰田模式编写成书籍，还建立了培训体系，通过多种

[①] 本章丰田公司案例的资料均来源于杰弗瑞·莱克、迈克尔·豪瑟斯、优质人才与组织中心（2016）。

渠道进行传授。丰田历代领导者都重视到生产现场考察，而为员工进行包括示范在内的答疑解惑是其重要目的。他们认为，只有这样，才能培养起与员工之间的信任感，更有效地传播丰田的理念和价值观。丰田的领导者经常制造与员工面对面的交流机会，在轻松环境中分享经验和指导工作。丰田前任总裁张富士夫在担任丰田肯塔基汽车制造厂总裁时，每周五晚上轮流邀请各部门员工到家中做客，大家唱歌、打球。张富士夫则与每个人交流，询问各种问题，并给员工解答或出主意。他的这种工作风格对后任的美籍领导人威尔产生了极大影响。威尔也继承了丰田文化，与员工保持着经常性交流机会，通过面对面形式传授丰田模式。

京瓷公司（以下简称京瓷）由稻盛和夫创建[①]。在京瓷创立不久后，稻盛和夫就决定把"追求全体员工物质与精神两方面幸福、为人类和社会的进步与发展做出贡献"作为经营理念，并在公司实施阿米巴管理制度，通过分部门核算，发挥员工主动性，减少浪费，提高绩效。为了让员工认同经营理念并具有管理意识，稻盛和夫重视从感情和理性两方面来打动员工的心。首先，自己以身作则，在工作中比所有员工更努力、更拼命，并且经常下班之后自掏腰包，酬劳部下，还拿出公司股份按面额分给员工，通过这种努力来构筑与员工的信任、亲密关系。其次，利用各种机会，敞开胸怀，积极地向员工讲述自己的想法，比如，工作的意义是什么、公司如何发展、我是如何想的，把员工当作自己的经营伙

[①] 本章京瓷公司案例的资料均来源于稻盛和夫（2016）。

伴。在京瓷初创期，公司的劳动环境比较艰苦，员工们体会不到工作的意义，稻盛和夫每天工作结束后就把员工聚集起来，用数据和道理讲述这些工作的前沿性，告诉员工他们所做的课题，全世界只有一两家在做；他们的产品一旦研制成功，将对社会产生巨大贡献，用这种方式来激发员工的热情。稻盛和夫一年里有一半以上时间都在公司工作或去子公司考察，每天不论身处何地，都要部下把各部门的单位小时核算表传去，如果他认为数据有问题，就会直接打电话询问。他这种重视实时数据、关注市场变化的态度，深深地影响了员工。京瓷后来规模大了，稻盛和夫对员工进行一对一指导的机会少了，但他仍保留了与管理干部每月进行一次交流的习惯。稻盛和夫后来受政府邀请到日航公司（以下简称日航）实施重组计划，也采取亲自传授、指导的方式，对日航干部以及员工进行了密集的"文化洗脑"，以转变他们的观念。他认为，企业要发展好，必须有经营哲学，而让员工共有经营哲学，是领导者的职责。

惠普公司（以下简称惠普）创始人帕卡德和休利特深信利润最大化不是企业唯一的宗旨[①]。帕卡德在 1949 年参加企业领袖聚会时提出了与利润至上相反的观点：企业的责任不是替股东赚钱，还有认可公司员工工作和为人的尊严的责任，并有责任为客户谋福祉，对整个社会也有责任。但这个观点遭到与会者的一致

[①] 惠普公司案例的资料来源于戴维·帕卡德（2016）、汤姆·彼得斯、罗伯特·沃特曼（2012）。

反对。但是，这没有动摇帕卡德和休利特的信念。在他们几十年的经营生涯中始终贯彻了他们的理念。比如，当经营环境恶化时，尽量避免裁员，以贯彻"尊重员工"的理念。另外，惠普的领导者推行价值观的方式，是经常跟员工在一起。他们推行走动式管理，经常花时间四处走访，和员工特别是基层员工进行交流。即使是到海外分公司开会，帕卡德和休利特一般也会到工厂走一走，和员工随意聊天，看看他们都在做哪些工作。不仅帕卡德和休利特，所有管理者团队也随时与员工保持联系。当一个部门自行拟定好计划之后，该部门管理者和上司就开始动起来，观察、衡量、给予意见和指导。这里的走动，是真的四处走动，和人们谈话，并尽可能地覆盖所有区域。

（二）通过培训等手段灌输理念和价值观

国外一流企业采取培训、宣传等手段，持续、一贯地向员工灌输理念和价值观，塑造员工的心态，培养员工的集体意识，强化员工的集体归属感。它们非常重视年轻员工的教育，在新人培训与后续培训计划中，安排大量时间来教导理念和价值观。它们大都设立了内部教育培训机构，从内部选拔优秀员工充当培训师，保证价值观教育的质量，同时安排老员工和上司负责对新员工的在职社会化训练，把理念和价值观落实到具体工作中。另外，通过报纸、期刊、网络等载体宣传公司文化以及符合公司价值观的员工行为，强化员工的认识。创造和使用公司独特的口号、概念、语言、歌曲，以强调公司的价值观、传统及身属优秀群体的意识。

丰田对新员工有一套严格的培训计划。新员工在正式工作之前，要参加各部门实施的工作培训，主要是学习丰田模式和基本工作规范；正式工作之后，要参加由丰田全球生产中心实施的基本技能培训。该培训由受过统一培训、精通丰田模式并且技能全面的优秀员工（这些人通常是资深员工和团队领导）承担。他们每天都在基层向员工示范、传授和指导。他们的任务，不仅是教导如何做，更是教导为什么做，比如，当发现部件瑕疵时，为什么要拉"安灯"停生产线；为什么要付出牺牲短期效率（停生产线）的代价去查找问题原因等。在他们的教导下，新员工逐渐学习如何用丰田理念和价值观来指导日常工作。另外，丰田还为新员工制定了后续培训计划，以强化员工对丰田模式的认识。该计划要求新员工在 3 年内完成两个阶段的培训，一共 64 小时，内容包括安全原则、丰田模式价值观、丰田生产方式原则、团队合作、交流技能、解决问题。

IBM 的核心理念有三点：给予每个员工充分的考虑；花更多时间使顾客满意；坚持到底把事情做好，追求卓越。为了灌输这些理念，IBM 采取了四方面措施[1]。第一，以价值观为导向的系统培训。IBM 在 20 世纪 30 年代就建立了自己的学校，挑选老职员对新员工进行价值观教育。20 世纪 70 年代末又修建了"管理发展中心"，在更大范围里对员工进行公司理念教育。第二，用标语、口号、歌曲、着装等手段强调公司理念与价值观。IBM 创始

---

[1] IBM 案例的资源来源于柯林斯和波勒斯（2009）。

人老沃森在公司墙上贴上各种口号,如"失去的时间永远找不回来""我们绝对不能自满""我们卖的是服务""员工代表公司的形象"等。他还制定了严格的个人行为准则,要求业务代表注意仪容,身穿暗色西装,鼓励结婚,不要吸烟,禁止喝酒等。第三,为最能体现公司理念的员工创作报道、传记、歌曲等文艺作品,把他们的名字、相片和英雄事迹刊登在公司的刊物上,以此强调在集体努力的架构下,个人的努力和首创精神极为重要。第四,培养精英态度以激发员工的进取心。老沃森持续向员工灌输一个观点,就是IBM不是一家普通的公司,而是与众不同的公司,借以强化精英态度。IBM前CEO小沃森认为,精英信念非常重要,能够成为工作的驱动力。

京瓷强调集体意识,提倡公司整体利益高于部门利益、团结一致的企业文化。公司设置了"京瓷哲学推进委员会",在全集团开展经营理念教育。为了强化各部门主管的集体意识,培养合作、妥协、忍让的团队精神,公司定期组织各部门主管进行学习交流,并且,公司每天都举行各种形式的例会,员工们可以了解到其他部门的业务进展情况,学习如何和其他部门合作共事。过程导向是京瓷价值观的一个方面。公司虽然用小时价值计算各部门的盈亏,但在奖励时更看重小时价值取得背后的过程,因此,经常会对好的方法和机制进行大力表彰,而不是把小时价值和工资直接挂钩,用这种方式来加强员工的过程意识。

（三）谨慎挑选和选拔符合公司文化的人才

国外一流企业对人才招聘持有长期视角，它们希望招聘到能与之长期合作的人，因此，在招聘中格外注重对应聘者素质的考察，确保甄选出符合公司价值观的求职者。这些企业一般会在行为测试和面试上投入较大精力，对求职者的素质进行全面、深入的评价。它们相信，管理干部尤其是高层经营者，必须在公司成长，积累经验，把公司文化变成基因。因此，它们注重长期培养，从内部选拔管理干部，而不是把眼光放在外部，对"空降兵"抱有过大期望。

丰田倡导"信任、团队和持续改进"的组织文化，因此，在招聘中格外重视求职者的团队精神、沟通能力、主动性、学习能力、解决问题能力和适应性等潜在素质。例如，为了考察团队精神和解决问题能力，公司会把求职者分成若干小组，交给他们一些典型问题，让他们对提高生产率、解决纠纷等提出一致性建议，或让各小组收集数据，提交解决问题的方案，并进行口头演讲，或让各小组通过合作在规定时间内完成电子元器件的组装。丰田的经营团队基本都是久经考验的"内部人"。这与它把长期工作经验（主要指内部各部门经验）和领导能力作为选拔干部的重要标准有关。丰田不轻易从外部招聘管理干部，而是挑选具有领导天赋的人，利用 10 年时间或更长的时间培养他们持续地按照丰田模式思考和行动。

三星公司（以下简称三星）建立了自己的人才分类制度[①]。对于个别特殊岗位，启用强有力的激励政策，从外部引进人才，但对大多数岗位，包括中高层管理岗位，主要通过内部培养人才。因此，三星在招聘中非常重视求职者的潜在素质，把是否符合公司文化作为重要考量因素，以确保从中甄选出可塑性高的人。例如，三星设计了近3小时的综合面试，其中，20分钟面谈，内容涉及三星文化、价值观、企业观、组织观、责任意识、道德等方面，旨在考察求职者的人格是否与公司文化吻合；60分钟能力评价，让求职者对面试官给出的课题提出解决方案，以评价他们的目的意识、创造性、解决问题、专业知识各方面的能力；60分钟组织适应性评价，让求职者参加小组讨论，和小组成员合作解决问题，以考察他们的团队合作精神。

迪士尼公司（以下简称迪士尼）把"带给千百万人快乐，并且歌颂、培育、传播健全的美国价值观"作为核心理念之一[②]。为了维持这一核心理念，迪士尼在招聘中设置了极为严格的程序和标准。对于进入迪士尼乐园工作的计时员工，即使是清洁工，迪士尼也要求他们必须至少通过由不同口试官主持的两次面试。迪士尼要求员工形象必须符合年轻、健康、阳光、快乐、正统以及美国风格等标准，因此，从20世纪60年代起就实施了严格的仪容规定，在招聘中将脸上有毛的男性、化浓妆、打扮妖艳的女士

---

① 三星案例的资料来源于彭剑锋、金贤洙（2015）。
② 迪士尼公司案例的资料来源于柯林斯和波勒斯（2009）、罗宾斯（1997）。

等拒之门外。虽然这个规定曾在 20 世纪 90 年代一度遭到员工反对，但迪士尼坚持自己的理念，继续维持了仪容规定。

（四）管理制度与组织文化的配合

国外一流企业注重使管理制度与组织文化保持一致，发挥相互增强的作用。这些企业在管理的各方面，采用明确统一的态度，维护和贯彻公司理念，奖励符合公司价值观的人与行为，惩罚逾越价值观界限的人，以组织文化作为管理制度的支撑，用管理制度来强化组织文化。

丰田、惠普等企业提出以人为本的理念，其根本含义，就是尊重员工，对员工负责。而这个理念没有停留在口头上，而是体现在管理的各个方面，是所有人力资源管理政策的重要依据。例如，尽管经营状况变化多端，但这些企业不轻易裁员，是同行业里裁员人数最少的企业。如丰田通过临时或永久性调动岗位、培养多能工、调整加班时间、从其他部门抽调人员、雇用临时工、利用剩余人员进行改进活动等措施来提前调整劳动数量。惠普采取减少工作时间、工作量、工资等手段来避免裁员，并且在迫不得已裁员时尽可能采取提前退休和自愿辞职的方式，并向员工提供了可观的经济补偿。又如，很多企业提倡团队精神，它们不仅在工作组织方式上强调团队元素，在薪酬制度上也突出对团队绩效的奖励。丰田、惠普、京瓷等企业薪酬不和个人绩效，而是和员工所在部门或公司绩效挂钩，即使是利润分享，也是合格员工都有份。这是为了鼓励员工合作，也是为了避免员工之间的过度竞争。

三、中国企业实践与发展方向

国外一流企业成功的背后都有强大的组织文化作为支撑。由于员工在解决问题时有共同的信念和原则，行动一致，效率很高，极大地降低了企业的管理成本。虽然国外一流企业的组织文化都有独特的内容，但在文化管理机制方面，具有共同特征，值得其他企业借鉴。第一，企业领导发挥了强大的导师作用；第二，通过培训彻底灌输理念和价值观；第三，谨慎甄选和选拔符合企业文化的人才；第四，使管理制度配合组织文化，发挥相互增强作用。其实，这种特征在华为、阿里巴巴等中国优秀企业身上也可以看到。

华为公司（以下简称华为）创建了独特的组织文化，其突出特征就是团结合作、集体奋斗[①]。华为创始人任正非说，没有责任心、不善于合作、不能群体奋斗的人，在华为是没有发展前途的。他在创业不久后曾提出"狼性文化"的概念，要求员工时刻保持敏锐的市场嗅觉、顽强拼搏的精神和群体奋斗的意识。这些思想奠定了华为组织文化的基础。后来，华为组织文化的内涵不断丰富，"狼性文化"的提法逐渐被淡化，但其所倡导的团结合作、集体奋斗的精神被继承下来，成为华为文化的核心价值观之一。

[①] 华为案例的资料来源于陈广、赵海涛（2012）。

为了培育团结合作、集体奋斗的文化，华为从高层引导、统一认识、文化宣贯、制度规范各方面采取措施，显示出强有力的文化管理能力。第一，最高领导任正非利用各种会议不厌其烦地讲述华为精神，并定期撰写文章，向员工宣传华为理念与价值观。任正非本人以身作则，竭尽全力地工作，不惜牺牲自己的身体健康，给员工树立了良好的榜样。为了能团结广大员工一起奋斗，公司创始人和高层管理人员主动稀释自己的股票，让员工持股而成为企业主人，凝聚了人心。第二，花时间促使高层团队形成统一的价值观。华为历时3年，八易其稿，于1998年制定了《华为公司基本法》。它是聚集高层管理人员、外部专家的智慧而形成的。在这个过程中，各方面人员基于长期视野，对理念、价值观等进行反复讨论切磋，最终达成了共识。第三，彻底灌输理念和价值观。华为在发展初期采取了口号、语录、唱歌、运动等形式来强化员工对公司的认同，但随着企业管理的成熟化，培训成为文化宣贯的主要方式。华为建立了一套完善的培训体系。文化贯穿于培训之中，是培训的灵魂。公司尤其注重对新员工的文化教育。一个月的入职培训中，文化培训用时一周，共4门课程，要求员工学习各种文章并且书写学习心得。同时给每个员工配备一位导师（老员工），讲述文化、传统、流程等。为了培养员工的纪律性和团队精神，要求员工每天6点半跑操，迟到扣分，并要扣同宿舍员工的分。华为还创办了华为大学，培训认同公司核心价值观与文化的管理干部。第四，实施与组织文化相适应的规章制度，强化组织文化的效果。华为至今进行了多次人力资源上的调整，如 1996 年要求市场部所有员工集体辞职，重新上岗。目的是为了向员工的太平意识开战，把那些有奋斗精神、勇于承担责任、冲锋在前并做出贡献的员工保留下来，淘汰掉那些安于现状、不思进取、躺在功劳簿上睡大觉的员工。

阿里巴巴董事局主席马云指出，有一样东西是不能讨价还价的，就是企业文化、使命感和价值观①。阿里巴巴在最困难的时候，每人只拿 500 元薪水，就这样，团队也没有散，因为成员对企业文化有认同，对企业前景有信心。这就是阿里巴巴文化的凝聚力。阿里巴巴的核心价值观包括六条：客户第一、团队合作、拥抱变化、诚信、激情、敬业。马云在传授企业核心价值观方面起到了最重要的推动作用。马云认为，公司创始人的最大职责就是推广企业文化、做好首席"文化官"。马云注重利用各种会议向员工传授公司价值观，并且定期举办中高层管理团队学习讨论活动，统一管理团队的认识。阿里巴巴最重视把核心价值观落实到行动层面。在阿里巴巴各分公司的墙上看不到价值观标语。公司传导价值观靠的不是口号，而是各种配套的规章制度。阿里巴巴把价值观细化为 30 条硬指标，定期考核员工，并且把符合或违反价值观的行为编写成案例，在公司内反复进行传播与讨论，用浅显易懂的方式，强化员工认识。比如，一位业务员把房地产商发展成为了供应商，带来了六位数的收入，但公司把钱还给了客户，因为公司不可能为客户把房子卖到国外。业务员承诺了不能实现

---

① 阿里巴巴案例的资料来源于张继辰、王乾龙（2015）。

的事情，这是欺诈行为，违背了客户第一的价值观。阿里巴巴经常拿这样的实际案例来教育员工，让他们形成正确的做事原则。在阿里巴巴，任何违反价值观的行为都将受到严厉处分甚至开除。公司每半年考核一次，考核对业绩和价值观有同等程度的要求。员工价值观有问题的话，即使业绩再好，也要受到处分。抢单、私下给对方回扣、乱开折扣、舞弊作假等行为都是被禁止的。

和其他优秀企业一样，阿里巴巴也非常重视运用培训手段来强化员工对公司价值观的认同。新员工的入职培训，为期两周，主要学习公司的历史和价值观，并采取上课、拓展、游戏等形式，培养团队精神。入职培训之后，公司还为新员工设置了 3 个月的师带徒和 HR 关怀期。其中 1 个月在杭州进行封闭培训。把全国各地的新员工都召集到杭州进行培训，要设置大量的人力资源岗位，增加企业成本，但阿里巴巴认为这可以更有效地贯彻企业文化，是值得的投资。另外，阿里巴巴在招聘中注重考核求职者的思维模式。求职者一般要经过主管业务部门、人力资源部门、主管副总裁等几道面试才能正式入职。公司开发了一些结构化问卷，以确认求职者的行为以及进行决策的想法。比如，让求职者用其实际经验回答与人配合工作的情况，以考察他的团队精神；让求职者用实际经验回答在工作中遇到的困难以及解决过程，以考察他对工作的激情。

但是，从总体来看，中国企业对组织文化的理解总体上还停留在口头、书面、标识等表面，与世界一流企业相比，组织文化建设还存在着较大差距。尽管很多企业在文化宣讲上投入精力，但因为既不贴近员工,又与技术、业务创新无关,不能对企业经营起到直接指导作用,和人力资源管理制度有矛盾,所以,很难充分发挥出组织文化应有的强大作用。

今后,中国企业应该立足于员工来构建组织文化体系。充分发挥高层管理者的指导示范作用,持续地关注与企业价值观密切相关的事物,利用各种机会进行解释和教导。应加强组织文化宣贯活动的目的性,将组织文化贯穿于经营活动、员工培训之中。努力开发落实组织文化的方法和工具,注意从实际工作中收集案例,编写成培训教材,用贴近工作并且浅显易懂的方式,向员工进行教育。加强文化培训的密集性和系统性,重点放在新员工的入职培训上,在培训方式、培训课程、培训团队各方面加大投入。加强组织文化与各项管理制度间的配合性,比如,在招聘中加大考察应聘者与组织文化的匹配性;在培训中加强组织文化的系统学习;把价值观细分成可考察的指标,对员工进行考察,对符合组织文化的行为进行奖励,对违反组织文化的行为进行惩罚。

参考文献

[1] 杰伊·B.巴尼,德文·N.克拉克.资源基础理论:创建并保持竞争优势[M].上海:上海人民出版社,2011.

[2] 埃德加·沙因.组织文化与领导力(第四版)[M].北京:中国人民大学出版社,2014.

[3] 吉姆·柯林斯,杰里·波勒斯.基业长青(第四版)[M].北京:中信出版社,2009.

[4] 汤姆·彼得斯,罗伯特·沃特曼.追求卓越[M].北京:中信出版社,2012.

[5] 杰弗瑞·莱克，迈克尔·豪瑟斯，优质人才与组织中心. 丰田文化[M]. 北京：机械工业出版社，2016.

[6] 斯蒂芬·P. 罗宾斯. 组织行为学（第七版）[M]. 北京：中国人民大学出版社，1997.

[7] 稻盛和夫. 调动员工积极性的七个关键[M]. 北京：机械工业出版社，2016.

[8] 戴维·帕卡德. 惠普之道[M]. 重庆：重庆出版社，2016.

[9] 陈广，赵海涛. 华为的企业文化[M]. 深圳：海天出版社，2012.

[10] 张继辰，王乾龙. 阿里巴巴的企业文化[M]. 深圳：海天出版社，2015.

[11] 彭剑锋，金贤洙. 赢在用人[A]// 三星人才经营思变[M]. 杭州：浙江大学出版社，2015.

第七章
品牌形象与社会声誉

世界一流企业是在特定的行业或业务领域中的某一方面或多个方面具有较强的竞争优势，能够通过持续的创新变革来形成市场竞争力、行业领导力和社会影响力，并获得业界一致性认可的跨国经营企业。由此可以看出，世界一流企业是"双一流"的企业，企业既要具有一流的品质，又要具有一流的外形。所谓一流的品质，即世界一流企业通过将资源、能力、战略和价值创造这四个要素进行整合，以帮助自己获得竞争优势，保持经营成功和基业长青，实现企业基本功能。所谓一流的外形，即世界一流企业通过塑造自身良好的品牌形象与社会声誉，以获得利益相关方的赞许和认可。目前，一些中国企业通过努力获得了良好的财务业绩，竞争力不断增强，已经拥有了世界一流企业所具有的一流品质，但这并不等于中国企业已经是世界一流企业，因为这些企业在一流外形方面还存在着缺陷。在构建世界一流企业的过程中，中国企业在构建一流外形、提升品牌形象与社会声誉方面还存在着很大的上升、进步空间。本章将从理论角度阐述品牌形象与社会声誉对世界一流企业的重要性、品牌形象与社会声誉特质以及形成范式，且引入国外一流企业进行案例分析，以期为中国企业品牌形象与社会声誉建设提供借鉴。

一、理论研究

品牌形象与社会声誉一直都是学术界研究的热点，是企业外在形象的重要表现方式。对于企业的重要性不言而喻。本节将从品牌形象与社会声誉对世界一流企业的重要性、世界一流企业品牌形象与社会声誉的特质以及形成范式三个方面进行理论概述。

（一）品牌形象与社会声誉是世界一流企业的核心构件

1. 品牌形象与社会声誉的含义

目前学术界对品牌形象的定义主要从四个角度展开。第一，强调心理要素的定义。主要强调消费者对品牌的心理反应，将品牌形象定义为消费者对特定品牌的"情绪""态度"和"看法"（Gardner & Levy，1955），"理解""感知"或"评价"（Park et al.，1986；Blawatt，1995；范秀成和陈洁，2002），"认知"和"感受"（Bullmore，1984），"联想"（Aaker，1991）。第二，强调自我意义的定义。把焦点集中于消费者在自我建构中所寻求的特殊意义,即"自我意义"(Sirgy, 1985; Firat & Venkatesh, 1995; Cova, 1996; Wattanasuwan, 2005)。第三,强调意义的定义。强调消费者赋予特定品牌的意义,每个品牌对于消费者来说都有不同的意义,从而通过这些不同的意义将各个品牌区别开(Levy et al., 1973; Friedmann, 1986; Kleine & Keman, 1991)。第四,强调个性的定义。不仅强调品牌可以具有类似于人的个性或特质,而且将品牌个性视为品牌形象的一个重要维度(Sirgy, 1985; Keller, 1993; Biel, 1993; 关辉和董大海, 2008)。由此可以看出,学者们在对品牌形象进行定义时都是基于抽象的认知层面展开,可以延展到对品牌的情绪,如喜爱、赞美、尊敬、认同等。现有研究缺陷主要在于对品牌形象的各种定义都仅仅强调消费者而忽略了其他的利益相关方(如员工、股东、供应商、社区、政府等)。

对社会声誉的定义主要以三个角度进行。第一,意识类定义,观察者或利益相关方对企业有一个总体的认知,但是并没有对声誉进行评价,定义为各种与感知有关的集合。如企业声誉可以根据买方对一家公司是否知名,好还是坏,可靠性,是否值得信赖,可信度等形成的一系列属性来定义(Levitt, 1965)。企业声誉的定义涉及企业利益相关者对企业财务和非财务方面的总体看法(Fombrun, 1996),进一步地,Fombrun 和 van Riel(1997)将声誉定义为"企业过去行为和成果的集合代表,这些行为与成果描述了企业为多个利益相关者提供有价值结果的能力。声誉是利益相关者包括员工、客户、供应商、投资者和社区对企业的意见、看法和态度的综合（Post & Griffin，1997；Hatch & Schultz，2001）。第二，评价类定义，观察者或利益相关者对企业进行评价，包括评价（Judgement）、估计（Estimate）、测量（Evaluation）、度量（Gauge）等（Flatt & Kowalczyk，2000；Barnett et al.，2006；Abratt & Kleyn，2012）。第三，资产类定义，将声誉定义为资源或者是一种有价值的、无形的、财务或经济上的资产（Dolphin，2004；Branco & Rodrigues，2006；Smaiziene & Jucevicius，2009）。综上可以看出，社会声誉实际上是利益相关方对企业的累积性认知（包括印象和评价），可以延展到利益相关方对企业的情感，如喜爱、赞美、尊敬、认同等。

通过对品牌形象、社会声誉定义的总结，可以归纳出二者之间的关系。品牌形象是企业的代表、认知、印记，可以看作与企业等同，而声誉是对企业的认知，Whetten 和 Mackey（2002）提出，最常用来与声誉互换的术语是形象和身份。因此品牌形象与社会声誉二者在本质上具有一致性，都是累积性社会印记，是消费者、员工、客户、供应商、投资者和社区等利益相关方对企业的总体认知，符合期望则企业的品牌形象与社会声誉好，否则企业的品牌形象与社会声誉差，二者可以合为一个"术语"。

2. 品牌形象与社会声誉对世界一流企业的重要性

品牌形象与社会声誉对企业至关重要，可以说是世界一流企业的核心构件。企业通过良好的外部形象与声誉能够进一步促进企业资源、能力、战略、价值创造等要素整合，增强企业的竞争力。具体来说，作为世界一流企业的核心构件，品牌形象与社声誉的重要性主要体现在以下几个方面。

第一，品牌形象与社会声誉是企业的保险机制：具有稳定效应。晕轮效应是一个心理学术语，是指一旦人们对某个人或某一事物的某种特征形成好或坏的印象后，他会倾向于推断该人或该事物在其他方面的其他特征也是好的或者坏的。引申到营销学中，品牌形象好、声誉高的企业往往能够给利益相关方留下积极、可靠、负责任的好印象，社会赞誉及美誉度较高。根据晕轮效应，当该企业扩大企业规模、进入新的市场、增加新产品种类等时仍然能够获得消费者、供应商、投资者等利益相关方的青睐与认可，消费者愿意继续支付购买新产品、供应商愿意与企业保持长期合作、投资者愿意进行投资等，有助于企业保证其市场地位的稳定性。

第二，品牌形象与社会声誉是企业的信号机制：具有交易效应。品牌形象能够代表消费者对企业的态度与看法。消费者对企业的看法可以致使一家企业成功或破产，因为积极的品牌形象可以提升消费者对公司的信心，影响决策和建立忠诚度（Smith et al.，2010），良好的品牌形象可能代表良好的产品质量、忠实的客户关系、良好的消费记录、较高的市场交易额，这不仅是企业交易的信号，而且能够增加消费者对企业的依赖。反之，消极、恶劣的品牌形象会导致消费者对该企业的反感，不但减少交易行为，而且会传播相对差的口碑信息，不利于企业的发展。Shapiro（1983）指出，企业声誉是其产品和服务质量的信号。Basdeo 等（2006）在研究中将信号理论（Signaling Theory）用于声誉研究以解释企业战略选择与行动如何提供信号，然后不同的利益相关者利用这些信号来建立对的企业印象。

第三，品牌形象与社会声誉是企业的区隔机制（战略资源）：具有壁垒效应。品牌形象作为一种独特、稀缺、不易模仿的战略资源，有助于提高市场进入壁垒，抵御潜在竞争者。Fan（2005）在研究中指出，品牌的最终目标可归纳为：主导市场（减少或消除竞争）、提高客户忠诚度（增加转换成本）和提高进入壁垒（抵御潜在威胁）。而良好的声誉作为一种无形资产对于企业是很重要的，因为其不仅具有为企业创造价值的潜力，而且其无形性很难被竞争对手所模仿；且具有较好声誉的公司能够在一段时间内更好地维持其较高的利润水平（Roberts & Dowling，2002）。声誉越好对企业的激励作用越强，激励企业为保持现有声誉而遵守承诺，注重品质，约束企业行为，有助于培养顾客忠诚、保持企业竞争力，形成进入壁垒。总而言之，大部分的学者和从业者都认为企业声誉是一种稀有、有价值、可持续以及难以模仿的无形资产，是一种重要的战略资源，是实现企业战略性竞争优势的有用工具（Gray & Balmer，1998；徐金发和刘靓，2004）。

第四，品牌形象与社会声誉是企业的引力机制：具有磁吸效应。有学者将声誉视为一种能够吸引客户的力量（Davies et al.，2003），因为客户在购买之前往往会通过声誉来评价和比较产品，以减少决策的不确定性（Tournois，2015），此时具有好声誉的企业往往给客户以信任、可靠感，因此能够吸引客户并影响客户的行为（包括购买行为与口碑传播）。声誉同样是一种能够吸引员工的力量。根据社会认同理论（Social Identity Theory）和信号理论能够解释为什么知名企业能够吸引和留住人才（Maden et al., 2012）。根据社会认同理论，员工往往将自己隶属于所在企业，以从隶属的企业中获得归属感与认同感。而声誉好的企业更能够获得员工的认可，员工会对该企业更有信心，组织认同感更加强烈，较少产生离职倾向与行为。根据信号理论，好的声誉则可以向员工提供工作环境优、薪酬待遇高、发展前景好等信号，能够吸引优质求职者的关注。另外，对于投资者而言，一个企业如果声誉较好则往往意味着投资风险较低，这样的企业更容易吸引投资者的注意，获得资金。

第五，品牌形象与社会声誉是企业的价值机制：具有资产效应。Keller（1993）提出，品牌形象就是品牌资产的一个重要驱动因素。Lev（2001）指出，积极的品牌形象是具有价值的无形资产。随着企业间竞争的加剧，发展竞争优势的方式可能越来越依赖于开发无形资产，公司的声誉是其中之首（Flatt & Kowalczyk, 2000）。根据 Maden 等（2012），资源基础观是在声誉研究中一个应用广泛的理论，该理论认为声誉是一种能够带来持续竞争优势的独特的、稀有的资源。声誉与企业价值具有关联性，声誉被广泛认为是企业价值的核心（Gatzert & Schmit, 2016）。因此，可以将声誉视为企业的一种无形资产。另外，企业声誉也会对企业的市场份额和股票市场价值产生积极的影响（Fan, 2005）。Roberts 和 Dowling（2002）提出，从时间轴上看，以往的财务绩效会影响企业声誉，外部利益相关方会将以往的财务绩效作为企业整体评价的信号,而企业声誉又会对企业未来的财务绩效产生影响;信誉良好的公司也可能拥有成本优势,因为员工喜欢为高声誉企业工作,在这样的企业中员工会更努力工作,或要求更低的报酬。同时,由于供应商在与高声誉公司进行交易时不太关心违背合同问题,有利于降低缔约和监督成本。品牌形象与社会声誉作为一种企业无形资产,能够通过影响利益相关者行为,为企业缔造价值。

(二)世界一流企业的品牌形象与社会声誉特质

1. 品牌形象与社会声誉的构成模型

品牌形象的典型模型主要有:Park 等(1986)的品牌概念形象管理模型(Brand Concept Image,BCM),认为品牌形象分为功能性形象、象征性形象、体验性形象三种。Biel(1993)的品牌形象三维二重性模型将品牌形象分为产品/服务自身形象、使用者形象、公司形象三个子形象维度,且每个子形象都由硬性(主要是有形的或者功能性的属性)、软性(主要是情感方面的属性)两种属性构成,以区分品牌形象系统中的功能成分与意义成分。罗子明(2001)的品牌形象模型认为品牌形象由品牌认知、产品属性认知、品牌联想、品牌价值以及品牌忠诚五个部分构成。范秀成和陈洁(2002)的品牌形象模型认为品牌形象包括产品维度、企业维度、人性化维度以及符号维度。焦璇等(2004)的品牌形象构成模型探讨了不同产品类别的品牌形象构成要素,最终提出品牌形象是功能成分与意义成分的复合体;蒋廉雄和卢泰宏(2006)的服务品牌形象模型通过实证检验了服务品牌形象存在功能性和非功能性二维因子，这两位学者的观点都与 Biel 的理论模型相吻合。高辉（2007）的服务品牌形象模型认为品牌形象由产品、消费者、其他实体三个基本维度构成。

较为典型的企业社会声誉构成模型主要有：Manfred 等（2004）将企业声誉分为认知声誉和情感声誉两个维度。财富杂志（1997）从创新性、管理质量、长期投资价值、社区和环境责任、吸引和留住人才、产品和服务质量、财务合理性、资产运用、公司全球业务的有效性评价维度来评选全球最受赞赏的公司。金融时报（2000）通过强有力且周密的策略、最大化客户满意度和忠诚度、业务领导、产品和服务质量、高校强劲的盈利、健全的企业文化、成功的变革管理、全球化业务来评选全球最受尊重的企业。Fombrun（2001）提出，誉商评价体系主要包括：情感的吸引力、产品和服务、财务业绩、远见和领导力、工作环境、社会责任。

由品牌形象与社会声誉的定义可知，我们认为品牌形象与社会声誉本质上是一致的，可以合为一个"术语"。基于品牌形象与社会声誉的定义及其典型的构成模型，将二者合并，提出品牌形象与社会声誉的同心圆模型（见图 7-1）。品牌形象与社会声誉作为利益相关方对企业的累积性社会认知，主要由四种认知成分构成：功能性认知（主要指对企业产品服务要素的认知）、行为性认知（主要指对企业对待利益相关方要素的认知）、价值性认知（主要指对企业财务业绩要素、社会价值要素的认知）、透明性认知（主要指与企业的情感联系）。

/ 世界一流企业管理：理论与实践 /

功能性认知
（产品服务）

透明性认知　　价值性认知　　　　行为性认知
（情感联系）　（财务业绩、社会价值）　（对待利益相关方）

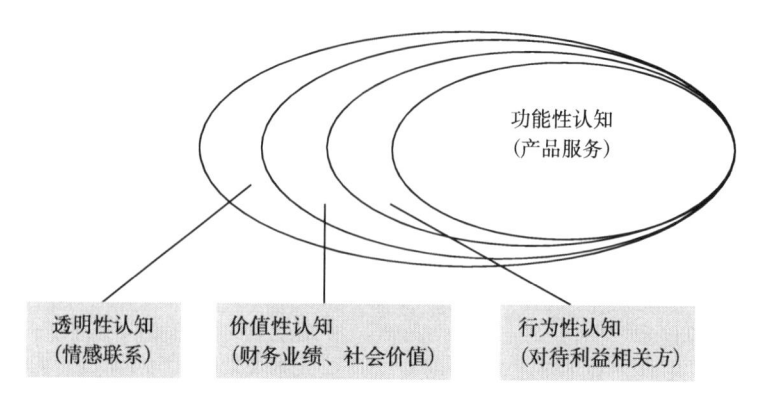

图7-1　品牌形象与社会声誉的同心圆模型
资料来源：作者整理。

2. 世界一流企业品牌形象与社会声誉的集合表征

通过对品牌形象与社会声誉的功能性认知、行为性认知、价值性认知以及透明性认知四个构成要素的理解，企业感知要想塑造出好的品牌形象与社会声誉必须要主动提供高质量的产品和服务、负责任地对待利益相关方、保持高效的财务业绩和社会价值、履行承诺且注重情感联系。这些实际上是企业主动承担社会责任的表现。所谓企业社会责任主要指企业以透明和道德的方式有效管理自身运营对利益相关方和社会的影响，追求对可持续发展的贡献最大化。因此，企业要想塑造出好的品牌形象与社会声誉就必须要履行相应的社会责任。

以往的很多研究都指出了企业社会责任对品牌形象与社会声誉的重要性。一个对社会负责任的企业形象能够让消费者感知到企业会为社区计划做出贡献，企业会支持艺术和社会活动，并试图改善整个社会的福利状况（凯勒，1998）。虽然企业社会责任与企业声誉概念不同，但作为同一个硬币的两面能够互相促进

(Hillenbrand & Money, 2007)。即企业承担的社会责任越大,声誉越好;声誉越好,企业越会主动承担相应的社会责任。企业社会责任是企业声誉构建的一个重要因素,Maden 等 (2012) 通过实证研究证明了企业社会责任对企业声誉具有积极的影响。Fan (2005) 认为品牌不仅需要经济或财务标准的评估,而且要通过道德评估来评估。道德品牌增强了企业的声誉,声誉反过来强化了企业品牌。可以看出,道德品牌实际上就是社会声誉良好的品牌,是负责任的品牌,是主动承担对利益相关方的责任、主动为社会做贡献的品牌。因此承担相应社会责任对于企业构建品牌形象与社会声誉具有重要的意义。相应地,"双一流"的世界一流企业之所以能够拥有一流的外形——良好的品牌形象与社会声誉,关键在于构建成为社会责任引领型企业。

3. 世界一流企业品牌形象与社会声誉的要素表征

根据同心圆模型,企业要想树立良好的品牌形象与社会声誉,呈现世界一流企业品牌形象和社会声誉的集合表征,成为社会责任引领型企业,可以从品牌形象与社会声誉的构成要素角度着手。即从产品和服务要素、对待利益相关方要素、财务业绩要素、社会价值要素、情感联系要素展开,每种要素体现出来的共性即为世界一流企业品牌形象与社会声誉的要素表征,主要为:

第一,可靠可信赖的。可靠可信赖的是指世界一流企业的产品以及服务质量好、品质优,是真实可靠、值得信赖的。从功能性认知(产品服务)要素看,世界一流企业能够坚持提供高质量的产品、优秀的服务,创造引领消费需求,其客户让渡价值在行业内处于绝对领先地位。因此,可靠可信赖的是世界一流企业品牌形象与社会声誉的一个要素表征。

第二,富有责任感。富有责任感是指世界一流企业具有责任意识、勇于承担责任,负责任地对待各个利益相关方,维护利益相关方的权益。从行为性认知(对待利益相关方)要素看,世界一流企业能够负责任地对待每一个利益相关方,自觉维护利益相关方的权益,以建立和谐的利益相关方关系为己任,其利益相关方满意度在行业内处于领先地位。因此,富有责任感是世界一流企业品牌形象与社会声誉的一个要素表征。

第三,社会价值驱动的。社会价值驱动主要是指世界一流企业通过自身的行为、活动解决相应社会问题,为他人以及社会做出贡献。从价值性认知(社会价值,含创新)要素看,世界一流企业往往以解决社会问题和促进社会进步为驱动力,能够主动加大自主创新力度、不断创新方案,社会贡献度处于全球领先地位。因此,社会价值驱动是世界一流企业品牌形象与社会声誉的一个要素表征。

第四,具有可持续竞争力的。具有可持续竞争力是指世界一流企业财务业绩优秀,能够持续有效地为市场提供产品、服务,在市场上具有较强的竞争力与成长性。从价值性认知(财务业绩)要素看,世界一流企业的财务业绩长期表现优异,具有持续成长性以及竞争力,在行业内处于领先地位。因此,具有可持续竞争力是世界一流企业品牌形象与社会声誉的一个要素表征。

第五,广受尊重的。广受尊重的是指世界一流企业在各利益相关方心目中具有良好的形象与声誉,获得了他们广泛的情感认可与尊敬。从透明性认知(情感联系)要素看,世界一流企业能够赢得广泛的利益认同、情感认同和价值认同,品牌认知度、知名度和美誉度处于全球领先地位,连续多年进入"全球最受赞赏的公司"排行榜。因此,广受尊重是世界一流企业品牌形象与社会声誉的一个要素表征。

(三) 世界一流企业品牌形象与社会声誉的形成范式

1. 世界一流企业品牌形象与社会声誉形成范式的理论模型

目前关于品牌形象与社会声誉形成范式的理论模型主要有:Vanreil 和 Balmer (1997) 基于"企业认同"的声誉形成模型;Mahon 和 Wartick (2003) 基于"利益相关方"的声誉形成模型;Fombrun 和 Vanriel (2004) 基于声誉"源泉"的声誉形成模型;Fombrun 和 Chanley (1990) 的企业声誉形成的动态模型;Gary 和 Balmer (1998) 在 Formbrun 研究的基础上提出的企业声誉创立模型;等等。可以看出,这些研究从不同的视角构建了声誉、企业声誉形成模型,但缺乏对品牌形象与社会声誉具体形成过程与机理的探究。基于品牌形象与社会声誉的本质,品牌形象与社会声誉是累积性社会印记,是消费者、员工、客户、供应商、投资者和社区等利益相关方对企业的总体认知,不同利益相关方对企业有着不同的期望,如,期望提供高品质产品与服务,期望有着优异的财务绩效表现,期望提供更好的待遇,期望较高的社会贡献水平等。本部分提出基于期望匹配的品牌形象和社会声誉形成范式模型，如图 7-2 所示。

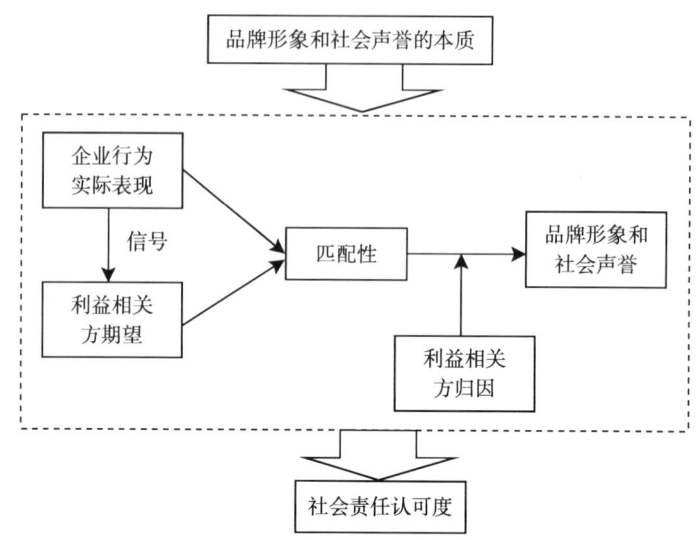

图 7-2　基于期望匹配的品牌形象和社会声誉形成范式模型
资料来源：作者整理。

根据图 7-2 可知，由于品牌形象与社会声誉的本质是累积性的社会认知，是利益相关者对企业的认知，那么符合利益相关方期望的企业其品牌形象与社会声誉较好，否则企业的品牌形象与社会声誉较差。在这一认知过程中，企业通过各具体行为向利益相关方传递企业实际表现的信号，利益相关方将接收到的信息与自身期望相对比，了解匹配性程度。值得注意的是，企业传递的品牌形象与社会声誉的信号及利益相关方接收的信号未必完全一致，因此企业在传递过程中要采取相应举措、合理传递，以最小化利益相关方感知到的品牌形象和社会声誉与企业传递的信号之间的差异。然后利益相关方对匹配程度进行归因，可能会出现归于企业内部（内因）、归于企业外部（外因）以及归于内外部综合原因的情况,并最终形成对企业的品牌形象与社会声誉的认知。这一认知同样代表了利益相关方对企业承担、履行社会责任情况的认可度。

2. 世界一流企业品牌形象与社会声誉的管理模式

基于期望匹配的品牌形象和社会声誉形成范式模型,本部分认为世界一流企业品牌形象与社会声誉的管理模式主要有四种,事实上不管是哪种管理模式,本质上都是社会责任认可度塑造和提升模式。

第一,期望管理模式。根据品牌形象和社会声誉形成范式模型,利益相关方将接收到的关于企业品牌形象与社会声誉的信息与自身期望进行对比、分析、评价,了解其匹配性程度,进而形成相关认知。据此,企业可以采取相应措施,提前主动了解利益相关方的期望。如利益相关方期望企业能够提供高质量的产品与服务、自觉承担社会责任、主动解决相应社会问题、拥有持续的竞争力等。企业根据利益相关方的期望进行管理,逐步塑造成为利益相关方满意的、与利益相关方期望相符合的企业。

第二,行为优化模式。根据品牌形象和社会声誉形成范式模型,利益相关方会将观察到的企业行为与其期望相比较。因此,企业必须要关注自身行为、优化自身行为,积极主动提供高质量可信赖的产品及服务;负责任地对待利益相关方,更重要的是要自觉承担相应的社会责任,主动解决某些社会问题,为社会贡献一份力量;坚持透明运营,注重与利益相关方的情感联系等。通过不断优化自身行为逐步获得利益相关方的认可,以塑造出良好的企业形象与社会声誉。

第三，透明沟通模式。根据品牌形象和社会声誉形成范式模型，利益相关方会将接收到的企业行为信号与自身期望相比较，在此过程中企业传递的品牌形象与社会声誉信号与消费者接收的信号未必完全一致，可能存在一些信息干扰因素。因此企业在传递过程中要采取相应举措、合理传递，以克服信息干扰因素，最小化消费者感知到的品牌形象和社会声誉与企业传递的信号之间的差异。为此必须要优化企业沟通模式，透明沟通，针对不同的利益相关方采取不同的沟通方式，以合理有效地去表达、传递自身所做出的努力。如采取公开发表年度企业社会责任报告，采取微信、微博等手段提高宣传力度、设立新闻中心，增加媒体曝光率，开放交流活动、开展各种培训、定期召开会议等方式。

第四，归因引导模式。根据品牌形象和社会声誉形成范式模型，利益相关方在将接收到的企业行为信号与自身期望相比较了解匹配程度后，会对匹配程度进行归因。由于归因方式不同，可能会出现归因于企业内部、归因于企业外部以及归因于内外部综合原因的情况。一般来说，在出现企业品牌形象与社会声誉问题时，利益相关方更可能会将原因归于企业内部，很少考虑企业外部原因。因此，利益相关方对企业品牌形象与社会声誉的认知形成会受利益相关方归因方式的影响。为此企业要善于利用归因方式，学会对利益相关方归因进行引导，使得利益相关方能够逐渐学会从自身出发，了解是否是自身没有完全接收到企业传递的信号、错误地理解了企业的行为等。或者从企业内外部两方面出发去发现问题,而不是一味鲁莽地将问题全部归因到企业内部。实际上,期望管理模式、行为优化模式、透明沟通模式是归因引导模式的前提,一旦企业正确掌握了利益相关方期望,并随之去完善自身行动以及沟通方式后,这样的企业更有可能获得利益相关方的认可与赞扬。在这种情况下,当出现接收到的企业行为信号与自身期望的匹配程度较低时,利益相关方考虑到企业的已有行为以及广泛的社会认同度,则更有可能改善原有的归因方式。

二、国外一流企业的经验分析

根据品牌形象和社会声誉构成的同心圆模型、世界一流企业的品牌形象和社会声誉的特质,世界一流企业品牌形象与社会声誉的形成范式,选择国际商业机器公司 International Business Machines Corporation(IBM)、通用电气公司 General Electric Company(GE)、苹果公司(以下简称苹果)、宝洁公司(以下简称宝洁)4家国外一流企业对其品牌形象与社会声誉的卓越实践经验进行分析。

(一)国外一流企业品牌形象与社会声誉构成要素以及特质经验分析

根据前文理论,本部分从产品与服务、对待利益相关方、财务业绩、社会价值、情感联系五个方面对国外一流企业展开分析，这是构建成为社会责任引领型企业，树立良好品牌形象与社会声誉的关键要素。

1. 产品与服务方面

由于涉及业务领域不同，IBM、GE、苹果、宝洁在产品质量管理方面采取的具体方法有所差异，但都坚持为市场提供高质量、高性能的产品。IBM 在保证产品质量的同时还关注产品的能耗以及环保问题，积极为客户提供低能耗的产品；注重考虑产品的安全性问题，以保障客户的数据安全与隐私。GE 坚持严格的质量管理，贯彻六西格玛品质管理理念；坚持创新产品类别，以引领市场需求。苹果则关注细节，从产品设计、工艺选择、到生产装配以及测试等各个环节，严格把控产品质量；与 IBM 一样也注重考虑安全性问题，保障客户的数据安全与隐私。宝洁坚持始终如一的产品质量安全传承和实践，从配方、生产、包装设计到交货整个价值链中，都负责任地生产产品，保证产品性能和价值；建立了全球性的产品安全评估机构和技术力量，执行严格的产品安全宗旨和政策，保证向消费者提供优质的产品。

在服务方面的做法主要有在企业内部建立用户至上、服务为先的理念；培训员工，提高职业技能；关注售后服务等。IBM 从公司理念入手，在员工的"工作说明"中特别提到对顾客、未来可能的顾客都要提供最佳的服务；设置软件培训服务，以帮助员工掌握和提高专业技能；开展全球整合业务模式，快速高效地向客户提供服务；建立呼叫中心，通过电话热线的方式解决客户遇到的简单问题，解决了实体服务易受时间地点约束的问题。GE 坚持客户导向理念,为客户提供优质服务。苹果坚持用户至上理念,产品的外形、工艺、操作、功能等都以满足客户需求、方便客户为前提;注重售后服务,解决客户遇到的各种问题,保证客户有着完美的产品使用体验。宝洁尽心尽力确保实现对消费者的承诺,致力于成为提供世界一流服务的公司,更全面地亲近和美化更多消费者的生活。

2. 对待利益相关方方面

利益相关方主要包括客户、员工、社区、供应商等,是能够影响企业决策和活动或受企业决策和活动影响的团体或个人,对企业的生存发展具有重要意义。企业应该自觉维护利益相关方的权益,贯彻最高标准的企业社会责任,实现共同发展。表7-1阐述了IBM、GE、苹果、宝洁4家国外一流企业在对待利益相关方方面的具体做法。

3. 财务业绩方面

世界一流企业的财务业绩都有着较好的表现,因为这是构建一流外形——良好品牌形象与社会声誉的物质基础。IBM市场分布广泛,业务遍及160个国家,拥有36个世界工厂,300个世界运营中心;GE业务遍及100多个国家,拥有4个全球实验室;宝洁在全球大约70个国家和地区开展业务,设有28个全球技术中心,每天为全球约50亿消费者服务,在市场上具有绝对的竞争优势。根据2016年《财富》世界500强排行榜,IBM以218亿美元的营业收入,排名第82;GE以1403亿美元的营业收入,排名第26。苹果在2016年的营业收入则高达2337亿美元,排名第9,是

表 7-1 国外一流企业在对待利益相关方方面的具体做法

利益相关方	企业名称	IBM	GE	苹果	宝洁
对待客户一致性的做法	客户	为客户提供低能耗、高质量的产品完善技术，提高产品安全性	坚持顾客导向，为客户提供高质量的产品与优质贴心的服务	为客户提供高质量产品以及完善的售前与售后服务，尤其不断改进技术，注重客户的隐私保护	为不同消费能力、不同消费需求的客户提供装其多样化同价位、不同产品，满足其多样化的需求
对待员工一致性的做法	员工	致力于为客户提供高质量的产品与优质的服务 坚持以人为本，倡导多元化的职场文化 提供优质的工作环境，关注员工及其家人的身体健康、不断完善员工培训体系，指导员工利用新型的Check-point方法以及蓝色匹配程序 关注女性职业发展，包容LGBT群体，倡导职场的公平	坚持以人为本的指导思想，引进多元化人才，为企业注入新的思想 为员工提供安全且健康的工作环境，关注员工的职业发展，提供完善的薪酬福利，以增强员工的工作满意度与幸福感	为员工提供宽松、平等的工作环境，丰厚的薪酬奖励以及精神福利、合理的职业发展规划等，以吸引、留住人才 苹果公司拥有的强大的品牌知名度有助于组织自豪感与认同感	为员工提供有趣又有挑战性的工作，轻松健康的工作氛围、全球顶尖的培训，具有竞争力的薪酬福利等 尊重每一个员工，互帮互助，提倡主人翁精神
	社区	坚持以人为本，维护员工权益，重视社区发展项目，满足员工生理、安全、社交、尊重以及自我实现等不同层次的需求 为非营利机构能力建设提供捐助以提高其运营效率，为慈善者提供大量参与社会项目的机会，有利于促进社区发展		关注社区建设、发展自身对居住的当地社区进行投资，改善社区发展 通过引入各种创新来发展，减少公司对环境足迹并改善我们生活和工作的社区	

续表

利益相关方	企业名称 一致性的做法	IBM	GE	苹果	宝洁
对待社区	一致性的做法	关注供应链管理，构建涵盖全球近100个国家和地区约14000家供应商的全球整合供应链体系	致力于与合作伙伴一起成长，在共同实现商业成功的同时，也将严格的产品质量管理和合规理念传递给每一个商业伙伴和供应商，实现共赢	致力于促进社区发展	
供应商		坚持供应商多元化，与众多不同类型供应商开展合作，共同遵守相关行为准则，积极与具有环保意识以及社会责任感的供应商开展业务	为合作伙伴提供技术和管理全方位的帮助，除了关注与产品相关的关键指标之外，同样注重企业对社会和环境合规，在可持续合作共赢的指导下实现合作共赢	与众多的零件供应商签订长期合作合同以及巨额定单，保障合作的稳定性，同时帮助供应商减少能源消耗，并转用可再生能源发布供应商责任报告，要求供应商必须遵循苹果供应商行为准则，严格推行最高标准的社会责任，要保证工人的健康、安全及人权。不仅自身履行环保责任，更帮助供应商达到业界最高标准	与供应商合作，对废品进行开发再利用，实现节约成本、绿色发展的双赢
对待供应商 一致性的做法		完善供应商管理，实现合作共赢			

资料来源：作者根据资料整理。

4家企业中排名最前的公司,而且根据市场调查机构IDC公布的2017年第一季度全球智能手机市场的研究报告,苹果手机出货量达到5160万部,市场份额占比为14.9%,位列第2。宝洁以787.56亿美元的营业收入,排名第86。可见这4家国外企业在财务业绩方面的表现都不错。

4. 社会价值(含创新)方面

国外一流企业主要通过大力发展科技,不断创新方案,关注环境问题等方式承担社会责任,解决相应社会问题,促进社会发展进步。IBM创新能力强,是大数据分析、认知计算、云、移动、社交和信息安全等多个领域内的技术先驱。且不断加大研发投入,2016年全球研发投入100强企业排行榜中,IBM研发投入为45.15亿欧元,排名第27。GE注重技术与创新,在全球不同区域建设研发中心,为公司提供技术支持。2016年全球研发投入100强企业排行榜中,GE研发投入为39.03亿欧元,排名第34。苹果的创新一直处在世界前沿。截至2016年,苹果公司已经连续十一年稳坐美国品牌咨询机构BCG公布的全球最创新企业排行榜榜首。2016年全球研发投入100强企业排行榜,苹果以74.10亿欧元的研发投入排名第11。同样苹果也始终关注环境问题,致力于环保项目,尽量使用更加安全的、新型的绿色可再生材料,以应对全球气候变化。宝洁将创新应用到从产品配方到包装的全部过程中,负责任地生产产品。2016年全球研发投入100强企业排行榜,宝洁研发投入为17.26亿欧元,排名第74。而且将技术创新与环保相结合,主动开发并销售"可持续创新产品"、实现节能减排、废物回收再利用。

5. 情感联系方面

为赢得广泛的利益认同、情感认同和价值认同，加强与利益相关方的情感联系，IBM、GE、苹果、宝洁都采取了一系列措施，如倡导道德和诚信的文化，促进全球范围内运营管理的合规透明；树立正确的价值观；自觉履行社会责任等，经过多年的发展取得了一定的成效。表7-2描述了2014~2017年4家企业在《财富》杂志评价的"全球最受赞赏公司"中的排名情况，该杂志从1997年开始评价"全球最受赞赏公司"，其结果有一定的说服力。

除此之外，2016年全球知名传播咨询机构凯维公关发布的年度全球诚信品牌100强榜单中，IBM排名第24，GE排名第48，苹果排名第5，宝洁排名第65。可以看出IBM、GE、苹果、宝洁品牌形象良好，得到了社会广泛的认可与赞赏。

表7-2 IBM、GE、苹果、宝洁在"全球最受赞赏公司"中的排名

企业名称	2017年	2016年	2015年	2014年
IBM	31	32	25	16
GE	7	10	9	10
苹果	1	1	1	1
宝洁	9	21	17	15

资料来源：作者根据资料整理。

（二）国外一流企业品牌管理经验分析

根据前文理论，本部分从期望管理、行为优化、透明沟通、归因引导四种品牌形象与社会声誉的管理模式角度对IBM、GE、

苹果、宝洁在品牌管理方面的卓越经验进行分析，从而为中国企业提供借鉴。

1. 期望管理模式

IBM、GE、苹果、宝洁都致力于了解利益相关方的期望，从而有针对性地满足他们的期望。总体而言，客户主要关注产品与服务质量；股东以及投资者关注企业的财务绩效以及竞争力强弱；员工更加关心工作环境、职业发展以及薪酬待遇问题；社区关注企业促进当地社区发展的能力；供应商关注企业的供应链管理，以与之保持长久合作，实现协同共赢。

2. 行为优化模式

IBM、GE、苹果、宝洁以各利益相关方的期望为指导，不断优化自身行为，维护利益相关方的权益。除这些对利益相关方的基本责任之外，IBM 还积极参与公益事业，贡献时间、技术和资金帮助社区灾后重建、开发新型教育模式、招聘残障人士、创建虚拟超级计算机以支持社会公益性科学研究、提供创新公益解决方案以支持公益组织及有志于公益事业的企业等。扩大企业格局，关注全球人类医疗、健康问题，利用全球资源和专业知识，提供医疗服务，帮助改善全球各类地区人口健康状况。GE 坚持符合道德的盈利原则，自觉主动地承担相应社会责任，为可持续医疗、卫生、环保等做贡献。苹果参与 Product Red 项目，用以帮助非洲进行艾滋病防治，在全球不同国家捐款扶贫、救灾。宝洁也不断地参与公益事业、为员工提供公益事业平台、以改善世界各地社区为己任，关注并改善儿童的生活、学习与成长。

3. 透明沟通模式

IBM、GE、苹果、宝洁的做法较为一致，都是针对不同的利益相关方采取不同的沟通方式，以增加沟通效果。如，与政府的沟通方式，主要有签署合作备忘录、合作开展培训、招聘活动等。与客户的沟通方式主要是通过网站、微博、微信、新闻发布会、报纸等多渠道披露客户关心的信息。与社区的沟通方式主要是利用大型网络平台、进行社会捐赠等。与员工的沟通方式主要是进行员工调查、内部博客和论坛、培训交流、员工会议等，以了解员工想法、保障员工权益、传递企业理念。与供应商的沟通方式主要是供应商大会、开放交流活动、培训等。

4. 归因引导模式

企业在这一模式方面往往没有更加明显的行动。事实上，期望管理模式、行为优化模式、透明沟通模式是归因引导模式的前提，由以上分析可知，企业能够正确掌握利益相关方期望，并随之采取了完善自身行动以及沟通方式的行为，据此获得了利益相关方的认可与赞扬，塑造了良好的品牌形象与社会声誉。在这种情况下，即使出现了利益相关者接收到的企业行为信号与自身期望的匹配程度较低的情况，考虑到企业的已有行为以及广泛的社会认同度，多数的利益相关方也不太可能将原因全部归于企业。

（三）国外一流企业经验分析的结论

根据对 IBM、GE、苹果、宝洁 4 家国外一流企业品牌形象与社会声誉实践经验分析，主要得出以下结论。

第一，世界一流企业是内外兼修的品格高尚的双一流企业。世界一流企业既具有一流的品质，也具有一流的外形。所谓一流的品质是指企业通过资源基础、能力提升、战略引领、价值创造达到功能实现，资源、能力、战略与价值创造是企业保持经营成功与基业长青的内在基因。所谓一流的品质是指企业的品牌形象和社会声誉良好，获得社会的广泛认可与赞扬。通过对IBM、GE、苹果、宝洁的分析发现世界一流企业往往财务业绩优异，市场竞争力突出，有着较高的经济地位，同时能够主动承担相应社会责任，解决相应社会问题，企业的社会地位与经济地位相匹配。

第二，世界一流企业品牌的知名度与美誉度较高。由理论概述可知，世界一流企业的品牌形象与社会声誉是由功能性、行为性、价值性、透明性四种认知成分构成的，且具有可靠可信赖的、富有责任感、社会价值驱动、具有可持续竞争力的、广受尊重的五个特质。IBM、GE、苹果、宝洁4家国外企业作为典型的世界一流企业，都选择从这几个方面着手，提供高质量的产品与服务，自觉维护利益相关方利益，承担相应社会责任，加强与利益相关方的情感联系，以优化利益相关方对企业累积性社会认知，逐步构建了良好的企业品牌知名度和美誉度。

第三，世界一流企业在社会性维度方面关注度及参与度较高。企业品牌形象与社会声誉的社会性维度主要涉及社会责任、社会价值等方面。通过对IBM、GE、苹果、宝洁的分析可以看出，与一般企业相比，世界一流企业在追求经济收益，实现企业的基本功能的同时，能够主动承担相应的社会责任，解决相应的社会问题，促进社会进步，相对而言，在社会性维度方面的关注度以及参与度较高。

第四，世界一流企业在品牌建设方面的格局更广，品牌管理模式更加完善。通过对 IBM、GE、苹果、宝洁 4 家一流企业的分析可知，世界一流企业不仅仅拘泥于从品牌形象与社会声誉的四种认知成分出发，满足企业对利益相关方的基本责任，以获得认可与赞赏，而是更致力于从全球、全人类角度出发，参与公益事业，构建公益平台，加大投资力度，力图改善人类的生存环境，提高人类的生活质量；且更加关注环保问题，在追求经济发展的同时最大限度地减少对环境的破坏，走可持续发展道路。在品牌管理方面，世界一流企业能够从理解利益相关方的期望、优化自身行为方式、完善二者间沟通方式、引导利益相关方归因等方面展开，综合运用这四种管理模式，从而不断优化企业的品牌形象与社会声誉。

三、中国企业实践与发展方向

事实上，经过多年的努力，部分中国企业在品牌形象与社会声誉建设方面也取得了相当的成效。因此本部分选择华为、中国石油（中石油）、中国石化（中石化）三家中国企业，对标 IBM、GE、苹果、宝洁等国外一流企业，对其品牌形象与社会声誉的实践进行分析。

(一)中国企业品牌形象与社会声誉的构成要素及特质实践分析

1. 产品与服务方面

华为、中石油、中石化3家企业在提供产品与服务方面做得不错,始终坚持为客户提供高质量的产品和服务,坚持顾客导向,满足客户的需求。华为关注产品质量与安全,保护客户隐私;提供更高性能的产品,如先进的智能终端和智能手机,帮助客户享受高品质的数字工作、生活和娱乐体验;服务方面坚持以客户为中心,满足客户需求,真诚提供满意服务;致力于为用户创造更好的体验。中石油恪守质量承诺,坚持"环保优先,安全第一,质量至上,以人为本"的理念;加强质量管理体系建设,严格过程质量控制;大力发展天然气等新能源,满足社会对清洁、高品质能源的需求;方面服务持续提升消费体验,为消费者提供满意高效的服务。中石化为客户提供高质量能源;开发各类资源和技术,提供多元化能源资源;服务回应客户感知,不断完善客户服务体系,推行标准化、专业化服务流程,保障客户健康与安全;提供多样化、个性化和全方位的服务;开展责任营销,切实维护客户的各项合法权益。

2. 对待利益相关方方面

华为始终以客户等利益相关方为中心,为客户提供完善的产品、服务、解决方案,不断提升网络安全和用户隐私管理能力,建立起了端到端的保障体系。为员工提供安全舒适的办公环境,保障员工的健康安全；为员工提供发展平台，帮助员工实现个人价值；实行员工持股计划，将公司的长远发展和员工的个人贡献有机地结合在一起。重视与供应链伙伴的关系，主张开放、合作、共赢，与上下游合作伙伴及友商合作创新、共同解决问题、扩大产业价值，形成健康良性的产业生态系统。中国石油始终秉持以人为本的理念，维护员工的各项合法权益，为员工搭建良好的成长平台，推进员工本土化和多元化；努力使企业发展创新成果惠及全体员工，实现企业和员工的共同成长。加强供应商管理，通过公开招标、资格审查方式开展全球供应商寻源，为供应商提供公平参与机会，与供应商共同打造负责任的石油化工产品供应链。中国石化坚持就业公平与多元化，搭建员工成长平台；自觉维护产业链公平竞争，带动产业链履行社会责任。加强与设备制造商、科研机构、同行企业等上中下游产业的交流与合作；关注社区建设，致力于将自身发展惠及社区。

3. 财务业绩方面

与其他社会性维度相比，中国企业的财务业绩可圈可点、相当优秀。2015 年华为实现销售收入 3950 亿元，同比增长 37.1%，2016 年实现全球销售收入 5216 亿元，同比增长 32%，净利润 371 亿元，同比增长 0.4%。据统计，2011~2016 年，华为的销售收入以及营业利润呈逐年上升趋势，经济实力不断增强。中国石油在 2015 年《财富》世界 500 强排名第 4 位，2016 年排名第 3，且在世界 50 家大石油公司综合排名中位居第 3。中国石化在 2015 年《财富》世界 500 强企业中排名第 2 位，2016 年排名第 4 位。在

2016年我国上市公司营业收入排行榜中,中国石化、中国石油分别排名第1和第2,其营业收入均超过万亿元。

4. 社会价值(含创新)方面

在发展科技、创新技术方面,华为增加研发费用,不断加大创新力度以提升产品的健壮性和防护能力;致力于消除全球数字鸿沟,维护网络稳定与保护用户隐私;利用开放的云计算和敏捷的企业网络,为社会服务;关注环境保护问题,构建绿色供应链,建立循环经济商业模式。中国石油不断深化科技创新,持续提高油气资源开发和利用效率。且坚持开发与保护同步,注重对环境的保护,不断增加天然气等清洁能源在能源供应中的比重,以解决环境污染、气候变化、资源短缺等全球性问题。中国石化不断加大资金投入力度,推进应用性、基础性和前瞻性技术的研发,为企业提供技术支持;而且坚持绿色发展理念,致力于构建环境友好型企业。

5. 情感联系方面

中国企业在情感联系方面也有所成效,获得了一定的情感认可与尊敬。经过自身的不断努力,华为已成为了消费者喜爱和信赖的、全球领先的智能终端品牌,得到了利益相关方的一致认可。根据最新的《2017年BrandZ最具价值全球品牌100强》,华为名列第49位。《中国企业社会责任蓝皮书(2016)》显示,华为在企业社会责任方面表现出色,社会责任指数达到了五星级水平。中国石油、中国石化也在不断努力,力争成为中国企业社会责任的楷模。根据《财富》(中文版)发布2013年企业社会责任

100强，中国石化位列中国公司第四、石油与天然气行业第二，中国石化位列中国公司第三、石油与天然气行业第一。2016年，中国石化获得第一财经·中国企业社会责任榜杰出企业奖。

(二) 中国企业的品牌管理实践分析

1. 期望管理模式

同国外一流企业一样，华为、中石油、中石化在期望管理模式方面做得还不错，能够认真倾听利益相关方的需求与期望，了解到客户、股东以及投资者、员工、社区、供应商的不同需求，并及时有效地做出回应，相应地调整公司发展目标以及自身行动，保证做到稳定市场供应、合规运营、关注员工权益、促进社区发展、走可持续发展道路等。

2. 行为优化模式

华为、中石油、中石化根据利益相关方期望，不断优化其行为，以维护利益相关方的利益。除了履行对利益相关方的基本责任外，华为还积极参与社会公益活动，带动地区经济共同发展。中国石油贯彻诚信、创新、安全、卓越的企业价值观，倡导尊重、开放、包容的文化，且自觉关注社会问题，组织志愿者活动、坚持扶贫济困。中国石化不断健全社会责任管理体系，以提升企业的美誉度与知名度。

3. 透明沟通模式

中国企业与利益相关方的沟通方式还比较完善，且基本一致。针对客户，主要采取了客户满意度调查、客户会议等沟通方式与活动。针对员工,采取了员工代表座谈会、职工代表大会、民主议事会、员工调查、主管反馈流程等沟通方式,举办了相关活动。通过信息披露、股东大会、工作会议、交流访问等形式与股东以及投资者沟通。针对供应商,采取供应商合同与调查问卷、工作会议的沟通方式。与政府、非政府组织、社区代表等建立会议、报告和走访等多种形式的沟通机制。加强日常社会责任披露,运用公司网站、官方微信、微博、手机阅读及无障碍阅读等传统媒体和新媒体等手段,通过多种方式对社会责任日常信息进行披露。

4. 归因引导模式

综上可以看出,华为、中国石油、中国石化在期望管理模式、行为优化模式、透明沟通模式方面采取了不少措施,能够了解利益相关方期望、完善沟通方式。但与世界一流企业相比,还是有所欠缺,中国企业最大的问题是其一贯做法是口号、理念、价值观宣传到位,但行动力不够,致使利益相关方的利益维护并不能达到宣传的效果,企业往往更加关注自身经济利益,并不能够主动承担相应的社会责任,帮助解决社会问题。而且,中国企业在解决全球性问题、改善人类共同生活水平方面的参与度较低,因此与国外一流企业相比,中国企业在行为优化模式方面还有待改进。另外,由于期望管理模式、行为优化模式、透明沟通模式是归因引导模式的前提,其中任何一方面存在缺陷,将导致后续的归因引导模式需要改进,即中国企业在归因引导模式方面也存在问题。

（三）中国企业品牌形象与社会声誉实践存在的不足

根据以上分析可以看出，虽然中国企业在品牌形象与社会声誉建设方面有所成就，财务业绩表现良好，坚持提供高质量的产品与服务，尽量满足利益相关方的需求等。但与世界一流企业相比，还存在着不足之处，主要有以下几点。

第一，中国企业品牌价值、社会声誉方面与世界一流企业相比存在较大的差距。根据对以上中国企业的具体案例分析，可以看出目前中国企业在构建世界一流企业方面已经取得了长足的进步，但是在品牌价值、社会声誉方面与世界一流企业相比还存在较大的差距。品牌价值方面，根据英国知名品牌评估机构 Brand Finance 公布的 2017 年全球最具价值品牌 500 强榜单，中国企业 55 家上榜，仅 16 家跻身 100 强。在前 10 名的企业中，8 家美国企业，仅 1 家中国企业——中国工商银行，排第 10 名（品牌价值仅为 478.32 亿美元），第一名为谷歌，品牌价值为 1094.7 亿美元，第二名为苹果，品牌价值为 1071.4 亿美元。社会声誉方面，根据 2012 年《巴伦周刊》发布全球最受尊敬大公司排行榜，在参选的 100 个公司受尊敬度排名中，中国企业的表现却较为不佳，仅有 4 家企业入选，不但排名靠后而且较 2011 年都有所下降。《财富》杂志发布的 2017 年"全球最受赞赏公司"与声誉研究所（Reputation Institute）"2017 全球企业声誉 100 强"排行榜，没有一家中国公司上榜。

第二，中国企业的品牌形象和社会声誉与经济地位不匹配的问题表现得非常突出。根据2006年《财富》杂志发布的"企业社会责任评估"（64家企业），中国石化排第57名，中国石油和国家电网分别是第63名和第64名，可以看出中国企业在履行社会责任，以完善品牌形象与声誉方面还需提升。与之对应的是中国企业的经济发展实力强劲，2016年《财富》世界500强中中国上榜公司达到了110家，其中国家电网以3296.01亿元的营业收入，仅次于沃尔玛，居第二位。中国石油、中国石化分别排名第三、第四位。根据市场调查机构IDC公布的2017年第一季度全球智能手机市场的研究报告，华为手机出货量位于全球第三，相对于2016年第一季度，实现了明显的增长。可以看出，中国企业的盈利能力、经济实力得到了普遍的认可，但其品牌形象和社会声誉与世界一流企业相比却存在较大差距，其品牌形象和社会声誉与经济地位不匹配问题表现突出。

第三，越是社会性维度，差距越大，中国企业的主动关注度和有效参与度越弱。根据《财富》杂志发布的"企业社会责任评估"排名，可以看出中国企业表现较差，远远弱于IBM、GE、苹果、宝洁等世界一流企业。多数中国企业往往更关注自身的财务业绩、市场份额、竞争力状况，忽视了应当承担的社会责任、作为社会公民需履行的义务。要想提升中国企业的品牌形象与社会声誉，必须要提高其对社会责任关注度与参与度，弥补这一大短板。

第四，中国企业的创新力度还不够。通过分析发现，有些中国企业已经开始致力于自主创新，加大创新力度，通过创新方案解决社会问题，如华为等。但是多数中国企业的创新力度还不够，需要进一步提高。以中石油为例，2016年中石油研发投入为16.78亿欧元，在欧盟委员会发布的排行榜"2016全球企业研发投入排行榜"中居第79名。但作为中国企业中研发投入力度的翘楚，中石油却低于IBM（2016年研发投入为45.15亿欧元，居"2016全球企业研发投入排行榜"第27名）、GE（2016年研发投入为39.03亿欧元，居排行榜第34名）、苹果（2016年研究投入为74.10亿欧元，居排行榜第11名）、宝洁（2016年度研发投入为17.26亿欧元，居排行榜第74名）四家国外一流企业。

第五，企业品牌形象与声誉建设格局需要进一步扩大。通过分析可以看出，世界一流企业不仅仅拘泥于满足企业对利益相关方的基本责任，以获得认可与赞赏，更加会从全球、全人类角度出发，参与公益、医疗、卫生事业，力图改善人类的生存环境，提高人类的生活质量。这正是中国企业所缺乏的，多数中国企业都满足于关注自身经济利益，尽量履行对利益相关者的基本责任，以及履行部分相对容易的社会责任，其格局还有待扩大。

（四）中国企业品牌形象与社会声誉实践的改进方向

为进一步提高中国企业的品牌形象与社会声誉，建成世界一流企业，中国企业要继续保持较优的财务表现，因为优异的财务绩效，是企业成为世界一流企业的必要条件。这也是企业参与社会性活动，帮助解决社会问题，带动社会发展进步的经济基础。另外，要继续负责任地对待利益相关方，了解利益相关方期望，履行对利益相关方的责任，具体为客户提供高质量的产品和服务，满足客户多元化需求；为员工设置合理的职业规划、有吸引力的薪酬福利、完备的工作环境等；加强供应链管理，与供应商签订长期平等合约，保证合作的顺利进行等。而且还要注意继续保持与利益相关方的透明沟通，坚持透明运营，不断创新增加沟通方式，增强企业的宣传力度，传播企业理念，扩大社会影响力。

以上这几点，目前中国企业做得相对不错，下一步还要继续保持。除此之外，中国企业尤其要做到：

第一，履行好核心社会功能，变革成为社会价值型企业。企业除了满足利益相关方的物质需要、保证企业自身正常运营等经济功能外，还应该承担相应的社会功能。所谓企业的社会功能主要是指企业作为社会成员，能够为社会发展进步做出的贡献程度。要想成为世界一流企业，企业应该逐渐地从单纯追求盈利型企业转变为社会价值型企业，以社会需求为导向，主动承担相应的社会责任，不断创新方案，解决相应的社会问题，促进社会的发展进步。最终实现企业品牌形象和社会声誉与其经济地位相匹配。

第二，加大创新力度。习近平总书记指出，"纵观人类发展历史，创新始终是推动一个国家、一个民族向前发展的重要力量，也是推动整个人类社会向前发展的重要力量"。虽然近几年中国的创新投入不断加大，但目前中国整体的创新能力仍旧远远低于美日等发达国家，中国企业要通过加大科技投入力度，坚持创新精神，开发新技术，为中国企业赶超发达国家贡献力量。

第三，建立形成国际化的品牌管理体系。企业要坚持全球化战略，立足国际市场，进行清晰的品牌定位，构建国际化的品牌管理体系。可以根据不同国家文化、习俗、消费者偏好等的不同，推出具有差异化的高质量产品，以满足不同市场消费者的需要。可以突出品牌个性，制定合理的品牌符号，增加品牌标识性与辨识度，以提升品牌知名度。

第四，扩大企业格局。将企业眼光放宽，不仅满足企业对利益相关方的基本责任，履行相对简单的社会责任，更要力争从全球、全人类角度出发，为改善人类的生存环境，提高人类的生活质量而努力。

参考文献

[1] 范秀成，陈洁. 品牌形象综合测评模型及其应用 [J]. 南开学报，2002 (3)：65-71.

[2] 高辉. 品牌形象理论和实证研究述评 [J]. 现代管理科学，2007 (1)：90-91.

[3] 关辉，董大海. 中国本土品牌形象对感知质量—顾客满意—品牌忠诚影响机制的实证研究——基于消费者视角 [J]. 管理学报，2008 (4)：583-590.

[4] 焦璇，吕建红，陈毅文. 品牌形象系统的因素结构 [J]. 心理学报，2004 (3)：359-364.

[5] 刘佳. 品牌形象构成模型综述与评价——消费者与企业视角下的品牌形象构成与关系解析 [J]. 特区经济，2007 (2)：265-267.

[6] 蒋廉雄，卢泰宏. 形象创造价值吗？——服务品牌形象对顾客价值—满意—忠诚关系的影响 [J]. 管理世界，2006 (4)：106-114.

[7] 罗子明. 品牌形象的构成及其测量 [J]. 北京工商大学学报，2001 (4)：19-22.

[8] 王志平. IBM公司的独特"软功夫"及其启示 [J]. 外国经济与管理，2006 (2)：60-65.

[9] 徐金发，刘靓. 企业声誉定义及测量研究综述 [J]. 外国经济与管理，2004 (9)：25-30.

[10] 银成钺, 于洪彦. 品牌形象对品牌延伸评价的影响: 消费者产品涉入的调节 [J]. 软科学, 2008 (2): 26-31.

[11] Aaker, D. A. Managing Brand Equity Capitalizing on the Value of a Brand Name [M]. New York: The Free Press, 1991.

[12] Aaker, D. A. Building Strong Brands [M]. New York: The Free Press, 1996.

[13] Barnett, M. L., J. M. Jermier, and B. A. Lafferty. Corporate Reputation: The Definitional Landscape [J]. Corporate Reputation Review, 2006, 9 (1): 26-38.

[14] Basdeo, D., K. G. Smith, C. M. Grimm, V. P. Rindova, and P. J. Derfus. The Impact of Market Actions on Firm Reputation [J]. Strategic Management Journal, 2006 (27): 1205-1219.

[15] Biel, A. L. How Brand Image Drives Brand Equity [J]. Journal of Adver-tising Research, 1992 (32): 6-12.

[16] Chun, R. Corporate Reputation: Meaning and Measurement [J]. International Journal of Management Reviews, 2005, 7 (2): 91-109.

[17] Gray, E. R., and J. M. T. Balmer, Managing Corporate Image and Corporate Reputation [J]. Long Range Planning, 1998, 31 (5): 695-702.

[18] Davies, G., R. Chun, R. V. Da silva, and S. Roper. Corporate Reputation and Competitiveness [J]. Corporate Reputation Review, 2003, 5 (4): 368-370.

[19] Deephouse, D. L. Media Reputation as a Strategic Resource: An Integration of Mass Communication and Resource-based Theories [J]. Journal of Management, 2000, 26 (6): 1091-1112.

[20] Flatt, S. J., and S. J. Kowalczyk. Do Corporate Reputations Partly Reflect External Perceptions of Organizational Culture? [J]. Corporate Reputation Review, 2000, 3 (4): 351-358.

[21] Fombrun, C., and M. Shanley. What's in a Name? Reputation Building and Corporate Strategy [J]. Academy of Management Journal, 1990, 33 (2): 233-258.

[22] Fombrun, C. J. Reputation: Realizing Value from the Corporate Image [M]. Boston, MA: Harvard Business School Press, 1996.

[23] Fombrun, C., and C, Van Riel. The Reputational Landscape [J]. Corporate Reputation Review, 1997, 1 (1): 6-13.

[24] Gatzert, N., and J. Schmit. Supporting Strategic Success Through Enterprise-wide Reputation Risk Management [J]. The Journal of Risk Finance, 2016, 17 (1): 26-45.

[25] Hatch, M.J., and M. Schultz. Are the Strategic Stars Aligned for Your Corporate Brand? [J]. Harvard Business Review, 2001, 79 (2): 128-134.

[26] Hillenbrand, C., and K. Money. Corporate Responsibility and Corporate Reputation: Two Separate Concepts or Two Sides of the Same Coin [J]. Corporate Reputation Review, 2007, 10 (4): 261-277.

[27] Keller, K.L. Conceptualizing, Measuring, and Managing Customer-based Brand Equity [J]. Journal of Marketing, 1993, 57 (1): 1-22.

[28] Lev, B. Intangibles: Management, Measurement and Reporting [M]. Washington, DC: Brookings Institution Press, 2001.

[29] Levitt, T. Industrial Purchasing Behaviour: A Study of Communication Effects [M]. BostonMA: HarvardBusiness School, 1965.

[30] Maden, C., E. Arıkan, E. E. Telci, and D. Kantur. Linking Corporate Social Responsibility to Corporate Reputation: A Study on Understanding Behavioral Consequences [J]. Procedia-Social and Behavioral Sciences, 2012, 58 (7): 655-664.

[31] Post, J.E., and J.J. Griffin. Corporate Reputation and External Affairs Management [J]. Corporate Reputation Review, 1997, 1 (2): 165-171.

[32] Rindova, V. P., I. O. Williamson, A. P. Petkova, and J. M. Sever. Being Good or Being Known: An Empirical Examination of the Dimensions, Antecedents, and Consequences of Organizational Reputation [J]. Academy of Management Journal, 2005, 48 (6): 1033-1049.

[33] Roberts, P. W., and G. R.Dowling. Corporate Reputation and Sustained Superior Financial Performance [J]. Strategic Management Journal, 2002, 23

(12): 1077-1093.

[34] Shapiro, C.Premiumfor High Quality Productsas Returnsto Reputations [J]. Quarterly Journal of Economics, 1983, 98 (4): 659-679.

[35] Smaiziene, I., and R. Jucevicius. Corporate Reputation: Multidisciplinary Richness and Search for a Relevant Definition [J]. Engineering Economics, 2009, 2 (62): 91-100.

[36] Smith, K. T., M. Smith, and K. Wang.Does Brand Management of Corporate Reputation Translate into Higher Market Value? [J]. Journal of Strategic Marketing, 2010, 18 (3): 201-221.

[37] Tournois, L. Does the Value Manufacturers (brands) Create Translate into Enhanced Reputation? A Multi-sector Examination of the Value-satisfaction-loyalty-reputation Chain [J]. Journal of Retailing and Consumer Services, 2015 (26): 83-96.

[38] Whetten, D., and A. Mackey. A Social Actor Conception of Organizational Identity and its Implications for the Study of Organizational Reputation [J]. Business & Society, 2002, 41 (4): 393-414.

[39] Ying, F. Ethical Branding and Corporate Reputation [J]. Corporate Communications: An International Journal, 2005, 10 (4): 341-350.

[40] Dolphin, R.R. Corporate Reputation—A Value Creating Strategy [J]. Corporate Governance, 2004, 4 (3): 77-92.

第八章
发展型战略管理

随着商业活动电子化、商品交易实时化、资源配置全球化的发展，企业经营环境的不确定性与日俱增。在具有高不确定性的环境下，如何制定发展战略，处理好战略和环境变化之间的关系，发挥战略引领作用，无论是对于新成立的企业，还是对于长期处于市场领导地位的在位企业，都具有很大的挑战性。从最新理论研究成果看，坚持发展型战略管理原则，应用发展型战略管理模式，恰当处理战略演化性、战略平衡性和战略渐进性之间的关系，是大型成熟在位企业特别是世界一流企业战略管理的有效探索。

一、理论研究

管理学界迄今还没有对战略和战略管理的公认定义。总体来看，战略管理目标在于帮助企业培育竞争优势，并在社会分工大系统中将自身的优势充分发挥出来，实现企业价值最大化以及企业与环境的长期和谐。尽管目标一致，但实现这一目标的具体战略模式则各有不同。

（一）传统战略管理的理念与模式

明茨伯格（Mintzberg，1998）曾在20世纪90年代末出版的《战略历程》一书中，将战略管理分为十大学派，基本囊括了当时传统战略管理的主要模式。此外，随着企业能力理论的快速发展，资源学派和能力学派（Prahalad & Hamel，1990；Barney，1991）也逐渐跻身于主流的战略管理学派之列。这些传统学派的视角与观点各不相同，但并不存在本质冲突。其中，对企业管理实践最具影响力的当属设计学派、计划学派、定位学派、资源学派和能力学派。其中，设计学派、计划学派和定位学派（Porter，1980）搭建起了传统战略管理的基本逻辑框架，资源学派和能力学派则为如何塑造竞争优势提供了新的分析视角。这些学派共同塑造了传统战略管理模型的基本思路，即匹配内部资源（能力）条件与外部竞争环境等要素，形成竞争对手难以模仿的、独特的可持续竞争优势。

在传统战略管理的逻辑框架下,战略管理被清晰地划分为规划、执行、控制等环节。战略规划与战略执行和控制虽然存在诸多联系,但分属不同的管理范畴,需要的管理能力和环境氛围也不尽相同。战略规划属于高层管理团队的小范围管理活动,需要的是优秀的分析能力和出色的战略直觉。战略制定者应综合运用源于产业组织理论的产业结构分析方法和基于资源基础观念的核心能力分析方法,判断不同战略方案与外部环境、内部能力之间的适配性,寻找企业哲学、外部环境和内部能力三者的交集。而在战略方案形成之后,战略执行则是广泛涉及企业内部各个层次的每位员工和每个环节的大范围管理活动,需要的是迅速有效的行动能力。由于时间跨度长,工作复杂性高,因此战略执行的核心是整体性和协同性的提升,防止部门之间的割裂,使每个部门、每名员工的活动都能服务于企业战略意图。

在战略规划得到极大发展之前,传统的战略管理模式常常过分强调战略规划和决策,却对随后的战略执行缺乏足够的重视。随着战略规划的概念、工具和方法日益普及,战略规划不再被管理者视为畏途,战略执行越来越受到业界重视(Giles,1991)。很多富有经验的管理者认为,正确地执行战略要比战略规划和决策更加困难。在传统的战略管理模式下,战略执行效率成为世界一流企业和其他企业战略管理的最大差距所在。一流企业多数建有完善的战略执行体系,能将战略目标快速转化为企业各层级的具体工作任务,据此恰当分配权责,并通过绩效考核来实施战略监控和战略纠偏。例如，GE 每季度都进行"蓝图审查"，保证战略决策能在最短时间内（多为 2~3 个季度）落地。海尔集团在早期即确立了"日事日毕，日清日高"的控制体系，要求职工当日事当日毕，而且坚持每天提高工作效率，并根据审查结果随时纠偏。对这一模式形成挑战的，是外部环境可能会发生重大变化，企业必须在变革和效率之间做出权衡。此时，企业需要调整的是战略本身，而不是战略执行的过程和逻辑。

（二）传统战略管理与发展型战略管理的差异

20 世纪 70 年代以来，产业技术与竞争范式的更新速度不断加快，新的产业部门和商业模式不断涌现，企业外部竞争环境向着动态、复杂的高不确定性方向快速演变（Quinn，1980）。这些变化极大增加了行业结构分析和内外部要素匹配的难度，给传统战略管理方法带来了挑战。许多曾在稳定环境中占据行业领导地位的企业未能及时转变战略管理理念和方法，仍然试图通过高度逻辑化、程序化的分析和控制过程实现战略优化，很快由于产业边界和技术边界的突变而从巅峰地位滑落。这对强调即期或当期内外部要素匹配、以此维持较长时期竞争优势的战略管理模型形成了重大挑战，反叛传统战略管理理论与方法的呼声与日俱增。

20 世纪 90 年代之后，不少传统战略管理理论和方法的奠基人，如环境适应理论的提出者钱德勒（Chandler，Hagstroöm & Soölvell，1999）、核心竞争力概念的创始人哈默尔（Hamel & Välikangas，2003）等，率先打破了传统理论的确定性观念，将学习（Levinthal & March, 1993）、混沌、应急等大量或然性理念引入战略管理领域之中。进入 21 世纪后，许多战略管理论著更是完全放松了对产业边界和技术边界可预见性的假设，提出了即兴战略（Kanter, 2002; Hmieleskiand Corbett, 2008）、应急战略、柔性战略、两栖战略（Hill & Birkinshaw, 2014）、自组织战略（Mirabeau & Maguire, 2014）等以环境不确定性、复杂动态性和不可预测性（Hamel, Prahalad, Thomas & O'Neal, 1999）为核心的后现代战略管理理论和方法。根据企业生命周期、产业技术发展、生产组织方式等边界条件假设的差异，这些最新模型分别适用于不同类型的企业（如适用于创业企业的即兴战略、适用于复杂治理情境的自组织战略等）。而对大型在位企业而言，发展型战略正是帮助其在较长时期内多次适应甚至引领产业重构、成长为世界一流企业的重要战略模型。

从较长的时间尺度上看，世界一流企业必然将等同于大型成熟在位企业的战略管理。这些企业在创立之初固然会遭遇内部资源不足、企业信用缺失等典型的新创企业战略管理问题，但在其克服新者劣势（Liability of Newness）并成长为有影响力的全球型企业的过程中，企业规模不断扩大，所涉业务领域亦不断增加；早期的管理和运营实践则逐步转化为组织惯例，并对包括新增业务部门在内的整个企业长期施加印迹效应（Christopher & Tilcsik, 2013）的影响。企业在位时间越长，前期战略越成功，既有的组织惯例越容易得到企业各层级成员的认可与传播，战略决策者与执行者尽力维持现有惯例、消极应对环境变化的组织惰性也越强。

庞大的组织规模和强大的组织惯例意味着在位企业难以像新创企业或中小企业那样以即兴或随机的方式改变战略方向，但动荡的外部竞争环境却要求在位企业克服组织惰性，为应对后进企业和环境变化的挑战而不断改变资源基础和组织惯例。在特定时间段内，不少原因都可能使企业获得短期成功。有时，对产业现状与要素匹配的独特见解可以帮助企业做出正确的战略规划，为其带来意料之中的短期成功；有时，既有惯例和资源基础恰巧匹配外部竞争环境，则为企业带来了出乎意料的短期成功。然而，要在较长时间内保持竞争优势则难度颇高。企业只有在延续既有惯例、从现有市场获利和改造当前惯例、适应动态竞争这两种倾向之间保持长期平衡，才能主动驾驭变革，经受频繁、多次的环境变化考验。这是区别持续成功的世界一流企业与短期成功企业战略管理的重要表征，在高速变化的、不可预测的市场环境中更是如此。在这种情况下，发展型战略以其"半固定"导向，成为众多大型企业近年来实施战略管理变革、应对环境不确定性的实质性方向。

发展型战略（Developmental Strategy）是后现代战略管理理论丛林中最适用于有长期增长意愿的大型在位企业的战略管理模型之一。而回顾当前的世界一流企业在成长过程中战略管理模式的变化，尽管发展型战略这一模式直到近期才被学界总结提出，但其"半固定式"的战略导向早已内化于这些企业的战略管理理念和惯例之中，是这些企业在较长时期的战略管理实践中所表现出的共同特质。在世界一流企业中，战略制定者（高层管理者）和战略执行者（低层员工）均有意识地按照环境变化的方向和节奏改变自身活动中的资源配置，形成了跟随环境不确定性信息的发展而自我调整、自我匹配、自我强化的良性循环，避免了大型企业故步自封于既定战略路径的陷阱。需要指出的是，发展型战略在近年来日益受到学界和管理实践者的重视，但这并不意味着传统的战略管理模型是错误的，只是运用传统模型的企业无法有效应对以长期不确定性和不可预测性为核心的非线性动荡环境而已，如表 8-1 所示。

表 8-1　传统战略管理模型与发展型战略管理模型的差异

	"五力模型"	核心竞争力理论	发展型战略
战略假设	行业结构稳定	企业具有核心能力	高不确定性
管理目标	维持市场结构以及企业当前位置	可持续的特定竞争优势	持续改变既有优势并获得新的竞争优势
优势来源	行业结构	独特的核心能力	持续的战略变革
战略内容	选择有盈利前景的行业和有盈利前景的位置，采用恰当手段占据该位置	开发并巩固企业独特的核心能力，进入该能力能发挥重要作用的业务领域	把握战略变革的方向、结构和资源分配，保持"半固定"的战略导向

资料来源：作者整理。

（三）发展型战略管理模式的基本原则与特征

作为学术性概念的"发展型战略"产生时间不长，学界对其尚无统一的定义。不过，从不同学者给出的定义与描述来看，与基于可预测竞争环境的传统型战略相比，发展型战略都具有战略调整方向的演化性、战略资源配置的平衡性和战略调整节奏的渐进性（Brown & Eisenhardt，1997），帮助企业在高不确定性的竞争环境中，以"半固定"的方式持续调整资源基础和战略方向，形成与环境要素共同演化、自我强化的良性循环系统，避免战略突变带来的断裂和冲击。

1. 调整方向

发展型战略的演化性意味着企业以上下共变、内外共变、企业要素与环境要素共变的自适应方式在多样化的战略可能性中寻找、确认并执行恰当（即使并非最优）的战略，而不是以自上而下规划执行的方式推进方向明确而单一的战略。

不论战略规划如何周密，环境变化总会使战略执行者在实际过程中遭遇大量与原有规划和假设不一致的意外。在整体结构和活动惯例相对有序而又不过分僵化的企业中，管理者遇到问题的员工时，会寻找既定战略之外的问题解决方法，抑或以"即兴创作"（Hmieleski & Corbett, 2008）的方式利用手边即时可用的资源，根据经验和直觉应对突发挑战。既定战略和即兴战略的结合，在短期内将使企业战略形成包含多个探索方向的"变异"。短期的变异过程可能因方向不定、探索无果甚至引入了非优化的要素而造成资源浪费。但长期而言，来自不同职位、不同背景、不同经验员工的多样性战略"变异"有助于企业摆脱高层管理者思维定式的桎梏，避免企业局限于单一的市场预期以及基于该项预期的战略规划，将资源全部投入单项非优化的问题解决方案之中。

尽管多样化的"变异"难免存在一些非优化的特征，但在经受外部环境的考验与筛选后，最后脱颖而出的、被企业选择性吸收的是那些与环境变化有效配适的"变异"，使企业整体更加适应环境、运行有效。为此，企业本身需要具备如下特质：一是鼓励员工在环境变化中抓住新的商机，而不是阻滞环境变化以保留当前的市场结构和自身位置；二是在明确战略问题和组织规则关键点和优先级的情况下，给予各部门自我调整变化的自由度，允许并支持员工的随机行为和自治行为；三是高层管理者注意捕捉并放大有益的"变异"，加快以环境适应性为目标而进行优化的速度。3M 公司一直以不断发掘多元化的产品和市场而著称。

3M 公司有着以利润为中心的战略目标，但与该目标相关的战略方案则有着很高的自由度和可变性，其重点是及时覆盖底层无序活动中涌现的技术创新和试验性产品，而不是全员选择并重点执行某项特定的战略。新研发项目一旦被发现有可能成为公司变革的基础，就会得到持续资助。3M 公司的各项业务看似缺乏明确可控的战略发展方向，《财富》杂志甚至曾刊文认为该公司"无战略可言"，但其战略其实是典型的发展型战略，即以一系列小规模、低成本、快速灵活的战略试验来筛选适应环境变化的多种战略措施，而这些试验和措施的总和则形成了一个综合的、动态的长期发展战略，实现其长期利润增长的目标。与此类似，不少世界一流企业中都存在着"变异—选择—内化—变异"的演化性战略搜寻与调整过程。通过这一过程，复杂、不可控、不确定，但却有自适应特性的内生创新行为不断涌现，有益的创新举措被广泛内化为新惯例，成为企业健康发展的原动力。

2. 资源配置

发展型战略的平衡性既意味着短期生存要求和长期改进要求之

间的时间平衡,也意味着有序结构和无序结构之间的结构平衡。

在可预测性降低的外部环境中,企业如果仅仅在有关用户偏好、产品技术、成本结构等战略要素的既定战略假设下寻求获利可能,则可能在大规模市场动荡中因坐视行业变革而被淘汰,近年来的失败典型就包括首先发明数码摄影技术,却始终耽于利用传统胶片技术和产品的柯达公司。然而,企业如果出于主动引领行业环境变革、加快全行业产品生命周期的考虑,将资源大量投入短期无法形成稳定收益的产品技术、商业模式改造之中,则可能频繁面对重大的结构调整和资源再分配,因忽视日常运营而造成"其兴也勃、其亡也忽"的后果。

采用发展型战略的企业能够在利用当前优势创造利润的短期活动与探索全新优势适应或引领变化的长期活动之间相对平衡地分配资源,掌握变化的节奏,实现"有韵律的变革"(Brown & Eisenhardt,1997),而不致陷入重利用、轻探索的"成功陷阱"或重探索、轻利用的"失败陷阱"(Levinthal & March,1993)之中。近年来,许多企业管理者都在战略思考中重视了平衡当前业务运作和未来创新发展的问题,但其管理实践特别是组织结构常常疏于实现这一战略原则。迫于环境变化的压力,创新和变革成为决定企业持续成功的关键因素,许多企业都开始改变传统的层级制组织,防止复杂的组织结构和高筑的组织壁垒扼杀创新和变革的不利影响。然而,一些企业在打破常规组织、促进密切沟通的道路上行之过远,致使过分松散的组织结构和高度混乱的沟通渠道模糊了企业的资源配置方向,创新想法大量涌现,却无法落实为产品和利润，且以往的整体机能完全失调。

美国富达投资集团在20世纪末的衰落正是如此。富达在创立之初即特别重视基金经理的个人创造力，赋予其广泛的基金运作权限，推崇以"自下而上"的选股方法发掘价值被低估的股票。到了20世纪90年代中期，富达对基金经理的管理模式已经过于松散和自由，缺乏控制和制约，暗仓交易、超额交易等问题频频出现，许多客户因其运作反复无常而放弃了合作。相比之下，3M公司则将"有序的中西部典型风格"和"飘忽不定"的创新结合在一起，在市场上延续并不断构筑新的竞争优势。整体而言，持续成功的企业注意有序结构和无序结构的平衡，确定哪些部分或活动应偏于秩序，哪些部分和活动应偏于随机，预防过于严谨的惯例阻碍改进与创新，或打破一切规则的惯例造成混乱与崩溃。

3. 调整节奏

发展型战略的渐进性意味着企业的战略、惯例、结构与行动在"半固定"的原则之下连续变化、前后相承、紧密相连，并不会为了组织和业务变革而以间断的、高风险的突变性举措简单抛弃来自既有业务的资源、经验和惯例。

无论环境变动如何剧烈，都会给企业和产业留下转换的（尽管极短的）时间窗口。采用发展型战略的企业在日常经营中注意反复考察既有战略假设、业务前景与创新可能，因此能够尽早在环境变化的不同方向上开展探索，通过看似微小却持之以恒的先期改进，实现由旧环境到新环境、由旧业务到新业务的平稳过渡。

回顾德国默克公司、日本丰田公司、美国3M公司等世界一流企业的发展史，非连续的、突如其来的大规模战略变革（如公司级别的重组）十分鲜见。这是因为，间断性的突然变革表明企业事实上已经丧失了以温和手段改进的先机，不得不毅然决然抛弃原有组织架构、割裂新旧业务领域，以最快速度对迫在眉睫的重大环境变化做出被动响应。这种突如其来的变革往往缺少组织惯例的支持，管理者也常常出于变革的紧迫性而倾向于将新业务与企业既有的组织惯例和业务模式相割裂，寄希望于通过打破过去的所有经验而获得新生。这些变革不乏成功案例，但更多则失败了。开拓新业务的人员既然将过去的所有经验视为问题之源，在新环境下从零开始探索，常常因缺乏经验和先期准备，更加频繁地出错。更重要的是，新旧业务之间的割裂和对过去经验的盲目摒弃，更使得新旧业务部门与人员对自身业务战略假设和商业模式的认识差异越来越大；一段时间后，即使企业再想在新业务中利用既往的经验和资源，也会由于二者之间组织与文化差异过大而十分困难。

例如，1985 年，通用汽车为了开发出全新的产品与日益强大的日本汽车企业抗衡，兴建了土星（Saturn）分部。该分部没有沿用通用汽车以往的任何管理理念，其组织结构、劳资关系、经销渠道等都与其他生产部门截然不同。土星分部快速获得了成功，但评论家指出，该部门与通用汽车其他部门之间的联系过分松散，致使土星新车型的创新成就完全无助于其他部门的振兴。丰田汽车在引入凌志生产线时则善用了此前积累的经验和资源，以远低于通用汽车土星分部的投资完成了新车型开发与生产。

总体来看，对规模庞大、业务清晰、已形成相应组织惯例和资源基础的大型在位企业而言，循序渐进而连续不断的变革过程使其不会因经验主义而忽略变化，又能最大化原有优势资源和经验在新环境和新业务中的价值，同时将由新业务得来的思路和资源反馈给成熟的核心业务部门，延长这些业务的生命周期和盈利时间，以持续而不具冲击性的方式从新、旧业务两方面增强不确定性环境下的适应能力和增长能力。

在发展型战略模式下，演化性、平衡性、渐进性三项基本原则相辅相成，互为表里，使在位企业战略保持恰当的"半固定"程度，在高不确定性环境中实现持续改造与获利。演化性原则指明了企业应如何寻找战略调整的方向，如何通过"培育"底层战略"变异"发现并测试多种战略可能性，避免僵化的战略假设与单一的战略规划将企业固定在与环境变化相悖的战略方向上。平衡性原则指明了企业应如何在日常经营和战略调整等不同导向的活动之间配置资源以及相应的组织结构特征，防止财务目标明确、运行高度有序的组织妨碍持续的调整，同时防止责任目标不清晰、过于无序的组织影响战略调整的共识与执行。渐进性原则指明了企业应如何驾驭战略调整的节奏，随时间推移开展日常性的变革，连续适应环境或使自身成为行业环境变化的源头，避免在突发事件冲击下的被动变革造成资源浪费、决策失误和变革失败。这三项原则共同构筑了发展型战略管理模式的基本支柱，战略变革的调整方向、资源分配和时间节奏连接在一起（见图8-1），帮助在位企业解决高不确定性环境下开展持续战略变革、不断改变竞争能力的难题。

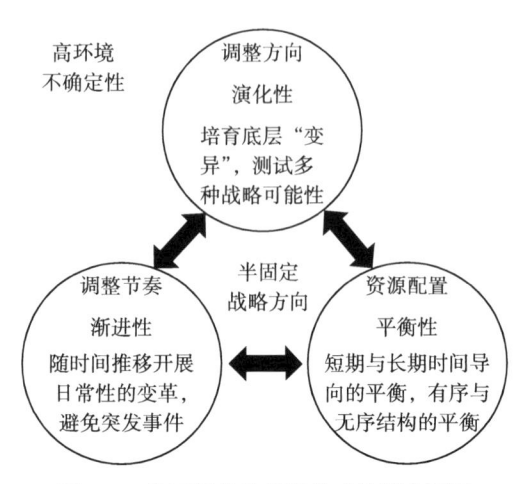

图 8-1 发展型战略管理模式的基本原则

二、国外一流企业的经验分析

在不可预测且高速变化的产业环境下,演化性、渐进性和平衡性的理念为企业进行发展型战略管理指明了原则性的方向,引导企业竞争优势以"半固定"的方式与环境要素共同演化、自我强化,形成持续的战略变革与持续的竞争优势。然而,这些原则本身并不足以回答企业究竟如何实践发展型战略。本部分将深入剖析国外一流企业运用发展型战略管理模式的典型案例,从规划、执行、控制的战略管理过程以及业务协同这一大型在位企业必然面对的战略问题出发,考察世界一流企业如何将发展型战略的基本原则融于战略管理实践之中。

（一）战略规划：开展战略试验，平衡长期可规划性与短期不可控性

发展型战略要求企业避免基于既定战略假设的单一战略规划。随着环境变化速度加快，单次战略规划适用的有效期越来越短，很多新兴产业中的新创企业倾向于弱化战略规划过程"自上而下"的特点。更为极端的企业，考虑到难以对部分新创业务进行长期预测，甚至提出应当取消基于理性分析的正式战略规划。不过，与创立时间较短、业务领域单一的新进者相比，曾在较长时间内获得过市场成功的在位企业多数规模庞大，业务繁杂，组织层级较多，出于管理幅度、业务协同等方面的需要，自上而下的战略规划不可或缺。如何在统一、正规的战略规划中预防僵化的战略假设与速变的外部环境之间出现严重的不匹配，就成为大型在位企业战略规划的难点。在位时间越长，基于原有战略假设的成功越多，高层管理者对既定战略假设的依赖度和信任感越高，战略假设与战略规划跟随环境变化而共同演化的难度也越大。

世界一流企业战略规划的成功之处，在于高层管理者充分意识到以往的战略假设可能存在局限性，单次或单轮战略规划活动并不必然导向，甚至在大多数情况下都不能导向"最优"战略。因此，一流企业在保留并强化"自上而下"的战略规划过程及其正规性的同时，鼓励开展"自下而上"的、多样化的战略假设试验，并在战略规划之中尽快吸收通过试验验证的新战略假设、修正不再符合实际竞争环境的旧战略假设。许多假设与探索很可能

使企业在短期内犯错，降低企业的短期效率，但快速而多样的试验、尝试、复位和改进却使其能够更早找到适应环境变化的正确方向，在长期内保持相对高效。总体上，这些企业并不将战略规划视为一项编写完成后即照章执行的确定性计划，而是一种不断吸纳并改进战略假设的开放性机制，一个通过包容短期低效率和不可控性、达成长期高效率和可控性的动态过程。

微软公司探寻业务组合调整方向的公司层战略管理模式就是短期不可控性和长期可规划性交织的典型代表。在很长时期内，微软公司一直被美国商业评论界视为战略清晰、规划严谨、控制有力、执行果断的传统战略管理模式的应用者。事实上，微软公司的战略管理模式既不遵循"行业分析 选择位置"的产业结构分析法，也不遵循"优势分析 战略匹配"的核心能力分析法，而是任由多种战略假设在底层生成，在反复的试错中观察各种假设正确与否，最终选择其中的正确者作为公司的战略方向。

以网络业务的发展为例，该业务的不少战略思想即来自于高层管理者自身的战略假设之外。当微软公司提出以互联网为核心的战略时，包括盖茨在内的高层虽然在整体上预见到了互联网相关业务的广阔前景，但无法预见并确认怎样的业务组合才能帮助公司在互联网经济时代中取胜。微软公司采取的方式是"多方下注"，再视新业务发展情况和战略假设正确与否不断开展业务重组，将新业务纳入正式的战略规划之中。微软公司高层起初对互联网业务有一个基本的战略假设，即免费的互联网服务无法给公司创造利润。基于这一基本假设，高层管理者认为能够根据观众需要播放节目的"互动电视"才是微软公司业务拓展的重点,并与时代华纳、美国电信、美国国家广播公司合作,积极进军有线电视等业务;而只提供网络服务、不销售电脑硬件或软件的公司(如美国在线)既然无法盈利,微软公司必然有能力将其一举击溃,且无须在这一非营利业务领域投入过多精力。因此,微软公司对互联网业务的最初规划是自行开发"微软网络"(Microsoft Network),与提供电子邮件、信息发布等网络服务的美国在线公司开展点对点竞争并迅速击垮后者。然而,事实很快证明了这一战略假设的错误。2000年,"微软网络"已推出五年,但用户不到200万;而"美国在线"的用户已达到2000万以上。随着竞争态势和互联网竞争范式日益清晰,微软高层并没有固守此前错误的战略假设,而是立即放弃了自行开发的战略规划,转而通过外部合作与收购实现网络业务扩张。战略方向调整后,微软公司快速收购了一系列网络软件与服务公司,接受了太阳微系统公司的Java技术,甚至与美国在线公司达成了紧密合作。

从短期来看,微软公司"四面下注"的做法是低效率的,造成了大量资源浪费。公司向自有的网络服务业务开发中注入大量资源,最终却只能从外部获取必要的网络技术。但从长期来看,尽管大批量收购和外部合作也带来了不少知识产权方面的问题,可是微软公司通过并行的战略试验,在多样化的尝试和改进中很快找到了恰当的业务调整方向,由对环境变化做出被动反应(在美国在线公司获得成功后不得不与其合作),发展为新兴业务环境变革的领导者(直接对抗网景公司)。整体而言,微软公司以部分牺牲短期效率和可控性为代价，得以避免陷入单一的战略假设，在确定了真正符合环境变化的战略假设后即抓住时机改造公司业务组合，在未来带来大量利润，提高了长期战略规划匹配环境变化的效率效果。

与微软公司类似，不少世界一流企业的战略规划过程都具有以短期战略试验提高长期战略可规划性的特点。西南航空公司联合创始人兼首席执行官 Herb Kelleher 曾在受访时指出，整个公司时刻都对战略假设的有效性保持警惕，使自身不致囿于单一的市场预测和固定的行业边界。该公司并不要求战略规划"一次做对"，而是不断尝试并检验各种战略假设，以便使公司做好充分的准备，足以面对可能出现的意外局面，迅速找到能够准确反映未来环境变化的战略假设并据此规划应对。耐克公司创始人和总裁 Phil Knight 则坦言："我并不肯定公司采用的某种战略是否明智。通常我们会尝试实施某种战略；如果没有达到预期成效，我们便会返回原点，重新组合（各种战略假设）形成新战略，直到真正找到了什么（适用的战略假设）才告终。"由此可见，长期成功的战略规划并不必然是众多成功的短期战略规划的累积结果。世界一流企业也常常犯错，进入新的竞争领域，却在财务上无所斩获。只是，这些企业的高层管理者十分了解高不确定性环境下战略试验对于战略规划的意义，因而并不强调战略试验的即时效果（在新领域中一举获得成功），而是重视试验与规划过程中的试错和学习，从而把握真正有效的战略假设，再将这些假设方向下形成的一系列能力相互勾连起来，创造出与环境要素共同演化，而企业自身又能控制甚至引领变革的长期规划效果。

（二）战略执行：保留资源冗余，平衡长期变革效率与短期利用效率

发展型战略要求企业避免向利用性经营活动或探索性创新活动单方面倾斜的、过于极端或跳跃的资源配置方式。对于此前并无业务基础、必须尽快开辟全新业务的新创企业而言，未来业务方向一旦明确，限制甚至暂停对其他可能业务方向的探索性投入、集中有限资源推出一种新产品或服务是不得已而合理的选择。然而，这种过于紧密的资源配置造成了日常经营活动和探索创新互动在时间上的隔离与间断，往往会削弱企业在执行特定战略期间对其他战略可能性的持续关注，或是使企业在测试战略假设、探索战略可能性期间疏于对当前竞争与经营效率进行深入考量，因此对自有资源相对丰富、有条件兼顾日常经营和探索创新的大型在位企业而言并不可取。如何确定各类资源配置的优先级次序，并使不同部门和组织层次上的资源配置吻合企业平衡短期活动与长期活动的整体需要，是大型在位企业战略执行的重点所在。企业规模越大，业务种类和组织层级越多，低层员工（战略执行者）对战略优先级次序的理解度和敏感性越低，在战略执行过程中保持资源平衡配置的难度也越大。

世界一流企业战略执行的成功之处在于，清晰设定、及时调整并向下层准确传达项目和业务优先级标准，并注意保持一定的非沉淀性资源冗余水平。明确的优先级标准使管理者对优先事宜

的判断较少受到突发事件的冲击，且不同管理人员也更容易在有关优先事宜的观点上达成一致。如此一来，即使在较低的组织层级上，战略执行者也能在面对不同导向（稳定的日常运作和不稳定的创新）的众多选择时，根据高层战略需要自主取舍，排除当前不具备优先级或实施可能性的项目，在大量看似极具前景的市场机会中及时做出选择。冗余资源的存在，则使获得优先级的事宜能以最快速度获得资源配置，从而赋予了优先级标准实际意义，使战略执行者能够敏捷地投入具备较高优先级的战略性活动之中。

吉列公司对资源配置优先级的重视保障了公司的战略执行效果。该公司明确规定，近五年的销售收入必须有40%来自全新产品。这意味着高层管理者必须在经常性的产品或业务转换过程中谨慎维持产品线的充实与稳定，而各部门、各层级管理人员也必然经常性地面对如何在现有业务运行和新产品、新市场开发两个维度之间分配资源的问题。为了实现这一平衡新旧业务的战略要求，吉列公司的秘诀是在不同时点上设定明确的优先级，并将优先级次序准确传达给各级人员。这些优先级指标数量很少，以免束缚下层员工的创造力和灵活性；但一旦设立，则足够明晰可行，能直接帮助管理者确定所有项目的优先次序。为此，管理层定期讨论优先级问题，反复磋商项目和业务优先级目录。这一过程十分耗时，但本身即是提高优先级次序合理性、帮助各部门管理人员正确认识优先级次序的有效途径。

吉列公司对优先级的设定绝非固定不变，而是根据实际情况变化及时修改优先级评价标准。但这种修改必须基于充分的证据，且在修改前保持稳定的优先级次序，预防管理人员的认识发生混乱，使公司内部各方面在项目启动、资源分配等事项上能尽可能快速达成共识，提高协同水平和战略执行效率。必须承认，随着环境变化速度加快，预先设定的优先级次序也许有所偏差，管理者据此进行的资源分配和相关战略执行活动也可能并非最高效的做法，甚至妨碍管理者向最能适配环境变化，却不具备高优先级的新事项上投入资源。然而，不论优先级次序的设置本身是否最优，根据现有优先级敏捷、精确地执行当前战略都利大于弊。当优先级标准设定合理时，以此为基准的战略执行能最大限度地发挥战略规划的价值；而当优先级标准设定不适用于变化的环境时，以此为基准的战略执行则有助于迅速完成对战略假设的检验，使管理者尽快认识到修正战略假设与优先级次序的必要性并展开行动。

与吉列公司类似，3M 公司、丰田公司等世界一流企业都为战略执行和资源配置设定了明确的优先级次序。在此基础上，这些企业长期保持着一定的资源冗余水平，能够及时向变换优先级的事项上投入资源，强化战略执行速度。所谓冗余资源，是指超出目前业务运作需要、尚未得到利用或利用潜力尚未充分发挥的组织资源。过多的冗余资源（使用潜力未得到最大发挥的资源）固然是组织低效率的表现，但零冗余是不必要也是不现实的。组织理论研究发现，在动荡环境下，企业保留适当冗余资源的收益远高于其为此付出的成本。

首先，对大型在位企业而言，必要的资源冗余有利于持续的创新和探索，推动企业成为产业变革的引领者。例如，在以创新为第一优先任务的 3M 公司中，冗余资源的存在就是引导企业向维持短期生存之外的各种创新方向做出尝试、测试多样化战略假设的必要基础。该公司闻名于世的 "15% 规则" 就是人力资源冗余创造价值的最佳范例。在标准化科学管理原则至上的 1948 年，3M 公司创造性地规定，研发人员 15% 的工作时间可用于研究个人的兴趣所在，而不必与公司当前业务有必然关联。根据这一规定，3M 公司投入了高额成本，但招徕了热爱发明的员工，积累了一大批可能满足未来需要、但尚未发挥作用的人力资源冗余，很快带来了丰厚的回报。Post-it 记事贴、思高洁面料防水剂、微孔医用胶带、新雪丽高效暖绒等全球知名产品都源于这些人力资源冗余的创造。再从财务冗余来看，3M 公司坚持为研究人员评选发放年度 "创始基金"，额度达 10 万美元，并明确规定这笔基金必须用于 "公司中所有讲求实际、思想传统的人都不会投资的"、与当前业务没有明显关联的项目。

3M 公司有意培育冗余资源鼓舞了不少公司以同样的方式执行创新中心的战略，以求在高不确定环境下通过创新获得先机。其中最广为人知的是 Google 公司的 "20% 自由时间" 规则，由此孕育了 AdSense、Gmail、Google Transit、Google Talk、Google News 等长期成功产品。需要注意的是，资源冗余水平的高低以及资源类型的选择也需要根据环境要求和自身能力不断调整。随着企业规模的扩大和聚焦核心业务的需要，Google 公司将冗余资源储备的重点从人力资源转向了财务资源。2012年后，Google公司逐渐叫停了"20%自由时间"项目，转而以外部收购作为保持创新活力的主要手段。但与此同时，Google X实验室则成为高端人力资源冗余的集中之地，为公司开发短期内难以商业化的新创意。

其次，必要的资源冗余有利于大型在位企业在发现战略规划失误或出现意外情况时及时向新的战略方向上注入资源，作为后发者追赶新兴业务领域内的先行者。在位企业战略管理的理想成果是能够预测并引领变革，但无论多么成功的企业，面对大量新进者和创新者的挑战，难免会出现变革落后、必须采取追随战略的情况。此时，冗余资源将成为隔离外部冲击与当前稳定经营业务的缓冲器。例如，丰田公司多年来一直是日本汽车市场的领袖。可是，20世纪90年代中期，日本家用汽车消费已经由传统的轿车转向小型货车、SUV等车型，而丰田公司仍然偏重轿车业务，致使本田公司异军突起，推出一系列符合市场新需求的车型抢占市场，使丰田的市场占有率跌落到40%。丰田公司被迫奋起直追，而且得益于丰富的冗余资源，得以快速推出了Prado越野车、新型小货车等大量产品，最大限度挽回了损失。与此相比，过于紧张、毫无冗余的制度配置方式固然能使企业在短期内提高运营效率，但却会降低企业变革的整体效率，使企业无法以强有力的方式迅速回击竞争对手的挑战。

（三）战略控制：强化战略原则，平衡组织有序程度和活动即兴水平

发展型战略要求企业避免过分死板的有序结构或过分松散的无序结构。随着环境可预测性的降低，近年来不少企业都推崇扁平化组织与授权管理，为员工营造出打破常规、即兴发挥的广大空间，发挥自我创造的活力推动企业的连续变革。对于员工较少、沟通便捷的新创企业而言，一旦无序的组织方式和松散的组织控制造成了不必要混乱，高层管理者或创业团队能很快发现问题所在并进行纠偏。但是，对于大型在位企业而言，基本放弃对底层的控制会导致过多的意外事件，造成组织的系统性崩溃。然而，正如美国著名企业家 Curtis Carlson 所总结的那样，"自下而上的创新往往无序但聪明，自上而下的创新往往有序但愚蠢"。面对这种困境，如何使各级员工的即兴活动最终能演化为有利于企业适应环境变化的新惯例，而不是推动企业陷入全盘无序与混乱的极端状态，是大型在位企业战略控制的难点。

世界一流企业战略控制的成功之处在于，运用少量而有力的战略原则使即兴活动不至于造成整个组织的系统性错误，而又不至于埋没员工有价值的创造性即兴活动。前述的优先级次序即是这类原则之一。为了达成有序和无序之间的微妙平衡状态，一流企业对战略原则（如优先次序、考核指标、关键的进度转换点等）的设定往往高度结构化和制度化。这些原则一般数量极少，但十分严格清晰，确保企业能够据此进行考核和控制。而在这些原则

之下，一流企业在其他事项的运作上则尽可能降低组织的结构化程度和工作的制度化程度，使低层管理者和员工则在原则指导下以自认为合适的方式安排既有业务活动与即兴活动。

3M 公司是利用员工即兴活动推动企业创新与变革的翘楚，而实际上该公司战略原则设定之明晰严格，堪称发展型战略控制的典范。早在 1940 年，3M 公司 CEO 麦克奈特就确立了公司鼓励即兴创新行为的宗旨。"切勿随便扼杀任何新的构想，要鼓励实验性的涂鸦，如果你在人的四周竖起围墙，那你得到的只是羊。"自此之后，突破规则的冒险和看似放纵的管理成为 3M 公司给外界的重要印象。一个常常被引用的故事就是新雪丽高效暖绒项目。该项目曾前后 5 次被 3M 公司的高层管理者否定，但却 5 次得以继续执行，成为公司的拳头产品之一。然而，3M 公司业务层的即兴活动其实是在稳定而清晰的战略原则之下开展的。

首先，3M 公司一直以来都以利润为关键战略目标，并建立了严密的财务控制系统。在赋予管理人员即兴活动权利和资源调用权利的同时，3M 公司也明确规定了管理人员的财务绩效标准。公司不对员工的工作效率和工作状态进行监督，但每个部门都有利润指标、增长指标、创新指标等各类明确的战略目标，由此保证即兴活动与无序结构最终能导向公司的成长与利润，而不是无收益的盲目创新。新产品活力指数，也即近四年上市的新产品占全公司销售额的比例，已成为 3M 公司考核创新中心绩效的铁律。这一规定简单明了，仅强调（创新）原则和（收益）目标而不对运作过程做任何限制，自设立之初即成为公司各级变革的触发器和对标准则,将个人或团队的即兴活动与公司的整体成长节奏紧密关联。20世纪90年代末,为了适应市场环境变革和产品生命周期的变化,3M公司将25%的比例调整为30%,进一步以简单的战略原则带动整个公司加快变革的节奏。此外,3M公司还针对产品开发和生产设立了完备而严格的评审机制、沟通机制和控制体系。一旦诞生于即兴活动的新产品创意被认可,公司对该产品开发的关键节点(如从原型试制到批量生产)会进行有序的审核与控制,研发、市场、质量、采购、生产等相关部门都会介入这些评审。评审过程本身即是新项目的沟通过程,帮助公司各方面及时了解即兴活动已有的成果以及所需的支持。

其次,3M公司的人员变动率不高,管理风格和企业文化十分稳定,使"平衡有序结果和自由探索"的原则得以在众多看似无序的底层活动中得以贯彻。3M公司大部分高层管理人员都是从已在公司工作多年的资深员工中选出,深刻理解公司如何将貌似杂乱无章的各种即兴创新活动与未来整体发展相关联的基本原则。观察家注意到,3M公司"总是立足保持一种卓越的、由过去到现在再到将来的时间上的连续性"。由此,无论是基层项目相关人员,还是高层管理者,3M公司的员工总是以一个明确的原则来衡量自身的创造性活动:这个项目是否有可能改变公司竞争的产品或者能力基础?答案为"是"的项目就会得到各层次的共同认可和资助,使突发奇想的创意被及时纳入产品开发框架之中,帮助每项业务进行周期性的革新。例如,3M的缩微复制业务就是将既有业务再组合后成功推出的新业务。

/ 第八章 发展型战略管理 /

　　3M 公司以精练明确的原则控制即兴活动，从而开启创新与未来的惯例也曾被打破。1997~2000 年，3M 公司的销售额和利润的增长都非常不稳定，股价仅增长了不到 1%。2001~2005 年，为了解决公司盈利不景气的问题，3M 公司改变了从内部选拔 CEO 的一贯做法，引入前 GE 高管 James McNerney 作为新任 CEO。James McNerney 上任伊始即大举裁员 11%，并将 GE 的"六西格玛"管理方法移植到 3M 公司，在实验室等研发机构和生产机构中大力减少资源浪费，提高投入产出效率。3M 公司的利润表现立即得到了改善，但"六西格玛"管理强调提高所有活动可预测性、进行精准控制的思路和公司长年推崇的用创意实现利润增长的思路格格不入。与生产活动不同，创新活动在完成之前能够明确的事实很少，无法通过设置详尽的考核原则来消除变异。参与 3M 公司创新计划的 MIT 教授 Eric von Hippel 评价说，"自从引入六西格玛后，公司的创新科研就排到了第二位"。MIT 教授 Charles O'Reilly 也认为，"如果你接管的是一个建立在创新基础上的公司，那么你肯定可以挤出很多开销。问题在于长久如此下去对公司有什么危害"？2005 年，James McNerney 离开了 3M 公司，近 5 年开发的新产品占公司营业额的比重已经从之前的 1/3 下降到 21%，而且大部分新产品的营收来自单一的光学膜领域。受到严密控制的战略原则的影响，3M 公司作为创新企业的名声也日渐衰减。2004 年，3M 公司在波士顿咨询公司"全球最具创新精神企业"排行榜中排名第一，2005 年跌至第二名，2006 年排第三名，2007 年则跌至第七名。不过，继任 CEO 是在 3M 公司工作多年的电气工程学博士 George Buckley。他到任后在生产部门保留了六西格玛管理方式，但允许研发科学家不必遵守相关规定。"你不可能在创新中实施六西格玛，然后说创新进度有点落后了，我打算安排周三想出三个好点子，周五再来两个。创新不是这样子的。"George Buckley 将 3M 公司战略控制的基本原则从低成本和过程重新转向了发展和创新，公司底层的即兴创新动力再次运转起来，五年内推出的新产品创造的营收回升至营业总额的 30%。2011~2015 年，3M 公司的销售额虽然没有大额提升，但保持了稳定（2011 年为 296 亿美元，2015 年为 302.74 亿美元），利润率则达到了 16%。

总体而言，即使是在 3M 公司这样的一流企业之中，既定战略原则下的即兴发挥也是一种需要精心管理的不稳定手段。它位于过于有序和过于无序的两端之中，而经营压力的影响时刻都在牵引着组织偏离最能表现出活力和自适应性的平衡状态。高层管理者需要时刻警惕才能不至于偏离平衡，而恰当的平衡位置也并非一成不变。James McNerney 认为，3M 公司已过分偏向无序状态，因而改变了以往简单的战略原则，强调规章制度的意义，增加短期考核标准。George Buckley 认为，前者的影响正在泯灭 3M 公司的创新意识，将公司引向过于僵化的有序状态，因而重新以简洁的战略原则引导研发部门，但也并未改变 James McNerney 在生产部门中强调短期效率的做法。无论企业现状如何，在高不确定性的环境下，高层管理者都必须不断检视当前的"有序—即兴"平衡的位置，才能达成合适的平衡。

(四)业务协同：下放协同决策权，寻求严格协同和随意协同的平衡

业务协同是在位时间较长的成功企业必然面临的共同问题。大型在位企业在经历多年发展之后，既拥有业务扩张所需的资源，又有开辟新业务以求增长的必要，因此往往会进入多元化的业务领域。在20世纪50~70年代无限制地追求非相关多元化之后，美国企业自20世纪80年代末以来开始以核心能力观为指导，通过业务重组回归核心业务。迄今为止，相关多元化已成为企业多元化战略的绝对重点。在相关多元化的战略下，不同业务部门既有自身的独特性，也有相互协同的可能，业务协同的方式和程度成为企业战略决策不可或缺的一部分。如果不同业务之间关联过多，势必造成各类业务管理者在战略假设和市场认识上的趋同，致使不同业务丧失特色，难以适应各自市场的变革需要；如果业务之间关联过少，则会导致企业资源重复配置，战略缺乏整体性，不能充分发挥资源与能力优势。因此，如何整合利用各业务部门的优势，同时保持其独立性，就成为大型多元化企业必须解决的战略问题。

针对多元化战略下的业务协同，世界一流企业的成功之处在于，将业务部门协同的决策权下放到业务部门管理人员手中，确保协同决策具备基于业务运作细节的合理性；高层管理者也并非完全放弃对业务协同的管理，而是注意将业务协同与战略优先级次序相匹配，确保业务协同不会丧失重点。一是企业业务范围越

大，要深入了解各个业务部门的资源和协同可能性就越困难。业务部门的中层管理者处于联结战略规划与战略执行的中间位置，同时又深入到业务的日常经营之中，因而能够从操作层面迅速判断潜在的协同机会及其可操作性，防止"事事协同"的僵化思路使业务部门丧失自身特色与独立性。二是企业实力越雄厚，看似可行的协同机会越多。高层管理者应注意将协同行为集中于少数领域之内，不能对各种协同机会一视同仁，以防止随意发生的协同主次不分，致使关键机会丧失。

在与摩根大通集团合并之前，第一银行公司曾是美国国内最具代表性的大型银行之一。该公司在很长一段时期内的协同方式堪称协同决策授权的典范。尽管所有被识别出的业务系统机会都会定期汇总到公司总部，但第一银行公司的高层管理者并不以集权的方式直接完成业务协同决策，也不会指定业务部门协同的对象，而是授权分行管理层从事具体的协同管理，决定是否与其他分行协作或者共享资源。由于分行管理层既不乏整体战略意识，又有丰富的业务运作经验，了解本地的金融业务情况，因此各个分行之间的跨行协同集中在于本地市场相关的一系列普通业务上。同时，并不参与协同决策的公司总部却注意收集最新业务协同信息，并发布有关该主题的详细内部月报，向各个分行提供了业务协同相关信息。这进一步提高了分行管理者从本行特色出发开展协同的动机和信息条件。

迪士尼公司也是多业务部门高效协同的出色典范。公司的高层管理者重视业务协同的优势，但并没有强行要求所有业务部门都最大限度地共享资源,而是在利用本身资源的同时,保留各个业务部门的独特形象与风格。众多热门电影的动画形象和迪士尼品牌是该公司最重要的资源,公司也在音像、影像、游乐园、授权产品销售等业务部门之间充分共享这一资源。但是,迪士尼公司并不是简单地在所有业务部门中共享品牌,无论是自行开发的 Touchstone Pictures 公司还是收购而来的 Miramax 电影公司,其品牌都独立于迪士尼之外。不过,这些品牌独立的业务仍然拥有迪士尼公司其他优势资源的支持与协作。

三、中国企业实践与发展方向

改革开放以来,中国企业整体逐渐由战略使命和业务组合完全由政府决定的生产主体转为战略自主的市场化主体。在这一进程中,企业不仅需要应对产品生命周期缩短、产业竞争范式变革等全球企业共同面对的环境不确定性,而且面临着市场机制不完善、法律系统不健全等制度缺陷造成的不确定性。可以说,过去 40 年,中国企业的战略管理是在高速变化的产业环境和制度环境中进行的;某些成功企业在战略管理上也表现出了部分发展型模式的特点,以"半固定式"手段调和多种看似矛盾的战略冲突,在高不确定环境下获得持久成功。

（一）中国企业战略管理的成功实践

海尔集团是中国大型在位企业持续变革图强的代表性企业。该集团的战略管理理念虽然不断更新，但在某些方面始终具有发展型战略管理模式的鲜明特点，如前后相承而持续不断的渐进性变革、鼓励底层即兴（创新）活动、以明确的战略原则整合即兴活动等。早在2001年，海尔集团提出了"全员SBU"的理念，试图通过将员工转为可自由动用一定资源的独立核算单元，提高员工的自主管理权，为员工提供创意实现与创新开发的空间。然而，由于细分到个人层次的核算方式存在极大的操作难度，加之当时网络信息系统不足以支持及时准确的数据更新，致使SBU模式未能形成流程全面协同的系统。

随着网络信息技术的发展，海尔集团于2005年全面升级原有的SBU模式，提出了"人单合一"模式。"人"是员工，可是"单"并非狭义的订单，而是市场目标和用户价值。海尔集团希望借此构建起一种以"半固定"方式持续改进的战略情境，鼓励员工在面对短期效率和长期柔性冲突时，从整体战略原则出发自行决策。为此，海尔集团建立了以底层员工（SBU）为中心的"倒三角"组织结构：一级一线SBU直接面对市场，专注于为用户群创造价值；二级平台SBU为前者提供资源和专业服务；三级战略SBU，也即领导层，负责规划战略方向，发现新的市场机会，同时为一级和二级SBU配置资源，助其达成目标。2009~2012年，海尔集团将8万余名员工组织到2000多个SBU之中，又在2013

年开始探索设立利益共同体、内部小微生态圈、"小微 + 平台"等有助于进一步放大员工创造力的举措。而在以上战略变革过程中，无论是 2006 年提出的"让员工做大，让客户做大"，还是 2009 年提出的"每个员工都是自己的 CEO"，抑或是 2013 年提出的"企业平台化、员工创客化、用户个性化"，都反映出海尔集团愈来愈重视注意调和上层控制与员工自主的矛盾，在清晰的"人单合一"战略原则下，以制度化的方式促进员工创造和即兴活动。

华为公司近年来逐渐由集权制管控转向授权式管理，也体现着发展型战略管理模式对底层即兴活动的重视以及对创造性活动和组织控制的调和。华为公司以"班长的战争"为原则改造原有的矩阵式结构，意在"通过现代化的小单位作战部队，到前方去发现战略机会，再迅速向后方请求强大火力，用现代化手段实施精准打击"。为此，华为开始简化、缩小经营单位，使一线员工能够"感受到前线的炮火""快速响应前方的召唤"。与此同时，为了预防精简的一线团队因过分强调灵活性和即兴发挥而使那些盲目追求创新创造的员工走向极端，导致整个企业随意发挥、过分无序的状态，华为公司开始在子公司建立董事会，将重大经营决策权和监督权同步下移，确保一线团队的行为不会目标不清、毫无章法。正如任正非所说的那样，"我们既要及时放权，把指挥权交给一线，又要防止一线的人乱打仗"。

(二) 中国企业战略管理的情境化特点

联想集团在企业国际化进程中探索性海外投资与利用性海外投资并举的战略安排体现了发展型战略在资源配置方面兼顾短期导向和长期导向的平衡性,同时又表现出与发达国家大型企业集团海外投资完全不同的平衡方式。简言之,发达国家大型企业集团倾向于以"时间交替"方式平衡探索性海外投资与利用性海外投资,即在特定时间段内仅从事单一倾向(探索性或利用性)的海外投资。这正是 Vermeulen 和 Barkema (2001) 等学者总结的"间断性平衡"。相比之下,联想集团不仅摒弃了探索性海外投资与利用性海外投资仅能择一的对立观点,而且在同一时间段内同步推进两类海外投资,实现了二者的"连续性平衡"。

自 2004 年收购 IBM PC 事业部以来,联想集团对由该并购推动的探索性海外投资,以及通过复制国内成功经验拓展海外新兴国家市场的利用性海外投资,始终采取了同步推进的"连续性平衡"战略。虽然追求平衡的过程颇为曲折,但从发展型的基本战略方向和战略执行强化来看,联想已经走上了探索性海外投资与利用性海外投资并进的国际化道路。2004 年底对 IBM PC 事业部并购完成后,联想集团在国际市场上专注于经营 IBM 公司转移过来的产品和客户,因而将重点突破的市场从国内调整为北美、欧洲和日本三个全球最大的 PC 销售区域。这种业务结构很快显示了其两面性。一方面,联想在 2007 年首次跻身世界 500 强行列;另一方面,联想在 2008 年因美、欧、日大客户市场萎缩而面临巨亏。当时，联想全球市场 60%~70% 的业务来自商用大客户，中小企业和消费类客户带来的收入只占到 30% 左右。与此形成鲜明对照的是，以商用大客户为代表的关系型业务占联想集团 2007 年大中华区销售额的 34.5%。海外市场与国内市场在业务结构上的强烈反差，从一个侧面反映出联想集团在跨国并购后的发展轨迹并没有建立在协同国内优势能力的基础之上。

为解决这一根本问题，柳传志和杨元庆再次出任董事长和 CEO，将原来以区域划分的美洲区、EMEA（欧洲、中东和非洲）、亚太与俄罗斯区这三大区域性销售业务单元重组为成熟市场与新兴市场两个业务集团，并在两个集团中采用不同的国际化战略。针对成熟市场，联想集团开展探索性海外投资，旨在探索此前从未尝试的市场机会和技术可能性，保持从 IBM 购并来的 Think 品牌的大客户业务；针对新兴市场，联想集团大力推广并复制国内成形的业务交易模式，旨在利用现有的市场知识与技术知识，快速创造收益。以此而言，联想集团的海外投资并没有遵循既有研究提出的探索性与利用性海外投资交替进行的一般路径，而是全球整合原 IBM PC 业务、谋求探索与创新的同时，开展大量利用性活动。

（三）中国企业战略管理实践的不足与发展方向

尽管近 40 年来中国企业的战略管理理念、模式与方法取得了长足的进步，并出现了一些在战略管理实践中走在前沿的成功企业，但在环境变化速度和产业范式更新愈来愈快的今天，中国企业整体在战略管理上还欠成熟先进。

第一，虽然多数企业都声称其重视战略管理并以长期增长为导向，但不少企业或是尚未投入资源建立完整的战略规划和控制体系；或是机械地定期完成战略规划，却无暇频繁审阅并根据环境变化及时改进规划；或是选择将主要注意力放在战术性的短期竞争上，而将战略规划中的长期目标和愿景束之高阁。这些做法使战略文件成为定期审核而无人关注的具文，使战略管理无法发挥其应有的作用。

第二，在切实开展战略管理的企业中，多数仍将传统战略管理的产业结构分析模型或核心能力分析模型奉为圭臬。考虑到大量中国企业尚未完全建立规范的现代管理制度，这在一定程度上有助于提升企业管理水平，初步建立企业战略管理的意识、组织与规范。但对有决心发展为世界一流企业的中国企业而言，这些传统的战略管理方法远远不足以支撑其在高不确定的全球竞争环境中获胜。

第三，许多企业虽然意识到底层创新的重要性，但出于对"一放就乱"的担忧，在战略管理中仍然过分强调自上而下的规划和控制。由此，这些企业将战略规划、执行与控制视为相互割裂的环节，中层管理者和底层员工在战略执行过程中敏锐感受到的最新变化很难以自下而上的方式影响企业战略。企业高层往往只在企业受到突发事件的严重影响或既有战略假设已被证明绝对错误的情况下才会决定调整战略，而此时的战略调整多会成为突发性的战略变革，直接冲击企业的稳定运营。

第四，部分创业企业（尤其是互联网产业的新创企业）置战略的平衡性于不顾，过分推崇即兴活动和无序结构，且很少保留必要的冗余资源。企业滋生出打破常规的文化，管理者争相向新业务中投入资源；沟通机制看似灵活，但实际运作混乱，企业高层实际无法掌握底层变异的方向和程度。

整体而言，中国企业的战略管理水平特别是在高不确定环境下的管理水平亟待提高，正如IBM创始人Thomas Watson所说的那样，"维持巨型公司持续成功的难度远超当初构建时的困难"。创业成功或短期成功很可能归于偶然，任何特定的战略（如低成本战略、先动战略等）也都无法保证维持既有成功，唯有能帮助企业与环境共变的战略管理模式才有可能长期维系企业成长。以演化性、渐进性、平衡性为宗旨，中国企业应引入前述的发展型战略实践，从规划、执行、控制、协同等方面入手，随时间推移有节奏地、坚决地推进日常性的战略变革，实现短期与长期、过去与未来、稳定与变革、利用与探索的平衡发展。

参考文献

[1] Mintzberg, H., Ahlstran, B.W. and Lampel, J. Strategy Safari: A Guided Tour through the Wilds of Strategic Management [M]. New York: Free Press, 1998.

[2] Porter, M.E. Competitive Strategy [M]. New York: Free Press, 1980.

[3] Barney, J.B. Firm Resources and Sustained Competitive Advantage[J]. Journal of Management, 1991, 17 (1): 99-120.

[4] Prahalad, C.K. and Hamel, G. The Core Competence of the Corporation [J]. Harvard Business Review, 1990, 68 (3): 79-91.

[5] Quinn, J. Managing Strategic Change [J]. MIT Sloan Management Review, 1980, 21(4): 3-20.

[6] Giles, W. Making Strategy Work [J]. Long Range Planning, 1991, 24(5): 75-91.

[7] Chandler, A.D., Hagstroöm, P. and Soölvell, Ö. The Dynamic Firm: The Role of Technology, Strategy, Organization, and Regions (3rd ed.) [M]. Oxford: Oxford University Press, 1999.

[8] Hamel, G. and Välikangas, L. The Quest for Resilience [M]. Harvard Business Review, 2003, 81 (9): 52-63, 131.

[9] Kanter, R.M. Strategy as Improvisational Theater [J]. MIT Sloan Management Review, 2002, 43 (2): 76-81.

[10] Mirabeau, L. and Maguire, S. From Autonomous Strategic Behavior to Emergent Strategy[J]. Strategic Management Journal, 2014, 35 (8): 1202-1229.

[11] Hamel, G., Prahalad, C.K., Thomas, H., and O'Neal, D.E. Strategic Flexibility: Managing in a Turbulent Environment [M]. New Jersey: Wiley, 1999.

[12] Hill, S.A. and Birkinshaw, J., Ambidexterity and Survival in Corporate Venture Units[J]. Journal of Management, 2014, 40 (7): 1899-1931.

[13] Christopher, M. and Tilcsik, A. Imprinting: Toward a Multilevel Theory [J]. Academy of Management Annals, 2013, 7 (1): 195-245.

[14] Hmieleski, K.M. and Corbett, A.C. The Contrasting Interaction Effects of Improvisational Behavior with Entrepreneurial Self-Efficacy on New Venture Performance and Entrepreneur Work Satisfaction [J]. Journal of Business Venturing, 2008, 23 (4): 482-496.

[15] Brown, S.L. and Eisenhardt, K. The Art of Continuous Change: Linking Complexity Theory and Time-Paced Evolution in Relentlessly Shifting Organizations [J]. Administrative Science Quarterly, 1997 (42): 1-34.

[16] Levinthal, D.A. and March, J.G. The Myopia of Learning, Strategic Management Journal, 1993 (14): 95-112.

| 第九章 |

业务架构转型

企业发展的内外部环境无时无刻不在发生改变：国内国际政策环境的变化、技术的变革特别是颠覆性技术的出现、新进入者与行业竞争格局的变化、企业自身资源和能力的演进等。企业的主业也需要随着内外部环境的变化做出调整。只有能够根据内外部环境变化不断调整主业，适时推动企业顺利转型，才能成为具有国际竞争力的世界一流企业。

一、理论研究

在哪一个业务领域发展，是企业资源、能力优势的体现，也是企业最重要的战略方向。当企业内外部条件发生重大变化时，企业需要对业务领域进行调整，实现业务转型。世界一流企业是在各自业务领域最具竞争力的公司,同时那些能够保持基业长青的企业也是能够适时推动业务转型的公司。

(一)一流企业的业务特征

如何能够成为卓越的企业并保持企业长青是政府、企业、经济学家和管理学家们长期以来都想要搞清楚的问题。学者们对于"为什么一些企业的绩效总是比别的好?"回答的问题至少可以追溯到1911年(希特等,2008)。迈克尔·波特认为,这些企业拥有超越同行业竞争对手的"竞争优势"。一家企业在市场竞争中表现出竞争优势,根本上还是要具备一系列特定的资产和能力,包括:所利用的设施设备能力的规模;销售覆盖率;服务于销售人员的数量;广告促销支持的投入;融资能力和财务成本;原材料成本和采购这些原材料所需的投入;地域覆盖率;品牌价值;等等。这些资产多源于企业经年的积累,且成为阻止其他企业进入从而保持其优势地位的壁垒。但由于资产的有形性,易于模仿或购买获得。作为一流企业,需要具有难以模仿的能力。核心能力由于难以模仿,在更深层次决定着企业的竞争优势。

观察世界一流企业的发展可以看到,它们通常是围绕核心资源和核心能力来发展业务,其主要的产品或服务建立在核心能力的基础之上。这些核心能力包括员工日积月累的知识和技能;技术体系中的知识,如软件、共享数据库、正式的程序等;创造并控制知识的管理机制与系统;规定何种信息必须要收集、何种信息最为重要以及如何使用这些信息的价值规范(戴伊等,2003)。

作为决定竞争优势的核心能力，它应当具有以下特征：第一，不易模仿性。一方面，核心能力并不总是可以准确描述的，它更近似于一种说不清道不明的"默会知识"。正是因为难以言及，也就很难为其他企业所模仿。另一方面，核心能力是企业各个部门、分支以及所有员工能力的集合，或者如纳尔逊和温特所说的企业"惯例"（routine）[①]。第二，差异性/独特性。即使在同一产业、生产相同产品或提供相同服务的企业，它们的核心能力也是各不同的。这种差异性不仅体现在企业的组织架构、产品或服务的细节、企业形象、市场的分布等可见的方面，也会影响企业的盈利能力和未来的发展方向。第三，可扩展性。企业不但能将核心能力辐射扩展到各种最终产品上（史东明，2002），而且还能在一定程度上拓展到相关业务上，即以核心业务为基础向相邻领域进行扩张（祖克，2004）。

许多长期持续创造价值的企业一般都是集中精力发展一个、最多两个核心业务，成为这些核心领域的行业领导者或强有力的追随者，它们的绩效远远领先于多元化经营、没有清晰核心业务的竞争者（祖克，2004）。有时候，一流企业的核心能力与主业的关系非常明晰；也有时候，一流企业的核心能力与主业的关系看起来不那么清晰。但如果更深入地分析可以发现，实际上这些貌似与核心能力互不相关的业务之间能够形成良好的战略协同，各业务之间能够

[①] 纳尔逊和温特（1997）将企业看作一个生物体，就如同生物演化一样，市场的自然选择机制也将决定企业的去留，将那些不盈利的企业筛选掉。"一切规则的和可以预测的企业行为方式"被他们称作"惯例"，惯例类似于基因，它是"有机体持久不变的特点，并决定它可能有的行为"。

相互支撑、相互促进，而这种不同业务板块之间的协同能力恰恰就是企业的核心能力，并成为企业竞争优势的来源。

随着产品复杂程度和模块化程度的不断提高、信息和交通等节约交易成本、运输成本的技术发展，企业之间的分工日益细化。受企业能力的约束，一家企业（哪怕是最优秀的企业）很难在产品生产全过程的各个产业链或价值链环节均具有行业领先的能力、做到全链条通吃，因此其选择将业务重心聚焦于自己最具核心能力、最具竞争优势的环节，而将其他业务外包出去或与其他企业开展合作。这种高度分工的体系意味着，一家企业的市场竞争力不仅取决于自身的技术、能力和产品，还受到为其提供装备、原材料、零部件和各种辅助服务等业务的关联企业的影响，Moore（1993）称之为"商业生态系统"（或"商业生态体系"）。他将商业生态系统定义为"以组织和个人的相互作用为基础的经济联合体"，他认为"组织和个人是商业世界的有机体。这种经济联合体生产出对消费者有价值的产品和服务，消费者是生态系统的成员。有机体成员还包括供应商、主要的生产者、竞争者和其他风险承担者"。它们在一个商业生态系统中承担着不同的功能，各司其职，但又形成互赖、互依、共生的生态系统（穆尔，1999）。这就意味着一家企业的命运是与其商业生态中其他成员的命运紧紧相连的，它不仅能够影响所处商业生态的健康，而且商业生态的健康也会对它的绩效产生影响（扬西蒂、莱维恩，2006）。因此，企业参与市场竞争，不仅是它与同类企业的竞争，而是它所处的商业生态系统与其他商业生态系统的竞争。

如果一个企业的主业是围绕着一个商业生态系统而发展起来，并且在这个生态系统中，业务又形成了自发展、自循环、自适应机制，则这个企业将会成为世界一流企业。这在计算机电子信息及通信产业（ICT 产业）表现得尤其明显。ICT 产业属于典型的网络产业，零部件与零部件之间、产品与产品之间、软件与软件之间都需要进行连接和通信，这就需要制定大家都遵循的接口标准，实现相互兼容。当市场中有多个不同的兼容系统存在时，就产生商业生态系统之间的竞争。而网络产业具有网络效应的特征，一件产品或服务的价值不仅取决于该产品或服务本身，而且取决于使用该产品或服务的其他用户的数量（被称为"直接网络效应"），以及该产品的互补产品的种类（间接网络效应）。网络效应的存在使得商业生态在 ICT 行业尤为重要，行业中最主要的竞争就是不同平台（系统）、不同技术路线、不同标准的商业生态的竞争。在智能手机行业初期，操作系统包括苹果公司的 iOS、谷歌（现为 Alphabet）公司的安卓（Android）、微软的（Windows Mobile，后改为 Windows Phone），以及诺基亚的塞班（Symbian）、黑莓公司的 BlackBerry OS、Palm 公司的 Palm OS，后三个生态在竞争中已经败下阵去，Windows Phone 的市场份额也几乎可以忽略不计，现在主要是 iOS 和安卓两大系统的竞争。在目前正在兴起的物联网、虚拟现实 VR（增强现实 AR 和混合现实 MR）、工业互联网等领域，各家企业也在进行商业生态的竞争。只有那些围绕着自己的核心能力建立了完善商业生态系统的企业，才能在互联网时代立于不败之地。

（二）转型升级的动因

旧的竞争战略适用于稳定的产业环境：市场规模、用户特征、产业技术等各方面基本保持稳定。在这种情况下，企业之间的竞争主要是产品的增量式或渐进性创新、与竞争者抢占已有市场份额等类似于"零和博弈"式的竞争。但在信息网络时代，世界经济格局、技术、商业模式、用户的需求都在发生巨变，着眼于现有市场份额的竞争很容易把企业引入死胡同。

然而，大多数企业的战略都存在"路径依赖"的特征，过去的经历特别是以往的成功决定了未来的方向。在取得成功后，企业的战略往往会长时间保持与先前的连续性，从而只做出修修补补的微调。这种战略的调整既可能进一步加强过去的成功，但也可能成为一种巨大的负担（亨斯曼斯等，2015）。一家企业在既有的业务上做得越好、越极致，企业面对变革的惰性也可能越大，越难以向已经对既有业务产生颠覆的新技术、新模式转型[①]。祖克对1997~2002年除网络公司之外的前25大"灾难企业"的研究发现，75%的企业灾难的关键原因是以曾经非常成功的核心业务为基础进入新市场（祖克，2004）。柯达曾是传统相机行业的领头羊，甚至早在1975年就开发出世界最早的数码相机；诺基亚也曾是手机行业的领导者，在功能手机以及后来基于塞班系统的半智

[①] 韦尔斯（2013）将惰性分为三类：战略惰性，是指公司未能及时改变战略；结构惰性，是指已经意识到需要改变，但却囿于公司的结构问题而无法实施；人的惰性是指公司的员工和集体都不愿意改变现状。

能手机领域都是遥遥领先。但当数码相机展现出取代传统相机的趋势、智能手机实现爆发式增长后,由于固守于原有的资源和能力,不能充分重视环境的新变化,柯达和诺基亚都败下阵来。

所以,要想成为行业优秀企业甚至世界一流企业并保持基业长青,必须根据自身资源和能力的演进以及外部环境的变化适时调整,组织调配新的战略资源、培育发展新的能力,实现企业的转型升级。

1. 企业自身的变化

企业的发展既是适应市场、改变市场的过程,也是改变自身的过程。在参与市场竞争的过程中,企业的内部资源、组织结构、人员构成、企业文化、技术水平、生产成本、市场范围、供应链关系、在商业生态中的地位等各个方面都在不停地发生变化。一些企业因为按部就班地发展变得资源老化、能力衰退、生态孱弱,因此不得不更加积极主动地发起变革;一些企业在发展的过程中,资源和能力得到了加强,或者形成新的资源和能力,因此对新产品的开发、新市场的开拓甚至向新产业的进军提供了有力的支撑。在电子产业的全球价值链中,企业一般遵循从 OEA(Original Equipment Assembling,原始设备组装)生产到 OEM(Original Equipment Manufacturing Manufacturer,原始设备制造),再到 ODM(Own Design Manufacturer,自主设计制造),现在到 OBM(Own Brand Manufacturing,自有品牌制造)的升级路径,每一次升级实际上就是企业通过参与全球价值链分工,不断模仿和学习、积累资金、进行技术创新从而提高自己的实力的过程。对于处于跟随者地位的发展中国家的企业,由企业自身实力变化而驱动的转型升级非常普遍。

2. 宏观环境的变化

企业不是在真空中运营,其战略决策必然受到所处宏观环境的影响。宏观环境既包括世界的政治、军事、经济和贸易水平、格局,更包括企业所处东道国的经济发展阶段、人口规模与结构、经济体制、经济政策等各个方面。宏观环境的改变,既可能给企业的经营带来压力和威胁,也可能为企业创造新的增长机遇,但无论如何,企业需要做出战略调整。例如,改革开放以来中国从计划经济向市场经济的转型,要求国有企业从过去按照计划指令"为谁生产""生产什么""生产多少"改变为自己要发现市场的真正需求,开发适销对路的产品,因此企业必须做出全方位的变革。国家产业政策的调整,可能对一些行业做出淘汰、禁止、限制、鼓励等不同类型的分类,相应类型的企业也必须做出战略调整,特别是当其所处行业或技术指标处于国家淘汰、禁止或限制类型时,必须寻求转型升级。双边或多边贸易协定的签署会给企业带来进入其他国家市场的机会,同时国内市场也要面临来自更多更强大竞争对手的竞争,这也要求企业对战略进行调整。

3. 市场的变化

市场的变化大致可以从市场即产业竞争结构的变化和市场需求的变化两个方面加以分析。竞争结构的变化是指在现有产业中其他企业的竞争行为使得产业结构发生改变,如一家企业加大投资规模扩大产能、推出新产品、降低或提高价格、加大广告投入等。当一家企业的竞争行为发生改变时，其他企业需要做出响应，判断是否需要对自己的经营策略和经营战略做出调整。在这种情况下，可以采用以迈克尔·波特为代表的学者创立的五力分析等战略分析模型。市场需求的变化是指随着技术发展、生活水平提高、流行文化演变、人口规模与结构变化，用户消费习惯、产品偏好等方面发生的变化。企业可以通过战略调整适应市场需求的变化，甚至也可以塑造产品的特色使其成为一种文化符号，实现对市场需求的创造和引导。

4. 技术变革

商业层面的技术创新可以分为增量型创新（Incremental Innovation）和颠覆式创新（Disruptive Innovation）[①]。增量式创新是对现有产品的小改进，如生产工艺和流程的调整、供应链的优化等，以提高产品性能、降低成本、增强市场竞争力。颠覆式创新则是创造满足人们新需求的全新产品，或者对现有产品形成替代。增量式创新通过改进产品功能、质量、外观，优化生产、供应链、运作流程、降低成本及发展分销渠道、采用更有效广告等方式增强企业竞争力和增加价值，这些活动相对比较容易预测。但是颠覆式创新往往以出人意料的方式出现。如果不能预见到颠覆式创新，在位企业就会错过最早进入新兴市场的机会，或者会被新进入者打个措手不及。即使企业没有预判到颠覆式创新，但是也需

[①] 如果不做严格的区分，增量型创新也有人称为连续性创新（Continuous Innovation），颠覆式创新有人称为突破式创新（Breakthrough Innovation）、根本性创新（Radical Innovation），而谢德荪（2016）分别将之称为源创新和流创新。

要保持足够的灵活性，当颠覆式创新出现后，要及时地做出反应和应对。颠覆式创新并不仅是由新技术推动的，很多时候新商业模式的出现也会对现有行业产生颠覆式影响。

能够对企业战略行为产生影响的因素很多，企业自身变化、宏观环境、市场变化与技术变革是影响企业战略转型的主要因素。但无论如何，要想实现持续的卓越绩效，企业需要在坚持既有战略、做好现有市场的同时，警惕内外部条件和环境的变化。通用电气前总裁杰克·韦尔奇曾说："我深信如果公司内部变革的速度赶不上公司外部变革的速度，失败就是不可避免的，只不过是时间早晚的问题。"[1]

二、国外一流企业的经验分析

我们选择《财富》世界500强企业中在所处行业领先，同时主业又有明显变化的企业作为业务转型分析案例。在发达国家，由于经济、社会发展较为成熟，经济保持中低速成长、产业结构比较稳定，业务转型比较明显的企业多处于受技术进步影响大的高技术行业。

---

[1] 转引自韦尔斯（2013）。

(一)一流企业业务转型案例

本部分将探讨三个典型的一流企业业务转型的案例,它们分别是:IBM 的服务化转型、GE 的去金融化转型、苹果的生态系统建设以及柯达因转型不力而破产。

1. IBM 的服务化转型

IBM 曾经是最负盛名的计算机生产企业。在 1944 年 IBM 研制出 MarkⅠ电磁式计算机;1953 年,开发出 IBM 701 大型计算机,1954 年又研制出 IBM 650 中型商业计算机,1959 年,推出 IBM7090 全晶体管大型机;1964 年,发布里程碑性的 360 系列电脑(包括大、中、小型电脑和 44 种新式的配套设备)。IBM 还发明了磁盘存储器等计算机零部件和外设,推出了世界上第一个高级语言——FORTRAN。1980 年,IBM 研发个人电脑,1981 年发布 IBM PC 个人电脑。由于个人电脑和工作站的功能越来越强大,大型主机需求量剧减,IBM 个人电脑销量也被挤出国际市场前三名,1990 年到 1993 年出现连年亏损。

1993~2001 年,郭士纳出任 CEO,开始了 IBM 业务的较大转型,先后剥离 DRAM、网络、个人打印机和硬盘等低利润业务,大力投资软件和服务,推动 IBM 的服务化转型。1995 年 6 月,IBM 斥巨资 35 亿美元收购莲花(Lotus)软件公司;1997 年,超级计算机深蓝(Blue)战胜国际象棋冠军卡斯特洛夫。2002 年,新任 CEO 彭明盛提出"随需应变"的战略,不再只强调 IT 服务,而是通过收购 FileNet、Cognos、SPSS、iLog 和 Netezza 等多家软件公司，重点关注信息管理、商业智能和数据分析领域，向客户提供从战略咨询到解决方案的一体化服务。2002年，硬盘业务出售给日立；2002年7月，IBM以35亿美元收购全球最大会计师事务所之一美国普华永道旗下咨询公司；2005年，IBM将其个人计算机业务出售给联想集团；2011年，IBM超级计算机沃森（Watson）战胜《危险边缘》益智问答节目的两位人类冠军。2013年，CEO罗睿兰推动IBM出售了80亿美元的业务并收购了50多家公司，进而转型为一家认知解决方案和云平台公司；2014年，IBM把小型服务器业务出售给联想，出售芯片制造业务给Globalfoundries，成立了沃森集团推广"认知计算"，继续向轻资产的咨询服务业务转型。

2. GE的去金融化转型

GE是一家从电工电气产品起家的多元化公司，旗下拥有工业、金融、能源、服务等业务，一度下辖11个集团：消费者金融集团、商务融资集团、能源集团、医疗集团、基础设施集团、NBC环球、交通运输集团、高新材料集团、消费与工业产品集团、设备服务集团、保险集团。2008年国际金融危机期间，一度占GE净利润近半的金融部门利润下降近1/3，2009年3月，GE市值比起金融危机前缩水了80%，促使CEO伊梅尔特下决心对GE进行业务调整。

去金融化。伊梅尔特强调，GE首先是一家工业企业，GE金融集团必须能够提升其工业竞争力。2014年拆分旗下金融信用卡业务以及消费金融公司；2015年3月，出售旗下金融子公司GE

Capital 的澳大利亚和新西兰消费者贷款业务；2015 年 4 月，宣布未来两年内继续剥离 3630 亿美元的 GE Capital 的大部分金融业务（保留与航空、能源和医疗设备等领域相关的金融租赁业务，为工业部门提供必要的支持）。伊梅尔特计划到 2018 年，GE 90%的盈利来自工业业务（2015 年仅为 58%），真正成为一家工业企业。

去多元化，加强核心业务。2007 年，GE 将塑料业务部门以116 亿美元出售给沙特基础工业公司；2009 年，GE 将全国广播公司（NBC）51%股权出售给康卡斯特（Comcast）；2016 年，GE 将家电业务出售给海尔集团。与此同时，GE 着手加强核心工业。2013 年 10 月，GE 斥资 33.83 亿元入股中国西电，持 15%的股份；2014 年 6 月，GE 收购法国阿尔斯通能源部门。

发展工业互联网。2012 年，GE 提出"工业互联网"概念；2013 年，GE 与亚马逊合作提供面向工业应用和基础设施的云解决方案；2014 年 4 月 18 日，AT&T、思科、GE、IBM 和英特尔在美国波士顿宣布成立工业互联网联盟（IIC）；2014 年 10 月，GE 与软银、Verizon 和沃达丰建立联盟，为工业互联网优化无线网络连接方案。打造工业互联网平台 Predix，2015 年 10 月宣布向外部企业开放。该软件平台成为 GE 的工业互联网生态系统的重要载体，它将会降低企业采用工业互联网应用的门槛，允许安装各种不同的工业软件，将各种工业装备、设备，甚至是生产企业连接到互联网并接入云端，并提供资产性能管理（APM）和运营优化服务。为了进一步推广 APM 方案，GE 还发布了 Predix 应用工厂（AppFactory），用于快速开发建模、实现和部署工业互联网应用。

然而，制造业的转型要比轻量化的 2C 领域复杂得多，也困难得多，GE 推动工业互联网的雄心并没有取得预期成效，整个公司收支难以平衡，股价受到重挫。在这一背景下，通用电气新任 CEO 约翰·弗兰纳里正在寻求出售 GEDigital 业务。这也反映出，面对错综复杂的技术、经济环境，企业业务转型挑战之巨大、任务之艰巨。

3. 苹果的生态系统建设

苹果公司成立于 1976 年。1977 年，苹果公司推出全球首台真正意义上的个人电脑 Apple Ⅱ，获得巨大的市场成功，苹果公司也实现了快速的发展。1984 年，个人计算机历史上具有里程碑意义、采用图形操作系统的产品 Macintosh 电脑发布。1985 年，公司创始人乔布斯被赶出董事会，苹果公司也随之走向低谷。一方面，个人电脑的成功吸引了 IBM 及其兼容机厂商的进入；另一方面，苹果公司同意微软使用部分苹果的图形界面技术，但同时苹果坚持硬件与软件捆绑销售的策略，而 IBM 及其兼容机厂商却与微软结成联盟，形成一个更为开放的商业生态。由于有大量第三方软件开发商的支持，IBM 兼容机显然比苹果电脑更受市场的欢迎。1993 年，苹果的市场份额已下滑到 5%。在此情况下，乔布斯重新回到苹果公司担任董事长。

乔布斯回归之后，除了推出新型的 iMac 电脑、笔记本电脑 iBook 和新的电脑操作系统 Mac OS X，提升在传统业务个人电脑市场的竞争力之外，也开始进入新的业务领域并变得更为开放。2001 年，苹果公司开通 iTunes 付费音乐下载平台，并推出与之配合使用的 iPod 数字音乐播放器，击败索尼公司的 Walkman 播放器成为全球最受欢迎的音乐播放器。2006 年，苹果发布第一部使用英特尔处理器的台式电脑和笔记本电脑，并允许苹果电脑通过 Boot Camp 运行微软的 Windows 操作系统。2007 年夏天，苹果推出具有颠覆性和划时代意义的智能手机 iPhone，同时也对传统的以诺基亚为代表的功能手机产生致命打击。

基于 iPhone 手机，苹果建立了自己的 iOS 手机操作系统，并以此为核心建立了商业生态圈，允许第三方软件开发商为 iPhone 开发应用（App）。用户可以通过 iTunes 下载第三方应用，当 App 收费时，苹果公司按一定比例收取费用。2010 年 1 月，苹果又发布同样基于 iOS 的平板电脑 iPad。iPhone 手机凭借精美的外观设计、强大的功能和丰富的第三方应用获得巨大成功，iOS 成为与安卓竞争的智能手机操作系统，而苹果也成为市值最高和最赚钱的公司。

4. 柯达转型不力而破产

在胶卷时代，柯达就是摄影的代名词，其业务包括胶卷、摄影器材、医疗影像和商业影像服务等。1975 年，柯达占据美国 90% 的胶卷市场和 85% 的相机市场；1997 年，富士胶卷才抢占了美国 17% 的市场。1975 年，柯达发明世界上第一台数码相机，该相机以磁带作为存储介质，有 1 万像素；1991 年，柯达开发出 130 万像素的数码相机。

1996 年，柯达全年的营业额达到了 160 亿美元，纯利润超过 25 亿美元。柯达高层被眼前的成功蒙蔽了眼睛，没有意识到摄影技术从胶片向数码转变的趋势,仍然把业务重点放在传统的胶卷生意上,为防止胶卷销量下降还推出了"一次性胶卷相机",并在中国市场投下巨资建立工厂。但到 2000 年,数码相机销售额已经超过胶卷相机,2001 年胶卷相机销售第一次出现下降。

2001 年,Daniel Carp 出任 CEO 并推动柯达数字化转型。2002 年,柯达收购在线摄影服务的领头羊 Ofoto;2003 年公司年报里主席的信提出,柯达实施数字化导向战略以支持收入和可持续性的盈利;同年柯达关闭在美国的胶片相机工厂。2005 年,具有惠普公司背景的新任 CEO Antonio Perez 提出将柯达转型为一家数字打印企业。但是,这些努力并不太成功。柯达市值从 1997 年 2 月最高的 310 亿美元降至 2007 年的 21 亿美元。2009 年,诞生 74 年的柯达克罗姆胶卷宣布停产;2012 年 1 月 19 日,柯达公司正式提出破产保护申请。

(二)一流企业业务转型的经验总结

上述案例中的企业,既有持续成功实现业务转型的 IBM、GE,也有曾出现挫折但通过调整重新步入正轨的苹果公司,还有因为转型失败而衰落的柯达。通过对案例企业的研究,我们可以发现企业业务转型呈现出如下特征:

第一,一流企业围绕核心资源和能力来发展业务,其主要的产品或服务建立在核心能力的基础之上。IBM 早期的核心能力是计算机的架构设计与制造,主要业务是大、中、小型计算机及其系统、个人计算机;目前的核心能力是基于大数据和人工智能的系统集成与服务。GE 的核心能力是复杂产品的研发、设计、制造与服务，其核心业务是航空发动机、发电设备、医疗设备；柯达鼎盛时期的核心能力是感光化学技术，核心业务包括胶卷、摄影器材、医疗影像和商业影像。随着产品复杂性的提高，越来越多的企业认识到，企业之间的竞争不仅是自身资源和能力的较量，更是所处商业生态的竞争。以自身为核心的商业生态系统的完善程度、创新力和活力，是决定自身竞争力的关键所在。因此，世界一流企业纷纷建立自己的商业生态，特别是通过建立互补企业开展业务的平台，加强对产业的把控力与相对竞争对手的优势。例如，IBM 转型为一家云平台公司，为其他企业和终端用户提供系统化的智能服务；苹果公司建立基于 iOS 的操作系统和 App Store，吸引第三方软件开发商为其开发各种应用。

第二，业务转型是一流企业的常态。无论成功还是失败，IBM、GE、苹果、柯达等一流或曾经的一流公司都经历了多次业务转型。为了实现战略转型升级，公司的决策者需要能够着眼长远，在追求当期利润增长的同时谋划未来；要能够允许异见，给新能力的塑造提供可能的土壤；也要保持人才的流动性，为公司发展注入新鲜的血液（亨斯曼斯等，2015）。这些新力量既能够加强公司员工的异质性，提供多元化的思想，又能够为未来的变化引入新的能力。企业过去的成功是建立在超越竞争对手的资源、核心能力和商业生态系统之上的，因此，向新的业务领域和市场转型并取得成功，也需要着力构建新的资源、能力和生态。

第三，技术变革是业务转型的主要推动力。影响企业业务转型的原因多种多样，包括市场竞争的变化（如 IBM 个人 PC 业务受到挑战）、用户需求的变化、技术的变革，其中技术的变革是推动企业进行变革的主要推动力。与同一行业的竞争者相比，一流企业更擅长在早期识别技术变革的信号，当它发现依靠原有的资源和能力已经无法应对环境的变化或抓住新的市场机遇时，就会及时地对战略进行调整。战略调整不仅是技术创新层面的，而且是在实实在在的业务层面的。例如，柯达虽然早在 1975 年就发明了数码相机，领先数码相机市场达 20 年之久，但它并没有在业务层面做出有力的调整。

第四，业务转型的方向是保持和增强竞争力。企业过去的成功是建立在超越竞争对手的资源、核心能力和商业生态系统之上的，因此，向新的业务领域和市场转型并取得成功，也需要依靠同样的要素作为支撑。企业的转型优先依托于内部的资源和能力，通过对内部既有资源的整合、对既有能力的培育壮大，从而对向新的业务领域的拓展提供有力的支撑。从核心扩张到相邻市场发现机遇是许多企业经常采用的扩张方法，其中两种重要的方式是以核心业务的实力为基础，进入另一个大的新产品与服务市场；利用核心资产创造全新的业务（祖克，2004）。当企业发现，原有的资源和能力已经无法应对环境的变化或抓住新的市场机遇时，就需要培育和发展新的资源和能力。企业在转型升级时特别是需要重构资源和能力时，需要辨识是否需要变，确定在哪些方面变以及变成什么样，还要解决怎么变的问题（陈春花等，2016）。

第五，核心刚性（Core Rigidities）的存在可能会使企业不能有效响应颠覆性创新（Leonard-Barton，1992）。核心能力是企业竞争力的来源，但核心能力不好的一面就是核心刚性，由于企业资产专用型、组织惯例、文化等方面的限制和路径依赖，企业的核心能力常常无法对快速变化的环境做出改变，因此不但不能增强企业的竞争力，反而成为企业发展的桎梏。我们看到，柯达固守于胶卷业务的成功而未能及时向数码摄影转型，即使它是数码相机的鼻祖；IBM 在 20 世纪 80 年代后期也没能对个人电脑上竞争对手的涌现以及个人电脑对大型机的挑战及时做出反应。相反，成功的企业能够成功揭示潜在的危机，在现有业务成功发展的同时，关注新资源的构建与新能力的打造。例如，作为柯达主要竞争对手且在胶卷领域一直落后于柯达的富士，面对数码摄影时代的到来，利用化学、光学技术方面的优势，成功实现向化妆品、LCD 光学膜等领域转型。

第六，重大业务转型常常发生于新 CEO 就任之际。几家案例公司重大转型的时间多发生在 CEO 更迭之后。出现这一"巧合"，一方面是因为公司业绩不佳使得董事会对原有管理层不满，而试图找到能够使公司走出困境的人，典型的如 1997 年乔布斯回归苹果，2005 年柯达以 Antonio Perez 替换 Daniel Carp；另一方面有些业绩还不错的公司也是在新任 CEO 上任后开始重大战略调整，其原因可能在于，原有管理层认为，既然现有战略是成功的就应该坚持下去，而新任 CEO 往往会有不同的思考和认识。

(三) 一流企业业务转型的方式

企业的卓越竞争力是根植于其资源、能力的,因此企业转型的过程就是新资源和能力培育、获取、强化的过程,各种转型的方式都需要围绕这一关键。

1. 内部培育

内部培育新的资源和能力是最自然演化的方式。企业在应对市场的变化、改进产品和服务性能、满足客户需求的过程中会不断遇到新问题,解决这些新问题在大多数情况下可以依靠现有的资源和能力,从而使既有的优势得到加强。但也有不少情况下,原有的资源和能力未必能够解决新问题,因此需要获取新的资源和能力。这些新的资源和能力从短期看能够解决企业发展过程中的问题,从长期看可能成为新业务发展的基础。亚马逊(Amazon)和阿里巴巴是世界上最大的两家电子商务平台公司,它们需要存储数以万计的商品信息、支撑数以亿计的用户交易,而且随着公司的发展,入驻店铺数量、商品数量、用户交易数量和成交金额都呈快速增长之势。2013~2016 年"双十一"购物节,阿里巴巴交易额突破百亿元的时间持续减少,分别为接近 6 小时、38 分钟、12 分 28 秒和 6 分 58 秒;2016 年"双十一"支付宝的支付峰值达到 12 万笔/秒。为了应对海量数据的存储和实时交易,它们在内部发展起以云计算、大数据为核心的信息基础设施以及金融支撑系统。本来为支撑内部业务的功能现在成为两家公司最有竞争力的业务,亚马逊 AWS 云、阿里云与微软 Azure 云成为世界三大云平台,而以在线支付平台——支付宝为核心的蚂蚁金服也成为阿里巴巴集团旗下市值与电商平台相当的核心业务。

除了适应现有业务发展而自发形成的新资源和能力外,越来越多的企业为了应对外部环境的快速变化,开始主动地进行新领域的探索。一种模式是给予员工创新的自由空间。3M 公司坚持"创造需要自由"的核心理念,大约从 1948 年起就鼓励员工用 15%的工作时间去做自己的项目,公司在资源、团队方面给予支持;而谷歌的工程师每周可以有 20%的时间用于研究日常工作之外感兴趣的项目,技术部门之外的人也经常能够挤出时间来做一些编外项目(博克,2015)。许多公司开始改变过去事无巨细都由总部决策的经营管理方式,给予下级部门甚至员工更多的自主权,推行扁平化的组织和灵活化的部门。员工有了公司认可的好想法、好项目就可以申请组建项目团队,人随项目走。另一种模式是内部创业,公司内部有好项目且有创业意愿的员工成立创业企业,公司进行投资,与创业企业共同承担风险、分享未来成果。对于创业团队来说,相对于另立山头,依托于原有公司可以获得在资金、设备、人才、销售渠道、供应链系统等方面的支持;而对于原公司来说,内部创业有利于满足员工的创业欲望、留住人才、激发企业内部活力,同时也有利于把握未来的增长机会。

2. 兼并收购

企业的增长或战略转型既可以依靠企业内部的资源来实现,又可以通过从外部获得来推动,即内部增长和外部增长。内部增长的优势在于企业的管理层熟悉这些业务、新业务在成长过程中与企业的其他部门经过磨合、企业文化的连续性等。但是内部成长的最大弱点在于企业内部的资源、能力的形成和积累都需要一个较长的时期，等待内部成长很可能错失市场发展的机遇；同时，许多企业存在的内部惰性与曾经造就企业成功的因素也可能限制企业在新领域的发展，因此很多情况下企业不得不通过并购快速获得资源和能力，加强现有业务或实现向新领域的扩张。通过并购实现外部增长的有利因素可概括为七个方面：第一，通过外部收购可以更迅速地实现企业的某些目标；第二，企业从内部新建一个组织的成本可能会超过收购的成本；第三，通过外部途径实现增长可能风险更小、成本更低或者获得经济合理的市场份额所需的时间更短；第四，企业可以用证券来获得其他企业，而它可能没有足够的资金从内部获取相等的资产和生产能力；第五，其他企业可能不像收购企业那样，可以有效地运用其资产或管理能力；第六，可以获得税收优惠；第七，可能有补充其他企业能力的机会（威斯通，2003）。

在高科技领域，技术、市场和组织等方面都存在极大的不确定性（李晓华、吕铁，2010）。技术（也包括商业模式）的不确定性是指技术的发展方向、技术路线及实现创新的时间都难以预测，因此大部分对技术发展的预言都被证明是错误的。市场的不确定性是指技术的用途、用户及最终哪项技术能为市场所接受是不确定的。一项技术被开发出来后，常常不能准确定位其市场用途或者其用途被限制在很小的领域；支撑技术早期发展的领先用户难以辨别；先进的技术由于各种原因甚至偶然因素也未必能成为市场中的最终胜利者。组织的不确定性是指技术创新和技术的产业化由哪个企业/个人实现是不确定的。当某个产业发生根本性变革时，产业中在位企业往往墨守成规、难以识别破坏性变革的微弱信号，对破坏性变革不能做出迅速的反应；或者由于要维护既有产品的市场地位，往往会抵制新的创新性产品。研究表明，不连续的过程创新侧重于提高产品质量、降低成本或者更广泛的可获得性，通常由产业中的在位企业引入，大约3/4来自产业内部的不连续创新可以归入过程创新。不连续的产品创新是破坏性的，它们扩张已建立的市场、破坏已建立的核心能力，这样的创新几乎总是来自于产业之外。在破坏性创新中，中小企业扮演着非常突出的角色，它们能够不受原有经验、思维的限制，敢于尝试新鲜事物，并具有船小好掉头的灵活优势。虽然小企业的失败率很高，但是由于其数量庞大，因此更有机会捕捉到破坏性的创新。Pavitt 和 Townsend（1987）曾研究了1945~1985年英国制造业的4000多个创新，它们是作为重大创新而被专家们从各个技术领域中挑选出来的。分析表明，尽管小公司（雇员不超过1000人）仅占有3.3%的正式研究与开发经费，但占了20世纪70年代所有重大创新的1/3。

由于内生成长的不足和通过并购成长的优势，并购成为许多一流企业快速扩张、增强实力以及向新领域转型的重要方式，这种方式在高技术产业又尤为普遍。思科（Cisco）是全球最大的通信设备生产商，销售收入达491.6亿美元，列2016年《财富》世界500强第183位，但是思科在1990年2月上市时只是一家员工248名、营业收入6980万美元、净收益140万美元、生产路由器的小公司。思科的成长史就是一部并购史,通过大量收购处于初创阶段但拥有新技术、新产品具有广阔前景的小公司,思科的业务领域拓展到网络安全、网络电话、光纤网络、家庭网络、无线技术、存储等领域,并购数量超过150次。一些公司出于财务投资目的或在未来高增长领域进行战略布局会成立公司旗下的PE部门,在公司重点关注的领域,寻找有增长潜力的初创企业进行投资。例如,世界著名投行高盛面对信息技术对金融行业的颠覆性重构,非常重视技术的发展,领投、参投了Uber、Pinterest、Dropbox等十余家明星公司,位列CB insights在2015年统计的估值10亿美元"独角兽公司"前八大投资机构之一。

3. 资产剥离

企业的根本目标实际上不是利润最大化,而是为股东创造最大价值。利润最大化着眼于企业利润的总额,而股东价值最大化则更看重资本回报率或每股净利润。从股东价值最大化的目标出发,当一家企业内部某个业务板块难以形成战略协同、与其他业务相互掣肘、业务亏损从而占有过多资源以及保留在企业内部不利于该业务的发展等问题出现时,企业往往会选择资产剥离。资产剥离是指将一部分资产从原企业中分离出去,大致可以分为两种形式:企业分拆,是指将企业的一部分资产剥离出去,形成一家新的企业;资产出售,是指将企业剥离出去的资产出售给其他企业。无论是分拆还是资产出售,都是为了聚焦于核心业务,增强市场竞争力,从而增加股东价值。在分拆模式下,分拆后的两家企业可以摆脱以前不同业务板块相互牵扯的情况，聚焦于各自的主业与核心能力。而在出售模式下，母公司一方面可以甩掉亏损业务回收资金，或者由于购买企业对该资产的评价更高而获得溢价收入；另一方面可以将资产出售收入用于强化保留的主业。国内企业进行资产剥离的情况相对较少，而在国外这种情况非常普遍。例如，IBM 在向系统解决服务商转型的过程中，于 2005 年和 2014 年分别将个人计算机业务（作价 17.5 亿美元）和小型服务器业务出售给联想集团。针对营收和净利润分别从其上任之前 2011 年的 1069.2 亿美元和 158.6 亿美元下降到 2015 年的 817.4 亿美元和 133.6 亿美元的批评，IBM 的 CEO 罗睿兰回应说降低营收是她"有意为之"，因为她出售的都是低端服务器、芯片制造等利润低下甚至亏损的业务。以个人计算机、打印机为主业的惠普在 1999 年将它的医疗和测量仪器部门分拆成立安捷伦（Agilent）；2015 年 11 月，惠普又分拆为着力发展云计算解决方案的惠普企业（HP Enterprise）与主营打印机和个人电脑的惠普（HP Inc.）两家独立运作的公司。安捷伦在 2014 年成长为"全球电子测量之王"和《财富》杂志美国 500 强第 384 名。考虑到旗下规模相当（均约 40 亿美元）的两块业务面对不同的市场、不同的客户，业务模式也不同，安捷伦又将之分拆为主营化学分析与生命科学、医疗诊断部分，沿袭安捷伦的名称，电子测量业务成立"是德科技"（Keysight Technologies）（徐明，2015）。事实上，剥离与并购并不是完全分离的，许多企业在剥离非核心业务的同时也在不断地并购其他企业以强化自己的核心业务。例如，21 世纪初，

IBM 为向综合解决方案提供商转型收购了普华永道旗下的咨询业务；近年来为向认知解决方案和云平台公司转型，收购了基础天气数据提供商 The Weather Company、医疗与健康数据公司 Truven Health Analytics、金融服务合规性方案提供商 Promontory Financial Group 等一系列公司。最极致的情况是公司在合并的同时就制定好了分拆的计划。2015 年 12 月，世界最大的两家化学公司杜邦和陶氏化学宣布合并，合并后的公司将被命名为陶氏杜邦公司，成为全球最大化学公司，但两家公司表示，合并完成后，公司将寻求分拆为三家独立的上市公司，分别专注于农业（新杜邦）、材料（新陶氏）和特种化学品。

三、中国企业实践与发展方向

在改革开放之前的计划经济时期，中国的企业没有经营自主权，生产什么、生产多少、为谁生产都由政府部门的计划决定。由于当时的企业不是市场竞争的主体，因此也就无法按照企业战略的理论加以衡量。随着由计划经济向市场经济的转轨，国有企业需要自主经营、自负盈亏、自我发展、自我约束，同时引进越来越多的民营经济、外资经济等非公有制的所有制企业，混合经济也获得蓬勃发展，在这个时候，面对市场竞争压力的企业才有内在的动力不断打造核心能力，不断对业务进行优化调整。

（一）中国企业业务转型的实践

总体上看，改革开放的历史就是中国企业不断学习、不断成长，不断打造核心能力，不断对业务进行调整升级的历史。在改革开放之初，中国的企业实际上就相当于一个车间，不具备根据市场需求进行生产的能力，而且普遍规模小、资金匮乏，在技术、管理水平上与发达国家的跨国公司存在巨大的差距。而经过改革开放 40 年来的发展，中国企业可谓实现了巨大的跨越。具体而言，具有如下特点：

第一，企业数量越来越多、规模越来越大。以工业企业为例，1998~2010 年规模以上工业企业的统计口径为销售收入或主营业务收入为 500 万元以上，具有可比性。1998 年，规模以上工业企业的数量为 16.51 万户，工业总产值为 67737.1 亿元，企业平均规模为 4102.8 万元；2010 年，规模以上工业企业增加到 45.29 万户，工业总产值 698591 亿元，企业平均规模为 1.54 亿元。在 2018 年《财富》世界 500 强榜单中，中国企业数量已经达到 120 家，接近美国的 126 家。

第二，企业的核心能力越发突出。中国企业通过向外资企业学习、自我积累、自主创新，在各自业务领域的资源不断丰富，核心能力不断强化，一些企业已经具备了参与国际市场竞争的实力。中国企业的国际竞争力不仅依托于中国的比较优势，而且在某些产业、技术环节和产品上，已经拥有了与发达国家跨国公司直接竞争的能力。例如，在一些新兴领域特别是互联网相关领域，一批中国企业利用中国巨大的市场规模优势快速崛起，建立围绕自己的具有国际竞争力的商业生态系统，如阿里巴巴围绕淘宝、天猫和支付宝等平台，建立了强大的 B2C 交易、在线支付、大数据分析能力；腾讯围绕微信、QQ 为核心的社交产品，建立起信息发布、在线支付能力；京东则具有自营 B2C 电商平台和强大的仓储配送能力。作为经济微观主体的企业的能力增强带动了整个产业竞争力的提升。以制造业为例，中国已经具备以下几方面的能力：

（1）完善的产业配套能力。中国在发挥低成本制造优势承接发达国家产业转移并成长为世界加工制造基地的过程中，形成了配套完善的现代产业体系，包括大学、科研机构、产业上下游企业、配套服务企业以及知识、生产技术、专业化技术工人、供应能力等生产要素构成的产业体系成为新产品创新、新企业成长、新兴产业发展的基础。从原材料、零部件制造到加工组装的完善产业链是几乎所有发达国家和广大发展中国家都不具备的。

（2）不断增强的创新能力。中国研发投入增长很快，2014 年，中国研发支出总额占 GDP 的比重就达到 2.05%（2017 年达到 2.13%），已超过欧盟 28 国的平均水平和英国；其中产业研发支出总额占 GDP 比重达到 1.54%，也已超过欧盟 28 国和欧盟 15 国的平均水平及英国，并接近美国和德国。而研发支出增加表现为创新成果即专利数量的增长，2013 年中国 PCT 专利申请量为 22184 件，已经超过英国（6194 件）、韩国（11942 件），并接近德国的 17206 件。以华为为代表的一批创新型企业开始涌现。2014

年华为的研发投入达到 54.4 亿美元，居世界第 15 位，R&D 投入额相当于三星的 44.6%，已超过苹果的 49.8 亿欧元（排第 18 位），而且华为的 R&D 强度为 14%，远远超过三星的 7.9% 和苹果的 3.3%。2014 年华为国际 PCT 专利申请数量 3442 项，居世界第一，在前十位企业中的增长速度是最快的（63%）；2015 年，华为申请专利 3898 项，连续第二年居全球企业之首。

（3）快速商业化的能力。新技术、新产品商业化的主要障碍之一在于如何生产出性能可靠且价格合理的能为市场所接受的产品。作为世界制造业加工组装基地，尽管中国在核心零部件、关键装备等方面仍有所欠缺，在技术发展方向、商业模式和新产品引领上与发达国家相比还不具备优势，在 R&D 密集型技术创新方面还不擅长，但是中国企业善于吸收、利用全球范围内可获得的零部件、子系统和各种资源。中国具有美国、日本、德国等工业强国难以匹敌的强大工程化和加工制造能力，当企业发现市场机会或接到来自发达国家的订单后，能够快速地将国外复杂的设计转变为容易加工制造、容易规模化生产的最终产品。这些能力的集合就成了 Nahm and Steinfeld 所谓的"创新型制造优势"，即依托完善的产业配套、较高的技术消化吸收和创新能力以及强大的工程化和制造能力，将复杂的产品设计（来自国内或国外）制造为最终产品并规模化生产的能力（Nahm & Steinfeld，2014）。

第三，业务转型非常普遍。改革开放 40 年以来，中国企业面临着前所未有的外部环境变化。一是中国经济保持接近 10% 的高速增长，即使国际金融危机后中国经济进入"新常态"，经济增长速度仍然居于世界前列。中国已经是世界第二大经济体和第一工业大国，中国也从低收入国家进入中等偏上收入国家行列，在这一过程中，市场规模、居民购买力和消费结构等都发生了巨大的变化。二是这40年是电子信息革命深入推进的阶段，新技术、新产品层出不穷，产业结构发生巨大的变化。而金融危机后，新一轮工业革命和产业变革又在全球范围内兴起。三是中国加快融入世界经济，特别是中国加入WTO后，凭借丰富而廉价的劳动优势迅速成长为世界制造业的加工制造基地，发达国家纷纷将加工制造环节转移到中国，中国企业成为全球生产网络不可或缺的部分。面对这些变化，绝大多数具有较长历史的企业都经历过一次甚至多次业务的调整，以不断适应外部技术的变革、消费升级、市场的国际化以及企业自身实力的增强和核心能力的变化。就制造业而言，中国企业在全球价值链中经历了从OEA（原始设备组装）生产到OEM（原始设备制造），再到ODM（自主设计制造），现在到OBM（自有品牌制造）的升级。

（二）中国企业的差距和努力方向

尽管经过改革开放40年以来的发展，中国企业由小到大、由大到强，但总体上与世界同行业领先水平还存在不小的差距。当前我国经济从高速增长进入中高速增长的"新常态"，中国企业需要适应这种形势变化，迎难而上，积极推动自身的业务转型。

1. 中国企业的差距

第一，技术水平存在较大差距。在高新技术产业和技术前沿领域，中国还几乎没有领军型企业；即使在汽车、钢铁等相对比较成熟的产业，中国企业的技术水平也存在差距；在基础原材料、零部件产业，中国缺乏一批产品质量、性能领先的隐性冠军企业。这些因素造成了在几乎所有细分产业领域和绝大多数产品上中国实现了从 0 到 1 的突破，但在产品技术水平、性能、稳定性等方面仍存在差距。

第二，软实力存在较大差距。以服装为代表的劳动密集型产业本应是中国具有优势的领域，但是设计能力、品牌影响力、企业经营管理水平仍然不高，软实力的差距不仅在劳动密集型产业，也在制造业、服务业广泛存在。

第三，缺乏引领性的创新。中国企业无论是技术创新还是商业模式创新都以跟随、模仿为主。在具有较大差距的时期，模仿当然是后发优势之一，可以减少大量的试错成本、降低不确定性的风险。但跟随、模仿也意味着在核心专利、标准等方面的落后从而缺乏产业话语权，如果不能尽快提升原始创新能力，随着我们接近技术前沿，许多企业将会丧失前进的方向。

第四，对行业发展缺乏预判。例如，安彩集团 2003 年以 5000 万美元收购康宁全部 9 条显像管玻壳生产线，将报价从 6 亿美元压低到 5000 万美元貌似捡了个大便宜，但没有预料到电视机快速由 CRT 向液晶转变。康宁因抛掉包袱顺利实现业务转型，2005 年成为世界最大的液晶显示器用玻璃生产商，而安彩集团却在 2005 年出现高达 1.8 亿元亏损，2006 年更是亏损 18.5 亿元。

第五，处于全球价值链中低端。从全球化程度较高的产业看，发达国家的跨国公司处于价值链的掌控地位，控制着最核心的、利润最高的研发设计和品牌营销等环节，中国企业依附于全球价值链，主要依靠大量人力、资源的投入赚取微薄的利润。在商业生态的作用比较显著的产业，主导者也往往是发达国家的跨国公司，缺乏中国企业自己主导的商业生态。例如在ICT产业，计算机的产业生态系统被微软和英特尔的Wintel联盟所主导；手机芯片和操作系统分别掌控于英国的ARM和美国苹果公司的iOS、谷歌公司的Android；互联网核心技术则被IBM的小型机、Oracle的数据库和EMC的中高端存储所垄断。

2. 中国企业的努力方向

当前我国经济从高速增长进入中高速增长的"新常态"，企业的发展受到人工成本快速上涨、资源环境约束加大等多方面制约；同时，随着居民收入的增长，国内消费需求从模仿型排浪式向个性化、多元化转变。企业需要进行业务转型升级，以适应新形势的变化。从宏观上看，这也是中央提出供给侧结构性改革的深层次原因，通过"从生产领域加强优质供给，减少无效供给，扩大有效供给，提高供给结构适应性和灵活性，提高全要素生产率，使供给体系更好适应需求结构变化"。具体来讲，中国企业的业务转型应着眼于以下方面：

第一，抓住市场增长机遇。企业的发展依赖于其所服务市场的增长，当前国际、国内市场正处于深度变革期，企业需要根据自己所处产业领域与自身优势审时度势，及早布局。这些新的市场机遇主要包括：国内消费升级带来对中高端产品需求的快速增长；国内产业结构的调整和产业升级带来对原材料、零部件、装备种类、质量的变化；一批发展中国家特别是"一带一路"沿线国家经济增长速度的加快使得海外市场更具吸引力；新一轮科技革命和产业变革在全球范围兴起，不断创生新产品、新产业、新商业模式。

第二，打造核心能力。企业向新业务方向的转型，必须以强大的核心能力为基础。对于中国企业来说，重点要加强相关领域人才的引进与培养，加大研发投入，促进技术创新，在知识产权、技术标准上加强布局，掌握产业发展的话语权；积极采用以新一代信息技术为代表的新科技进行技术改造，提高生产效率，改善产品质量，减少资源消耗和污染物排放；重视软实力的打造，加强对品牌的宣传和塑造。

第三，建立商业生态。向新业务领域的转型，必须高度重视商业生态系统的建设。在分工越来越细致的现代社会，企业已经很难靠单打独斗取胜，而必须加强与其他企业合作，共同为用户开发和提供"完整"产品。在新兴产业领域存在着技术标准之争，更需要企业通过产业联盟使自己的技术标准获得更多支持，通过争取更多的互补产品提供者加强技术标准对用户的吸引力，从而成为市场的主导设计，在"新经济"领域实现赶超。

（三）中国企业业务转型的特殊性

与发达国家相比，我国企业所面对的市场环境不仅有技术环境的变化，而且本国经济的快速发展、企业本身技术水平的快速升级,都使得我国企业的业务转型更为频繁而剧烈。更为显著的是,中国企业的业务转型的特殊性体现在中国经济本身的特殊性上。

改革开放之前,中国是一个计划经济国家,改革开放以来中国开始向市场经济进行转轨。在这一过程中,对市场在资源配置中作用的认识逐步深化,市场对资源配置的范围不断深化、作用不断增强。1982年党的十二大确认要贯彻"计划经济为主、市场调节为辅"原则,随后党的十二届三中全会确认中国社会主义经济是公有制基础上的有计划的商品经济,再到1992年的十四大将建立社会主义市场经济体制确定为中国经济体制改革的目标,使市场在社会主义国家宏观调控下对资源配置起基础性作用;党的十八大提出"更大程度更广范围发挥市场在资源配置中的基础性作用",党的十八届三中全会提出"市场在资源配置中起决定性作用和更好发挥政府作用",党的十九大进一步强调"市场在资源配置中起决定性作用,更好发挥政府作用"。与西方国家相比,中国仍处于经济转轨过程;与俄罗斯为代表的其他转轨国家相比,中国没有按照"华盛顿共识"全盘彻底地市场化,而是采取了一条渐进式改革的道路。在这一过程中,政府不仅在保持社会稳定、推动市场机制相关制度建设和机制的形成、完善基础设施等方面发挥了积极的作用,而且还通过产业政策对产业的发展进行引导和支持。因此,中国的企业战略制定、核心能力构建就需要与经济转轨、政府政策和国家发展战略相呼应,只有这样才能够实现自身的高速成长。

中国转轨经济的特性还决定了公有制处于主体地位,国有企业在中国经济中占有相当大的比重，发挥着主导作用。在关系国家安全、国民经济命脉和国计民生的重要行业和关键领域，国有经济发挥着举足轻重的作用。这就意味着，非国有企业的发展需要与国有企业建立紧密的联系与合作关系，特别是在国有企业占有绝对优势的领域，非国有企业需要进入国有企业的供应体系和生态系统。对于国有企业来说，一方面，承担着超越完全市场经济条件下企业职能的一些功能和任务，特别是在关系国家安全、国民经济命脉和国计民生等重要领域发挥攻坚作用；另一方面，国有企业的经营领域、治理模式、管控机制等企业经营管理的各个方面也需要不断随着国家对国有企业改革的深化而不断调整。当然，相对于非公有制经济，国有企业在产业准入、融资以及其他产业政策的支持方面也具有来自体制内部的优势。

参考文献

［1］［美］迈克尔·A. 希特，R. 爱德华·弗里曼，杰夫瑞·S. 哈里森. 布莱克威尔战略管理手册［M］. 北京：东方出版社，2008.

［2］乔治·S. 戴伊，戴维·J. 雷布斯坦因，罗伯特·E. 冈特. 动态竞争战略［M］. 上海：上海交通大学出版社，2003.

［3］［美］理查德·E. 纳尔逊，悉尼·G. 温特. 经济变迁的演化理论［M］. 北京：商务印书馆，1997.

［4］史东明. 核心能力论——构筑企业与产业的国际竞争力［M］. 北京：北京大学出版社，2002.

［5］［美］克里斯·祖克. 从核心扩张［M］. 北京：中信出版社，2004.

［6］［美］克里斯·祖克. 回归核心［M］. 北京：中信出版社，2004.

［7］Moore，J.F. Predators and Prey：A New Ecology of Competition［J］. Harvard Business Review，1993，71（3）：75-86.

[8] 詹姆斯·弗·穆尔. 竞争的衰亡——商业生态系统时代的领导与战略 [M]. 北京：北京出版社，1999.

[9] [美] 马尔科·扬西蒂，罗伊·莱维恩. 共赢——商业生态系统对企业战略、创新和可持续性的影响 [M]. 北京：商务印书馆，2006.

[10] [比利时] 曼努埃尔·亨斯曼斯，[英] 格里·约翰逊，叶恩华. 战略转型：赢时思变 [M]. 北京：机械工业出版社，2015.

[11] [美] 约翰·R.韦尔斯. 战略的智慧 [M]. 北京：机械工业出版社，2013.

[12] [美] 谢德荪. 重新定义创新 [M]. 北京：中信出版社，2016.

[13] 陈春花，赵曙明，赵海然. 领先之道 [M]. 北京：机械工业出版社，2016.

[14] Leonard-Barton, D. Core Capabilities and Core Rigidities: A Paradox in Managing New Product Development. Strategic Management Journal, 1992, 13 (S1), 111-125.

[15] [美] 拉斯洛·博克. 重新定义团队：谷歌如何工作 [M]. 北京：中信出版社，2015.

[16] [美] J.弗雷德·威斯通. 兼并、重组与公司控制 [M]. 北京：经济科学出版社，2003.

[17] 李晓华，吕铁. 战略性新兴产业的特征与政策导向研究 [J]. 宏观经济研究，2010(9)：20-26.

[18] Pavitt, K. Robson. J. Townsend. The Size Distribution of Innovationg Firms in the UK. 1945-1983 [J]. Journal of Industrial Economics, 1987 (35): 7-14.

[19] 徐明. 大企业如何分拆不失败？——专访安捷伦全球总裁兼COO迈克·麦克马伦 [EB/OL]. http://www.hbrchina.org/2015-01-07/2668.html.

[20] Nahm, Jonas and Edward S. Steinfeld. The Role of Innovative Manufacturing in High-Tech Product Development: Evidence from China's Renewable Energy Sector [A]// Richard M. Locke and Rachel L. Wellhausen Production in the Innovation Economy [M]. Cambridge, Massachusetts: The MIT Press.

第十章
全球资源配置

　　大企业的发展一般都会经历从国内地区市场到全国市场，再到国际化、全球化的过程。国际化与全球化是两个相关但又存在很大区别的概念。迪肯（2007）认为，国际化过程是"经济活动跨越国境的简单扩张"，本质上反映了更加宽广地理空间上的经济活动，是一种量变；全球化过程"不仅仅包括经济活动跨越国境的地理扩张，而且更重要的是包含在国际上分散的经济活动的功能一体化"，"反映了经济活动组织方式的质变"。也就是说，国际化主要是经济活动地理空间分布范围的扩大化，而全球化不仅包括地理空间范围的扩大，而且还包括经济活动融合程度的不断提高。因此，他认为"全球化过程应该被视为趋势而不是最终状态"。

　　更具体地说，国际化与全球化的区别主要表现在两个方面。在地域范围上，国际化的企业在多个国家开展经营活动，但其市场重心仍在母国市场；全球化企业的经营活动遍布世界主要国家（市场），它需要站在全球视角谋划企业的经营活动，同时也在主要市场实施本地化策略。在进入国外市场的方式上，采取的商品出口、海外设立分销机构、雇佣外籍职员等方式属于国际化，甚至进口贸易、"三来一补"、购买外国专利、在母国建立合资企业也都可以称为国际化；而全球化还要包括绿地投资、跨境并购等投资方式以及在其他国家的生产工厂、研发中心、全球或区域总部等其他形式的实体性存在。可以说，国际化是全球化的早期发展阶段，全球化是国际化的高级形式，二者都是企业走出国门，在更大地域空间上发展的方式，主要体现在程度上的不同[①]。

世界一流企业需要在全球范围内进行资源配置与整合，这一方面是由于世界一流企业的规模全球领先，一个国家甚至少数几个国家都难以提供足够大的市场以支撑其业务发展；另一方面是由于世界一流企业有能力在全球范围展现出卓越的竞争力。研究世界一流企业在全球范围内配置资源的经验和方式，明确中国企业的差距和努力方向，对于中国企业向世界一流企业迈进具有重要指导意义。

---

① 考虑到相互之间主要是程度的差异以及全球化是一个程度由低到高的过程，本章没有过于区分国际化、跨国生产、全球化以及国际化企业、跨国公司、全球化企业等概念。粗略地概括，国际化、跨国生产以及国际化企业、跨国公司是更相似的概念，主要是指一家企业在两个或两个以上的国家开展经营，而不论其采取经营的形势如何；全球化、全球化企业则需要一家企业在世界主要国家开展经营，且需要具有实体企业形式（即采取直接投资方式）。

一、理论研究

全球化的历史可以追溯到几千年前人们远距离的商品交换和贸易,例如丝绸之路将中国与欧洲连接起来,进行商品、文化等方面的交流。实际上如果再向前追溯,人类数万年前走出非洲并扩散到世界各地也可以视为一种全球化。现代意义上的全球化则开始于 18 世纪后期工业革命之后。蒸汽动力的使用和新机器的发明使生产力大幅度提高、生产能力快速扩张,同时,火车、蒸汽轮船等运输工具的发展可以将产品成本更低、时间更短地运送到更远的地区,极大地拓展了市场的范围。按照亚当·斯密的理论,市场决定分工的范围。市场的规模越大,单个生产环节越能够实现规模经济,因此,企业之间和企业内部的分工可以不断深化,进而促进生产率的不断提高。随着交通、信息技术的进一步发展、产品复杂程度和模块化程度的不断提高、世界经济自由化的推进以及各种贸易、投资协定的签署,自 20 世纪 80 年代以来,全球化从广度、深度上都达到了前所未有的范围,世界愈加扁平化(弗里德曼,2015)。企业也愈来愈跨越国界,成为世界扁平化的主要参与者和推动者。因此,企业的国际化、全球化一直都是国际商务理论研究的重点领域。

（一）企业全球化的主要理论

最早在微观层次上解释企业全球化（跨国生产）的是斯蒂芬·海默，在 1960 年开创性的研究中，他从产业组织理论的视角给出了解释。他认为，相比外国企业，国内企业更熟悉本国的市场特征、商业文化和地方法规等，因此，外国企业要进入该国市场，必须具有特殊的优势和资产来抵消本地企业的优势，如企业规模、范围经济、市场能力、专有技术等。更为著名的国际投资理论是约翰·邓宁的生产折衷理论（OLI），该理论明显受到海默的影响。国际生产折衷理论认为，有三个基本要素决定企业的国际直接投资行为，即所有权优势（Ownership）、区位优势（Location）和市场内部化优势（Internalization）。所有权优势是指一国企业拥有的相对于他国企业的技术、资金、成本、企业规模、组织管理能力等方面的优势，是国际投资发生的必要条件；区位优势是指东道国能吸引外国企业前来进行直接投资的要素禀赋优势，邓宁列举的区位优势包括自然和人造资源以及市场的空间分布，投入品的价值、质量以及生产率，国际运输和通信成本，投资优惠或歧视，产品和劳务贸易的人为障碍，基础设施保障，国家间意识形态、语言、文化、商业惯例和政治的差异，研究与开发、生产与营销集中化带来的经济性，经济体制和政府战略以及资源分配的制度框架。区位优势决定了企业投资地的选择，也决定着对外直接投资的类型。内部化优势是为避免市场不完善给企业带来不利的影响，用企业内部的组织替代外部的市场以降低成本（王国顺等，2009）。

全球价值链理论从另一个视角对企业在全球范围内配置资源给出了解释。所谓价值链是指商品和服务的生产活动需要经历从原材料的输入，经过材料、零部件、局部装配、总装、购买/贸易、领导厂商的关键活动、营销、零售到最终用途的消费者，以及售后服务和最终的处理/回收的一系列过程，这个过程也是价值增值的过程（Sturgeon，2001）。迈克尔·波特将价值活动分为两大类：基本活动和辅助活动。前者涉及产品的物质创造及其销售、转移给买方和售后服务的各种互动，包括内部后勤、生产经营、外部后勤、市场销售、服务；后者包括采购、技术开发、人力资源管理和基础设施活动（如财务和会计）等辅助基本活动进行的活动（波特，1997）。辅助活动是生产活动的支撑，存在于价值链的各个环节。所谓全球价值链（Global Value Chains，GVC）是指价值链中的价值增值活动不局限于一个国家的地域范围，而分散到多个国家甚至全球范围，每一个国家在某种商品的特定阶段从事专业化的生产活动，形成国家之间的产业内和产品内垂直分工。一件产品或服务的价值增值活动在全球范围内完成，意味着企业的生产经营活动很可能（也需要）分布于多个国家，当这些活动内部化于这家企业的时候，该企业就成为跨国企业或全球企业。同时，它还需要与全球价值链中分布于其他国家和地区的企业进行分工协作才能完成产品/服务价值增值的全部过程。正如联合国工业发展组织在一份报告中所说："仅仅一大堆彼此互补的企业并不构成全球价值链。全球价值链是诸多企业网络相连接而成的一个有序集合,而处于网络中的企业,彼此之间通过多种相互作用和联系而连接在一起,因此,全球价值链是企业间连接构成的万维网。"(联合国工业发展组织,2003)

(二)企业全球化的动因

邓宁把企业全球化的动因划分为资源寻求型、市场寻求型、效率寻求型、战略资源寻求型、贸易与销售型和辅助服务型六种。但事实上,企业全球化的动因是在不断演变的。在工业化早期,尽管运输技术的发展扩大了市场的范围,但受制于企业自身的规模、通信技术落后带来的高昂交易成本以及产品本身的复杂程度不高,因此,世界各国间的分工以发达国家出口制成品、发展中国家出口原材料的水平分工为主,企业在世界范围内的扩张也主要以获取资源、扩大市场为目标。信息技术革命以来,产品复杂程度、模块化程度的提高,使产品内分工成为可能;信息技术极大地降低了交易成本,甚至一些数字化产品和服务的远程协作创新、生产成为可能;技术的重要性日益突出,成为国家竞争优势的主要来源;发展中国家也比以往更加深入地参与到全球生产中。在这一背景下,企业全球化的动机也从获得资源、市场变得趋于多元(见表10-1)。

1. 获得市场机会

获得市场机会是全球化的最初动因。在经济全球化时代,是否能够在全球范围内攫取尽可能大的市场份额成为一流企业的基本标准。所谓一流企业,需要在企业规模上——无论用销售收入、

表 10-1　企业全球化的不同类型及其动机

国际生产类型	区位优势	例证
资源寻求型	丰富的自然资源；良好的交通与信息设施；税收优惠及其他优惠措施	石油、铜、锡、锌、香蕉、菠萝、可可、茶叶
市场寻求型	原材料和劳动力成本；市场的特征；政府政策（例如：配额和管制）	计算机、医药、烟草、食品加工
效率寻求型	生产专业化和集中带来的经济性；低廉的劳动力成本；东道国政府鼓励在当地生产的优惠措施	汽车、家用电器、农业机械、电子消费品、纺织品、服装、照相机
战略资产寻求型	上述三类中能提供技术、市场和其他资产与现有资产整合的因素	固定费用比例高的行业，能够有巨大规模经济或综合经济的行业
贸易与销售型	接近原材料和当地市场；接近消费者；售后服务	一系列产品，特别是那些需要与转包商、最终消费者密切联系的产品
辅助服务型	获得市场，尤其是那些重要的顾客	会计、广告、保险、银行和咨询服务

资料来源：John Harry Dunning. Multinational enterprises and the global economy [M]. Wokingham, Berkshire: Addison Wesley, 1993. 转引自王国顺等（2009）.

资产还是市值来衡量，都需要处于世界前列，至少处于本行业的世界前列。一个国家的市场容量终归有限，因此为了保持规模领先，一流企业必须全球化发展。世界各国的经济发展阶段、人口规模、经济增速等方面都存在差异。例如，根据 World Bank 的数据，2000~2009 年，中国 GDP 的平均增速达到 10.9%，印度为 7.5%，印度尼西亚为 5.3%，而美国、德国、日本的平均增速只有 2.1%、1.0%和 0.8%。经济发展水平高、人口多、增速快的国家的市场容量就大，进入这些国家能够带动企业的高速成长；反之，如果错失这些国家的市场，就有可能在发展速度和规模上被竞争对手甩下。

一流企业在全球市场竞争中具备竞争优势，因此也具备了进军全球市场的条件。如果不进入高增长市场，错过增长机会还在其次，竞争对手规模的扩张、积累的增加会使一流企业在全球产业中的优势受到侵蚀。GE是电灯的发明者和北美照明市场的领导者，但由于长期忽视国外市场，GE在20世纪80年代初将照明行业的领导地位拱手让给飞利浦。在20世纪80年代后期通过把战略定位于全球市场，GE在80年代末占有了欧洲18%的市场，并构成对飞利浦的一大威胁（董庆生等，2002）。改革开放以来，中国经济经历持续的高速增长，中国企业由于在本国的业务比重高且熟悉本地的市场，因此分享到经济增长的红利，而且几乎所有的世界500强企业基本都在中国有投资。

获得市场机会的另一种情形是通过在国外直接投资设厂规避贸易壁垒和贸易摩擦，从而扩大产品销量。在贸易方式下，出口国企业出口量的增长只是增加本国的就业、税收，带动本国的经济增长，而进口国会因为进口量的增加而减少本国同类产业增长的机会和就业、税收的数量。相比之下，直接投资方式下，尽管外国企业仍然能够获取大量利润甚至将利润转移出去，但毕竟带动了东道国产业的发展、吸纳了就业。因此，许多国家会对与本国形成严重竞争关系的产品设置种种进口障碍、制造贸易摩擦。在这种情况下，一家企业为了更好地在国外市场发展，就会选择采取在东道国投资设厂的方式。日本汽车公司开始在海外投资设厂的主要推动力是因为日本与美国达成了自动出口限制协议，日本汽车的出口增长受到限制。因此，20世纪80年代中期开始在美国设立工厂。例如，1984年12月，丰田与通用双方各出资50%在加利福尼亚成立合资公司，1988年1月又在美国肯塔州成立了独资汽车制造公司。三星海外投资的诱因同样是1983年几家美国公司对三星提出反倾销诉讼，为绕过美国关税保护，三星集团于1984年在美国新泽西建立工厂。

2. 获得自然资源

对矿产资源和能源的开发及利用是现代经济区别于传统经济的根本特征之一。在工业化初期，由于生产的迂回程度较低，自然资源成为工业的主要加工对象；而对于发达经济体，虽然采掘业和直接加工自然资源的产业比重已经很低，但由于经济总量大，且生活水平提高也带来对物质消耗的增长，因此矿产资源和能源仍然是国民经济发展的基础保障。从这个意义上，美国前国务卿基辛格博士曾说过："谁控制了石油，谁就控制了所有国家。"世界各国自然资源的分布非常不平衡，资源的富足程度与经济发展之间并不存在显著的正向关系。一些资源富足的发展中国家与资源短缺的发展中国家相比，经济表现不尽如人意，特别是以矿产为主的资源富足国家的经济表现一直都处于最差的行列之中（奥蒂，2006）。能源领域存在同样的现象。多数能源富足的国家的经济发展水平不高，反之，多数发达国家的能源储量并不丰富。因此，保障能源、矿产资源等战略性资源的供应安全就成为许多跨国公司的重要任务。在"二战"之前，发达国家可以利用坚船利炮和殖民掠夺广大发展中国家的自然资源，但是随着"二战"之后民族国家独立和国际新秩序的确立，发达国家只能依靠经济手段获取发展中国家的资源,而最有效和直接的方式就是在资源所在地投资矿山、油(气)田或参股获得相关权益。作为资源匮乏的国家,日本综合商社与钢铁公司互相持股,在20世纪60年代就开始低价收购海外矿山,以保证本国钢铁等资源型产业发展所需资源的供应。三井株式会社拥有世界三大铁矿石公司巴西淡水河谷、澳大利亚力拓和必和必拓的股份,住友财团和三菱财团也和力拓、必和必拓有密切合作关系,这就保证了即使铁矿石涨价,日本企业也能通过持有铁矿石公司股份对冲损失。

3. 提高经营效率——实现价值链全球最优布局

一般而言,价值链各环节对生产要素的投入存在较大差异,因此每个环节都有自己的最优区位。例如,新产品的研发、设计需要大量受过高等教育、具有专业技术和首创精神的科技人员,零部件供应商和小试样品制造商、高效的信息获取渠道,获取资金的便利途径等;复杂产品的制造需要大量高水平的零部件、原材料供应商的聚集;劳动密集型产品的加工组装需要大量低工资的普通工人。不同国家、不同地区的资源禀赋、产业基础不同,因此其区位优势主要表现为某些产业价值链的某一些特定环节的优势,企业为了降低生产成本、提高运营效率就需要根据价值链不同环节对要素的需求将其布局在最合适的国家和地区。例如,研发活动常常被布局在发达的大都市、大学和研究机构密集区,而加工装配活动常常被安置在乡镇、欠发达地区、发展中国家等劳动力资源丰富且工资较低的区域。企业实现价值链全球布局的方式有两种:一种是将在母国和企业内部的价值链环节(如加工组装）离岸外包到低成本发展中国家与其没有产权关联的企业，另一种是在其他国家设立新的分支机构或子公司。

企业要实现价值链的最优整合，必须开展国际化经营以进行全球资源配置。全球价值链大致可以分为模块型、关系型和领导型（Gereffi et al.，2003）。无论在哪种治理类型的全球价值链中，处于价值链不同环节企业的地位是不同的。一流企业通常扮演着旗舰企业或链主的角色，在全球价值链中居于主动、控制地位，它们通过自身的市场活动使全球价值连接、运转起来。所谓"旗舰企业"是指处于由它和它的供应商、主要客户、主要竞争对手和非商业性基础设施部门等构成的商业网络核心位置的企业（克鲁格，2001）。Enrst（2001）认为，没有一家企业——即使是统治市场的领导者，能够在企业内部发展起参与全球竞争所需要的所有不同的能力，因此，竞争的成功在很大程度上取决于对企业外部专业化资源的选择与掌控能力。这就需要组织从个体（Individual）形式向集体（Collective）形式、从跨国公司多部门（M型）的功能科层向网络化的全球旗舰企业模式转型。他将全球生产网络中的旗舰企业分为两种类型：品牌领导者，如思科、通用电气、IBM、戴尔；合同制造商，如伟创力（Flextronics）、富士康。在汽车产业，整车厂商通过设计、采购零部件直接或间接指挥下级供应商的经营；在IT产业，品牌商将生产活动委托给OEM制造商，而后者又将大量的零部件供应商组织起来。世界一流企业凭借对品牌、核心技术、市场驱动等方面的掌控处于全球价值链的高端环节，分享全球价值链的大部分价值增值和利润。

4. 战略资产寻求型——强化国际竞争力

无论企业经营的地域范围如何——地区、国家、国际或全球，都要遵循竞争力的逻辑。从参与国际竞争的角度看，企业国际竞争力实际上是其自身的竞争优势与所在国比较优势的耦合。竞争优势和比较优势一个关于企业，一个关于国家（Warr，1994）。比较优势是特定位置（Location-specific）相关的优势，它建立在一个国家相对于另一个国家更低的要素成本之上；竞争优势是特定企业（Firm-specific）相关的优势（近似于邓宁所说的所有权优势），它来源于企业的一些专有特性，这些特性竞争对手要花费很大的成本才能模仿，且具有不确定性（Kogut，1985）。企业所在国家的资源禀赋优势进入企业的生产函数，能够为该国企业提供相对于其他国家企业的竞争优势，并在企业以商品贸易方式参与国际竞争时表现出来。但是，基于资源禀赋的比较优势只能为处于该国内部的企业所享有，并且是公平的共享，当一家企业如果想在与本国企业的竞争中脱颖而出或者想在国际市场上获得更强的竞争优势时，则需要通过持续的创新和积累形成自身独特的能力。当企业以国际贸易的方式参与国外市场竞争时，其综合竞争优势是母国资源禀赋和企业自身能力耦合的结果。

世界一流企业多处于发达国家，这些国家的比较优势主要体现在知识、创新等方面，而在成本上处于劣势。因此，如果以贸易方式进入低成本国家，其自身的内生竞争优势会被本国的比较优势所抵消。反之，如果进行全球化资源配置，则能够把自身的竞争优势与东道国的比较优势有机结合起来，进一步强化在东道国的竞争力。即使在相同发展程度的国家，各自拥有的比较优势也是不同的，这些国家同一行业的不同企业也拥有各自独特的核心能力，因此全球化可以将各国不同的优势集成起来强化企业自身的核心能力。

随着现代经济向以知识为基础的经济转型，关键人才、研发机构、核心技术等关键资源的重要性日益突出，并且由于这些战略性资源在各个国家和地区之间存在着异质性，因此，企业要获得全球性竞争优势，必须在全球范围内布局。以汽车行业的日本日产公司为例，1999年，日产连续亏损，陷入破产境地，但通过与欧洲第一大汽车公司雷诺互持股份、结成联盟，日产通过改进管理方式迅速扭亏，雷诺也扩大了在亚洲市场的影响，同时双方通过共享平台、开发通用零部件，大幅度降低了生产成本（罗黎婧，2011）。

二、国外一流企业的经验分析

国际市场的参与者多，竞争也更为激烈，因此全球化的先行者和领导者必然具有全球性的竞争优势，是各自所在行业的领先企业甚至世界一流企业。一般来说，企业的实力越强，国际化程度相对越高。如果一个国家拥有一批具有国际竞争力的企业，那么在宏观上就表现为对外直接投资规模大。因此，我们可以从宏观上的对外直接投资和微观上企业的海外业务情况来考察企业的全球化。

（一）一流企业全球配置资源的特征

企业的全球化，既是其本身优势资源、能力和商业生态在全球市场的延伸，同时也是为了获得、掌控资源（如收购矿山、油田），培养、获取和强化核心能力（如设立研发中心）。一流企业需要在容量大、增长快的市场布局，以保持自身的成长性；一流企业需要在具有战略性资源的国家布局，以获得能源、资源、人才和技术。世界一流企业一定是在全球具有竞争力的企业，其在技术水平领先的发达国家和高速增长的发展中国家都有较多的布局。

从联合国贸发会议（UNCTAD）的统计数据可以看出跨国公司的国际化情况及其变化。从表10-2中可以看到，1990~2015年，跨国公司海外子公司取得高速成长，2015年海外子公司销售额、增加值、总资产、出口额、雇员数分别是1990年的7.19倍、7.36倍、23.02倍、5.40倍和3.71倍；跨国公司海外子公司在世界经济中发挥的作用也呈大幅度提高之势。从表10-3可以看到，2015年，世界最大100家跨国公司的海外资产占其全部资产的61.72%、海外销售收入占全部销售收入的65.05%，海外雇员占全部雇员数的57.63%。相比之下，发展中国家和转型国家100家最大跨国公司明显低于全世界100家最大跨国公司，反映出其跨国公司全球竞争力的差距。从表10-4可以看到，世界100家最大跨国公司共有55000家子公司，平均来看，每一家跨国公司拥有子公司549家，其中外国子公司370家，占全部子公司数量的67.4%，这些子公司平均分布于56个国家；子公司数量最多的跨国公司有子公司2082家，外国子公司约占70%，子公司分布于133个国家。

表10-2 跨国公司境外生产情况

单位：10亿美元，现价

年份	1990	2005~2007（国际金融危机前平均）	2010	2015
外国子公司销售额	5101	20355	25622	36668
外国子公司增加值（产品）	1074	4720	6560	7903
外国子公司总资产	4595	40924	75609	105778
外国子公司出口额	1444	4976	6267	7803
外国子公司雇员数（千人）	21454	49565	63903	79505
世界GDP	22327	51288	63075	73152
世界固定资本形成总值	5072	11801	13940	18200
世界货物和服务出口	4107	15034	18821	20861
外国子公司增加值/全球GDP	4.81	9.20	10.40	10.80
外国子公司总资产/全球固定资本形成总额	90.60	346.78	542.39	581.20
外国子公司出口额/全球货物和服务出口	35.16	33.10	33.30	37.40

资料来源：UNCTAD. World Investment Report [R]. 2012；World Investment Report [R]. 2016.

表10-3 2015年世界100家最大跨国公司海外发展情况

	世界100家最大跨国公司		发展中国家和转型国家100家最大跨国公司	
	2009年	2015年	2009年	2015年
资产（10亿美元）	11543	12854	3152	5948
其中，国外	7147	7933	997	1731
国外占全部（%）	61.92	61.72	31.63	29.10
销售收入（10亿美元）	6979	7863	1914	4295
其中，国外	4602	5115	911	2135

续表

	世界 100 家最大跨国公司		发展中国家和转型国家 100 家最大跨国公司	
	2009 年	2015 年	2009 年	2015 年
国外占全部（%）	65.94	65.05	47.60	49.71
雇员数（千人）	15144	17304	8259	11534
其中，国外	8568	9973	3399	4173
国外占全部（%）	56.58	57.63	41.16	36.18

资料来源：World Investment Report [R]．2012；World Investment Report [R]．2016．

表 10-4　世界 100 家最大跨国公司的海外机构情况

	平均	最小	中位数	最大
子公司数	549	118	451	2082
其中外国子公司数	370	41	321	1454
外国子公司占比（%）	67.4	34.7	71.2	69.8
网络中的国家数	56	8	84	133

资料来源：UNCTAD. World Investment Report [R]．2016．

相比于一般性的企业，世界一流企业更加重视全球化，其本身业务也更加全球化。Royal 和 Stark（2015）对 2015 年世界最受尊重公司（World's Most Admired Companies，WMAC）的调查发现，世界最受尊重公司比同行企业认为全球化更紧迫。72%的世界最受尊重公司受访者认为全球化对他们的组织非常重要或重要，而同行企业的受访者只有 52%的这样认为；61%的世界最受尊重公司受访者将全球化看作影响战略性人力资源计划的三个大趋势之一，而同行企业只有 46%（Royal & Stark，2015）[1]。联合

---

[1]《财富》（Fortune）杂志每年发布世界最受尊重公司（World's Most Admired Companies，WMAC）排行榜，详见 http：//beta.fortune.com/worlds-most-admired-companies。

国贸发会议同样提供了最大的 100 家非金融类跨国公司的跨国指数 (The Transnationality Index, TNI)。TNI 是海外资产占总资产比重、海外销售收入占总销售收入比重与海外雇员数与总雇员数比重的平均值。表 10-5、表 10-6 是基于公司 2015 年 4 月 1 日至 2016 年 3 月 31 日财年财务报告的最大 100 家非金融类跨国公司中海外资产前 20 与 TNI 排名前 20 公司的海外业务情况。最大 100 家非金融类跨国公司平均海外资产占比为 66.5%，平均海外销售收入占比 68.5%，平均海外雇员占比 61.3%，平均 TNI 为 65.4%。按照海外资产规模排名，第一位是皇家荷兰壳牌，海外资产总额达到 2882.83 亿美元，TNI 为 74%；第二位是丰田汽车为 2732.80 亿美元，TNI 为 59.1%；第三位是通用电气为 2577.42 亿美元，TNI 为 56.5%。按照 TNI 排名，第一位是 Rio Tinto PLC，TNI 为 99.2%；第二位是 Altice NV，TNI 为 97.0%；第三位是 Heineken NV，TNI 为 96.6%。

分析最大的 100 家跨国公司的海外业务情况，可以发现，它们在规模、国别、行业等方面呈现出一些特征。由于发展中国家和地区的跨国公司发展时间较短，海外经营情况变化比较剧烈，因此如不特别说明，以下数据不包括发展中国家和地区的跨国公司，即不包括中国大陆、中国台湾、巴西、墨西哥、马来西亚的 6 家企业。

第一，规模较大的公司，其海外业务规模相对较小。最大的 100 家跨国公司资产总规模与 TNI 指数的相关系数为 -0.32；如果剔除发展中国家的跨国公司，则公司总资产与 TNI 指数的相关系

表 10-5 海外资产前 20 的最大 100 家（非金融）跨国公司的海外业务情况

海外资产排名	TNI排名	公司	母国(地区)	产业	资产	销售收入	雇员	TNI
1	37	Royal Dutch Shell plc	英国	采矿、采石和石油	84.7	64.1	73.1	74.0
2	64	Toyota Motor Corporation	日本	汽车	64.7	69.8	42.7	59.1
3	67	General Electric Co	美国	工业和商业机械	52.3	54.6	62.5	56.5
4	19	Total SA	法国	石油精炼和相关产业	96.7	77.9	68.5	81.0
5	40	BP plc	英国	石油精炼和相关产业	82.8	65.3	58.5	68.9
6	59	Exxon Mobil Corporation	美国	石油精炼和相关产业	57.5	64.5	60.3	60.7
7	75	Chevron Corporation	美国	石油精炼和相关产业	72.1	37.2	51.9	53.7
8	61	Volkswagen Group	德国	汽车	43.6	80.2	54.8	59.5
9	18	Vodafone Group Plc	英国	电信	86.8	84.8	71.9	81.2
10	65	Apple Computer Inc	美国	计算机设备	49.5	65.0	59.6	58.0
11	5	Anheuser-Busch InBev NV	比利时	食品和饮料	96.3	90.8	92.3	93.1
12	51	Softbank Corp	日本	电信	68.1	55.6	68.1	63.9
13	34	Honda Motor Co Ltd	日本	汽车	77.2	84.0	67.9	76.3
14	66	Enel SpA	意大利	电力、供气和供水	70.9	49.6	51.4	57.3
15	63	Daimler AG	德国	汽车	52.3	85.3	40.0	59.2

续表

海外资产排名	TNI排名	公司	母国(地区)	产业	资产	销售收入	雇员	TNI
16	28	Eni SpA	意大利	石油精炼和相关产业	80.5	67.0	84.9	77.5
17	12	CK Hutchison Holdings Limited	中国香港	零售贸易	88.7	80.1	88.7	85.8
18	29	Glencore Xstrata PLC	瑞士	采矿、采石和石油	89.5	67.8	74.8	77.4
19	47	Siemens AG	德国	工业和商业机械	83.7	75.6	39.0	66.1
20	31	Telefonica SA	西班牙	电信	82.7	72.9	75.2	76.9

资料来源：VNCTAD.

表 10-6 TNI 排名前 20 的最大 100 家（非金融）跨国公司的海外业务情况

TNI排名	公司	母国（地区）	产业	资产	销售收入	雇员	TNI
1	Rio Tinto PLC	英国	采矿、采石和石油	99.6	99.0	99.0	99.2
2	Altice NV	荷兰	电信	96.7	97.6	96.7	97.0
3	Heineken NV	荷兰	食品和饮料	97.0	98.3	94.5	96.6
4	Anglo American plc	英国	采矿、采石和石油	96.2	90.3	97.8	94.8
5	Anheuser-Busch InBev NV	比利时	食品和饮料	96.3	90.8	92.3	93.1
6	Nestlé SA	瑞士	食品和饮料	81.8	98.3	96.8	92.3
7	Schneider Electric SA	法国	电力、供气和供水	93.1	93.6	89.0	91.9
8	Linde AG	德国	化学与合成物	95.4	92.7	87.6	91.9
9	British American Tobacco PLC	英国	烟草	87.4	98.6	85.6	90.5
10	WPP PLC	英国	商业服务	87.2	85.8	92.8	88.6
11	SABMiller PLC	英国	食品和饮料	99.1	81.2	84.5	88.3
12	CK Hutchison Holdings Limited	中国香港	零售贸易	88.7	80.1	88.7	85.8
13	ArcelorMittal	卢森堡	金属和金属制品	96.5	99.9	59.9	85.4
14	SAP SE	德国	计算机和数据处理	92.0	86.7	77.0	85.2
15	Volvo AB	瑞士	汽车	81.2	97.1	76.9	85.1
16	Hon Hai Precision Industries	中国台湾	电子元器件	91.2	99.0	62.9	84.3
17	Mondelez International, Inc.	美国	食品和饮料	82.4	78.7	87.9	83.0
18	Vodafone Group Plc	英国	电信	86.8	84.8	71.9	81.2
19	Total SA	法国	石油精炼和相关产业	96.7	77.9	68.5	81.0
20	BG Group plc	英国	采矿、采石和石油	86.7	83.6	72.3	80.8

资料来源：UNCTAD。

数为-0.33；公司总资产与海外资产所占比重的相关系数也为-0.33（见图10-1）。

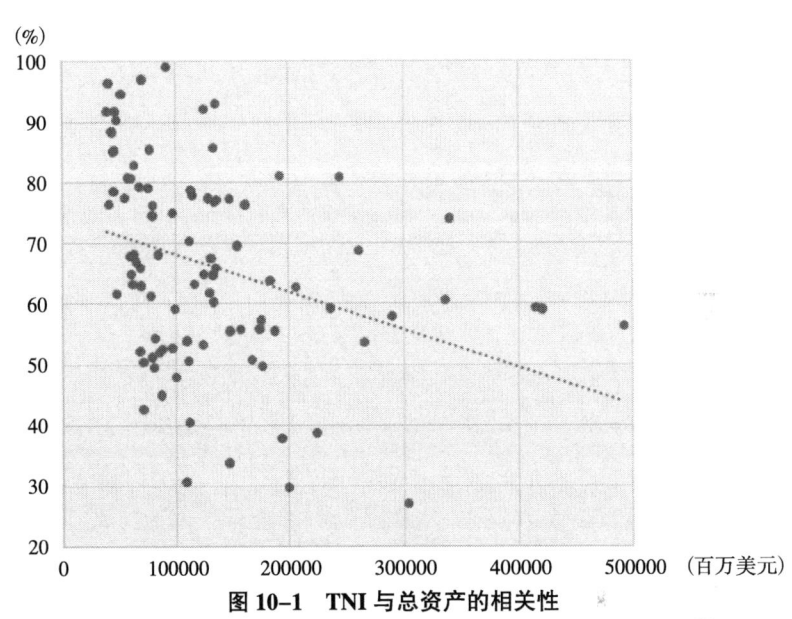

图10-1 TNI与总资产的相关性

资料来源：根据UNCTAD数据计算。

第二，较大经济和人口规模国家的公司国际化程度较低。世界前100大跨国公司主要分布于经济大国，美国、日本、德国、英国、法国分别是世界第一和第三至第六经济体，其全球最大100家跨国公司数量分别为21家、11家、13家、17家和9家。世界第一大经济体美国21家跨国公司的平均TNI为52.6%，是所有发达国家中最低的。世界第三大经济体日本11家公司的平均TNI为62.0%，第四大经济体德国13家公司的平均TNI为62.5%，略高于美国和日本。经济规模世界排名第15名之后的国家，其跨国公司的TNI除丹麦外均在70%以上，其中荷兰为96.8%，瑞士为78.2%，瑞典为76.5%，卢森堡为85.4%，以色列为77.6%，爱尔兰为77.3%，比利时为93.1%。丹麦一家公司的TNI为63.4%，主要是由于该公司的海外雇员所占比重仅为33.4%，但其海外销售收入占比则高达96.0%，海外资产占比也有63.4%。之所以跨国程度出现国家之间的较大差异，可能是因为经济和人口大国的国内市场大、资源的异质性程度高；相反，人口、国土面积和经济总量相对较小的国家由于国内市场的限制和出于追求战略性资源的需要，而不得不进行更高程度的国际化。

第三，国际化程度在行业间存在较大差异。最大100家跨国公司中（不包括发展中国家的跨国公司）的数据表明，服务行业的TNI普遍较高，例如商业服务业跨国公司的平均TNI为88.6%，电信为70.0%，零售贸易为68.6%，其原因在于服务生产过程和消费过程的同时性带来的可贸易程度较低，需要在所服务的国家进行投资、设立分支机构才能够提供相应的服务。金属和金属制品、石头、黏土、玻璃和混凝土制品、化学与合成物、采矿、采石和石油、石油精炼和相关产业等较高的TNI除了受到该行业跨国公司的母国经济规模较小的影响外，或者是因为需要靠近资源所在地，或者是因为这些产品的单位价值较低，就近生产能够大幅度降低运输成本。纺织、服装和皮革业的TNI也高达79.4%，是因为该行业的唯一一家跨国公司Christian Dior SA主要以奢侈品为主，为了更好地服务高端客户，要在海外市场开设大量的专卖店。相比之下，机械与IT产业的TNI较低，飞机、工业和商业机械、电力设备、计算机和数据处理、计算机设备等行业跨国公司

TNI 的平均值分别为 58.1%、57.9%、55.5%、54.7%和 49.3%。这是因为机械、IT 行业的模块化程度高,各个模块的加工制造或组装需要的资源禀赋存在很大差异,且各个国家在不同模块上具有优势,因此,跨国公司往往通过聚焦于价值链的关键环节而把低附加值环节离岸外包出去(见表 10-7)。

表 10-7 最大 100 家(非金融)跨国公司分行业海外业务情况

	企业数量(个)	资产	销售收入	雇员数	TNI
商业服务	1	87.2	85.8	92.8	88.6
食品和饮料	7	90.5	84.9	86.3	87.2
金属和金属制品	1	96.5	99.9	59.9	85.4
烟草	2	93.4	90.4	70.1	84.6
纺织、服装和皮革	1	69.3	89.6	79.3	79.4
石头、黏土、玻璃和混凝土制品	1	74.4	72.9	76.3	74.5
化学与合成物	3	72.2	71.9	71.3	71.8
电信	7	74.2	69.3	66.4	70.0
零售贸易	2	72.5	66.9	66.3	68.6
采矿、采石和石油	8	69.0	68.7	62.9	66.9
医药	11	65.7	68.3	62.9	65.6
运输和仓储	1	60.8	96.0	33.4	63.4
通信设备	1	30.3	89.6	68.9	62.9
汽车	12	56.3	75.3	54.9	62.2
卫生保健服务	1	74.8	62.3	48.4	61.8
批发贸易	4	69.0	43.4	69.0	60.5
石油精炼和相关产业	8	72.0	53.6	53.7	59.7
电力、供气和供水	9	60.8	57.7	58.0	58.9
飞机	2	52.1	56.7	65.4	58.1
工业和商业机械	3	60.4	61.3	52.1	57.9
电力设备	1	33.0	71.4	62.0	55.5

续表

	企业数量（个）	资产	销售收入	雇员数	TNI
计算机和数据处理	6	50.4	60.6	53.0	54.7
计算机设备	2	40.5	56.4	51.1	49.3

资料来源：根据 UNCTAD 数据计算。

（二）一流企业全球化的方式

一流企业全球化的方式并没有什么特殊之处，其成功之处在于能够从其具有全球优势的资源、能力和商业生态出发，掌控资源、占领市场、扩大利润，同时，在此过程中又能进一步强化自身的资源、能力和商业生态，不断增强全球竞争力。一般来说，一家企业在起步阶段为完全的国内企业，当国内市场不能满足它的发展需要时它就会进入海外。

跨国公司进入海外市场有多重模式可供选择，包括出口、契约协议、合资企业、独资企业，其中前两者为非股权模式，后两者为股权模式（见图10-2）。在贸易方式下，企业主要依靠在海外的经销商进行市场开拓，在国外不需要进行投资，也不需要雇佣员工，因此实际上企业本身在海外并没有经营活动。与通过经销商的纯贸易模式相比，在国外设立销售机构或生产工厂，能使企业更深入地了解当地消费者的需求，开发生产更加符合当地需要的产品，以及更快速地响应当地的需求变化。股权模式是国际商务理论研究的重点，同时，只有股权模式中企业真正进行了全球性的资源配置，因此也是本研究关注的重点。

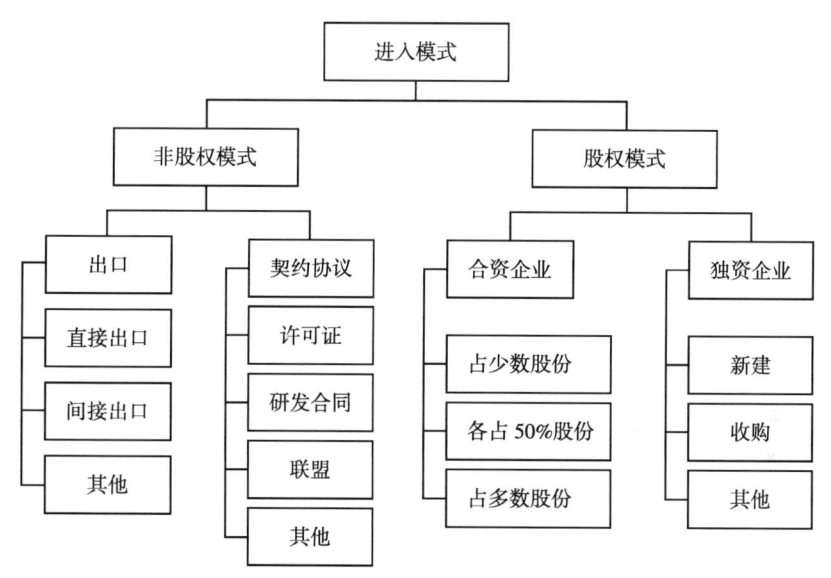

```
                    ┌──────────┐
                    │ 进入模式 │
                    └────┬─────┘
              ┌──────────┴──────────┐
         ┌────┴─────┐          ┌────┴─────┐
         │ 非股权模式│          │  股权模式│
         └────┬─────┘          └────┬─────┘
       ┌─────┴─────┐           ┌────┴────┐
    ┌──┴──┐   ┌────┴───┐   ┌───┴───┐ ┌───┴───┐
    │ 出口│   │契约协议│   │合资企业│ │独资企业│
    └──┬──┘   └────┬───┘   └───┬───┘ └───┬───┘
   ┌───┤        ┌──┤          ┌┤         ┌┤
   │直接出口│   │许可证│      │占少数股份│ │新建│
   ├───┤        ├──┤          ├┤         ├┤
   │间接出口│   │研发合同│    │各占50%股份│ │收购│
   ├───┤        ├──┤          ├┤         ├┤
   │其他│       │联盟│        │占多数股份│ │其他│
                ├──┤
                │其他│
```

图 10-2　进入模式选择的科层模型

资料来源：Pan, Yigang and Tse, David K. The Hierarchical Model of Market Entry Modes[J]. Journal of International Business Studies, 2000, 32（4）：535-554.

当一家企业通过建立当地分支机构扩张进入海外市场时，它需要决定是建立一家新的公司还是收购一家当地已经存在的公司（Barkema & Vermeulen，1998），前者一般称为绿地投资，后者是跨国并购。同时，无论是绿地投资还是跨国并购，都涉及企业在海外分支机构中股权的多少，是占少数股份、各占50%股份、占多数股份，还是独资。

通用电气历史上著名的首席执行官杰克·韦尔奇曾指出："全球化有不同的步骤，其最初方式就是出口经济，接下来是使公司经营地区化并参与到当地经济活动中。但是，我们真正要面对而且正在参与其中的机遇是人才的全球化，不管是印度搞软件开发还是在中国或捷克发掘工程师资源。真正的挑战是人才的全球化。"（徐广军，1997）韦尔奇的看法实际上代表了世界一流企业的普遍做法，即企业的国际化从出口开始，再到在东道国直接投资设厂生产，进而利用全球的研发资源。一家公司在进入海外市场的初期，通常是利用海外代理商实现商品在海外的销售。随着公司的发展，为了更好地实现对海外市场的紧密管理就会建立自己的海外销售渠道（新建或收购之前的代理商）。最终生产型企业会在海外建立自己的生产工厂以更好地利用海外的资源（见图10-3）。企业的全球化不仅是通过全球市场获得更好的成长机会，在全球化时代，几乎所有的市场竞争都是全球市场的竞争，因此对于世界一流企业而言，全球化也是根据全球价值链各环节的资源要求实现资源最优配置、增强核心能力、强化产业生态的需要。随着知识、技术对于企业核心能力和竞争力的作用不断提高，越来越多的一流企业采取在海外设立研发机构、建立技术联

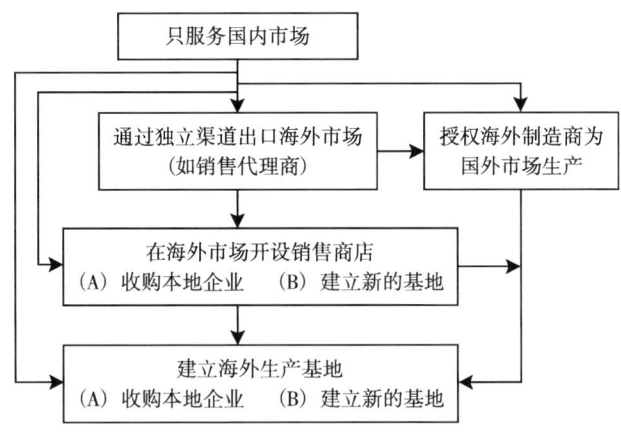

图 10-3 跨国公司发展的顺序模型

资料来源：[英] 彼得·迪肯. 全球性转变——重塑 21 世纪的全球经济地图 [M]. 北京：商务印书馆，2007.

盟等方式充分利用全球的异质性创新资源。

从前文对全球大型跨国公司的分析可以看到，它们都有很高比例的海外资产和海外员工，也有很高比例的收入来自于海外市场。例如，从1975年将皇冠汽车第一次出口到美国，丰田汽车已经在全球超过170个国家和地区出售。随着出口的扩大，丰田提出"在有需求的地方生产汽车"（Producing Vehicles Where the Demand Exists）策略，将他们的生产基地本地化。自1985年在美国设立第一家海外工厂，丰田先后在英国、法国、中国等市场需求大、增长快的国家投资设厂。目前，丰田在26个不同国家和地区建立了51个基地。另外，在海外的九个地方建有设计和研发基地。从开发设计到生产、从销售到服务，丰田实现了全球化和本地化的协调（见图10-4）。又如，据GE的2016年年报，GE服务

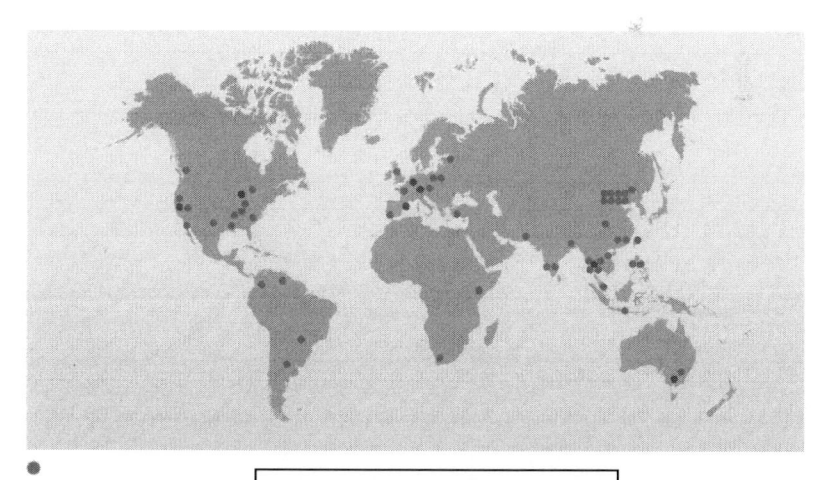

图10-4 丰田汽车的全球布局

资料来源：http://www.toyota-global.com/company/vision_philosophy/globalizing_and_localizing_manufacturing/.

于全世界约 180 个国家的客户，2016 年，57% 的收入来自于美国之外的活动，美国之外的雇员占到其雇员总数的 64.7%。作为其最核心业务的制造业，在美国的 38 个州和波多黎各有 184 家制造工厂，在其他 40 个国家有 325 家制造工厂。2016 年，GE 在 59 个国家获得用于保护公司技术的专利和其他申请的授权。

三、中国企业实践与发展方向

发达国家的世界一流企业大多有着数十年甚至上百年的发展历史，而大多数中国企业的历史只有二三十年时间，国际化和全球化的时间则更短。中国企业的全球资源配置呈现出发展速度快、模式多样化的特点，但与世界一流企业相比，内部化优势不强的劣势也比较明显，因此在全球化过程中遇到许多困难，也走了不少弯路。

（一）中国企业全球化的实践

1. 全球化的程度

如果将资源的全球配置理解为在国外设立分支机构，那么 FDI 流出量可以在总体上反映一个国家企业的全球资源配置程度。按照国际生产折衷理论，只有一国的经济发展达到一定的水平，该国的企业才能具有技术、资金等方面的优势，从而迈出国际化的步伐。表 10-8 显示，除印度、印度尼西亚和菲律宾外，大部分发展中国家在人均 GDP（不变价 2005 年美元）3000 美元左右以及按购买力平价计算的人均 GDP（不变价 2011 年国际元）10000 美元左右时，FDI 流出量占 GDP 的比重超过 1%。这就意味着，随着经济的进一步发展，以中国为代表的新兴经济体在对外直接投资中将发挥更加重要的作用。

表 10-8　FDI 流出占 GDP 比重超过 1%时的人均 GDP 情况

	FDI 流出超过 GDP 比重 1%的年份	人均 GDP（不变价 2005 年美元）	人均 GDP, PPP（不变价 2011 年国际元）
智利	1994	5256	11725
中国	2008	2416	7880
哥伦比亚	2008	3834	10489
印度	2006	797	3514
印度尼西亚	2004	1222	6615
马来西亚	1993	3813	12309
墨西哥	2009	7788	14893
菲律宾	2007	1301	5205
俄罗斯	1999	3504	11925
南非	1997	4867	9952
泰国	2007	2946	11940

注：因 FDI 流出量受偶然因素影响（如巨额的跨境并购），故采用连续两年 FDI 流出占 GDP 比重超过 1%的时间点。
资料来源：根据 World Bank 数据库和 UNCTAD 数据库数据计算。

从图 10-5 可以看到，1982 年中国 FDI 流出额仅为 0.4 亿美元，1984 年超过 1 亿美元，1992 年超过 10 亿美元，但直到 2000 年基本都在 10 亿~40 亿美元。从 2001 年开始，中国 FDI 流出规模开始大幅度增加，2001 年超过 50 亿美元（达到 68.9 亿美元），2005 年超过 100 亿美元（达到 122.6 亿美元），2008 年超过 500 亿美元（达到559.1亿美元），2013年超过1000亿美元，2014年和2015年分别为1231.2亿美元和1275.6亿美元。随着FDI流出规模的扩大，中国FDI净流入（FDI流入额与流出额之差）在2005年达到601.45亿美元的峰值后呈下降趋势，2015年减少至80.50亿美元。而按照商务部的数据，2015年，中国实际使用外资金额1356亿美元，对外直接投资1456.7亿美元，较同年吸引外资高出100.7亿美元，首次实现直接投资项下资本净输出，意味着中国开始步入资本净输出阶段。

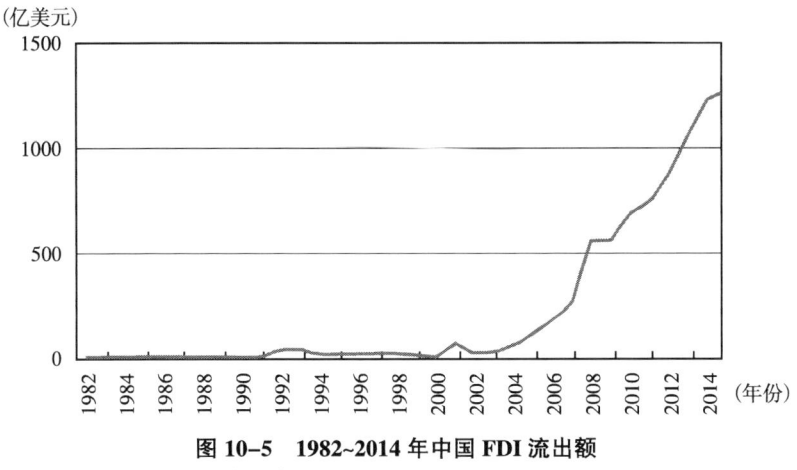

图10-5　1982~2014年中国FDI流出额

资料来源：UNCTAD数据库。

中国FDI流出额占世界的比重也从2000年的0.08%提高到2014年的9.34%（2015年下降至8.65%），占发展中国家的比重更是从2000年的1.03%提高到2015年的33.75%。中国FDI流出额的排名在2014年仅次于美国，居全球第二位（2015年又被日本超过，但仅比中国多10.94亿美元）。截至2015年末，中国对外直接投资存量分布在全球的 188 个国家（地区），其中 83.9% 分布在发展中经济体，发达经济体占 14%，转型经济体占 2.1%。随着中国企业国际竞争力的不断提升，"一带一路"建设和国际产能合作的加快推进，中国企业"走出去"步伐加快，国际化程度还将不断提高。

近年来，中国企业的跨国并购趋于活跃。按照联合国贸发会议的数据，2005 年以来的绝大多数年份，中国跨国并购的净购买超过净销售。2005 年，中国跨国并购的净购买仅为 36.5 亿美元，2013 年达到 515.3 亿美元，2015 年也有 436.5 亿美元。中国跨国并购净购买占世界跨国并购净购买总额的比重在 2005 年仅为 0.79%，2013 年提高到 19.63%，2015 年下降到 6.05%。按照商务部、国家统计局、国家外汇管理局联合发布的数据，中国跨国并购额从 2004 年的 30 亿美元增加到 2014 年的 569 亿美元。2015 年，企业共实施对外投资并购项目 579 起，涉及 62 个国家（地区），实际交易总额 544.4 亿美元，其中直接投资 372.8 亿美元，占并购交易总额的 68.5%，当年中国对外直接投资总额的 25.6%；境外融资 171.6 亿美元，占并购金额的 31.5%。国际直接投资额与跨国并购额的增长意味着中国企业全球化的程度不断加深，在方式上已从以国际贸易为主转变为国际贸易、绿地投资、跨国并购多种方式并重（见图 10-6）。

一批中国行业领先企业的全球化程度也在不断提高。表 10-9 展示了在全球最大 100 家跨国公司中有中国远洋运输公司和中国海洋石油公司两家中国大陆公司入围，海外资产规模分别排名

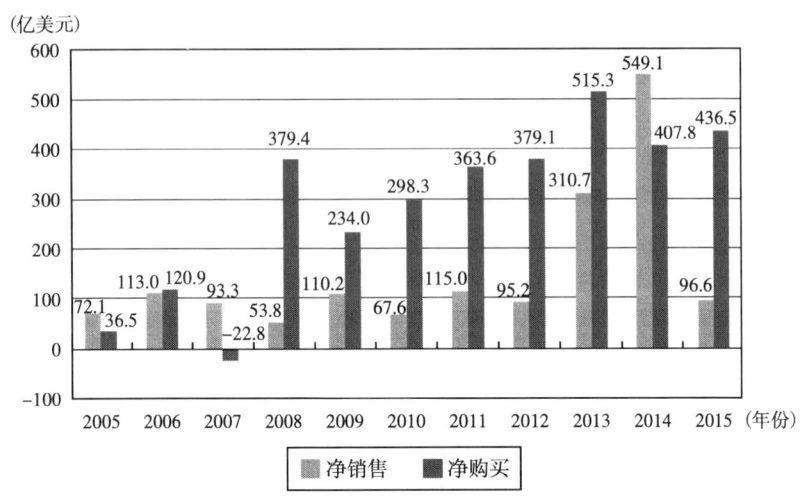

```
(亿美元)
600                                                              549.1
                                                          515.3
500                                                                   436.5
                                                                407.8
400                    379.4              379.1
                                    363.6
                                                     310.7
300                              298.3
                            234.0
200
                                        115.0
   113.0 120.9                    110.2        95.2
100                  93.3                                             96.6
    72.1       53.8        67.6
       36.5                                                    
  0            -22.8
-100
     2005  2006  2007  2008  2009  2010  2011  2012  2013  2014  2015 (年份)
              ■ 净销售           ■ 净购买
```

图 10-6　2005~2015 年中国的跨国并购价值（按卖方/买方）

注：跨国并购的销售和购买都按净额计算，标准如下：在东道国经济体中的净跨国并购销售 = 在东道国经济体中对外国跨国公司的销售量 - 外国子公司在东道国经济体中的销售量；母国经济体中净跨境并购购买额 = 以母国为基地的跨国公司对国外公司的购买额 - 以母国为基地的跨国公司的外国子公司销售额。该数据仅覆盖那些设计超过 10% 的股权收购交易。

资料来源：UNCTAD. World Investment Report [R].

100 家跨国公司的第 70 位和第 39 位，海外资产比重分别为 77.4% 和 39.0%，海外销售收入比重分别为 65.8% 和 26.2%，海外雇员比重分别为 6.2% 和 9.2%，TNI 分别为 77.4% 和 39.0%，分列 100 家跨国公司的第 86 位和第 100 位。在联合国贸发会议基于公司 2012 年 4 月 1 日至 2013 年 3 月 31 日财年财务报告统计的最大 100 家发展中国家跨国公司中，除中国远洋运输公司和中国海洋石油公司外，还有中信集团、中国石油、中化集团、联想集团、中国移动、中国电子信息产业集团、中粮集团、中国石化、中国五矿、中国铁建，共 12 家中国企业入围，海外业务情况如表 10-10 所示。

表 10-9 最大 100 家跨国公司分行业海外业务情况

单位：亿美元，万人

排名		公司	资产		销售收入		雇员		海外比重 (%)		
海外资产	TNI		海外	全部	海外	全部	海外	全部	TNI	资产	销售收入	雇员
70	86	中国远洋运输公司	448.05	578.75	180.75	274.83	0.47	7.57	49.8	77.4	65.8	6.2
39	100	中国海洋石油公司	710.90	1822.82	260.84	995.57	1.06	11.50	24.8	39.0	26.2	9.2

资料来源：根据 UNCTAD 数据计算。

表10-10 最大100家发展中国家和转型经济跨国公司海外业务情况

单位：亿美元，万人

排名 海外资产	TNI	公司	资产 海外	资产 全部	销售收入 海外	销售收入 全部	雇员 海外	雇员 全部	TNI	海外比重 资产	海外比重 销售收入	海外比重 雇员 (%)
2	93	中信集团	786.02	5658.84	95.61	554.87	2.53	12.52	17.1	13.89	17.23	20.19
6	59	中国远洋运输公司	434.52	561.26	191.39	291.01	0.44	13.00	48.9	77.42	65.77	3.38
7	91	中国海洋石油公司	342.76	1298.34	218.87	835.37	0.34	10.26	18.6	26.40	26.20	3.30
24	100	中国石油	192.84	5410.83	112.96	4257.20	3.14	165.65	2.7	3.56	2.65	1.90
35	66	中化集团	147.04	454.88	555.55	718.91	0.98	4.84	43.3	32.33	77.28	20.30
44	56	联想集团	119.62	168.82	193.35	338.73	0.81	3.50	50.3	70.86	57.08	23.10
61	99	中国移动	83.49	1669.72	44.45	889.06	0.00	18.25	3.3	5.00	5.00	0.00
68	81	中国电子信息产业集团	77.84	290.47	68.41	255.27	3.48	12.99	26.8	26.80	26.80	26.80
77	90	中粮集团	59.52	412.64	0.00	317.52	4.53	10.66	19.0	14.42	0.00	42.51
85	96	中国石化	50.30	2010.27	1107.34	4419.91	0.10	37.62	9.3	2.50	25.05	0.27
89	82	中国五矿	48.85	392.25	82.39	514.82	6.21	12.60	25.9	12.45	16.00	49.27
100	98	中国铁建	37.61	762.82	26.82	745.43	2.19	22.45	6.1	4.93	3.60	9.77

资料来源：根据UNCTAD数据计算。

2. 全球化的路径

与理论研究和发达国家的实践一致，中国企业的全球化也采取了先易后难的方式，由出口贸易到设立分销机构，再到投资设厂、建立研发机构。以海尔集团为例，海尔的国际化和全球化遵循"先有市场，再建工厂"的原则，即"发展出口→设立贸易公司→联合设计（融智）→当地生产→当地融资→融文化→梳理品牌"的循序渐进发展路径。海尔从1995年开始以OEM方式向美国出口冰箱，5年之后在美国先后设立海尔美国贸易有限责任公司、海尔美国设计中心、海尔美国生产中心。设立贸易公司有利于了解市场信息和用户需求，设计中心有利于开发符合本土化需求的产品，生产中心有利于更充分地利用当地的研发条件、人力资源并快速响应市场需求（胡昱、刘文俭，2006）。华为的国际化也呈现出从发展中国家起步，再到发达国家的顺序。

从对外投资方式看，中国企业基本遵循了先绿地投资，再跨国并购的顺序。对于为获得资源和先进技术的国际直接投资，显然更多地具有战略考虑，企业自身的能力并不成为投资的制约因素。即使是与企业主业相同的经营性直接投资（如投资开办工厂），也只需要企业本身在成本控制、技术等某一个方面具有所有权优势。相比之下，并购方式对企业能力的要求就高得多，而且需要企业能够使两家在文化背景、技术水平、组织架构等方面存在巨大差异的公司实现有效整合。因此，中国企业早期的国际化多采取绿地投资方式，而且往往与外方组建合资公司，以利用外方熟悉当地经济、社会、文化以及政商关系等方面的优势；当中国企业的能力进一步提高后,跨国并购的数量和规模开始快速增长。2004年12月联想宣布收购IBM公司全球的台式、笔记本电脑及其研发、采购业务,而此时联想自1996年以来已经连续保持中国国内市场份额第一的位置,2004年第四季度全球台式机市场份额排名第6,居戴尔、惠普、IBM、富士通、Gateway之后。通过收购IBM PC业务,联想的全球市场份额排名跃升到第三位。2014年1月,联想宣布收购IBM X86服务器业务之前,联想的PC业务已居全球第一,联想服务器以12.3%的市场份额继续领跑国产X86服务器市场。收购IBM X86服务器后,联想X86服务器份额将从世界第六上升到第三位。可以说,跨国并购一方面要求收购方具有较强的核心能力与实力,另一方面也会促进收购方业务(特别是全球市场业务)的发展。

从行业分布看,中国企业的对外投资(包括并购)的重点领域在初期以租赁和商务服务业、采矿业为主。近年来,制造业、信息传输、软件和信息技术服务业、金融业、科学研究和技术服务业所占比重提高非常明显(见表10-11)。这主要是因为中国制造业的规模在2009年已经超过美国居世界第一位,随着中国研发投入和创新产出的增长,中国制造企业的国际竞争力也在全面提升。可以说,制造业是中国最具国际竞争力的领域,中国制造业的领先企业也具有较高的全球化程度。海尔早在20世纪90年代后期就开始在海外投资设厂,1997年在菲律宾建立第一家海外工厂,随后又在中东、北非设厂,1999年在美国南卡罗来纳州设厂,确立了海尔在家电国际市场的地位。此后,海尔又在国外设

表 10–11 2015 年末中国对外直接投资存量行业分布

行业	存量（亿美元）	比重（%）
租赁和商务服务	4095.7	37.3
金融业	1596.6	14.5
采矿业	1423.8	13.0
批发和零售	1219.4	11.1
制造业	785.3	7.2
交通运输、仓储和邮政业	399.1	3.6
房地产业	334.9	3.1
建筑业	271.2	2.5
信息传输、软件和信息技术服务业	209.3	1.9
电力、热力、燃气及水的生产和供应业	156.6	1.4
科学研究和技术服务业	144.3	1.3
居民服务/修理和其他服务业	142.8	1.3
农、林、牧、渔业	114.8	1.0
文化、体育和娱乐业	32.5	0.3
水利、环境和公共设施管理业	25.4	0.2
住宿和餐饮业	22.3	0.2
其他行业	4.6	0.1

资料来源：中华人民共和国商务部、中华人民共和国国家统计局、国家外汇管理局：《2015 年度中国对外直接投资统计公报》。

立产品设计中心，与欧美日的大公司和科研机构建立技术合作关系，从而掌握国际最前沿信息和技术，并实现产品开发的本土化（李成亮、张玉琴，2005）。2011 年 7 月，海尔集团宣布收购日本三洋电机株式会社在日本和东南亚地区洗衣机、冰箱等电器业务；2016 年 1 月，海尔集团宣布收购 GE 及其子公司所持有的家电业务资产，包括 GE 家电全部研发制造能力、在美国的 9 家工厂以及遍布全球的渠道和售后网络。对世界一流家电企业的收购既显示出海尔在家电研发、制造领域的竞争力，又通过跨国收购进入发达国家的高端市场、提升了海尔品牌的层次。在服务行业，中国企业在全球化配置资源方面也取得了积极的成效。

从中国企业具体的跨国并购项目上更可以看出全球化程度提高的趋势。在中国企业海外并购的早期，主要是收购能源、矿产类等资源性企业，以保障中国国内不断增长的资源需求。随着国际竞争力的提高，发达国家的跨国公司很难在低技术含量、低附加价值产品上与中国企业竞争，因此将丧失竞争力的业务板块出售给中国企业，如 TCL 收购施耐德、汤姆逊的彩电部门和阿尔卡特的手机部门，联想集团收购 IBM 的 PC 部门和 X86 服务器业务以及摩托罗拉手机业务。国际金融危机以来，中国企业的收购对象开始涉及欧美发达国家的一流企业，如三一重工收购德国工程机械巨头普茨迈斯特，长点科技收购半导体封装测试行业全球排名第四的新加坡星科金朋公司，中国化工收购世界六大农药和种子公司之一的瑞士先正达，美的集团收购世界机器人四巨头之一的德国库卡，等等。通过跨国并购，中国企业获得先进的技术、世界一流的科技和管理人才、世界著名的品牌和全球营销网络，不仅有利于整合全球资源、提升中国国内业务的整体水平，而且有助于在全球范围内最优配置资源，更好地服务于全球范围内的用户。

3. 全球化的目的

与企业全球化的一般规律相同，我国企业全球化也由多重目的所推动，同时表现出我国在经济高速增长过程中的特殊性。

第一，促进商品国际销售。改革开放之初的 1978 年，我国货物出口额仅有 97.5 亿美元，到 2015 年已经增加到 22734.7 亿美元，占世界总出口额的 13.7%；其中制成品出口 21443 亿美元，占世界总出口额的 18.8%。2015 年，我国服务出口额也达到 2174 亿美元，占世界总出口额的 4.4%。在出口额规模不大的阶段，自建销售渠道可能很不经济，中国企业可以通过国外代理机构销售产品。但随着出口额的不断扩大，自建销售渠道也具有了规模经济性，而且产品结构的不断升级和产品复杂程度的提高，要求向海外用户提供更直接的售后服务。而服务具有及时消费的特点，服务出口的扩大，要求在国外建立实体机构以实现服务的提供和销售。

第二，保证自然资源的获取。改革开放之初，中国的人均物质产品存量很低，建立完善的产业体系、满足居民不断增长的物质需求都要有自然资源的保障。在 21 世纪中国成为世界制造业基地后，需要向全世界出口各种物质产品，对自然资源的需求进一步增长。2015 年，中国原油、铁矿砂及精矿、铜矿砂及精矿进口额分别高达 1344.5 亿美元、576.2 亿美元和 192.0 亿美元。为了保障能源和矿产资源的稳定供应以及对冲价格上涨对中国国内下游加工制造环节利润的挤压，一些中国企业在国外通过直接投资、收购等方式控股或参股国外油气田和矿山。

第三，适应当地市场需求。各个国家的用户（无论是企业用户还是个人用户）对具体产品和服务的偏好都存在差异。准确把握用户的需求并开发、生产适销对路的产品，需要企业在东道国设立分支机构与用户进行面对面的接触。同时，随着收入水平的提高，用户需求的个性化和易变程度提高，为了及时满足东道国用户快速变化的需求、抓住市场机会，企业也需要在当地设立生产和服务机构，以提高供应体系的灵活性。此外，还有一些产品（如水泥）具有运输半径小的特点，必须在消费地及周边地区设厂。

第四，保持国际竞争力。如果一家企业的海外销售收入占到较高的份额后，它就需要在全球范围内配置资源，以使得整个价值链保持更低的成本、更高的效率。特别是随着近年来中国人口红利消失和工资水平的快速上涨，中国制造业赖以参与国际竞争的低成本优势正逐步削弱。中国企业要持续保持产品的价格竞争力，需要将劳动密集型环节转移到低成本的国家和地区。这也是近年来"一带一路"倡议推动下的国际产能合作的重要动因。

第五，获得先进技术等战略资源。中国企业的技术、管理水平与发达国家的世界一流企业整体存在较大差距。如果依靠自身的摸索和积累，缩小差距不仅耗资巨大，耗时也长。通过兼并收购国外的行业领先公司从而获得其先进技术、专利和人才或在海外设立研发机构，可以较快速地提升国内业务的技术和管理水平，取得事半功倍的效果。特别是在国际金融危机后，发达国家经济持续低迷、财政陷入困境、国内市场增长乏力，发达国家企业承受巨大的增长压力。通过与中国企业合作，发达国家企业可以更容易地进入中国这一规模巨大并仍然高速增长的市场或扩大在华销售，改善企业的经营状况，因此，许多国家政府及其企业对中资收购持比较积极的态度。中国企业也可以借助收购行业的世界领先企业，快速跻身于行业一流地位。

4. 全球价值链分工地位

在全球价值链中企业的分工地位和价值获取地位是不平等的。掌控平台、掌握核心技术和品牌的企业处于价值链的主导地位，获取全球价值链中的大部分利润。例如在个人笔记本电脑行业，主要参与者可以分为企业平台领导者、行业领导企业与合同制造商。作为平台领导者的英特尔的毛利率达到60%左右，行业领导企业戴尔的毛利率在20%左右，而作为合同制造商的广达电脑的毛利率低于10%且呈走低趋势（Kawakami，2011）。

全球价值链理论提出四种升级方式：第一，过程升级，通过重组生产系统或者采用先进技术来提高内部过程的效率并使这些内部过程的效率明显优于竞争对手。第二，产品升级，引入新产品或者比竞争对手更快地改进老产品来增加单位价值，包括在价值链的单独环节内或者价值链的不同环节之间改变新产品的开发过程。第三，功能升级，通过改变在企业内部进行的活动的组合来增加附加价值或者将活动的位置转换到价值链的其他不同环节。第四，链条升级，将在一个价值链中获得的能力运用到新的价值链中去（Kaplinsky & Morris，2001）。

经过二三十年的国际化发展，以华为、海尔、联想等为代表的一批中国企业已基本实现价值链的全球化布局。以华为为例，目前它已在全球形成多个运营中心和资源中心（见表10-12）。联想通过多次收购成长为一家拥有6万多员工的全球化公司，在北京、美国北卡和新加坡设有公司总部,在中国、日本和美国设有研发中心和拥有一流的世界级研发团队,在巴西、日本、美国和中国多地设立自主生产基地,能够快速响应市场变化、服务本地化客户。中国企业在参与全球价值链分工过程中,分工地位不断提高。在改革开放初期,中国企业基本以生产低附加值零部件和代工为主(如服装、电子装配)。随着自身能力的不断增强,在譬如服装、IT、汽车等行业,中国企业已经拥有自己的品牌,并能将自主品牌的产品销往国外甚至包括发达国家市场,如联想、海尔、华为等行业领先企业已经是国际著名品牌、出货量居于世界前列。

表 10–12 华为的全球化布局

中心类型	全球分布情况
行政中心	在美国、法国和英国等商业领袖聚集区,成立本地董事会和咨询委员会;在德国成立跨州业务中心
财务中心	新加坡财务中心、中国香港财务中心、罗马尼亚财务中心、英国全球财务风险控制中心
研发中心	俄罗斯天线研发中心、瑞典及芬兰无线系统研发中心、英国安全认证中心和 5G 创新中心、美国新技术创新中心和芯片研发中心、印度软件研发中心、韩国终端工业设计中心、日本工业工程研究中心等
供应链中心	匈牙利欧洲物流中心(辐射欧洲、中亚、中东、非洲)、巴西制造基地、波兰网络运营中心等

资料来源:陶勇. 华为国际化熵变史 [J]. 经理人,2017(3):27-37.

(二)中国企业的差距和努力方向

尽管 21 世纪以来中国企业融入全球经济的程度不断加深,但也要看到,它们与世界领先的跨国公司还存在较大的差距。

中国企业的全球化程度还比较低。以对外国际直接投资存量衡量，截至2015年末，中国仅排全球第10位。2015年末，中国对外直接投资存量为10102.02亿美元，占世界的4.03%，仅相当于美国的16.89%、德国的55.74%、英国的65.68%。中国对外直接投资占GDP比重同样偏低。2015年，发达国家、发展中国家（不包括中国）对外国际直接投资流量占GDP的比重分别为2.47%和1.87%，而中国只有1.14%；发达国家、发展中国家（不包括中国）对外国际直接投资存量占GDP的比重分别为45.01%和28.89%，而中国只有9.05%。

中国跨国公司的全球化水平低。世界最大100家非金融类跨国公司的海外资产、销售收入和雇员数所占比重的平均值分别为65.42%、66.47%和61.33%，TNI的平均值为65.42%。而位列前100名的两家中国公司之一的中海油的海外资产、销售收入占比分别为39.00%和26.20%，远低于100家跨国公司的平均值，海外雇员比重更是仅为9.17%，TNI也只有24.79%；中国远洋尽管海外资产、销售收入占比较高，但海外雇员比重只有6.18%，TNI也只有49.79%。全球最大的100家非金融类发展中国家和转型经济体跨国公司海外资产、销售收入和雇员的平均值分别为53.96%、59.27%和49.44%，TNI的平均值为54.22%。而12家中国公司的海外资产、销售收入和雇员的平均值则只有24.21%、26.89%和16.73%，TNI的平均值为22.61%。可见，中国企业的全球化程度无论是与发达国家的跨国公司相比还是与发展中国家的跨国公司相比均存在较大差距，特别是海外雇员所占比重更是明显落后。

中国企业与世界一流企业仍存在综合差距。尽管中国企业的技术水平、管理能力、生产效率、品牌影响力等方面不断提高,但在综合实力方面,与世界一流企业还存在不小的差距。世界一流企业往往能够引领技术、市场的发展方向,但中国企业多处于模仿、跟随的地位;世界一流企业通过掌控先进技术、标准、产业生态获得最多的附加价值,中国企业虽然在大多数产品上实现了有无的问题,但产品的综合性能、品牌形象尚存差距,毛利率也远低于世界一流企业。此外,在行政垄断性行业(如通信、电力、石油)和制造业领域中国企业的全球化水平较高,但是在一些高度竞争性的服务性领域(如银行、证券),中国企业的全球化水平还比较低。

由于中国企业大规模开展国际化的时间短、全球化程度低、经验不足,因此在向全球化发展的过程中也交了不少学费。尽管跨国并购的失败率高达50%(Child et al., 2001),但中国企业的跨国并购失败率相对更高。麦肯锡对全球20年中大型企业并购案的统计表明,取得预期效果的比例低于50%,其中,中国有67%的海外并购不成功(张莫、周玉洁,2010)。例如,TCL集团2004年并购了法国汤姆逊公司彩电业务和法国阿尔卡特的移动电话业务,结果前者持续亏损,后者在合资仅一年后就以失败告终。上汽集团2004年10月以5亿美元收购双龙汽车48.92%股份,但2009年初双龙申请破产,上汽对双龙的并购以失败告终。中国企业国际化失败的原因是多方面的,既有不熟悉东道国政治、法律、经济、文化、宗教、风俗习惯以及企业文化差异造成的冲突和矛盾，也有中国企业缺乏对未来技术和市场发展预判而进行了错误的投资或收购，自身核心能力的薄弱更是制约中国企业国际化的瓶颈。

企业的全球化最终是建立在自身强大的竞争力基础之上的。因此，针对我国企业在全球资源配置方面的差距，需要在以下方面做出改进：第一，增强核心能力，缩小在技术、品牌等方面与世界一流企业的差距；第二，抓住发展中国家高速增长的机会，充分利用"一带一路"建设创造的有利环境，加快推进与"一带一路"国家特别是广大发展中国家的产能合作；第三，在"走出去"的过程中，要充分利用中国在制造领域的优势，在国外建立"以我为主"的全球价值链，更多地输出中国成熟的技术、管理经验和商业模式；第四，积极进入发达国家市场，在更好地销售产品、服务的同时，利用国家的人才、技术等战略性资源，站在技术、商业模式、需求变化的前沿；第五，支持服务企业的国际化，一方面为中国制造企业"走出去"提供服务，另一方面也为将来中国经济结构从而出口结构的转换提供有力的支撑。

（三）中国企业全球化的特殊性

中国一流企业的全球化之路既要遵循经济学、管理学的一般原理和世界一流企业发展的基本规律，但同时也表现出与其他国家全球化特别是发达国家一流企业全球化的差异性特征。

第一，依托中国经济的高速增长实现快速成长。改革开放至金融危机前,中国经济的年均增长率接近10%,是世界主要经济体中增速最高的国家。即使国际金融危机之后进入中高速增长的新常态,6%~7%的经济增长速度仍处于增速最高的国家之列。得益于经济的高增长,中国企业也实现了快速成长,1995年《财富》世界500强上榜中国企业只有3家,2000年增加到9家,2017年增加到109家(包括香港地区,不包括台湾地区),进入全球制造商集团编制的2017年度(首届)《全球制造500强》排行榜的中国大陆企业也达到57家。自1998年开始,中国重化工业进入高速增长时期,为保证对石油、天然气、铁矿石、铜矿石等的供应,中国企业加快了对海外资源的投资;中国商品出口的快速增长也产生了在海外建立销售渠道的需求;而中国企业技术、资金等方面实力的增强也使得在海外投资建厂成为可能。

第二,利用新的国际分工趋势实现价值链攀升。与发达国家跨国公司的全球化相比,中国企业开始全球配置资源时的国际分工环境发生了显著的变化。早期的国际分工主要是发达国家生产和出口最终产品、发展中国家生产和出口原材料的水平分工模式。但是自20世纪80年代以来,随着产品模块化程度的提高、信息技术和运输技术带来的交易成本和运输成本的下降,产业内分工和产品内分工快速发展,形成按产品价值链各环节进行国际分工的垂直分工模式,发达国家将许多劳动密集型的加工组装环节离岸外包到成本更低的发展中国家。而中国凭借完善的产业体系、低成本的劳动力成为世界制造业的加工组装基地。相比于水平分工,垂直分工模式更有利于发展中国家的企业在参与全球价值网络的过程中学习，不断提高自身的技术能力。但全球价值链分工并不意味着发展中国家实现价值链升级是必然的，主导全球价值链的链主企业、旗舰企业想方设法使发展中国家企业处于价值链低端锁定状态。与许多陷入中等收入陷阱的发展中国家相比，中国在参与全球价值链分工的过程中实现了沿全球价值链向上攀升。

第三，利用逆向国际直接投资增强核心能力。国际生产折衷理论认为对外国际直接投资的企业应该具有所有权优势，因此对外直接投资主要应该是发达国家对发展中国家的投资。但是近年来，中国的对外直接投资快速增长并且已经超过吸引外国直接投资的规模，而且发达国家成为对外直接投资的主要方向。截至2015年，中国在欧洲、美国的国际直接投资存量占全部对外直接投资存量的比重分别为7.62%和4.75%，而在亚洲（不包括中国香港、日本、韩国、新加坡）国际直接投资存量的比重为6.68%，非洲所占比重只有3.16%，拉美（不包括开曼群岛、维尔京群岛）只占1.12%。这说明，中国企业的对外直接投资并没有完全遵循国际生产折衷理论，根据前文的分析，知识寻求型直接投资（特别是跨国并购）是中国一流企业对外直接投资的典型方式。

第四，政府在企业全球化进程中发挥积极作用。一些东欧国家从计划经济向市场经济转型的过程中，民族企业没有得到充分发展，国民经济被外资所控制。而中国的改革开放实行的是一条与苏联国家"休克疗法"不同的渐进转型道路。在全球化方面，一是对国内产业进行适度保护、逐步开放，如对一些行业的合资比例、本地化率做出限制。由于改革开放之初的国内企业非常弱小，面对跨国公司不堪一击，因此，适度的保护政策给国内企业留出成长的时间，等它们强大到一定程度后再参与激烈的国际市场竞争。二是实施"走出去"，特别是提出和推动"一带一路"倡议，为中国企业的海外投资、国际产能合作提供良好的国际环境。发起设立亚洲基础设施投资银行、丝路基金等国际机构，帮助广大发展中国家加强基础设施建设、提供投融资服务，有利于带动中国企业与"一带一路"沿线国家开展优势产能合作。

参考文献

［1］International Monetary Fund. Globalization：Threats or Opportunity［EB/OL］. http：//www.imf.org/external/np/exr/ib/2000/041200to.htm#II，2000-04-12.

［2］［美］托马斯·弗里德曼. 世界是平的：21世纪简史［M］. 何帆等译. 长沙：湖南科学技术出版社，2015.

［3］王国顺，郑淮，杨昆. 企业国际化理论的演进［M］. 北京：人民出版社，2009.

［4］Sturgeon, Timothy J. How Do We Define Value Chains and Production Networks［J］. IDS Bulletin，2001，32（3）：7-14.

［5］［美］迈克尔·波特. 竞争优势［M］. 陈小悦等译. 北京：华夏出版社，1997.

［6］联合国工业发展组织. 工业发展报告2002/2003——通过创新和学习参与竞争［M］. 北京：中国财政经济出版社，2003.

［7］董庆生，腾辉，安岗. 通用电气公司的全球战略［J］. 北方经济，2002（12）：30-32.

［8］［英］奥蒂. 资源富足与经济发展［M］. 张孝廉译. 北京：首都经济贸易大学出版社，2006.

［9］Gary Gereffi, John Humphrey, Timothy Sturgeon. The Governance of Global Value Chains，Global Value Chain Initiative［EB/OL］. http：//www.ids.ac.

uk/globalvaluechains/,2003.

[10] [英] 阿兰·克鲁格. 全球化的终结：对全球化及其对商业影响的全新激进的分析 [M]. 常志宵等译. 北京：生活·读书·新知三联书店，2001.

[11] Ernst, Dieter. The New Mobility of Knowledge: Digital Information Systems and Global Flagship Networks [R]. East-west Center Working Papers, Economics Series, 2001 (7).

[12] Warr, Peter G. Comparative and Competitive Advantage [J]. Asia-Pacific Economic Literature, 1994 (2): 1-14.

[13] Kogut, Bruce. Designing Global Strategies-Comparative and Competitive Value-added chains [J]. Sloan Management Review, 1985 (4): 15-27.

[14] 罗黎婧. 日本汽车产业国际化经营分析 [D]. 东北财经大学硕士学位论文，2011.

[15] Royal, Mark & Mel Stark. The Most Admired Companies are More Global Than Ever. Here's Why [EB/OL]. http://fortune.com/2015/02/19/wmac-globalization2-0/.

[16] Barkema, Harry G. and Vermeulen, Freek. International Expansion Through Start-up or Acquisition—A Learning Perspective [J]. Academy of Management Journal, 1998, 41 (1): 7-26.

[17] 徐广军. 通用电气公司全球化战略的动因研究 [D]. 北京化工大学硕士学位论文，1997.

[18] 胡昱，刘文俭. 论后发优势企业的国际竞争策略——以海尔国际化创新发展为例 [J]. 山东科技大学学报（社会科学版），2006 (4): 89-94.

[19] 李成亮，张玉琴. "海尔"国际化道路对中国企业跨国经营的启迪 [J]. 上海企业，2005 (7): 55-57.

[20] Kawakami, Momoko. Inter-firm Dynamics of Notebook PC Value Chains and the Rise of Taiwanese Original Design Manufacturing Firms. In Momoko Kawakami and Timothy Sturgeon ed. The Dynamics of Local Learning in Global Value Chains: Experiences from East Asia [M]. Basingstoke, UK: Palgrave Macmillan, 2011.

[21] Kaplinsky, Raphael and Morris, Mike. A Handbook for Value Chain

Research [EB/OL]. http://asianDrivers.open.ac.uk/documents/Value_chain_Handbook_RKMM_Nov_2001.pdf,2001.

[22] Child,J.,Falkner,D.,Pitkethly,R. The Management of International Acquisitions [M]. Oxford: Oxford Univ. Press,2001.

[23] 张莫,周玉洁. 中国企业跨国投资"胃口大但消化难"[N]. 经济参考报,2010-04-28.

第十一章

公司治理

当以"两权分离"为核心特征的公司制,成为现代企业最典型的组织形式,公司治理就成为了大企业实现可持续发展的重要议题。有效制衡的公司治理结构以及健全高效的公司治理机制,是建设世界一流企业不可或缺的重要前提和保障。纵观全球公司治理的最新发展,尽管各国制度环境存在一定差异,但无论是各国的公司治理制度,还是优秀企业的公司治理实践,越来越表现出从"分化"向"趋同"的演化特征。全球公司治理的最佳实践,都具有一些典型的共性特征,主要包括:治理目标的综合价值导向,治理结构的多元化,治理机制的长期性,以及注重利益相关者参与,等等。反观中国企业的公司治理制度建设和运行水平,在现阶段仍然存在各种各样的问题和挑战,尤其是国有企业的公司治理体系有待进一步健全,与淡马锡、挪威石油等世界先进水平的国有企业尚有很大差距。本章基于主流的公司治理理论,构建了世界一流企业公司治理的四维分析框架,并通过与世界一流企业进行对标,找出中国企业存在的差距和改进的方向。

一、理论研究

所有权和经营权的"两权分离",产生了所有者和经营者之间的"委托—代理"问题,由此衍生出传统的公司治理理论。随着外部环境和公司自身的发展,公司治理理论也在与时俱进,并出现了不同的理论主张和理论学派。其中,最具代表性的包括股东主义、利益相关者主义和管理主义(剧锦文,2008)。在利益相关者理论的影响下,对于公司治理内涵的认识,逐渐从狭义的所有者和经营者的关系制衡,延伸至更广泛的利益相关者的共同治理。与此同时,对于经营者身份和地位的认知也发生了改变,因而更加注重对经营者的长期激励,以此充分调动经营者的主动治理。

(一)三种公司治理理论的比较与发展

目前,在学术界已形成三种比较系统的关于公司治理的理论,即股东主义、利益相关者主义和管理主义。三种公司治理理论的立场各不相同,股东主义主要是从股东的立场出发而构建起来的一种理论,利益相关者主义是站在公司各利益相关者的立场而提出的理论,管理主义是立足于公司管理者的角度提出的理论或主张。

1. **崇尚股东价值最大化的股东主义理论**

股东主义理论在三种理论中是起源最早、影响最为深远的传统公司治理理论。长期以来，世界各国的公司治理制度体系大部分都是基于股东主义理论建立起来的。股东主义理论的核心观点包括：

（1）股东利益至上。这一理论认为，公司的本质是资本雇佣劳动的契约安排。股东是这一契约关系的委托人，也是公司最重要的资源提供者，因此，股东理应享有最高的权力。在股东主义理论框架下，公司追求的最终目标就是股东利益最大化，即公司利润最大化，并且公司的全部剩余都应归股东所有。

（2）董事会是股东的受托机构。董事会是公司最高决策机构，其成员应当由股东大会选举产生。董事会代理股东行使决策权，同时对经理层的经营管理行为进行监督，以确保经理层的行为与股东利益最大化的目标相一致。

（3）管理层是公司直接治理的对象。经理层扮演公司真正的代理人角色，其成员由董事会进行选聘，行使由董事会授权的日常经营管理决策权。这一理论认为，经理人与股东所追求的目标是存在差异的，为避免经理人的"机会主义"行为，股东应对其实施必要的激励和约束。

2. **追求利益平衡的利益相关者主义理论**

利益相关者主义理论起源于20世纪30年代左右，但这一理论在全球得到了非常迅猛的发展。尽管利益相关者主义同样视公司为一种"委托—代理"关系，但由于这一理论是站在利益相关者的立场提出来的，所以形成了一些不同的理论主张：

（1）利益相关者利益至上。这一理论主张公司的经营目标不应仅仅是追求股东利益至上，而是要追求经济目标、社会目标、公共目标和个人目标之间的平衡，管理层要努力实现将公司利益相关者的利益内部化，公司的所有决策都要充分考虑利益相关者的利益均衡。只有达到股东、管理层和利益相关者的利益平衡，这种公司治理结构才是最优的。

（2）管理者是公司的受托人。许多学者都明确指出，公司治理受到多种利益相关者的影响，主要包括员工、股东、供货商、客户、政府等。因此，公司的董事会成员构成中，不仅应包括公司的股东，还应包括其他利益相关者的代表，管理者不仅是公司股东的受托人，也是各利益相关者的受托人。

（3）员工应拥有公司治理的参与权。持这一理论的学者认为，在公司内部，除股东以外，管理人员、普通员工等人力资本投入者也应当参与公司治理。理由是他们为公司投入的专用性人力资本，可以视为一种沉没成本，一旦离开公司则价值大打折扣。因此，他们理应通过参与公司治理，确保自己的人力资本投入及其收益。

3. 主张管理者行使权力的管理主义理论

公司治理中的管理主义理论主要是基于企业的管理理论。尽管这一理论提出的时间较晚，但其理论主张与股东主义和利益相关者主义有明显差异，已经形成了比较鲜明的理论特色。管理主义理论主要有以下观点：

（1）公司的经营目标是追求公司长期稳定和成长。这一理论认为，短期的利润不应是公司追求的最终目标，公司长期稳定和可持续发展才应当是股东和管理层共同努力的方向。尤其是对于经理人而言，公司的持续存在为其提供了稳定的工作场所，因而他们在决策时更倾向于维护公司的长期稳定和成长。这与股东主义认为经理层是伺机侵占股东利益的"机会主义者"观点截然不同。

（2）管理者处于公司治理的核心地位。股东和员工是公司组织系统的基本构成单元，分别为公司发展提供金融资产和人力资本。而管理者作为员工中的一个群体，拥有更多的专用性和特质性人力资本，因此在公司治理体系中处于核心地位。他们能够与其他参与者进行谈判和博弈，也可以协调股东、员工等主体之间的利益关系。

（3）管理者应当拥有大部分决策控制权。管理主义理论认为，公司治理是一系列委托和授权关系，而管理者是受托行使决策执行权的重要主体。持有管理主义理论的学者主张，大型公司的控制和运营应当发展成为一种纯粹中立的技术管理，以此在公共政策的基础上平衡社会各集团的利益。

（二）公司治理对企业绩效的影响机制

公司治理与企业绩效之间的关系一直是学者、企业管理者和政府监管者颇为关注的问题，尤其在 1997 年亚洲金融危机、2001 年美国一系列公司丑闻及 2008 年全球金融危机之后，更成为多方关注的焦点。尽管对于究竟何谓"好的公司治理"依然存在争议，但各方对"好的公司治理对企业绩效的提升乃至整个社会的发展都有促进作用"这样的观点已经基本达成共识。

1. 公司股权结构对公司绩效的影响机制

股权结构是公司治理的基础，它对公司治理的组织形式、模式选择以及公司治理的效率都有重要的影响。国内外学者对于公司股权集中度与公司绩效之间的关系进行了大量的研究，但得出的结论却不尽相同。其中一些学者通过实证研究得出结论，公司股权集中度越高，公司绩效越好。背后的原因在于，公司股权集中的情况下，大股东之间更加容易联合起来，从而成功抵制敌意并购，同时实现对管理层更有效的监督和控制。而另外一些学者则认为，公司股权结构对公司绩效不会产生显著的影响。因为，影响股权结构的因素很多，是各个利益者共同作用的结果，并不会对公司绩效产生明显的影响。还有学者通过比较研究发现，股权集中度非常高和非常低的两类公司，财务绩效并没有显著差异。

2. 公司董事会特征对公司绩效的影响机制

董事会作为公司治理结构的核心主体，对股东负责，并代理股东对管理层实施监督与控制。国内外学者非常关注董事会特征和治理机制对公司绩效的影响。在董事会构成方面，大部分学者的研究结论表明，独立董事和外部董事在董事会中所占的比例越高，越有利于公司绩效的提升。在董事会规模方面，主流的观点认为，应当将董事会的规模控制在一个合理的范围内，比如7~9人。人数过多可能因沟通和协调成本过高而影响效率，也会使公司面临被管理层内部控制和操纵的风险，从而降低公司绩效。在董事特征方面，研究表明，董事的年龄、文化背景、受教育程度、职业经历等一系列特征，都会直接或间接地影响公司绩效水平。因此，应当注意董事会成员的多样性和互补性。

3. 公司高管人员激励对公司绩效的影响机制

在高管激励方面，学者们普遍认为，高管人员持股是缓解"委托—代理"问题的重要治理机制。对于股权集中度不高的公司，随着高级管理者持有公司股票的数量增加，他们的利益与企业利益的契合程度将会提高。在增加高管人员的持股比例的情况下，他们做出机会主义行为的成本会变大，公司高管自身的收益会与公司的利益同方向变动。但是，实证研究结果却得出了不一致的经验结论。一些研究证实股权激励与公司绩效之间呈非线性关系，在"利益趋同"和"利益侵占"的共同作用下，最终使得公司绩效随着高管人员持股比例的大小而上下波动，即非线性关系。此外，也有研究发现，高管人员持股比例与公司绩效呈倒U形关系，公司绩效随着高管持股比例的不断上升先上升后下降。

（三）世界一流企业公司治理核心要素

公司治理是企业科学决策的基础，其重要性远远高于企业经营管理。自认为公司治理体系最为完备的美国，也曾经因为公司治理问题付出了极大的代价。21世纪初，美国连续爆发了多起震惊世界的财务造假丑闻，由此导致拥有90多年历史的安然公司、世界通讯公司宣告破产，另有多家上市公司的股价大幅下跌。针对这种现象，美国颁布了《萨班斯—奥克斯莱法》等一系列法案，对于信息披露、外部监督等方面提出了更高的要求。在另一个以公司治理规范而著称的日本，超过100年历史的东芝公司长达7年的财务造假丑闻也引发了热烈的讨论，由此暴露出公司治理结构的不合理，以及激励与监督机制的失灵。而学者们对于"好的公司治理"标准持有不同的观点。

为了进一步探讨世界一流企业公司治理的核心要素与最佳实践，我们在参考OECD、德勤、麦肯锡、国务院国资委等机构发布的公司治理标准，以及公司治理相关的理论研究结论的基础上，构建了一个四维的公司治理分析框架。如表11-1所示，这个分析框架包括价值导向、治理结构、治理机制和利益相关者参与四个维度，并且进一步确定一级指标和二级指标，以便对案例企业进行深入的剖析，保证对标结果的全面性和可信度。

表11-1 世界一流企业公司治理分析框架

分析维度	一级指标	二级指标
价值导向	追求的核心价值	公司愿景、使命与核心价值观
治理结构	股权结构	第一大股东的性质和控股比例 股东回报水平
治理结构	决策主体	外部董事比例 专业委员会设置
治理结构	执行主体	市场化选聘机制 中长期激励机制
治理结构	监督主体	内部监督有效性 外部监督有效性
治理机制	激励约束机制	中长期激励机制 约束与退出机制
治理机制	风险管控机制	风险控制机构设置 风险控制管理体系

续表

分析维度	一级指标	二级指标
治理机制	信息披露机制	定期信息披露机制 临时信息披露机制
	子公司治理机制	总部控股比例 总部功能定位 总部派出人员与监督机制
利益相关者参与	员工参与机制	员工参与的机构设置 员工沟通渠道和机制 员工持股情况
	投资者保护	投资者参与的机构设置 投资者沟通渠道和机制 现金分红比例
	社区参与	社区参与的机构设置 社区沟通渠道和机制 社区共建情况

资料来源：作者整理。

二、国外一流企业的经验分析

世界一流企业的公司治理模式选择，与其所处的外部环境密不可分，包括法律法规等制度环境，以及产权交易、职业经理人等市场环境。尽管如此，各国企业的公司治理实践日益明显地呈现出"趋同性"的特征，突出表现在更注重综合价值创造、强化风险管控、倡导透明运营以及促进利益相关者参与等方面。我们选取了 GE、IBM、壳牌、丰田、沃尔玛、淡马锡、挪威石油等一批世界一流企业代表，提炼它们共同的公司治理基因，以期对中国企业进一步完善公司治理提供有益的借鉴。

(一) 全球公司治理共同趋势

上一轮金融危机爆发之后，各国政府都出台了一系列有针对性的制度，针对金融危机中暴露的一些问题，促进本国企业公司治理的进一步完善。与此同时，一些致力于推动公司治理改革的国际组织，如经济合作与发展组织（OECD）、全球公司治理网络（ICGN）、国际标准化组织（ISO）等都在行动，研制各类相关的制度规范，直接或间接地对此轮金融危机中暴露出来的公司治理问题，提出应对的建议和措施。回顾近年来主要国家和国际组织的公司治理制度规范的调整，主要呈现出以下几个方面的趋势。

1. 高度重视加强风险监测与控制

金融危机的爆发引发人们的最直接思考就是风险管理与控制，主要观点是必须高度重视风险管理的作用，提倡加强董事会层面的参与，并将风险管理融入整个组织。OECD 的研究报告特别强调，在某些重要情形下，金融机构的风险管理往往无法与公司的战略和风险偏好保持一致，因此他们认为，风险管理职能部门应跳过审计委员会，直接向董事长进行汇报，董事会应对公司的战略规划和风险管理承担主要责任，建立并监控覆盖整个企业范围的风险管理系统（Enterprise-wide Risk Management Systems）。Walker Review 报告中提出了公司治理的五大主题，其中之一就谈到了风险控制问题。报告指出，成功的金融风险管理是金融机构最重要的战略目标，应当大幅提高董事会层面对风险监控的参与程度。需要特别注意的是，风险监控与讨论应当充分考虑公司的风险偏好和容忍度。

2. 更加关注公司的长期投资回报

此轮金融危机中,不少投资者只关注短期收益,诱致公司利益相关各方遗忘了公司经营活动可持续性的要求,并因此而积聚了大量风险。在这次金融危机中,有关股东尤其是机构投资者在公司治理中的作用有两种观点:一种观点认为,金融危机是由于短期投资者只注重短期收益,在投资时不太考虑风险因素造成的;另一种观点认为,关注长期收益的机构投资者在某种程度上可以缓解金融危机造成的影响,因为长期投资者可以更多地参与公司治理。从主要国家和国际组织的改革方向看,大家普遍认为,今后,应更注重突出长期投资者在公司治理中的能动作用。英国的 Stewardship Code 专门突出了这方面的公司治理要求。Walker Review 报告的五大主题之一就讨论了基金经理和被投资公司董事会之间的关系,基金经理代表其客户即投资者的利益,应该促进他们和公司董事会之间的沟通与合作。美国商业圆桌会议提出的九项治理原则中,其中第八条就是针对长期投资者而制定的,指出董事会和管理层应充分重视长期投资者的利益。纽交所的报告也特别强调,所谓好的公司治理模式应当与公司的长期战略和目标整合在一起,而不是作为一项分离出来的独立责任来看待。OECD 在反思过程中也意识到了机构投资者这一角色的重要性,公司和机构投资者应加强相互之间的信息披露,例如机构投资者控制利益冲突的方式、公司股东大会的投票结果等信息,尤其要注意遵守公平对待股东的原则。

3. 积极促进社会责任与公司治理的融合

早期的公司大多奉行"股东利益最大化"的原则，公司治理也主要是强调股东的利益，较少关注到其他利益相关方的利益。后来，随着社会责任运动的兴起和发展，"股东利益最大化"的原则逐渐被打破，取而代之的观点是，企业应当对其决策和经营活动影响范围内的所有利益相关方承担责任，包括企业内部的员工，以及企业外部的政府、消费者、社会大众等。在这一背景下，各个国家和国际组织纷纷在公司治理准则中融入了对商业伦理和社会责任方面的要求。比如，美国商业圆桌会议的《公司治理原则》一贯奉行董事会中心主义，它在2010年修订版中提出了九项公司治理原则，最后一项就强调了公司应对企业公民身份达成认知，并以恰当方式处理与利益相关者的关系。国际标准化组织ISO于2010年11月1日正式发布了ISO26000社会责任国际标准，其中提出的社会责任七大核心主题的第一项就是组织治理。ISO认为，组织治理是社会责任中最关键的因素，因为它能使组织对其决策和活动所产生的影响承担责任，并将社会责任融入整个组织及其各种关系中。2015年发布的《G20/OECD公司治理准则》中，不仅自愿遵守国家的范围得到了拓展，而且在有关利益相关者的表述中，引入了"重要的利益相关者"—环境因素，强调环境对公司治理实践的影响。比如，保护利益相关者与环境法相关的权力，董事会负有遵守环境法的职责，披露企业对环境影响的信息及与环境相关的风险等。由此可见，利益相关者在公司治理中的重要性日益提升。

4. 严格规范对公司高管薪酬的限制

高管薪酬制度一直以来都是公司治理领域关注的核心问题之一，此次金融危机之后，这一问题再度受到了广泛的重视。关于由哪个主体来主要负责高管薪酬管理的问题，OECD 的观点是，应将高管薪酬的管理责任主要放在董事会身上，而董事会控制的关键点则是，保持透明度和执行信息披露制度。与此同时，OECD 还强调了公司外部监管者的有效性。Dodd-Frank 法案包含有限制大型金融机构运用杠杆和限制公司高管追求不切实际的个人回报的制度内容，同时，计划建立第三方交易所和结算所，专门从事金融衍生品交易，以期提高金融市场的透明度。美国商业圆桌会议也在报告中强调，董事会的职责之一，就是通过薪酬委员会，采取并监控薪酬政策的执行，建立基于绩效的薪酬管理目标，在此基础上确定 CEO 和总经理的薪酬。需要注意的是，薪酬政策及目标应当与公司的长期战略相一致，与此同时，它们还应当对股东在可承受风险范围内创造长期价值起到激励作用。Walker Review 报告所涉及的五大领域中，薪酬方面的建议所占篇幅最大，主要包括以下几个方面：一是薪酬委员会应充分考虑到公司所有的员工，使薪酬制度覆盖至整个公司范围；二是针对处于较高职位的员工，薪酬委员会应加强对薪酬政策及其执行效果的监控；三是薪酬委员会确定的薪酬结构应满足公司的绩效目标和风险调节的需要；四是上市公司应披露有关高层员工的基本信息，包括执行董事成员的工资、奖金、股份、绩效奖励和养老金等。

（二）全球公司治理最佳实践

基于前文提出的世界一流企业公司治理分析框架，综合考虑行业特征、所有制性质等因素，选择 GE、IBM、壳牌、丰田、佳能、淡马锡、挪威石油等公司治理结构完善、机制健全的世界一流企业，作为案例进行深入阐释。

1. 追求经济社会价值的平衡

世界一流企业已经实现从股东单边价值向利益相关者多元价值的转变，普遍超越了经济利益的追求，而更加注重企业在社会中的价值体现。辉瑞制药公司的治理理念源于其公司使命——成为世界上对患者、客户、同事、投资者、商业伙伴和其工作、生活所在社区最有价值的公司。辉瑞制药公司的目标简单而明确，即通过在制药、消费保健品和动物保健品领域里的创新，始终致力于为人类追求更长寿、更健康和更幸福的生活而竭诚奉献。正如众多的世界一流企业一样，辉瑞制药的公司治理主要也是关注平衡不同群体之间的关系，并提出了一个全球性的企业公民义务的框架，切实保护更广泛的利益相关者。

除社会价值外，环境价值也日益成为世界一流企业关注的重点领域。丰田公司于 1993 年 2 月第一次制定了"丰田环境治理计划"，并定期对其内容进行修订。2015 年，丰田公司为实现可持续发展社会做贡献，发布了"丰田环境挑战 2050"战略。同时，为实现"丰田环境挑战 2050"战略，丰田制定了当前的执行计划——第 6 次"丰田环境治理计划"，作为 2016~2020 年的五年计划加以实施。该计划以能源、温室效应、资源循环、环境负荷物质、大气环境等为课题,在开发、设计、采购、生产、物流、销售、循环再利用的各领域中制定环境治理计划。

2. 治理结构呈现多元化特征

世界一流企业的股权结构呈现出典型的多元化特征,在公司治理结构设置中,决策主体、执行主体和监督主体权责明确、各司其职,能够形成有效的相互制衡关系。在对案例企业分析中发现,这些企业的董事会中外部董事的比例都相当高,大部分都达到了董事会成员总数的2/3以上,并且在专业委员会的设置上更加注重多元化和专业化。

根据董事会的结构不同,目前世界上主要存在三种不同的公司治理模式。但是,无论哪一种模式的董事会构成,都体现出一个共同的特征,即董事会成员的多元化,尤其是独立董事比例的显著提升。以GE公司为例,董事会的首要职责是监管管理层为股东及其他利益相关者服务的情况。为了做到这一点,GE公司董事会努力确保董事会的独立性,以及对通用电气所面临的最大风险和战略事务的完全知情。通用电气要求董事会至少有2/3的成员是独立的。实际上,通用电气董事会中独立董事的比例远远超过这一最低标准,最高时董事会中的外部董事达到15名,而内部董事只有1名。另外,获得美国《商业周刊》最佳董事会称号的3M公司,9位董事和公司没有任何商业关系和利益联系,切实保证了董事会的独立性。IBM也非常重视董事的独立性,为此专门制定了"董事独立标准"(Director Independence Standards),以进一步增强董事的独立性。其中指出董事的独立性体现在两个方面，一是董事会决策必须是基于全面的信息收集与分析，二是董事不得与公司有任何实质上的关联关系。同时，这些企业选择的董事具有很强的专业性，都是具备公司发展所需的专业知识或者有丰富管理经验的人士，公司的董事各有所长、优势互补，这为公司的科学决策与风险管控发挥了关键性的作用。

  世界一流企业董事会一般下设多个专业委员会，分别行使高管选聘与薪酬、风险管控、社会责任等各个方面的职责，以专业化分工保障科学决策。以 GE 公司为例，作为 GE 公司风险管理的有机组成，四个董事委员会都会收到与可持续发展议题相关的简报。这四个董事委员会包括：公司治理和公共事务委员会，该委员会负责监督与公司治理结构和流程相关的风险、与 GE 公司的公共政策活动和项目相关的风险、与公司整体可持续发展战略相关的风险，以及与公司的环境、健康和安全合规相关的风险；风险委员会，该委员会负责监督 GE 公司的四到五项重大风险以及管理层如何规避这些风险；审计委员会，该委员会与风险委员会一起检讨公司的风险评估和风险管理方式方法，审计委员会成员也负责监督正在发生的合规问题和事件，并且每半年对公司的合规问题和相关项目进行评估；管理层发展和薪酬委员会，该委员会负责监督与管理层相关的风险管理，包括管理资源、结构、接班人筹划、管理层发展和选择流程，同时也负责单独检讨奖金的发放安排。

3. 治理机制侧重中长期效果

世界一流企业普遍建立起如股权激励等中长期激励约束机制，并且采取高度透明的运营方式，能够全面、及时地披露信息，面对突发事件能有效应对。

世界一流企业普遍建立起如股权激励等中长期激励约束机制，从而解决所有者和经营者目标不一致的问题。以 GE 公司为例，在管理人员的薪资中有很大一部分是要到一定时间后才能实现的长期股权奖励，这就要求其绩效能够保持较长一段时期，然后才能真正兑现。这些工具得以使管理人员的利益与股东的利益紧密联系在一起，因为他们的价值在很大程度上取决于公司股票的表现。在授予股权奖励时，GE 强调的是对公司的整体绩效的长期贡献，而不是狭隘地专注于个人业务或职能。与此同时，为了达到近期和长期绩效回馈之间的平衡，GE 对于管理者采用了不同类型的薪资组合。随着管理人员在公司内职位的提升，其整体薪资中有"风险"部分的比例也随之提高，这意味着该薪资需要视目标达成情况而定，比如收入、回报、每股利润和现金流等方面的切实增长。此外，管理发展和薪酬委员会对于管理人员的考核还会评估一系列的主观因素，如是否激发了手下员工的信任和信心，是否做出了合理的判断等，最终得出恰当的薪资水平。

在管理团队方面，世界一流企业都着眼长远，高度注重引进和培养高素质的职业经理人队伍，做到了文化和制度的长期传承。尽管有人把 IBM 称作"沃森王朝"，但 IBM 从来就不是沃森家族的企业。沃森父子缔造 IBM 帝国的身份是职业经理人，沃森父子之后的 IBM 又经历了 6 任职业经理人的领导，依旧保持着 IT 行业领导者的地位。纵观百年，可谓是职业经理人缔造了 IBM 的辉煌历史。能够做到这一点，除了外部有效的投资者保护环境之外，以下三个内部因素也起到了重要作用。一是 IBM 起源于金融家弗林特主导下的多家企业合并，成立伊始股权就十分分散，没有人能够完全凭借股权主导公司，只有靠实际领导公司创造价值的能力才能站得住。二是沃森父子及后续经理人都一直恪守"尊重员工、为客户服务和创造股东价值"的公司治理原则。三是除老沃森和郭士纳之外，历任 CEO 都是从业务员做起，经过内部培养而成长起来的，这使 IBM 形成了一种自下而上的自我成长的组织惯性。

在风险管控方面，世界一流企业更加注重事前的防范，并且在决策层的高度上设立风险管控专业机构，以便最大程度地防范风险。比如，壳牌石油为应对产业波动，设计了风险规避导向的情景模拟技术平台。1972 年，传奇式的情景规划大师法国人皮埃尔·瓦克领导壳牌情景规划小组假设了一个名为"能源危机"的情景。针对这一情景，他们设想，一旦西方的石油公司失去对世界石油供给的控制，将会发生什么，壳牌应该怎样应对这种情况。当 1973 年至 1974 年冬季 OPEC 宣布石油禁运政策时，壳牌的竞争对手纷纷被打得措手不及，而壳牌却早已有了应对之策，成功地化危机为转机，成为唯一一家能够抵挡这次危机的大石油公司，并从此一跃成为当时世界第二大石油公司。在 1986 年石油价格崩溃前夕，壳牌情景规划小组又一次提前成功预见这种情况的发生,进一步为壳牌锁定了其在炼油产品上的优势。壳牌对风险的有效事前预警机制,是其始终保持行业地位的关键能力之一。

4. 利益相关者共同治理模式

世界一流企业高度重视与利益相关者的沟通和参与,尤其是保护员工、债权人、投资者和当地社区居民的利益,并在跨国经营中严格遵守东道国的行为规范,从而获得合法性。由此,提供准确、及时的信息披露,保持高度的透明运营,成为世界一流企业必备的成功要素之一。

以人为本是世界一流企业文化中的共性原则,为了增强员工的归属感和参与感,许多企业都实施了员工持股计划,并搭建了员工反馈意见的通道。以沃尔玛为例,历任领导都一再强调员工对公司的重要性,视员工为公司最大的财富。沃尔玛实施了合伙人政策,构建公司管理者与员工之间良好的合作关系,管理者视员工为事业合作伙伴。公司将"员工是合伙人"理念具体化为三个互相补充的计划政策,包括利润分享计划、员工购股计划、损耗奖励计划以及"员工折扣福利"。与此同时,沃尔玛还推出了门户开放政策,即员工在任何时间、地点只要有想法或者意见,都可以通过口头或以书面的形式与管理人员甚至总裁进行沟通,并且不必担心受到报复。任何管理层人员如借门户开放政策实施打击报复,将会受到严厉的纪律处分甚至被解雇。

为缓解劳资关系,增强员工凝聚力,佳能采取共生型公司治理模式,强调实力主义、健康第一主义和新家庭主义。佳能有劳动者财产形成制度、持有股票制度等一系列职工福利保障制度。

佳能不仅是使用职工，而且与职工一起创造美好的公司。用御手洗毅的话说是"喜悦也好悲伤也好，一起同甘共苦"。佳能从 1950 年 10 月开始实行将利润对资本、经营和劳动三方（各占 1/3）进行分配的三分配制度。从 1960 年开始，探索缩短职工工作时间的方法，1966 年开始完全实行每周 5 天工作制，这在日本企业中是很领先的（当时松下电器实行了 5 天工作制）。佳能倡导"三自"精神：自发、自治和自觉。佳能调其美国公司经理回日本就职销售公司时，御手洗毅说，"委任你做这项工作，什么都不用说了，赶快上任去吧。"在佳能法国公司遇到一件难事犹豫不决时，御手洗毅说"按照你的自信去做"。

全球化是世界一流企业的一个典型特征，跨国经营中对东道国的社区参与，是普遍受到高度关注的重要议题之一。越来越多的世界一流企业开始注重与东道国利益相关方的沟通，如 GE、壳牌等都纷纷发布了国别社会责任报告或可持续发展报告，并且将公司年报和其他一些重要信息翻译成多国语言，以方便来自世界各地的利益相关方下载阅读。在社区参与方面，壳牌文化中强调，作为当地社会的一分子，壳牌各地方子公司无论在任何地方，所采取的态度都必须是有利于双方的长期互惠互利。任何项目的投资都必须既有利于集团利益，又有利于当地的国家或地区的利益，达到双赢。壳牌始终重视与当地各方合作，努力融入当地，成为当地社会结构中一个被接受的、有价值的一部分。为了更好地处理在发展过程中产生的与环境、社区之间的矛盾，壳牌主动采取了一系列措施，包括设立《壳牌商业原则》，并成立社会责任管理委员会等。

5. 国有控股公司市场化运作

对于以淡马锡为代表的各国国有企业而言，清晰的产权关系，回归"股东"身份的政府定位，以及遵从市场化规则的商业运作，是国有企业成为世界一流企业的关键所在。

以淡马锡为例，随着2008年金融危机的大规模影响，淡马锡在2009年修订其企业宪章，规定"淡马锡控股是一家投资公司，依据商业准则经营，为利益相关者创造和输送可持续的长期价值"，以期将公司的使命与新加坡政府的利益区分开来。由此，逐渐形成有代表性的淡马锡公司治理模式，以"大股东董事低派出率"为突出特征，明晰股东、股东大会与经理层之间的权力界限，强化董事会自身运作的独立性、多元性。2015年，淡马锡重新修订了《宪章》，确定需要通过广纳国际商业精英确保董事会决策的高水准和全球视野，提升淡马锡的决策透明度；明确了新加坡政府与淡马锡、淡马锡与其所投资的公司之间的"纯商业"关系。根据市场法则公平竞争，国家只是作为股东通过实施控股、参股等方式，从事投资和经营活动。与此同时，淡马锡政府对国有资产管理的框架体系、方式、方法、国有资产在整个经济生活中的法律地位，做出了明确的法律规范。

为保障国家能源安全，各国通过成立国家控股的石油公司，增强政府对本国石油资源的控制。尽管作为高度垄断的国有企业，国家石油公司受到各种诟病。但是，有一些国家石油公司如挪威的Statoil、巴西的Petrobras等，通过理顺政企关系、提升运营透明度、保护生态环境、促进社区发展等行为，赢得了国际社会和东道国的普遍认可。其中，挪威国家石油公司（Statoil）是公认的最优秀的国家石油公司（Gordon & Stenvoll, 2007）。Statoil 成立于 1972 年，由国家 100%出资设立。与其他国家石油公司一样，Statoil 成立初期，享受了政府优惠政策，承担了振兴挪威石油和天然气工业的重任。20 世纪 80 年代中后期，Statoil 开展了国际化经营活动。同期，挪威政府明确要求 Statoil 努力发展成为一家营利性公司，不再享有优惠政策。2001 年，Statoil 启动了部分私有化改革，成为上市公司。政府股东的适度"隐退"，减少了 Statoil 的非经济职能，实现了"去行政化"，使其真正成为一个自主的市场主体，为其提升国际竞争力和获得组织合法性奠定了制度基础。随着企业承担的政府职能和社会功能逐渐减弱，Statoil 实现了向符合市场规律的价值创造功能的回归。与此同时，Statoil 高度重视外部利益相关者的利益，定期发布可持续发展报告，提高公司运营透明度；发起阿卡萨社区发展计划（Akassa Community Development Project），改善当地居民的生活水平，等等。这些举措使其重新树立起好的企业公民形象，为其深化国际化进程奠定了良好基础。

（三）世界一流企业公司治理共性特征

通过以上案例企业的分析可以发现，世界一流企业在价值导向、治理结构、治理机制和利益相关者参与方面，已经积累了许多有益的探索和可推广的经验。概括而言，世界一流企业在公司治理领域具有一些共性的特征，如表 11-2 所示。

表 11-2　世界一流企业公司治理的共性特征

分析维度	共性特征
价值导向	从追求单一价值向综合价值转变 从单纯追求经济价值向兼顾社会价值转变 从追求短期价值向追求长期价值转变 从追求政治价值为主向追求市场价值为主转变（国有企业）
治理结构	责、权、利明晰的治理结构 治理主体之间相互制衡 外部董事占绝大多数 注重监事胜任能力 市场化选聘职业经理人
治理机制	对高管实施中长期激励机制 事前的、战略高度的风险管控 透明运营，信息披露全面及时 以股东身份参与子公司治理
利益相关者参与	建立利益相关者沟通机制 采取多种形式的员工参与 形成有效的外部监督和约束机制 切实保护当地社区居民的利益

资料来源：作者整理。

三、中国企业实践与发展方向

近年来，随着监管部门的制度体系不断健全，我国企业的公司治理水平总体呈上升态势。尤其是在股权激励和员工持股方面有了突破性进展。但是，中国企业的公司治理水平与世界一流企业差距仍然较大，突出表现在风险管控水平较低、监事会治理水平较低、独立董事作用发挥不到位等方面。其中，我国国有企业作为一类特殊的群体，依然处于"双重制度逻辑"下，必然存在不同方面的制度冲突问题，需要通过进一步深化体制机制改革，以逐步化解制度冲突与矛盾，全面建立市场化运作机制。

（一）中国企业公司治理的典型特点

首先，中国企业公司治理要符合特殊的国情。从历史演化的视角看，中国企业公司治理的很多特点，是源于其所处的外部制度环境的。我们无法将企业与制度环境相割裂，而单纯地追求与其他国家世界一流企业的对标。一方面，国有企业在我国经济社会发展中扮演着十分关键的角色，对于国有经济控制力等问题应该采用分行业、分领域的分类视角，国有企业公司治理制度建设既要处理好中国情境下的政企关系，又要尽可能在治理机制和商业行为上向市场化靠近；另一方面，在诟病中国企业公司治理水平低下的同时，也应该清楚地认识到，中国企业成长和发展的市场环境并不十分完善，如企业外部的产权交易市场、职业经理人市场、信用评价体系等都不够发达和健全。在企业自身健全公司治理机制的同时，还需要政府和监管部门加快完善外部制度环境。

其次，中国企业公司治理水平呈现分化趋势。上市公司治理水平普遍高于非上市公司，民营企业公司治理水平普遍高于国有企业。与非上市企业相比，在外部监管日益严格的环境下，上市公司群体的公司治理结构和机制更加健全。尤其是近年来，证监会、上交所和深交所出台了一系列制度规范，对于加强上市公司信息披露、规范上市公司行为、保护中小投资者、探索退市制度等方面，起到了非常重要的引导和监督作用。有上市公司治理状况"晴雨表"之称的"中国公司治理指数"于 2017 年 7 月 22 日发布。评价结果显示，中国上市公司治理水平在2003~2017年总体上不断提高，经历了2009年的回调之后，趋于逐年上升态势，并在2017年达到新高。其中，民营公司治理水平连续7年超过国有公司。伴随40年的改革历程，我国国有企业"一股独大""产权不清晰"等问题有了明显改善，但在信息披露、透明运营、商业化运作、股票分红、管理层激励等方面，与民营企业相比仍然有很多的限制和不足，需要在当前的深化改革阶段进一步加以完善。

最后，中国企业公司治理机制正逐步完善。这突出表现在，激励机制正在从短期激励向长期激励转变，股权激励已经成为公司治理的重要手段。《上市公司股权激励办法》的发布与实施，促使上市公司股权激励向更加规范、更加有效的方向前进。上海荣正投资咨询有限公司发布的《中国企业家价值报告（2016）》显示，政策与监管的日趋完善使得股权激励逐渐成为"新常态"。截至2016年4月30日，沪深两市共有836家A股上市公司公告了股权激励计划，其中，2家公司已实施了五期股权激励计划，5家公司已实施了四期激励计划，173家上市公司实施了两期以上激励计划。从上市公司高管持股市值情况来看，2015年上市公司董事长年薪均值较2014年增长8.67%，而2015年上市公司董事长持股市值均值较2014年增长76.38%。由此可见，股权激励已成为上市公司完善公司治理、建立激励与约束机制的重要手段。企业实践效果表明，上市公司股权激励办法的推出，对于科技型、创新型公司的推动比较明显，从已经实行股权激励的上市公司看，这一机制对调动员工积极性、提升公司业绩发挥了重要作用。

(二) 中国企业公司治理的卓越实践

从制度环境看,中国企业公司治理制度建设面临诸多挑战。但是,近年来,我们也非常可喜地看到,国家电网、中国建材、新兴际华、华为、海尔等一大批优秀企业逐渐探索出一条适合中国情境的公司治理路径,它们在理顺政企关系、推进股权多元化、优化决策机制和管理者激励机制等方面的经验,值得其他企业加以学习和借鉴。

1. 以综合价值创造引领企业战略

从我国正在成长起来的一批大企业看,单纯关注经济利益的价值观已经成为过去,注重经济、社会和环境综合价值创造的理念正在成为主流。越来越多的企业在制定中长期发展战略时,主动将自身融入国家、融入社会、融入环境,在保障自身可持续发展的同时,更加侧重经济、社会和环境的平衡发展。例如,国家电网公司在统一价值理念中,提出"四个服务"的企业宗旨,体现了公司政治责任、经济责任和社会责任的统一,是公司一切工作的出发点和落脚点。再如中国石油,在国家正式提出"一带一路"倡议之前,就积极部署实施了中亚天然气管道项目,这在国家"一带一路"建设中具有举足轻重的战略地位和作用。项目对于保障我国能源安全、促进沿线国家发展、树立国际合作共赢典范以及推动多元文化沟通融合等方面,都具有相当重要的现实意义。可以说,中国石油中亚天然气管道项目是"一带一路"倡议的先行者、实践者、示范者与传承者,对其他企业起到了很好的引领和带动作用。

2. 国有企业市场化改革深入推进

伴随国有企业改革的不断深化，中国国有企业产权制度改革初显成效，混合所有制改革成为新一轮改革的重点领域。中国建材集团一直都是建材行业混合所有制改革的积极探索者和先行者，并且已经积累了相对成熟的混改经验。在过去的10年里，中国建材集团按照市场化原则，坚持宜控则控、宜参则参，与上千家民企成功混合，走出一条以"国民共进"方式进行市场化改革和行业结构调整的新路。在推动和构建混合所有制企业过程中，中国建材集团提出并践行了"央企市营"模式，始终坚持"央企的实力＋民企的活力＝企业的竞争力"的融合公式和"规范运作、互利共赢、互相尊重、长期合作"的"十六字"混合原则。截至2013年底，在中国建材集团各级企业中，混合所有制企业数量已经超过85%。

3. 职业经理人制度向高层次突破

包括一批中央企业在内的中国企业，都在大力推行市场化的职业经理人制度，并向更高层次的企业经营管理者突破。作为一家重要的试点企业，新兴际华在市场化选聘和管理经营管理者方面，开展了相对较为彻底的改革，完成了总经理的市场化选聘，并对经理层副职全部实行聘任制和契约化管理。新兴际华董事会以坚持党管干部原则和董事会依法选择经营管理者相结合的方式选聘总经理，并对选聘人员实行聘任制和契约化管理，通过《聘用合同书》和《经济责任书》来明确经理层的职责、聘期、考核目标及市场化退出办法。在市场化和契约化的管理体制下，经理层必须"时刻面对董事会的考核之剑"，没有正当理由而未完成合同约定的经营业绩考核目标的经理人员，可解除聘用合同。据统计，在两年的时间内，新兴际华通过换届考核，共计调整二三级企业领导人员 144 人，占三级以上干部总数的 39.1%，一批三级企业的经营业绩考核优秀的领导干部被选拔到二级公司担任重要领导要职。市场化职业经理人制度的推行，对进一步完善公司治理发挥了关键性作用。

4. 长期股权激励机制得到广泛应用

在健全职业经理人制度的同时，长期股权激励机制已经为更多中国企业所应用，激励的对象不仅包括公司高管，还包括骨干员工。员工持股制度在知识密集型的高科技企业应用最为广泛，其中华为的员工持股计划实施较早、覆盖面广、层次清晰，经过不断的修订和完善，已经成为其他企业学习的重要标杆。再如中国建材集团在多家下属企业中，探索实施了员工持股计划，已经取得了较为明显的效果。以南京凯盛为例，员工持股平台发挥了很好的决策支持作用，公司员工持股比例高达 48%。自 2002 年以来，员工持股平台在投资决策中坚守价格底线，所投资的国际工程项目均未出现亏损现象，在激烈的市场竞争中保障了企业的健康持续发展。

5. 推动利益相关者参与成为主流

在社区参与方面，中国石油自 1993 年实施"走出去"开展国际化经营以来，始终坚持"互利共赢，合作发展"的理念。中国石油认为,"企业的财富来源于社会,回报社会是我们义不容辞的责任"。多年来,中国石油始终关注民生和社会进步,高度重视并支持社会公益事业,长期坚持扶贫帮困、赈灾救危、捐资助学,努力构建和谐矿区,积极参与社区建设,实现企业与社会和谐发展。在东道国,中国石油积极开展本地采购,带动和促进当地中小企业发展,间接为社区创造更多经济收入和就业机会。在印度尼西亚,公司尽可能依托当地社会资源,开展与当地企业在技术、生活后勤保障、餐饮物流等方面的合作,带动和促进相关中小企业发展。公司在伊拉克的油气项目合作已经累计为当地创造了4亿美元的商业机会,提供就业岗位2万多个。在非洲的油气合作项目也已为当地提供近万个就业岗位。同时,中国石油积极践行透明运营,主动加强与当地政府、社区等利益相关者的沟通,目前已经在拉美、印度尼西亚、缅甸等多个国家发布了国别社会责任报告,产生了良好的反响。

在用户和员工参与方面,人单合一双赢的利益观是海尔永续经营的保障。海尔提出,海尔是所有利益相关方的海尔,主要包括员工、用户、股东。网络化时代,海尔和分供方、合作方共同组成网络化的组织,形成一个个利益共同体,共赢共享共创价值。只有所有利益相关方持续共赢,海尔才有可能实现永续经营。为实现这一目标,海尔不断进行商业模式创新,逐渐形成和完善具有海尔特色的人单合一双赢模式,"人"即具有两创精神的员工;"单"即用户价值。每个员工都在不同的自主经营体中为用户创造价值,从而实现自身价值,企业价值和股东价值自然得到体现。每个员工通过加入自主经营体与用户建立契约，从被管理到自主管理，从被经营到自主经营，实现"自主，自治，自推动"，这是对人性的充分释放。人单合一双赢模式为员工提供机会公平、结果公平的机制平台，为每个员工发挥两创精神提供资源和机制的保障，使每个员工都能以自组织的形式主动创新，以变制变，变中求胜。

（三）中国企业公司治理的主要差距

近年来，我国相关政府部门针对公司治理领域的信息披露、股权激励、员工持股等问题，出台了一系列的政策引导和制度要求，对于规范公司经营行为、提升公司治理水平、促进公司履行社会责任，均产生了积极的促进作用。但是，当前我国企业公司治理结构和治理机制中仍然存在一些"短板"，尤其是国有资本监管体制和国有企业改革尚未彻底，导致国有企业公司治理仍然存在很多制约和困惑。总体而言，中国企业的公司治理水平与一流企业差距较大，突出体现在以下方面：

首先，国资监管体制改革不到位。党的十八届三中全会提出的"完善国有资产管理体制，以管资本为主加强国有资产监管"，也提出了改组国有资本投资公司和组建国有资本运营公司。在这一指导思想下，我国已经分批推出了多家试点企业，重点探索从"管资产"向"管资本"为主的转变路径和具体措施。主流观点认为，应该构建一个"三层三类全覆盖"的国有经济管理新体制，第一层次为国有经济管理委员会，第二层次为国有资本投资运营公司，第三层次为履行不同类型功能的国有企业。该体制有利于国有企业从一系列的政府监管活动中独立出来，成为更加适应市场经济的经济主体。从实践层面看，尽管本轮国资国企改革的顶层设计基本完成，但如何将这些改革措施落地并产生实效，还有很多不够清晰和明了的地方。其中最为核心的问题是，在向三层级管理架构转变的过程中，如何重新定位国资监管部门与国有资本投资公司或国有资本运营公司之间的关系，如何确定国有资本投资公司或国有资本运营公司的职能和投资运营权限，仍然是处于探索阶段的重点和难点问题，未能得出明确的结论。新一轮体制机制改革能够留给国有企业的制度创新空间，将直接影响到国有企业的公司治理水平和市场竞争力。

其次，独立董事作用发挥不充分。近年来，我国始终着力推进规范董事会建设，也取得了明显的成效。其中，独立董事制度作为一项重要的公司治理制度安排，得到了我国公司越来越多的重视和应用。作为公司的独立董事，应当具备较强的专业性和丰富的知识面，能够凭自己的专业知识和经验对公司的重大问题独立地做出判断并发表有价值的意见。独立董事若能真正发挥作用，将有助于公司的稳健运营和长期发展。然而，独立董事制度在我国企业中陷入了"有名无实"的尴尬境地。当前大部分公司普遍遇到了"合格独立董事严重匮乏、在位独立董事流于形式"的问题。同时，如何确保独立董事的独立性，也成为令公司担忧的话题，"独立董事不独立"的问题已经引起各方的重视。但是，由于符合条件的独立董事人才比较匮乏，我国的独立董事制度尚不完善，独立董事始终难以真正称职和独立。

最后，治理和激励机制不健全。一是外部治理机制不健全。我国公司控制权市场尚未形成，同时也缺乏有效的经理人市场。我国大多数公司的董事和高级经理的选聘是在控股股东和公司内部进行的，普遍缺乏明确的选聘和考核标准。银行和债权人等利益相关者对公司治理的参与也非常有限，机构投资者也未能发挥应有的作用。二是内部监督和控制机制不健全。我国公司董事会独立性不强的问题较为明显，董事会由大股东操纵或由内部人控制，难以形成独立的董事会来保证正常的经营与决策过程。公司监事会的作用也很有限，没有控制权和战略决策权，没有任免董事会成员的权力，没有参与公司高层决策的权力。三是缺乏有效的激励机制。总体而言，我国公司的薪酬结构仍然比较单一，尤其是国有企业在现有的薪酬总额限制下，不能对董事和高级经理人员给予足够的激励，与治理机制更为灵活的民营企业相比，在日益激烈的市场竞争和人才竞争中处于劣势地位。与此同时，由于长期激励机制的应用不到位，使得员工个人收入和公司业绩之间未建立起规范合理的联系，激励效果不理想。

（四）中国企业公司治理的发展方向

研究和剖析世界一流企业公司治理最佳实践，对于中国企业改进公司治理有很大的启示意义。展望未来，中国企业应进一步健全公司治理结构和治理机制，重点应在以下几个方面加以改善：

一是进一步优化股权结构。尽管经过了长期的改革，我国国有企业股权集中度有所下降,尤其是竞争性领域大多从国有绝对控股变为相对控股甚至参股。但是,从国有控股上市公司的数据看,国有股"一股独大"问题仍然存在。这导致中小股东对于大股东的监督、约束和制衡作用难以发挥,在国有企业中普遍存在着"内部人控制"问题。为了扭转这一局面,我国国有企业需要持续优化公司股权结构,塑造既有能力又愿意行使股东权利的大股东。

二是充分发挥董事会的作用。董事会是公司治理结构中最为关键的决策主体,董事会与监事会、经理层等其他组织的协作与互动,决定了公司治理能否对公司可持续发展发挥积极的促进作用。而董事会建设,尤其是独立董事制度,恰恰是当前我国企业的薄弱之处。因此,需要界定和认可董事会在公司治理中的权力基础,需要建立健全董事会专业委员会制度,如战略委员会、薪酬委员会、审计委员会和社会责任委员会等,需要完善独立董事制度,使其在公司治理结构中不再是"花瓶",而是真正发挥实效。

三是建立有效的中长期激励机制。世界一流企业的经验反复证明,人力资本在企业运营发展中占据着相当重要的地位。因此,必须高度尊重并充分认可企业内部的员工在价值创造中的贡献和作用。就企业自身而言,需要加快完善有效的激励机制,从短期激励为主向长期激励为主转变,适当运用股权激励、期权激励等多种手段,将企业发展与员工成长紧密联系在一起,促使企业与员工形成"利益共同体"和"命运共同体"。就外部环境而言,需要建立健全经理人市场,改进国有企业管理者的选聘与考核机制，营造一个良好的、遵守市场化原则的制度环境。

四是增强信息披露，提高运营透明度。透明运营是世界一流企业的重要标准之一，在 OECD、ISO 等提出的公司治理国际准则和社会责任国际标准中，均将透明运营作为核心议题。近年来，我国企业对信息披露的重视程度不断提高，除上市公司按照监管机构要求定期发布报告外，越来越多的企业开始主动向社会发布年度报告和社会责任报告，并通过多媒体手段增强信息披露的时效性。但是，仍然存在非财务信息披露不足、选择性信息披露等各种问题。中国企业要参与国际化竞争，就必须关注利益相关方的期望和诉求，进一步提升运营透明度，成为一家广受尊重的企业。

参考文献

[1] Berle Means. The Morden Corporate and Private Property [M]. New York: Mac Millan, 1932.

[2] Demsetz H., Lehn K. The Structure of Corporate Ownership: Causes and Consequences[J]. Journal of Political Economy, 1985 (93): 1155-1177.

[3] Fama E., Jenson M. Separation of Ownership and Control [J]. Journal of Law and Economics, 1983 (26): 301-325.

[4] Holderness C., D. Sheehan. The Role of Majority Shareholders in Publicly Held Corporations: An Exploratory Analysis [J]. Journal of Financial Economics, 1988 (20): 317-346.

[5] Levy H. Economic Evaluation of Voting Power of Common Stock[J]. Journal of Finance, 1983 (38): 79-93.

[6] Mc Connell J., H. Servaes, Lins K. Changes in Insider Ownership and Changes in the Market Valve of the Firm [J]. Journal of Corporate Finance, 2008 (14): 92-106.

[7] Mcconnell J. and H. Servaes. Additional Evidence on Equity Ownership

and Corporate Value[J]. Journal of Economics, 1990 (27): 592-612.

[8] Mcconnell J., H. Servaes. Equity Ownership and the Two Faces of Debt[J]. Journal of Economics, 1995 (39): 131-157.

[9] Michael C., Jensen, William H. Meckling. Theory of the Firm: Managerial Behavior, Agency Costs and Ownership structure [J]. Journal of Financial Economics, 1976 (10): 305-360.

[10] Morck R., Shleifer A. and R. Vishny. Management Ownership and Market Valuation [J]. Journal of Financial Economics, 1988 (20): 293 -315.

[11] OECD, 李兆熙. 国有企业公司治理: 对 OECD 成员国的调查 [M]. 谢晖译. 北京: 中国财政经济出版社, 2008.

[12] Parkinson J., Kelly G.The Combined Code on Corporate Governance [J]. The Political Quarterly, 1999, 70 (1): 101-107.

[13] Shleifer A., Vishny R. Large Shareholders and Corporate Control[J]. Journal of Political Economy, 1986 (95): 461-488.

[14] Yang J., Chi J., & Young M. A Review of Corporate Governance in China [J]. Asian-Pacific Economic Literature, 2011 (10): 15-28.

[15] 白洁, 彭婷, 张文东. 梦想启动未来: 通用电气梦想之路 [M]. 北京: 机械工业出版社, 2010.

[16] 德勤华永会计师事务所. 对标世界一流企业 [M]. 北京: 经济管理出版社, 2013.

[17] 吉村典久. 日本公司治理改革的动向 [J]. 产业经济评论, 2008 (12).

[18] 剧锦文. 公司治理理论的比较分析——兼析三个公司治理理论的异同 [J]. 宏观经济研究, 2008 (6).

[19] 李建明, 彭剑锋. 世界级企业是怎样炼成的 [M]. 北京: 经济管理出版社, 2011.

[20] 李明辉. 公司治理模式的趋同化与持久性研究——基于英、美、德、日等国的分析[J]. 经济评论, 2007 (4).

[21] 李维安, 邱艾超, 牛建波, 徐业坤. 公司治理研究的新进展: 国际趋势与中国模式[J]. 南开管理评论, 2010 (6).

［22］李维安.公司治理学［M］.北京：高等教育出版社，2009.

［23］马俊驹，聂德宗.公司法人治理结构的当代发展——兼论我国公司法人治理结构的重构［M］.法学研究，2000（2）.

［24］莫少昆，余继业.解读淡马锡［M］.厦门：鹭江出版社，2008.

［25］莫少昆，余继业.问道淡马锡［M］.北京：中国经济出版社，2015.

［26］彭剑锋，刘坚.百年壳牌：石油业中的"贝壳"神话［J］.北京：机械工业出版社，2010.

［27］肖淑芳，金田，刘洋.股权激励、股权集中度与公司绩效［J］.北京理工大学学报，2012（6）.

［28］徐向艺，徐宁.公司治理研究现状评价与范式辨析——兼论公司治理研究的新趋势［J］.东岳论丛，2012（2）.

［29］杨典.公司治理与企业绩效——基于中国经验的社会学分析［J］.中国社会科学，2013（1）.

［30］仲继银.董事会与公司治理［M］.北京：中国发展出版社，2009.

第十二章
企业集团组织管控

企业集团（Business Group）是一种常见的组织模式[①]。全世界的企业集团都具有某些相似性，但又在结构、所有权及其他方面显示出极大差异。传统解释认为集团形式弥补了不健全的市场机制，通过内部市场降低了成员企业之间的交易成本，从而提升了成员企业价值。企业集团在组织创新方面呈现出一些新的特征，管理的首要目标是打造极具竞争力的"大企业"，而不是追求业务多元的松散型联盟。

[①] 国内学者通常把"Business Group"（BG）译作"企业集团"，但国内有关企业集团的研究文献所指的企业集团并不完全等同于 BG。一般意义上的 BG 实则对应于由关联企业所构成的联合体。

一、理论研究

世界一流企业集团一定是既有产权关系又有业务协同的紧密型组织,在组织形态、业务选择、垂直整合、融资支持、跨国经营等方面展现出新的管理特征。

(一) 企业集团的理论基础

1. 企业集团的研究领域

一般认为,"企业集团"概念的核心是指松散的法人联合体。Leff(1978)将企业集团定义为被同一主体控制的一组公司,有时成员企业之间也存在交叉持股的关系。研究者主要关注的问题是"企业集团是否比非集团企业具有更高的效率或者更好的经济效益"。Khanna 和 Rivkin(2001)等研究结果都显示,集团成员企业的业绩显著超出其他上市公司。不同的学者分别从经济学视角、社会学视角和政治学视角对于企业集团存在的合理性给出了解释(蓝海林,2008)。

有关企业集团的研究主要聚焦于三个领域:一是集团结构,主要研究企业集团多元化的形式,包括水平多元化、纵向一体化,及其涉足金融业务的程度;二是集团控制权研究,尤其以控股集团为主,包括金字塔结构和交叉控股,以及控股集团投资模式对于成员企业绩效的影响;三是跨国经营研究,如企业集团如何实现国际化业务布局。因此，企业集团研究主要聚焦于两个问题，一是如何平衡企业集团多元化发展的优势与劣势，二是如何平衡企业集团与成员企业之间的控制和自主关系。尤其在企业集团实施垂直一体化发展以及跨国业务布局的过程中，以上两种关系显得越发重要。

2. 企业集团的两大特征

企业集团在新兴市场国家较为常见。在相关研究文献中，企业集团通常被认为是制度创新的成果，由于新兴经济体资本市场环境的不完善，企业集团通过内部市场提升经营效率（Carney et al., 2011；Khanna & Palepu, 1997, 2000a, 2000b）。所以，企业集团被认为是独立企业的联合体，通过多种形式的正式或者非正式手段实现业务协调。然而，企业集团的实践却是，当这些新兴市场国家的制度环境不断完善，企业集团的组织形式不但没有消失，反而更加繁荣（Khanna & Palepu, 1999；Kim et al., 2010；Ramaswamy, Li & Petitt, 2012；Siegel & Choudhury, 2012）。更加令人不解的是，甚至在一些发达经济体也出现了企业集团的组织形式（Carney et al., 2011）。所以，企业集团的理论研究不能仅仅通过"制度真空"的视角进行解释。

当前的企业集团研究主要聚焦于两个重要的特征，一是多样化的业务组合，二是多法人组织形式。从多元经营角度看，企业集团的成员企业能够优先获得集团的资源，因此能够辨识市场中隐藏的战略机会（Denrell et al., 2003）。从组织形式角度看，相对于事业部形式或者多业务组织形式，企业集团能够使得成员企业更敏锐地感知和抓住市场机会（Ghoshal et al., 2000）。从企业集团的治理和管理结构看，每个成员企业都是独立的法人，都有自己的"股东、董事和监事"（Mahmood et al., 2011），能够克服多元化经营带来的管理挑战，例如激励体系的设置和资源分配等。消除这些障碍能够使得成员企业投资新的市场机会，在专业领域实现业务组合的优化。因此，业务组合和多法人组织结构是展现企业集团经营优势的两大重要特征。

3. 企业集团的优势来源

企业集团的目标首先应该是构建一个具有竞争力的"大企业"，这个企业是具有明显的行业特征、市场占有率高并具有国际竞争力的"强"企业，而不是那些业务分散、规模庞大，多元化程度高、无法建立核心专长和发挥规模经济与范围经济优势的"企业集团"。对于企业集团的定义不准确会导致竞争优势的模糊，例如有学者认为，企业集团是以资本为纽带、以母子公司为主体的一种组织形式，把企业集团定义为由关联企业构成的联合体。这种定义使得企业的业务主体性逐渐模糊，对于构建企业竞争力产生了错误的导向。

关于企业集团竞争优势的研究可以归纳为三个范畴：一是组织形式与经营绩效的关系，主要研究企业集团与成员企业的从属关系及其特征对成员企业或整个集团财务绩效的影响；二是企业集团与业务创新，主要研究企业集团与成员企业的从属关系及其特征对成员企业或整个集团创新活动和创新绩效的影响；三是企业集团与国际化，主要研究企业集团从事国际扩张、跨国经营和跨国治理等问题。从企业集团的发展趋势看，为了形成超一流的竞争力，企业集团成员之间的业务联系应该更加紧密。当前，企业集团业务多元的松散关系正在被改变，打造具有国际竞争力的大企业要求逐步减少而不是增加企业集团内部的独立运作的法人企业数量。

（二）企业集团的管控模式

管控模式是指集团对下属企业基于集分权程度不同而形成的管控策略和管控体系。企业集团的管控模式有财务管控、战略管控、经营管控三种形式（见表12-1）。管控模式没有一个标准，并不存在一个最好的"管控模式"，它只能是最适合一个集团某一个时期的一种管控模式。

表 12-1　企业集团的管控模式选择

	财务管控	战略管控	运营管控
人事控制	高层领导的聘用和解聘	制定并协调人事政策，关注高层管理人员，培养后备人才	具体负责招聘、培训、评级、付薪等
财务控制	最基本的财务管理	每季度跟踪主要财务指标	每月详细检查所有财务参数
投资控制	设定预算范围和现金流量目标	检查和批准主要投资项目的合理性	启动并管理投资项目
战略和规划	制定主要的收购、投资和资产出让等决定	提供集团战略的方向，检验战略在技术上和操作上的合理性，并进行资源配置	领导开发和实施企业经营计划

资料来源：王钦、张云峰（2005）。

1. 财务管控模式

财务管控是指集团对下属子公司的管理控制主要通过财务手

段来实现，集团对下属子公司的具体经营运作管理基本不加干涉，也不会对下属公司的战略发展方向进行限定，集团主要关注财务目标的实现，并根据业务发展状况增持股份或适时退出。

采用财务管控模式的企业集团，以集团总部作为投资决策中心，以追求资本价值最大化为目标，管理方式以财务指标考核、控制为主，一般资本型企业集团采取这种管控模式。财务管控型的管控模式是最为分权的管控模式，强调结果控制是这种管控模式的明显特点。在财务型管控模式下，集团总部只负责集团的财务和资产运营，所以把重点放在集团的财务规划、投资决策和实施监控，以及对外部企业的收购、兼并工作上，并不强调业务的战略管理和营运管理。

一般地，财务管控模式在非主业领域采用得比较多。下属企业每年会被给定各自的财务目标，被赋予完整的业务经营权，下属企业只要达成预期财务目标，总部就不会有什么经营干预行为。

2. 战略管控模式

战略管控模式是集权与分权相结合相平衡的管控模式，强调程序控制是这种管控模式的突出特点，在战略型管控模式下，为了保证集团整体利益和下属企业利益的最大化，集团总部负责整体的战略规划、财务和资产运营，各下属企业同时也要制定自己本业务单位的战略规划，并提出与战略规划相匹配的经营计划和预算方案，总部负责审批下属企业的战略经营计划并给予有附加价值的建议，同时批准其预算再交由下属企业负责执行。

在战略管控模式下，由于集团总部对下属业务单位的放权分责，总部的规模并不大，也不会设置太多的运营管理职能。总部主要致力于综合平衡，如平衡资源需求、协调经营矛盾、推行"无边界企业文化"、培育高级主管、品牌战略管理、推行标准化、知识与经验分享等。集团总部是主要业务流程的监控者，检验集团战略在技术上和操作上的合理性，当可获得协调作用或取得协同收益时，集团公司会与各子公司（或事业部）共享信息和资源，对整个集团的资源进行配置。

一般混合型的企业集团采取这种管控模式。集团总部对子公司干涉较强，但子公司有一定的自主权，可以理解为"有控制的分权"。

3. 经营管控模式

采用经营管控模式的企业集团，其总部作为经营决策中心和生产指标管理中心，以对企业资源进行集中控制和管理，追求企业经营活动的统一和优化为目标，直接管理集团的生产经营活动（或具体业务）。

经营管控是集权度最高的管控模式，强调过程控制是这种管控模式的鲜明特点。在操作型管控模式下，为了保证集团战略的实施和集团目标的达成，集团总部从战略规划的制定到实施几乎无所不管、无所不理，因而把各种相应的职能管理在总部层面设置得非常广泛和非常深入。为了保证集团总部能够正确进行决策，能够应对并解决各种常规和突发的问题，总部所需要的职能人员的人数会很多，总部规模也会相当庞大。

采取经营管控的企业集团往往都从事大规模产品生产或网络

性自然垄断业务，如电力、电信、铁路、钢铁、煤炭等。

4. 混合管控模式

集团管控模式的选择主要受行业特点、公司发展战略、组织规模、企业家领导风格、人力资源、企业文化等因素的影响，这些因素之间还相互渗透、相互影响。不同的行业具有不同的特点，在管理控制上也有所不同。通常情况下，业务运营单一，不需要成员企业做出太多个性化经营决策的行业，具备实现集权管控模式的基本条件，而对于那些需要成员企业做出大量个性化经营决策的行业，则需要侧重于分权型的管控模式。在企业集团发展初期，成员企业较少，或者基本分布在同一区域，这种情况下集团有足够的能力对成员企业实行更紧密的集权型管控。当企业集团规模不断扩大时，需要管理和协调的事务越来越多，全部交由集团总部来决策便会影响到决策速度和质量，这就需要集团总部逐步放权，向分权型管控模式过渡。

企业集团的监控模式往往是三者的混合。现实中，企业集团的管控往往是以一种模式为主导的多种模式的综合，企业管控模式并不是一成不变的，它将随着集团的整体战略转型而进行动态调整。由于不同的下属企业所处行业、发展背景、发展状况与外部竞争环境存在比较明显的差别，不同下属企业究竟采取哪种控制模式，很难做出规律性的选择。此外，集团的管控模式随着集团的发展产业的扩大也在不断演化。例如，集团成立初期采用操作管控型模式，后来随着产业发展了，就改成战略管控型的控股公司，而随着多样化带来的业务范围的不断扩张，又逐步演变为一个财务管控型的控股公司。当然，一个集团公司对下面的子公司可以采取不同的管控模式，对于涉及集团主业的下属企业可采用操作管控模式，对涉及主业相关产业的下属企业则采用战略管控模式，而对于从事非主业的一些下属企业就采用财务管控的管控办法。

不论企业集团采取何种管理控制模式，最终目的是达到整体的和谐发展。企业集团管控的目标首先应该是构建一个具有竞争力的"大企业"，这个企业是具有明显的行业特征、市场占有率高并具有国际竞争力的"强"企业，而不是那些业务分散、规模庞大、多元化程度高、无法建立核心专长和发挥规模经济与范围经济优势的"企业集团"，因此，战略管控模式的重要性就越发凸显。总之，世界一流企业集团一定是既有产权关系又有业务协同的紧密型组织，在组织形态、业务选择、垂直整合、融资支持等方面展现出新的管理特征。

（三）企业集团的管理创新

企业集团的组织创新特征主要体现在组织形式与结构、多元化的类型、一体化的模式、资金注入与股权模式、国际化发展等不同的维度上。在组织形式上，企业集团表现出紧密型组织结构特征，企业集团组织创新要解决规模扩张与组织效率的问题，建立高效、开放、信息共享、与集团战略高度匹配的组织管控模式；在多元业务选择上，成员企业经营单一业务、集团层面实现多元化的经营模式显著提高了企业集团的整体价值；在一体化模式上，沿着产业链实施垂直一体化发展的经营绩效优于水平一体化发展；在资金注入模式上，参股成员企业的绩效明显优于控股成员企业；在国际化经营上，企业集团追求产业链各个环节的融合、国内外两个市场与两种资源的协同。

1. 组织形态：构建紧密型组织

企业集团具有大规模、多形态、多层次结构的特征。紧密型企业集团由相互独立的法人实体组成，成员企业共享集团管理体系，并为多元业务经营提供了一种稳定、有效的组织形式。

（1）紧密型企业集团的优势。郑小勇和魏江（2011）认为，企业集团中存在两种关系特征：一方面，联系这些独立企业的纽带是多种多样的，包括所有权、市场关系和社会关系等；另一方面，这些企业群体内部存在某种共同的控制关系。紧密型企业集团同时包含了以上两种特征，既有产权关系纽带，又有业务协同的控制。

松散型多元经营的企业集团尽管在名义上可以实施产权控制，但集团总部对成员企业的业务缺少直接了解，加之管理层级过多、产权结构复杂等，存在较严重的内部信息不对称和代理问题。在紧密型企业集团中，信息传递快、信息来源比较可靠，信息不对称程度较轻，能够及时获取各个成员企业生产经营与内部管理环节的完整信息，所以相对于松散型的不相关多元化经营更有信息优势和监管优势。

（2）紧密型企业集团的特征。紧密型组织体现在战略导向和组织柔性两方面。在战略导向上，从集团总部到各分、子公司，都必须有统一、明晰的战略目标和发展思路,围绕集团的核心竞争力,建立从外部市场客户需求到内部组织结构和价值流转的一条完善的企业动态价值链。在组织柔性上,企业集团要完成战略管理的动态化,以应对动荡的外部环境,就必须提高企业组织的柔性程度,而机械的、僵硬的组织是很难保证战略管理模式的动态化调整的。所以,紧密型企业集团强调战略举措、管理权限、共享协调等方面的一致性,从而实现紧密型企业集团整体的战略导向和组织柔性。

从战略举措看,紧密型集团总部以追求企业集团总体战略控制和协同效应培育为目标,主要根据集团统一的战略部署,为权属企业提供战略指导和规范管理,从而影响权属企业的战略实施活动而达到管控目的。而松散型企业集团可能把总部作为投资决策中心,完全以资本为纽带,以财务管理和资产运营为核心,以财务规划、投资决策和实施监控为重点对权属企业进行间接监控,强调结果控制。从严格意义上来说,这已经丧失了企业集团的协同优势。

从管理权限看,紧密型企业集团是一种集分权相结合的管控模式,集团总部保留对集团战略规划和其他重大战略事宜核准和评价的核心权力,对成员企业放权分责,不直接介入微观层面的战略管理活动;成员企业在总部的战略指导下负责具体业务目标实施,拥有一定限度的自主决策权,是一种"有控制的分权"。

从横向协调看,集团总部则主要负责在战略层面协调权属企业间的关系,为成员企业提供必要的技能和战略资源支持,为集团内部所有成员企业提供共享资源和共享服务,以创造战略协同效应。

2. 业务选择:集团模式多元化

业务多元化是企业集团经营的主要特征。集团化经营模式的利弊多年以来一直是国际学术界争论的热点,由于市场发达程度差异或者集团控股结构等不同的原因,至今没有得出统一的结论(Khanna & Palepu,2000a,2000b)。

(1) 多元化经营的优势与劣势。在市场机制尚不完善的环境下,集团化经营模式有利有弊。多元化经营可以给企业带来诸多好处,例如充分协调企业内部不同经营部门的资源配置、提高效率、稳定总体收益、降低资本成本并且可以提高举债能力等(Chandler,1997)。

但是,多元化产生优势的同时又形成了诸多劣势(Martin & Sayrak,2003)。随着集团涉足行业数量的增加,集团的价值会显著下降(Stulz,1990;Meyer,Milgrom,Roberts,1992)。主要的原因是多元化经营会给公司带来负面效应,例如,使得不同层级管理者之间的信息不对称更严重,从而造成更高的代理成本(Myerson,1982)。从委托代理的视角看,除了过度多元化产生的劣势,集团控股股东与其他中小投资者之间的代理问题相比独立经营的企业更加严重。在法律和公司治理机制不健全的国家,构建集团的目的可能不再是建立完善的内部市场或通过多元化经营降低风险,而是最终控制人利用成员企业之间的关联交易转移资金、操纵盈余来获取私人利益的工具(Claessens et al.,2000)。

从资源基础的视角看,多元化的劣势体现在委托代理问题所导致的资源配置效率的降低。例如,信息和激励问题会导致企业集团中多元化事业部之间的资源错配(Meyer et al.,1992;Rajan et al.,2000)。拓展新市场的风险与成本也表明,多元化程度越高,导致企业价值折损的概率将越大。除了委托代理和资源基础视角,从制度经济学视角也可解释多元化对于经营绩效的影响。Guill(2000)指出,在很多新兴市场国家出现企业集团的现象主要是因为产业政策保护使得企业集团能够获得更多优先资源。但是,随着制度"真空"的消失,以及市场机制导向的制度变迁,新兴经济体中企业多元化经营带来的优势正在不断消失(Singh et al.,2007;Lee et al.,2008)。

(2)多元化经营的方式与层面。Khanna 和 Palepu(2000b)指出,集团模式的多元化经营,即集团成员企业从事单一业务而在集团层面实现多元化经营,既可以发挥多元化经营的优势,又能够规避其成本,从而提高集团及成员企业的价值。以"集团多元、成员专业"为内涵,兼顾业务协同与独立经营的集团模式多元化的经营方式能显著提高成员企业的价值。具体而言,就是集团成员企业从事单一业务的同时,在集团层面实现多元化经营。

Khanna 和 Palepu(2000a,2000b)发现,集团模式下的多元化经营是集团企业非常明显的优势。一是独立经营的优势。有效的组织形式能够使得企业集团成员企业感知和捕捉市场机会。采用事业部制的组织结构,把所有的业务单元置于同一个法人管理体系中,而企业集团的独立法人制,赋予了成员企业"个体优先权"

(Chung，2001)。企业集团的每个成员企业有自己的高管团队、治理体系和财务体系。事业部制则需要保留庞大的集团总部，业务经营受到集团董事会的约束。具有"自治"特征的成员企业能够避免 M 型组织结构导致的激励失灵和资源配置无效问题。

企业集团与 M 型组织的对比见图 12-1。

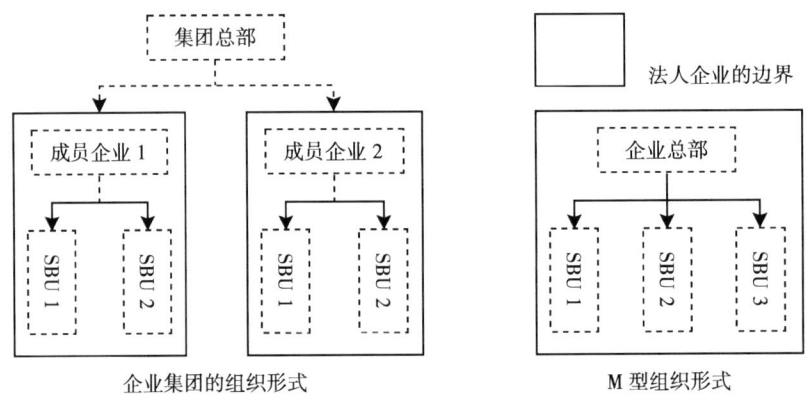

图 12-1　企业集团与 M 型组织的对比
资料来源：作者整理。

二是业务协同的优势。除了提供更完善的内部市场，企业集团还可以通过成员企业经营单一业务，在集团层面实现多元化的经营方式（简称"集团模式多元化经营"）以规避成员企业各自进行多元化经营所负担的成本。"集团模式多元化经营"不仅可以降低经营的风险，同时规避了成员企业层面的多元化经营带来的过度投资、管理能力分散等问题，从而提高了集团成员的价值。

（3）新业务领域的进入与选择。从新创企业的角度看，多元化企业集团可能有效地弥补创业过程中的某些制度缺失：企业集团衍生的新创企业不仅可以依靠集团的资本注入，同样可以将集团的品牌和声誉作为一种"担保"（Maurer & Sharma，2001）。此外，集团内还存在着内部人才市场，能够共享人力资源。从这个意义上来讲，一些企业集团更接近于私募股权公司而不是松散型的联合企业。企业集团类似于风险投资基金，一个主要职能就是识别机会并使潜在的投资者与之对接。例如，印度的塔塔（Tata）工业集团与这一观点非常贴近，也是一个准风险投资者，但它的投资期限比典型的美国私募股权基金更长（Khanna & Palepu，2005）。另一个印度集团比拉（Birla）为新企业提供创业帮助和融资，随后利用员工的创业和创新精神进行裂变式创业。这种企业集团"孵化"新企业的方式在难以从头开始创建新企业（De Novo）的新兴市场，显得尤为重要。

3. 垂直整合：全产业链一体化

多元化经营可以在集团层面和企业层面实施。集团化经营需要权衡集团规模（多元化程度）与成员企业层面的多元化经营之间的关系。在集团层面，集团要建立或者吸纳新的企业，追求与现有业务的协同。在企业层面，成员企业需要进入新的业务领域；问题在于，既然集团层面的多元化能够带来协同效应，那么成员企业究竟为什么还要追求多元化经营？主要的原因是由于集团业务的优势，使得成员企业有追求多元化经营的动机。例如，成员企业可以从集团获得资金和资源支持，并充分使用这些资源，致力于企业层面多元化战略的实施。所以，集团和成员企业的经营目标可能存在着冲突和不一致。

在激烈的竞争环境中，企业集团通常以调整经营战略、更新组织结构、重置内部资本等方式改善未来价值。近年来，通过专业化战略进行资金调配和资本重置的大型企业日渐增加。其中一个重要转变是，沿着产业链实现垂直一体化，通过聚焦战略和专业化模式来解决跨行业经营所导致的折价问题。区别于不相关多元化，垂直一体化经营能够通过集团内部资本配置形成高度集成的内部分工与协作市场，进而更容易获得协同效应。由于专业化经营下不同投资项目的收益率大致相当，所以集团总部更易于做出价值判断和项目筛选，而且内部资本的重置也不至于像多元化企业那样低效率，垂直一体化经营比多元化更有利于减轻内部信息不对称和代理问题。

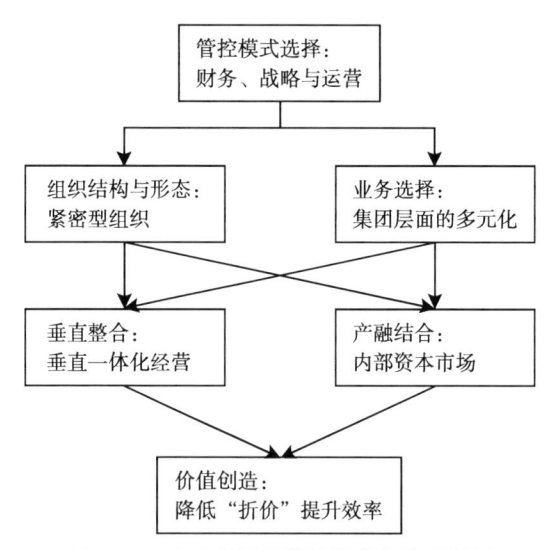

```
                管控模式选择：
                财务、战略与运营
               ↙            ↘
    组织结构与形态：        业务选择：
    紧密型组织             集团层面的多元化
          ↘  ↙    ↘  ↙
          ↙  ↘    ↙  ↘
    垂直整合：            产融结合：
    垂直一体化经营         内部资本市场
               ↘            ↙
                价值创造：
                降低"折价"提升效率
```

图 12-2　企业集团的管控模式与管理创新
资料来源：作者整理。

沿着产业链一体化发展的企业集团能够发挥资源的溢出效应从而使得成员企业受益，也可通过成本的内部化使得组织结构更加有效率，从而为成员企业创造价值。Chakrabarti 等 (2007) 认为，因为集团的声望优势和优先权，成员企业能够以一个相对较低的成本，或者更加容易地从外部资本市场获得资源支持。例如，日本的经连会能够通过成员企业之间的协作，获得互补性资源、分销渠道、规模经济、共享风险等形式，形成集团层面的竞争优势。Chang 和 Hong (2002) 通过观察韩国企业集团发现，采用成员企业内部交易的形式，例如债务担保、股权交换等，可以建立集团优势。这些潜在的优势使得集团企业进一步扩张，不断扩展业务领域。Buysschaert 等 (2008) 发现，集团成员企业的绩效主要取决于集团层面多元化的程度。根据资源基础观，集团层面的多元化能够形成集团内部企业资源共享。因此，大型企业集团的多元化经营能够产生良好的经营绩效。

企业集团还介入金融服务业。从发展趋势看，进入金融服务业不同于日本的"主银行"模式和控股银行模式，也不意味着必然的内部资本市场的形成。企业集团介入银行、保险等金融体系可以被看作是和纵向一体化相似的、降低交易成本的一种行为。对于本身就以金融业务为主的企业集团来说，进入多个金融业务领域，也可视为实施垂直一体化扩张。

4. 融资支持：内部融资的权衡

企业集团存在内部融资市场。在既定制度背景下，集团化运作在短期内可以有效放大企业融资能力，缓解成员企业融资约束。然而，内部资金支持性活动究竟是低效补贴还是提升价值，则取决于融资优势、协同效应、信息与监管优势、产业资本整合率等综合因素。

（1）内部资金支持性活动对企业价值的影响。Gertner 等（1994）的分析模型显示，集团总部具有银行等外部资金提供者难以具备的监管优势和信息优势，因此由企业总部进行集中融资和资产重置，有助于减轻银企摩擦，且比银行更有效率。Stein（1997）的分析模型显示，多元化企业的内部资本市场具有更多资金效应（More Money Effect）和更优资金效应（Smarter Money Effect）。集团总部既可以通过集中融资优势获得更多的外部资金来源，又可以通过"挑选优胜者"活动（Winner-picking）将资金从低收益项目转移到高收益项目以改善资本配置效率（Stein，1997）。

Stein（1997）也对内部资本市场与银行融资进行比较，认为处于信息优势的企业总部可以通过内部资本市场在更大范围内重新配置集团的稀缺资金，从而增加公司价值。他认为，公司总部可以根据需要把一个事业单位的资产作为抵押融得资金，然后再分配给边际收益最高的部门，从而实现"优胜者选拔"。Perotti 和 Gelfer（2001）等通过实证研究证实，内部市场能够降低集团内部企业之间的交易成本，从而提高成员企业的价值。但随着企业规模的扩大和多元化程度的增加，内部资本市场的价值创造性将会减弱（Stein，1997）。所以，在垂直一体化经营模式下，内部资本市场能够更加有效运行并创造更多价值。

（2）内部资本市场的优势与劣势。企业集团缓解成员企业融资约束的方式，是通过有效的内部资本市场调配资金。交易成本理论认为，内部资本市场之所以会取代外部资本市场，是因为内部资本市场具有信息和激励优势，能更有效地配置内部资源。集团化除有利于降低企业同外部市场信息不对称程度、减少逆向选择成本外，更为深层次的内在原因是集团化扩张过程中以控制现金流为主的产业布局以及基于集团化平台而实施的内部资本市场运作。

企业集团以融资便捷和资产整合为目的，采取参股或者控股成员公司等方式，以提升企业整体对外融资能力投资控股的融资模式有两个显著特征，其一是与融资相适应，形成关系复杂、多层次的企业集团式的组织结构，其二是构造出很长并且曲折迂回的融资链条。但是，这种过于强调资本运作的集团化扩张模式，在放大融资能力的同时会导致企业财务杠杆上升、财务风险加大。

多元化企业的效率来自于内部资金竞争性活动（Stein，1997）。代理问题、信息成本的存在降低了内部资本市场的资源配置效率。经理人有对剩余现金流进行过度投资的倾向（Jensen，1986）。由于大企业存在着较多的现金流入项目和规模融资优势，公司内部有较多的自由现金流，极易诱发公司经理的过度投资行为。

大量证据显示多元化企业内部普遍存在着对劣势项目的低效补贴（Scharfstein，1998；Rajan et al.，2000）。交叉补贴往往是低效率的，多元化公司存在活跃的内部资金活动，但却是由高效率企业对低效率企业的补贴行为。交叉补贴的原因在于，CEO 的私利动机是导致低效配置的原因，部门经理的权力"寻租"，以及多元化经营下总部 CEO 难以准确判断不同项目的真实投资前景和实际资金需求，也能导致内部资本市场低效率。

（3）控股与参股成员企业的投融资模式选择。从多元发展的角度看，企业集团一般采用控股或者参股成员企业的形式，成员企业的多元化动机受到集团的监管和抑制。

控股成员企业的模式容易导致无效率的内部市场。集团化的经营模式给成员企业带来上述收益的同时也引发了额外的代理成本，主要表现为集团控股股东与上市公司其他中小投资者之间的利益冲突。Claessen 等（2000）发现，集团最终控制人通过金字塔形的控股结构，以更低的投入、以成员企业的价值为代价获取私人利益（Private Benefit）。在市场机制不健全、监管不完善的国家，构建集团的目的甚至从发挥内部市场或者多元化经营等方面的优势转变为借助成员企业之间的关联交易转移资金、操纵盈余，通过"掏空"（Tunneling）下属公司获取控制权收益（Stein, 1997；Khanna & Palepu, 2000a；Almeida & Wolfenzon, 2004）。由于实现多元化经营可以使公司拥有更加分散的收益流入，降低贷款风险，从而提高公司的举债能力，以追求私人控制权利为目的的集团控制人可以选择成员企业自身多元化的经营模式，以其公司价值为代价增加成员企业的融资能力，之后再将融资所得转移到集团。大量研究表明，集团控股股东以获取私人利益为目的做出的决策导致了成员企业价值下降（Stulz, 1990；Bebchuk, 1999）。

通过控股成员企业能够有效放大融资能力，扩大资金来源，缓解企业集团的融资约束。然而，企业集团在追求放大融资能力，加快扩张步伐的同时，其最终目的往往偏离了提升集团内各公司实业经营业绩的宗旨。控股股东与其他股东之间的代理问题导致集团控制人从上市公司转移利益的能力提高，因此减弱了集团多元化经营的动机以及这种经营模式对公司价值的正面影响。相对而言，虽然企业集团对于参股企业的控制权较小，但可以根据自身所拥有的股权比例在参股企业董事会中发挥影响，在保证战略导向一致性的同时，还能对参股企业的财务决策、财务信息等活动进行监控。所以，在构建紧密型企业集团的同时，采取部分参股成员企业的模式，能够避免低效率内部市场的形成。

5. 跨国经营：全球市场的协同

企业跨国经营的目标是实现全球市场的业务协同，充分利用国内国外两个市场和两种资源，弥补国内资源和市场的不足，在全球范围内优化资源配置和战略性调整。

（1）国内外市场资源的协同。外部技术资源的吸收利用。企业可以通过整体并购促进技术进步和管理提升，加快发展高附加值、高技术产业，促进行业结构调整，提升国际竞争力。一般而言，实施跨国并购的中国企业已经拥有相对成熟的技术基础和创新能力，在国内消费升级压力和庞大市场需求拉动下，通过并购国外的高端产品和技术资源实现产业升级，可以迅速提升自己的创新能力和经营业绩。

企业的跨国经营应注重战略协同和资源互补。即中国企业缺乏核心技术，但拥有巨大的产品市场；目标企业拥有核心技术，但发达国家市场进入成熟期。国内快速增长的市场需求创造出

"中国机会"的概念，那些拥有先进技术知识但缺少市场机会的发达国家企业才容易接受中国企业的并购要约。

输出优质产能和技术标准。通过并购还可以将更多外部资源转换为内部资源，进而有利于改善和提升所在产业的资源使用效率。经过长期的发展，中国企业已经积累了一定的技术和市场优势。随着国内外市场可共享资源的增加，能够实现建设成本和运营成本的下降，进而能够强化企业在市场上的竞争优势，有助于推动企业集团成为具备行业竞争力的"大企业"。

（2）全球产业链布局的协同。企业的全球化战略不仅是产品输出，更是全产业链上的全球化发展布局。根据多元化相关理论，多元化经营是企业追逐成长的途径之一。作为多元化的跨国企业集团，相关多元化的水平一定体现在全球产业布局层面，相关多元化可通过业务单位之间的资源共享获得范围经济。只有达到最优的多元化水平，企业才能取得最优绩效。

在全球业务布局中，企业涉足新业务并非难事，困难之处在于如何让原有业务与新业务之间的合作能产生协同效应。当企业的多种产品或业务共享投入要素时，可获得潜在的范围经济，节约成本，产生协同效应。例如，银行或金融业企业通过在银行、证券、保险等多个业务的联合经营，实现资源共享，获得了多方面的协同效应，同时能在一个控股集团内使风险得到分散与转移。在战略管理研究的相关文献中，协同效应经常被定义为由于规模经济或范围经济获得的成本节约，但协同效应不仅是成本节约，还会使得企业提高获利能力或创造新的价值。因此，协同效应是企业实施全球产业布局的重心所在。

二、国外一流企业的经验分析

无论是松散的美国"联合体"模式，还是交叉持股的韩国模式，抑或"主银行"控股的日本模式，都曾经取得过成功，也曾在不同时期遭遇困境。无论在发展中国家还是发达国家，企业集团所具有的异质性特征影响着业务多元化发展水平，并最终决定经营绩效。

（一）日韩企业集团管理经验

亚洲经济的腾飞发展中，日韩企业经营绩效突出。研究者开始推测，是否企业独特的组织结构是亚洲经济取得成功的关键因素，例如韩国的财阀（Chaebols）和日本的经连会（Keiretsus）。无论财阀还是经连会，都是将提供完全不同产品和服务、市场领域完全不同的、相互独立的企业，置于统一的组织和财务控制之下所形成的企业集团（Business Groups）。以韩国三星、日本丰田等企业为代表，这些企业集团相互依赖，共享领导、人力资源、研发等资源，对于各自国家经济发展做出了重要贡献。Lins 和 Servaes（2002）发现，日本经连会（Keiretsus）组织形式和公司价值之间存在着强联系。Kim 等（2004）认为，经连会（Keiretsus）组织形式所带来的内部市场优势不断促进日本企业集团的成长。

根据日本和韩国经验,纵向一体化在大型集团和某些行业(如汽车行业)中非常明显。纵向一体化对韩国企业来说是一种非常有效的战略,韩国企业集团通过投资控股,直接或间接控制具有强大融资能力或充沛现金流的企业;通过构建曲折复杂的股权控制关系及组织结构,延长融资链条;通过运用杠杆融资实现融资规模倍数级放大。但是,由于融资链条迂回、曲折,使信息传递路线加长,信息失真加大,从而使企业的财务杠杆效应成倍放大,增大了企业集团的经营风险,尤其是在受到强烈的外部环境冲击时。

集团企业之间的信任关系也能消除交易的不确定性,实现企业内部市场。信任关系比控制更加有效,以日本和美国的汽车制造业为例,日本的经连会使公司建立在制造商和供应商相互信任基础上,绩效远高于美国。丰田汽车与其供应商建立了包括产权在内的牢固的社会和经济关系,彼此之间高度信任,机会主义行为很少。而美国企业的制造商和供应商之间没有这种关系,它们致力于供应商之间的竞争以降低成本,直到 20 世纪 90 年代初,美国大公司仍将供应商视为可以随意处置的东西,可以经常调换,使供应商没有长期的经营预期,供应商与制造商之间存在控制与反控制的关系。日韩企业的信任关系带来的绩效是巨大的,如开发新产品所需的全部工程时间日本为 120 万小时,美国为 350 万小时,完成和运送一件新产品的时间日本是 43 个月,美国为 58 个月,日本常对供应商的部件实行免检制度,自然也就降低了成本。

对于集团形式在新兴市场中占据优势和主导地位的一个可能的解释是：集团结构使控股股东得以从机构投资者的压力和收购中隔绝出来，且可以有限的资本投入获得无可争议的控制力与经济影响力。亚洲金融危机之后，日韩等企业集团大部分进行了重组，内部人控制和内部资本市场不断弱化，并持续提升市场化程度和经营透明性。

（二）美国企业集团管理经验

美国企业集团多采用大型联合企业制，成员企业具有很强的经营独立性。在美国，虽然多元化企业在跨国公司中仍然占有重要地位，但更多企业早在 20 世纪 80 年代中后期就开始了大规模的资本拆分和重返聚焦战略现象（Gertner et al., 2002；Denis et al., 2002）。因此，不同于许多新兴市场高度多元化的企业集团，美国采用大型联合企业制，每一个成员企业都是独立的实体，且外部投资者在每个企业的权益比例也存在着很大的差别。从经验研究的角度看，通过对行业较为集中和多元化企业间的绩效对比，"多元化会损害股东价值"的通常看法在美国是成立的。

在业务组合方面，美国通用电气是世界企业对标的对象。美国企业认为，多元化的成本往往大于收益。虽然通用电气是在公司多元化发展当中逐步成长为出色的跨国公司的，现在则转型为一家"更简单、更有价值的公司"，专注于核心的工业领域。因为，投资者不喜欢多元企业，股东对于成功企业的评判标准最终要看剔除成本后取得多少资本回报。比起投资一家旗下业务众多的综合性大企业,投资者更愿意自己在各行业配置多元投资组合,这就是众所周知的"集团化折价"(Conglomerate Discount)。所以,通用电气的多元化战略有几个显著特征:每个细分领域都保持前三;如果不是前三,那这个领域必须有极大的市场增长空间。作为企业集团,通用电气采用"战略事业单位"组织形式,形成介于事业部制和独立法人制之间的中间形态。各个战略事业部价值观统一,进军新的业务之前均进行过新项目详细评估。前通用电气首席执行官杰夫·伊梅尔特多年来一直努力"去集团化"。通用电气立足于创新驱动发展,通过多轮的结构调整和业务重组,逐步剥离缺乏竞争力的业务,转型成为领先的数字化工业公司,打造卓越的多元化战略竞争力。在组织管理方面,通用电气推行"零层管理",旨在削减官僚主义,提高组织运转效率,向雇员授权,并减少管理层级。在这种模式中,所有员工都处在一种没有等级,没有层次,信息畅达,人人平等的环境中。

在一体化经营方面,美国嘉吉的一体化经营长期为人称道。嘉吉已成为大宗商品贸易、加工、运输和风险管理的跨国专业公司,已是一家全球性的贸易、加工和销售公司,经营范围涵盖农产品、食品、金融和工业产品及服务。嘉吉在实现全产业链一体化的同时,强调价值链业务环节的风险管理、卓越的运营、发挥员工的能动性以及通过合作研发实现创新。一是形成全球领先的均衡布局。通过合理的资产配置和优质的合作关系进一步巩固竞争优势,拥有卓越的全球粮食生产和出口布局,致力于在高增长地区强化业务发展。二是资本配置力求平衡。合理配置业务、产品和客户，提升盈利能力。业务覆盖全球化完整产业链，在主要市场占据领先地位。三是采用一流运营模式，有效提高资本回报率。在各个业务板块，提升运营效率，实现更高回报；打造精益文化，实现卓越运营。强调执行绩效改善举措的有效性，并经常对比实际节省和计划节省费用。

案例：美国嘉吉的运营管理

美国嘉吉已成为大宗商品贸易、加工、运输和风险管理的跨国专业公司，已是一家全球性的贸易、加工和销售公司，经营范围涵盖农产品、食品、金融和工业产品及服务。嘉吉在实现全产业链一体化的同时，强调价值链业务环节的风险管理、卓越的运营、发挥员工的能动性以及通过合作研发实现创新。

组织管理和运营管理的优势。美国嘉吉公司的组织创新和运营管理优势主要体现在两个方面，一是集中资源发展强势领域，例如在粮油领域实现挖掘价值，审慎发展，并通过与上下游农户的合作巩固产业链地位，通过产业链整合创造竞争优势。二是致力维持高回报率并平衡发展，实现高效的执行力、谨慎的资本配置、更高的附加值。

美国嘉吉公司的战略目标主要体现在四个方面，安全第一、卓越布局、适当平衡、业内最佳。

一是安全第一。改善安全管理是公司发展的重要保证和动力。过去十余年中嘉吉安全管理得到改善，正进一步加速和强化致力于消除或控制导致 90% 的严重事故的五种高危风险（HPE）。300 万人次已参与全球 HPE 安全讲座，并有 6000 多名管理人员完成了安全管理的视频培训课程。

二是形成全球领先的均衡布局。通过合理的资产配置和优质的合作关系进一步巩固竞争优势，拥有卓越的全球粮食生产和出口布局，致力于在高增长地区强化业务发展。

三是资本配置力求平衡。合理配置业务、产品和客户，提升盈利能力。业务覆盖全球化完整产业链，在主要市场占据领先地位。

四是采用一流运营模式，有效提高资本回报率。在各个业务板块，提升运营效率，实现更高回报；打造精益文化，实现卓越运营。有效执行绩效改善举措：实际节省和计划节省金额对比（见表 12-2）。

表 12-2 嘉吉公司的精益化管理

年份	节省目标（百万美元）	实现目标（%）
2014	20	100
2015	100	135
2016	125	55
2017	100	—
合计	345	65

为了实现业内最佳，嘉吉公司不单是对标行内领先企业的业绩指标，还通过提升运营效率，有效执行绩效改善举措，实现精益化管理。

资料来源：作者根据相关资料整理。

三、中国企业实践与发展方向

近年来，我国涌现出大量的国有和民营企业集团。面对全球化给我国企业带来的冲击和机遇，中国企业面对的挑战是如何提高自己的国际竞争力。作为一种组织形式，企业集团不是简单的成员企业组合，而是要形成发展合力。

（一）以战略管控为主，构建紧密型组织

在组织形态方面，实施以战略管控为主的混合模式。企业集团的管控往往是以一种模式为主导的多种模式的综合。例如，宝钢集团除了对钢铁生产业务采取经营管控型模式外，集团总部对金融、贸易、房地产等业务采取了战略管控型模式，这与宝钢集团"一业为主、多元化经营"的战略导向是一致的。国家开发投资公司主要采取战略管控模式，对电力、煤炭等战略业务单元和汽车配件等业务采取财务管控模式。同时，伴随着国家开发投资公司由战略控股投资集团向金融控股投资集团的转型，未来将主要采取财务管控模式。这说明，企业管控模式并不是一成不变的，它将随着集团的整体战略转型而进行动态调整。在管控模式上，只有建立紧密型企业集团才能降低内部交易成本，共建和共享核心竞争力。

以华润集团的管控模式为例，强化总部功能，强化战略管理，

强化专业化（BU）经营，属于典型的战略管控型。华润集团实行"集团多元化、利润中心专业化经营"的管理模式，努力打造价值创造型总部，对下属企业采用"6S 企业管理体系"管控，通过协商业务战略、形成商业报告、落实营运跟踪和考核业绩成果将战略切实执行。同时，华润 SBU 的平台母体基本上是控股的上市公司，且基本为经营性公司，融资能力较强，同时有自我的资本约束能力和自我发展能力。总体来看，华润集团总部机构执行力强、高效，战略体系完善有效，下属公司又具灵活性。

长江和记实业实行以财务管控为主的管控模式，管控手段主要为财务控制、法人治理和企业并购等行为，属于分权管控类型。长江和记实业总部只是作为一个投资决策中心，注意力更多地集中在财务管理、投资决策和实施监控上，关注的是下属企业的盈利情况和自身投资回报、资金的收益，对成员企业的生产经营基本不干预，而主要以财务指标对其进行管理和考核。由于长江和记实业总部主要负责资产运作，总部职能人员并不多，主要是财务管理人员负责资产管理，以及投资决策辅助人员协助最高层进行重大项目决策。长江和记实业总部管理实行行政权、财政权和人事权"三权分立"，相互制衡，对企业的决策和运营产生作用。

（二）适当多元化发展，实施集团多元化

在业务选择上，实施集团层面的多元化。集团模式多元化以"集团多元、成员专业"为内涵，集团成员企业从事单一业务的同时，在集团层面实现多元化经营。集团模式的多元化能够兼顾业

务协同与独立经营，显著提高成员企业的价值。企业集团层面的相关多元化程度越高，成员企业就可以获得越多的增长机会。一是在把握市场机会方面，企业集团能够给成员企业提供外部企业所不能拥有的独特优势（Denrell，2003），成员企业能够获得比非集团企业更多的增长机会。二是在资源多元配置方面，企业集团拥有更多的资源异质性（Khanna & Yafeh，2007），成员企业拥有不同程度的资源优先权，可以获得大量的、多样化的资源组合，从而成员企业可以形成较宽范围的业务组合，完成快速的业绩增长（Ghoshal et al.，2000；Weitzman，1996）。"集团模式多元化经营"不仅可以降低经营的风险，同时还规避了成员企业层面的多元化经营带来的过度投资、管理能力分散等问题，使得成员企业不断把握新的市场机会，并在各自专业领域实现业务组合的优化。

从业务选择看，中国企业抓住国内经济高速增长的契机，普遍采用多元化发展战略。以华润集团为例，利用长期贸易活动中对众多业务的深入理解，并充分利用资本市场，近十年开展多元业务的积极扩张，已形成消费品（零售、啤酒、食品、饮料）、医药（药品研发、制造、流通）、金融（银行、信托、基金）和地产四个消费板块和电力、水泥、燃气三个公用事业板块，其他业务还涉及医疗、纺织、化工、微电子等，遍及重化、民生类和消费类业务。例如，长江和记实业资源配置业务多元化，但其核心业务一经确定，便倾其全数资源作长期的横向或纵向拓展。长江和记实业的资本源自其不同阶段的经营溢利积累和资本市场，并利用其在香港积累的产品、服务、管理的经验与品牌等资源，在香港经济经历过高速成长期后把握机会向海外扩展，海外业务逐步成为其主要利润来源。目前，长江和记实业围绕主业的拓展仍在有条不紊进行中。

（三）促进价值链整合，实现业务协同化

协同是多元化、综合性企业的优势，也是这类企业必须着力解决的问题。沿着产业链实现垂直一体化、专业化经营不同于不相关多元化企业的重要特征在于，能通过企业集团内部资本配置形成高度集成的内部分工与协作市场，进而更容易获得组织协同效应。由于专业化经营下不同投资项目的收益率大致相当，所以集团总部更易于做出价值判断和项目筛选，而且资金互补活动不至于像多元化企业那样低效率，专业化经营比多元化更有利于减轻内部信息不对称和两层级代理问题。

华润集团利用集团整体经营规模大、业务面广、客户资源足、资本雄厚和市场影响力强的优势，不断探索产产、产融、融融的结合。如华润银行与华润万家进行客户分享，华润万家入驻华润置地城市综合体进行运营资源的联动，华润医药探索新业务以发展华润医疗。此外，华润集团在履行企业公民责任时也为自身业务搭线，如为零售业务培育农产品供应商、开发农业旅游、建立广西贺州华润循环经济示范区，成为华润探路新产业的方法。

长江和记实业五大核心业务之间形成较好的协同效应，如能源投资与能源基建、电信与零售之间产生协同效应。由于各大业务自身已经形成了一定规模，一旦在某地集聚便能产生较大的规

模效应和协同效应。另外,业务协同还体现在行业互补、风险对冲中。长江和记实业收购或从事多元业务,由于不同行业的年息税前净利成长率高低不一,但各行业加权平均后就可互相抵消盈利波动风险。同时,长江和记实业通过业务全球化来分散经营风险。不同的市场受经济周期影响不同,行业竞争程度也不同,市场发展阶段也有先有后,利用地域上的差异来增加其投资的灵活性并降低其所承受的风险。

(四) 实施产融结合,构建资本运营平台

企业集团内部存在内部融资市场。实施产融结合的战略目标有三：一是追求实业企业资金综合成本最低；二是保障实业主业更好地发展；三是与实业主业共同优化行业生态。走"产融"结合之路,将金融产业与集团其他产业协同,充分发挥资本杠杆的功能。产业与金融之间实现相互依存、相互驱动,利用产业的资源和品牌优势支持金融的发展,并以金融资本为后盾推动产业资本的发展,从而通过产业与金融产生协同效应而获取竞争优势。然而,内部资金支持性活动究竟是低效补贴还是提升价值,取决于融资优势、协同效应、信息与监管优势、补贴率、产业资本整合率等综合因素。

国家电网、中石油、华润、海航等企业办金融的案例都是企业集团产融结合发展的典型。华润集团强调产融结合发展,以产融结合的运营模式,向"产"和"融"共同的客户集群提供综合类服务,例如,利用华润金融撬动零售客户资源和网点渠道,以

金融平台促进产业协同。在实际运营过程中，金融业和实体产业相互支持，相互依存，金融业加深了对实体产业的理解，提升了服务能力，获得了不少业务机会；实业也从金融发展中得到良好服务，并分享了高额回报。构建坚强金融平台，积极推进产融结合也是国家电网公司的发展战略。国家电网形成以财务公司、财险、寿险、信托和证券五大金融支柱为核心的金融运作平台，下一步将朝着产业化、专业化、集团化和品牌化的发展方向迈进。中石油成功控参股12家金融机构，掌控了金融全牌照，成为央企产融结合的典型样本，这些金融机构在助力相关油气实业方面，发挥了重要的作用。

总之，中国企业需要将自己有限的资源高度集中于相对集中的行业，争取在质量上而不是规模上达到世界级水平，通过横向与纵向整合，形成规模经济与范围经济。在全面提高我国企业国际竞争力和发展世界级企业的过程中，竞争的载体是建立紧密业务联系和掌握核心技术的大型企业或者大公司，或是采用不相关多元化战略和控股公司模式的"企业集团"，实施适度相关多元化发展战略，并通过发挥多元业务之间的协同效应，做实做深以融助产，构建具有竞争力、影响力和带动力的世界一流企业。

参考文献

[1] Almeida H., Wolfenzon D. A theory of pyramidal ownership and family business groups [J]. Journal of Finance, 2006, 61 (6): 2637-2680.

[2] Bebchuk, L. A., Kraakman, R. and Triantis, G. G. Stock pyramids, cross-ownership, and dual classequity [A]// In Morck, R. (Ed.), Concentrated corporate ownership [M]. Chicago, IL: Chicago University Press, 1992.

[3] Buysschaert A., Deloof M., Jegers M., Rommens A. Is group affiliation profitable indeveloped countries? Belgian evidence [J]. Corps Gov Int Rev, 2008 (16): 504-518.

[4] Carney M., Gedajlovic E. R., Heugens Ppmar, Van Essen M., van Oosterhout J. H.Business group affiliation, performance, context, and strategy: A meta-analysis[J]. Academy of Management Journal, 2011, 54 (3): 437-460.

[5] Chandler A. D. The visible hand [M]. Belknap Press, Cambridge, MA, 1997.

[6] Chandler A. D. Strategy and structure: Chapters in the history of American enterprise [M].Massachusetts Institute of Technology: Cambridge, USA, 1962.

[7] Chakrabarti A., Singh K., Mahmood I.Diversification and performance: Evidence from East Asian firms [J]. Strategic Management Journal, 2007, 28 (2): 101-120.

[8] Chang S., Hong J. How much does the business group matter in Korea [J]. Strateg Manage Journal, 2002 (23): 265-274.

[9] Chung C. N. Markets, culture, and institutions: The emergence of large business groups in Taiwan, 1950s-1970s [J]. Journal of Management Studies, 2001, 38 (5): 719-745.

[10] Claessens, S., Djankov, S. and Lang, L. H. P. The separation of ownership and control in East Asiancorporations [J]. Journal of Financial Economics, 2000 (58): 81-112.

[11] Denis, D., Yost, K. Global diversification, industrial diversification, and firm value [J]. J. Financ, 2002 (57): 1951-1979.

[12] Denrell J., Fang C., Winter S. G. The economics of strategic opportunity [J]. Strategic Management Journal, 2003, 24 (10): 977-990.

[13] Ghoshal S., Hahn M., Moran P. Organizing for firm growth: The interaction between resource-accumulating and organizing processes [A]// In Competence, fover nance, and entrepreneurship: Advances in economic strategy research, Foss N., Mahnke V. (eds), [M]. Oxford University Press: Oxford, UK,

2000.

[14] Gertner, R. H., Scharfstein, D. S. and Stein, J. C. Internal versus external capital markets [J]. Quarterly Journal of Economics, 1994 (109): 1211-1230.

[15] Guillén M. Business groups in emerging economies: A resource based view [J]. Acad Manage Journal, 2000 (43): 362-380.

[16] Jensen M. Agency costs of free cash flow, corporate finance, and takeovers [J]. Am Econ Rev, 1986 (76): 323-329.

[17] Khanna T., Palepu K.Why focused strategies may be wrong for emerging markets [J]. Harvard Business Review, 1997, 75 (4): 41-51.

[18] Khanna T., Palepu K.Policy shocks, market intermediaries, and corporate strategy: The evolution of business groups in Chile and India [J]. Journal of Economics and Management Strategy, 1999, 8 (2): 271-310.

[19] Khanna T., Palepu K.Is group affiliation profitable in emerging markets? An analysis of diversified Indian business groups [J]. Journal of Finance, 2000, 55 (2): 867-891.

[20] Khanna T., Palepu K.The future of business groups in emerging markets: Long run evidence from Chile [J]. Academy of Management Journal, 2000, 43 (3): 268-285.

[21] Khanna T., Rivkin J. W. Estimating the performance effects of business groups in emerging markets [J]. Strategic Management Journal, 2001, 22 (1): 45-74.

[22] Khanna T., Yafeh Y.Business groups in emerging markets: Paragons or parasites [J]. Journal of Economic Literature, 2007, 45 (2): 331-372.

[23] Kim H., Hoskission R. E. Does market-oriented institutional change in an emerging economy make business-group-affiliated multinationals perform better? An institution-based view [J]. Journal of International Business Studies, 2010, 41 (7): 1141-1160.

[24] Kim H., Hoskisson R, Wan W. Power dependence, diversification strategy, and performance in Keiretsu member firms [J]. Strateg Manage Journal,

2004 (25): 613-636.

[25] Lins K., Servaes H. Is corporate diversification beneficial in emerging markets? FinancManage, 2002 (31): 5-31.

[26] Lee K., Peng M., Lee K. From diversification premium to diversification discount duringinstitutional transitions [J]. Journal World Bus, 2008 (43): 47-65.

[27] Leff N. H. Industrial organization and entrepreneurship in the developing countries: The economic groups [J]. Economic Development and Cultural Change, 1978, 26 (4): 661-675.

[28] Mahmood I. P., Zhu H., Zajac E. J. Where can capabilities come from? Network ties and capability acquisition in business groups [J]. Strategic Management Journal, 2011, 32 (8): 820-848.

[29] Martin J., Sayrak A. Corporate diversification and shareholder value: A survey of recentliterature [J]. Journal Corp Finance, 2003 (9): 37-57.

[30] Maurer N., T. Sharma.Enforcing property rights through reputation: Mexico's early industrialization, 1878-1913 [J]. The Journal of Economic History, 2001, 61 (4): 950-973.

[31] Meyer, M., Milgrom P. and Roberts, J. Organizational prospects, influence costs, and ownership changes [J]. Journal of Economics and Management Strategy, 1992 (1): 9-35.

[32] Myerson, R.B. Optimal coordination mechanismsin generalized principle-agent problems[J]. Journal of Mathematical Economics, 1982 (10): 67-81.

[33] Rajan R, Servaes H, Zingales L. The cost of diversity: the diversification discount and inefficient investment [J]. Journal of Finance, 2000, 55 (1): 35-80.

[34] Ramaswamy K., Li M., Petitt B. S. Why do business groups continue to matter? A study of market failure and performance among Indian manufacturers [J]. Asia Pacific Journal of Management, 2012, 29 (3): 643-658.

[35] Sautet F. An entrepreneurial theory of the firm [M]. Routledge: London, UK, 2000.

[36] Scharfstein, D., Stein, J. The dark side of internal capital markets: Divisional rent-seeking and inefficient investments [J]. Journal Financ, 2000 (55): 2537-2564.

[37] Siegel J., Choudhury P.A reexamination of tunneling and business groups: New data and new methods [J]. Review of Financial Studies, 2012, 25 (6): 1763-1798.

[38] Singh M., Nejadmalayeri A., Mathur I. Performance impact of business group affiliation: An analysis of the diversification-performance link in a developing economy [J]. Journal BusRes, 2007 (60): 339-347.

[39] Stein, J. Internal capital markets and the competition for corporate resources[J]. Journal Financ, 1997 (52): 111-133.

[40] Stulz, R. M. Managerial Discretion and OptimalFinancing Policies[J]. Journal of Financial Economics, 1990 (26): 3-27.

[41] Weitzman M. L. Hybridizing growth theory [J]. American Economic Review, 1996, 86(2): 207-212.

[42] Young M., Peng W., Ahlstrom D., Bruton G., Jiang Y. Corporate governance in emergingeconomies: A review of the principal-principal perspective[J]. Journal Manage Study, 2008 (45): 196-220.

[43] 蓝海林. 中国企业集团概念的演化 [J]. 背离与回归, 2007 (4).

[44] 肖星, 王琨. 关于集团模式多元化经营的实证研究——来自"派系"上市公司的经验证据 [J]. 管理世界, 2006 (9).

[45] 郑小勇, 魏江. Business Group、企业集团和关联企业概念辨析及研究范畴、主题、方法比较 [J]. 外国经济与管理, 2011 (10).

第十三章
创新管理

世界一流企业是少数一批能够快速适应甚至引领全球技术浪潮而取得领先地位的企业，具有超强的价值创造能力。创新能力，特别是突破式技术创新能力是世界一流企业核心能力的构成要素。世界一流企业能够长期保持卓越竞争绩效的一个重要原因，是能够有效把握克服技术瓶颈、主导设计创新和构建新技术轨道的技术机会，灵活地应用架构创新、颠覆式创新和新市场创新等策略进行突破式的技术创新。世界一流企业不仅善于技术创新，而且能够将技术创新能力有效转化为企业的盈利能力和市场竞争力。不少企业凭借将突破性技术进行成功商业化的能力一跃成为世界一流企业，也有不少曾经的领先企业由于没有把握住将突破性技术进行有效商业化的契机而衰败。世界一流企业之所以能够基业长青，背后是这些企业有一套能够支持企业持续创新的企业家精神、治理机制、组织结构和团队。

一、创新型企业治理结构的基础理论

以委托代理理论、激励理论和产权理论为代表的主流企业理论，核心是以股东为最终所有和控制的治理结构。日益重要的企业创新问题，在这些理论中被简化为概率分布。然而，在真实的企业创新决策中，创新者并不是在给定的策略空间中做最优选择，而是在不确定的环境中搜寻新的生产技术和惯例（Nelson & Winter，1982）。不仅如此，除关系型合约理论外，主流企业理论假设决策者可以把长期累计投资折现为一次性投资，从而探讨一次性交易或者短期投资的问题。但是，即便不考虑实物期权问题，在长期累计投资中，决策者也总是根据事后不断变化的信息调整行为，导致事前最优的治理机制并不适合新的决策环境。同时，比较历史分析显示，最优的企业治理结构总是"历史有效"的，股东至上主义、管理者资本主义等"单边的"公司治理形式仅在某些历史阶段表现出有效性，其弊端随着社会制度和经济技术范式的转变而日益凸显（Lazonick，2005）。因此，不能通过短期投资分析工具研究长期性、累积性创新活动。此外，持续创新和动态能力的本质，是不可完全分解为个体的、组织层面的集体学习过程（Nelson & Winter，1982），主流企业理论着眼于个体的投资激励和行为，没有分析对创新至关重要的集体行动和合作问题。当然，主流企业理论为推进企业创新的制度基础，提供了重要和成熟的分析工具，值得充分借鉴和利用。其中，权力理论可以视为调节型科层理论和组织控制理论的思想源头。

针对金融和人力资本等领域广泛存在的专用性投资现象，Rajan 和 Zingales（1998）区分所有权和权力，拓展了新产权理论，从而形成了权力理论。该理论的核心观点是，当双方的专用性投资都难以监督、测度和契约化时，如果像 GHM 模型那样将剩余索取权赋予物质资本所有者（Grossman & Hart，1986；Hart & Moore，1990），不仅无法激励人力资本所有者的投资水平，而且物质资本所有者存在激励去攫取另一方专用性投资形成的经济租金，因此也不会做出最优的投资决策。当物质资本所有权的负效应占据主导地位时，无论是由金融投资者还是人力资本所有者拥有物质资本，都不能达到最优的投资和产出水平。因此，如果由不作为的第三方所有物质资产，则金融投资者和人力资本所有者将结成联盟并做出最优的专用性投资决策。这里的第三方虽然掌握物质资产的所有权，但几乎仅承担中间拍卖人的角色，影响租金分配的讨价还价权力仍然掌握在专用性投资者手中，物质资本和人力资本投资者都能够分享合作所形成的租金（Rajan & Zingales，1998）。随着知识经济时代中企业人力资本的重要性不断增强，企业中的权力正逐渐从科层的顶端（财务投资者）扩散到整个组织，特别是向知识型员工手中集中（Zingales & Rajan，2000）。这便是创新型企业治理的核心特征。

调节型科层理论和组织控制理论都反对将股东至上治理机制的有效性绝对化，认为股东至上主义导致机会主义和行为短期化，忽视了对企业长期绩效至关重要的长期性投资对治理安排的要求。

同时，调节型科层理论和组织控制理论在理论逻辑和依据上又存在显著的差异。①协调型科层理论强调强化公司而不是个体的所有权，实现利益相关者的共同锁定，促进长期性投资，所主张的治理工具仍然以主流产权理论为主。组织控制理论的出发点是战略性控制，拉佐尼克等学者归纳了历史经验，提出创新型企业的战略性控制主要来自于管理者的控制，更强调实际控制权拥有者的身份，而不是必然地由所有权安排所决定。②这两个理论都强调集体合作对企业持续创新及长期绩效的重要性，但前者认为组织层面独立的产权是保障物质和人力资本专用性投资的制度条件，而后者则认为是由个体的战略性控制实现组织协调和一体化。换言之，前者强调的是组织层次的产权，后者强调的是组织层次的活动。③从经济政策倾向来看，前者倾向于政府干预主义，即公司有效治理的最终保障是法律和政府；后者则偏向于自由市场主义，即主张促进创新的最优制度结构，是特定宏观社会经济条件下各方自愿谈判的结果。从这个意义上讲，组织控制理论与主流企业理论具有一致性，即都主张企业各方的自由谈判和缔约（Hart，1995）。

可见，对创新型企业制度建设最具启发性的理论，主要有权力理论、调节型科层理论和组织控制理论。组织控制理论的贡献，在于将创新过程纳入到治理分析中，同时强调最有利于促进创新的公司治理结构，嵌入于特定的经济社会制度中，因而不是绝对的、唯一的。权力理论的贡献，在于强调了各种要素及其与组织资源间的战略互补性，同时推动了将主流经济学分析工具应用于创新型企业的治理问题；调节型科层理论的贡献，在于强调公司作为一个主体的独立权利，是保证专用性投资的重要制度条件。① 但同时，这三个理论又都存在逻辑缺陷。权力理论的根本缺陷，在于其主要命题难以得到经验事实的有力论证；调节型科层理论的根本缺陷，在于将董事会和公司法作为创新型企业制度基础建设的唯一保障，忽略了社会经济等外部环境性因素的作用；组织控制理论的问题，在于进行在制度分析时没有足够地重视组织。② 因此，未来创新型企业制度基础的研究，是促进以上三个理论的有效融合和分析工具的相互补充。

按照上述思路，企业通过创新成为世界一流企业，一种可行的分析框架，可能包括"经济社会制度—组织控制—创新型企业战略和活动"三个层次。其基本内容是：技术机会、要素禀赋、产业基础、宏观发展模式和产业政策等，构成了丰富的经济社会制度，是影响企业组织控制的基本参数，进而塑造了企业的创新战略、活动和绩效。

二、世界一流企业的创新分类

创新可分为非连续的突破性创新和既定技术路线上的渐进式创新，那么引爆"工业革命"的是突破性创新还是渐进式改进？

---

① 从某种意义上讲，强调组织独立权利的利益相关者理论被称为组织控制理论更为恰当。
② 从这个意义上看，布莱尔等学者提出的调节型科层理论才是真正的"组织"控制理论。

对此，弗里曼和卢桑（2001）认为，突破式创新引发了通用技术更替，导致全要素生产率出现跨越式增长，从而促进了长期的经济增长。因此，在工业化历史长河中打捞里程碑式的突破性创新，成为研究世界一流企业涌现机制的切入点。每次技术革命都形成了与主导技术相适应、相匹配的技术经济范式，而每次技术经济范式的变革都伴随着一批既有的世界一流企业的衰落以及一批新的世界一流企业的涌现。由于渐进式创新主要发生在工业革命的成熟期，即技术路径和轨道相对成熟的时期，因此，在当下的新一轮的工业革命的导入期，突破性创新对于打造世界一流企业而言尤为重要。

（一）世界一流企业的突破性创新战略

在微观层面上，突破性技术创新既是诱发技术经济范式变革的成因，也是世界一流企业涌现与衰落的内在动力。Christensen 和 Bower（1995）的研究中指出，在突破性技术形成之初，由于技术的不成熟，往往不能带来立竿见影的收益，对于企业的决策制定者并没有足够的吸引力，成熟的企业更愿意将资源投入到已有的技术轨道中进行渐进式创新，保持对现有市场的控制以争取更多的利润，而不是投入到新技术的研究与开发之中，最终导致成熟企业被初创企业代替，错失在行业内的领先地位。Tushman 和 Anderson（1986）认为，那些在技术轨道更替期没有及时跟上变化的企业，就会直接导致失败。因此，突破性技术创新能够对行业发展格局产生根本性的影响。

突破式创新是后发国家和后发企业实现技术赶超和产业赶超的主要机制。世界一流企业要能够在决定企业命运和行业竞争范式的突破式技术创新方面有所作为。根据商业模式和市场战略的不同，技术创新可以分为两种：一种是持续式创新（Sustaining Innovation），指的是现有企业基于现有的知识和技术，对已有优势产品或服务进行的优化或改良，是对现有技术的改善和延伸，这种创新是线性的、温和的创新；另一种是突破式创新（Disruptive Innovation）。Tushman 和 Anderson（1986）认为，虽然从整体上看，创新是一个连续的、渐进的过程，但技术积累到一定程度之后，总会产生一些突破性的新技术，形成新旧技术的交替。Herrmann 等（2007）指出，突破性技术不仅能够更好地满足现有市场中用户的需求，还能进一步发掘潜在市场，满足用户更高层次的需求。一流企业把握机会进行突破性技术创新的战略通常包括如下几个方面：

（1）把握技术路线转换的契机进行突破性的技术开发，是世界一流企业把握技术先进的常见战略。随着时间的推移，每一种技术性能水平都呈现出连续的"S 形曲线"增长特征（Foster，1986）。新技术会在旧技术高速发展的时候产生，但此时，新技术尚未成熟，表现与现有技术相比会有很大的差距，新技术需要进行研究的投入以进行进一步的发展，而在未来某一时间新旧技术会在某一点交叉，即新技术在之后会超越旧的技术呈现快速发展，而旧的技术遇到物理限制，无法进一步发展。通常情况下，大公司会拥有现有技术大部分的研究能力、专利等权力，所以对于创业企业来说，最好的策略就是瞄准新技术，在新技术尚未发展成熟的时候，利用较少的成本投入到新技术中，也就是在两条 S 形曲线同时出现的区间内进入市场，而等待新技术高速发展的时候对现有市场发起挑战，占领市场。对于现有市场的公司来讲，对于新技术的接受和应用，速度最快、收益最高的战略就是通过收购，并购创业公司来快速进入到下一条 S 曲线。

（2）架构创新是后发企业进行突破式技术创新，进而在较短时间内跃升为世界一流企业的重要突破口。Henderson 和 Clark（1990）将创新分为渐进型创新（Incremental Innovation）、构建型创新（Architectural Innovation）、模组型创新（Modular Innovation）和根本型创新（Radical Innovation）。构建型创新指的是基于现有的元件知识，产品在核心功能上不作改变，采用不同的架构方式产生的创新。模组型创新指的是对产品的核心元件进行替换，而保留元件之间的架构方式不变，由新的元件带来产品的改变。Fleming（2001）认为原有元件之间出现的新的结构和联系方式也可以被视作一项发明。在以往的发明与创新中，通过全新的知识基础产生的技术创新仅仅是少数，更多的是基于现有的基础知识，对元件进行结构升级，使得原本被忽视的元件内容重新焕发创新的活力（Hargadon，2003）。

（3）颠覆式创新和新市场创新是后发企业涌现成为世界一流企业又一经常采用的创新战略。Christensen 和 Bower（1995）提出了颠覆式创新的概念，Christensen（1997）在《创新者的窘境》一书中对这个理论进一步系统的解释，第一次明确了颠覆式创新的概念。在 Uber 出现后，Christensen（2015）认为，原有概念不能解释 Uber 的成功，他对颠覆式创新的概念进行了第二次理论的丰富，加入了新市场进入的方式，把颠覆式创新重新定义为企业通过采用低端进入和新市场进入两种方式争夺市场份额的商业模式。例如，Uber 和 Airbnb 作为平台企业进入打车和租房市场，不同于传统的线性企业，平台企业不是依靠改进供应链，而是创建和扩大一个网络，创造了一个新的蓝海市场。在现有对颠覆式创新的研究中，存在许多对颠覆式创新的误解，甚至许多研究将突破式创新和颠覆式创新混为一谈。Christensen（2015）还对人们对于颠覆式创新的误解做出了解释，他指出颠覆式创新中的颠覆是相对的，不代表现有业务被新业务取代或对现有业务造成干扰，颠覆式创新不是毁灭式创新。

世界一流企业不仅善于进行颠覆式创新，而且善于从颠覆式创新中获利，从而将技术创新能力转化为企业竞争力。企业对于研发活动的投入的目的不仅在于追求新工艺和新产品，更重要的是获得竞争优势，以获取更大的市场份额和更高的企业利润。创新不是发明，完整的创新流程是从技术本身的突破，引申出产品的研发，再到产品的商业化和市场化，即 3D（Discovery、Development、Deployment）。创新最早是由 Schumpeter 在《经济发展理论》一书中提出的概念，Schumpeter 指出，创新是通过在体系中加入新的要素产生的生产函数的变动，主要包括引入新技术、引进新产品、开拓新市场、控制供应商、实现新架构五个方面。根据 Schumpeter 对于创新的界定，创新并不局限于技术上的突破，而是各种能够提高资源利用效率的活动。Freeman（1982）从经济学的角度定义技术创新，认为技术创新是新产品、新工艺、新设备的商业性应用以及与技术、设计、制造、管理有关的商业活动。主要包括产品创新、过程创新、扩散三个部分。在创新研究文献中影响广泛的"耶鲁调研"（Yale Survey）和"卡耐基—梅隆调研"（Carnegie Mellon Survey）对这个推论给出了最直接的经验支持：基于美国的调查显示，专利保护并不总是技术创新最主要的收益机制，保密、先动优势和互补性资产等常常是更为有效的收益机制（Levin等，1987；Cohen等，2000）。

（二）世界一流企业创新的组织特征

世界一流企业之所以能够基业长青，在战略层面表现为这些企业能够在个别技术领域实现突破性创新，并能够将这些技术有效地转化为企业的利润和竞争力，背后则是这些企业有一套能够支持企业不断创新的企业家精神、组织结构和团队。"战略化""融资"和"协调"是创新型企业公司组织的三个重要条件。首先，由于创新过程具有不确定性，企业相关方不可能在缔约前就获得所有的信息，只有在创新过程中才能发现有关市场和技术的信息，而不是给定技术和市场信息约束下的最优化决策，因此以创新为导向的"战略化"是重要的；其次，由于创新投资的技术成功和市场成功常常是不可逆的、累积性投资的结果，投资回报具有不确定性，因此持续的、承诺性的投资是重要的；最后，由于创新常常是异质的、具有不同能力主体的集体性互动过程，而不是个体的独立活动，因而组织层次的协调和一体化是重要的。鉴于上述特征，具有持续创新能力的企业必须满足战略化、融资支持和组织协调三个条件（Lazonick，2005）。拉佐尼克等学者提出的组织控制理论强调，创新型企业的治理和组织特征必须能够支撑战略化、融资和协调的行为要求。与委托代理理论和股东至上主义将"内部人控制"视为委托代理的主要成本以及损害股东和公司利益的主要治理问题的观点对立，组织控制理论认为，"内部人控制"是"战略化"条件对公司治理的制度要求（O'Sullivan，2000），其含义是将战略控制权赋予组织中有激励而且有能力将资源配置到创新型投资的决策者；进一步地，根据组织一体化和协调条件的要求，战略决策者应当嵌入在组织学习过程的关系网络中。对世界一流企业创新活动的研究显示，企业家强烈的创新抱负是企业持续保持创新活力的关键。与一般的公司相比，创新型公司的领导和创始人更有可能具有创新精神。这些创新领导人联系、发问、观察、交际、实验五项发现技能的得分都异乎寻常地高，而正是这五项发现技能组成了创新者的基因。创新型公司几乎无一例外地由创新型领导掌舵。一家公司若是想要创新，就必须确保高管团队具有创造技能。

世界一流企业能够根据技术创新的要求不断变革研发组织形态，从而最大程度地利用企业内外部的科技资源。综合利用完善的内部研发体系、全球化研发和企业风险投资体系，成为当今世界一流企业的主要研发组织形态。近年来，随着研发的分散化和金融体系的发展，企业风险投资成为企业的重要技术来源。根据美国哈佛大学乔希·莱尔纳（Josh Lerner）（2015）教授在其新书《创新的架构：创造性的组织经济学》中的观点，创新型企业的研发组织形态随着全球化和信息技术的发展，正在经历第三次变革，即在之前的专业的研发中心和全球研发的基础上，研发组织正在打破企业的边界，通过企业内创业和对外投资的形式进行分散创新和组合创新（Combining Innovation）。

在企业家抱负、支持创新的组织结构之外，世界一流企业还拥有最具创新力的团队。杰夫·戴尔、赫尔·葛瑞格森和克莱顿·克里斯坦森（2016）三位学者合著的《创新者的基因》深刻地解释了创新团队的特征。这些学者历时八年，访问了近百位革命性产品和服务的发明者，以及运用创新性商业想法改变行业面貌的公司创始人和CEO。其中包括：易趣公司的皮埃尔·奥米迪亚，亚马逊公司的杰夫·贝佐斯，RIM通信公司的迈克尔·拉扎里迪斯和Salesforce.com的马克·贝尼奥夫等众多研发出革命性新产品和服务的首创者，提取出创新者的"基因"，即最具创意的团队具备的五种"发现技能"：联系、发问、观察、交际、实验。其中，联系，即大胆尝试整合并理解新颖的所见所闻，这个过程能帮助创新者将看似不相关的问题、难题或想法联系起来，从而发现新的方向。发问，即创新者是绝佳的发问者，热衷于求索。他们提出的问题，总是在挑战现状。他们的问题会激发新的见解、新的联系、新的可能性和新方向。观察，即创新者同时也是勤奋的观察者。通过观察，能获得对新的行事方式的见解和想法。交际，即创新者交友广泛，积极地通过和观点迥异的人交谈，寻找新的想法。实验,即创新者总是在尝试新的体验,试行新的想法。参观新地方,尝试新事物,探索新信息,并且通过实验学习新事物。联系是认知技能,发问、观察、交际和实验是行为技能。这些技能汇聚在一起,就形成了所谓的创新者的基因。

三、国外一流企业的经验分析

前五次技术浪潮,分别涌现出了能够适应甚至引领动态环境变化的世界一流企业。当前正处于拓展期的新一轮技术经济范式将助推技术经济由信息化向智能化跃升,一些具有前瞻性、引领性的企业正在加紧创新战略的布局与实施。德国博世集团和西门子集团等工业巨头是德国"工业4.0计划"的主要倡导者和实践者,正在围绕数据构建智能环境和以此为基础的"智能工厂"。谷歌公司数据中心通过SDN将链路平均使用率从30%提升至95%,仅2014年第一季度就投入23亿美元,采用最新网络技术构建骨干网,满足公司快速增长的需要。罗尔斯·罗伊斯在充分了解航空公司无法负担高昂的飞机护理费用并急于摆脱维修包袱后,针对其航空发动机产品推出了包修服务,按飞行小时收费,确保航空公司的飞行可靠性和在翼飞行时间。总体上看,各次技术浪潮中的世界一流企业都善于灵活运用以下三类创新战略:一是把握技术路线转换的契机进行突破性的技术开发。例如,当Intel面临传统硅晶技术的物理限制时,就加大对生物材料芯片公司的收购力度，进入到新技术的 S 曲线来继续维持它的芯片霸主的地位。二是通过架构创新进行突破式技术创新。例如，数字电话与以往圆形拨号盘电话的根本结构并没有区别，只是通过采用新元件，带来了产品的创新。日本的 Sony 等公司就是曾借助架构创新成为世界一流企业。三是颠覆式创新和新市场创新。颠覆式创新中的低端进入方式指的是企业通过采取低端产品路线，通过低成本优势来取得市场份额。例如，小米手机在安卓平台上的成功，就是依靠设定的低价格战略，与三星等手机企业争夺市场份额。

（一）转换技术路线

丹麦诺和集团（Novo Group）在 20 世纪 80 年代推出的一次性胰岛素注射笔是典型的转变技术路线的突破性创新。胰岛素注射笔打破了当时胰岛素市场的性能改进轨道，使诺和集团打破了全球领先企业 Eli Lilly 的市场势力，拥有在全球胰岛素市场上的市场份额和盈利能力。1922 年，4 名多伦多研究人员首先从动物的胰脏中成功提取出胰岛素并将它注射到糖尿病患者身上，效果非常好。因为胰岛素是从粉碎的牛和猪的胰脏中提取出来的，提高胰岛素的纯度（从每百万单位中的杂质单位来衡量，即 ppm）构成性能改进的一条关键的轨道。胰岛素中的杂质从 1925 年的 50000ppm 降至 1950 年的 10000ppm，再降到 1980 年的 10ppm，这主要是当时居于世界领先地位的胰岛素制造商 Eli Lilly 公司坚持改进的结果。尽管有这些改进，由于动物的胰岛素稍不同于人类的胰岛素，使一小部分糖尿病患者在免疫系统里产生了抗体。

1978 年，Eli Lilly 公司和 Genanthch 公司合作研制生产结构与人类胰岛素相似的、百分之百纯净的胰岛素蛋白质的改变了基因的细菌。该项目在技术上是成功的，在投入了近 10 亿美元资金之后，Eli Liliy 公司向市场推出其 Humulin 牌胰岛素。由于这种产品与人类胰岛素结构类似、纯度高，Humulin 的定价比从动物身上提取的胰岛素要高 25%，它也是生物技术工业出现的第一种供人类消费的具有商业化规模的产品。然而，市场对这个技术奇迹的反应只是温和的。Eli Liliy 公司发现，它很难维持比动物胰岛素高的价格，而且 Humulin 的销售量的增长缓慢得令人失望。与此同时，当时规模较 Eli Lilly 小得多的诺和集团正忙于研制胰岛素注射笔系列产品。这是一种更简便的注射胰岛素的方法。按照常规，糖尿病患者注射一次胰岛素，过程比较复杂，需要 1~2 分钟。相比之下，诺和集团的注射笔可以很方便地完成注射，注射过程不到 10 秒钟。与 Eli Lilly 公司想使 Humulin 拥有较高价格相比，诺和集团方便的注射笔更容易维持每胰岛素单位 30% 的价差。整个 20 世纪 80 年代，很大程度上在其注射笔系列和混合盒的成功推动下，诺和集团增加了它在世界范围内的胰岛素市场份额，提高了获利能力。两相对比，在 Eli Lilly 公司开发 Humulin 以及诺和集团开始研制胰岛素注射笔时，胰岛素市场的性能改进轨道是胰岛素纯度的提高。虽然 Eli Lilly 公司投入巨资，运用了新的生物技术，但 Eli Lilly 公司的胰岛素产品性能的提高仍然是在原来的技术轨道上，只是将纯度从 10ppm 提高到 0ppm 的渐进性创新。诺和集团的注射笔创新在技术上虽然简单，但并不是在胰岛素纯度提高的原有性能轨道进行改进，而是从注射的方便性上进行创新，因此能够通过突破性创新开辟新的技术轨道和主流市场。

计算机产业就是一个很好的例子。IBM 公司曾占据了大部分大型计算机市场，却有好几年忽略了微型计算机。而且，其他大型计算机制造商也没有一个成为微型计算机业务中比较重要的参与者。数字设备公司开创了微型计算机的市场，后来又有另外一些咄咄逼人的公司加入到微型计算机的竞争中来，如王安、惠普和 Nixdorf 公司。但是，这些公司后来又都错过了台式个人计算机市场。苹果公司以及 Commodore，Tandy 和 IBM 的独立个人计算机分部等开创了个人计算机市场。但是，苹果公司和 IBM 公司在向市场推出便携式计算机时又比领先的制造商落后 5 年。与此相似的是，创建工程工作站计算机的公司——Apollo、太阳微系统公司和 Silicon Graphics 公司又成了这个行业的后起之秀。又比如，以丰田为代表的日本汽车企业在 20 世纪 70 年代全球能源危机的背景下将汽车的技术路线由传统的动力为先向节能环保的方向调整，因而成为新技术路线的创造者和汽车行业的突破性创新者。

（二）架构创新

苹果公司是架构创新的企业典范。仅仅从研发强度看，苹果的技术研发强度并不突出。如图 13-1 所示，苹果公司的平均研发强度仅为 2.8%，远远低于微软、Google、三星电子等其他世界一流企业，但苹果的技术创新能力和市场竞争力却不亚于其他世界一流企业。一个重要的原因是，苹果虽然没有在核心零部件领域进行大规模的研发投入，但苹果通过系统优化和架构创新有效地集成了创新生态中的各种前沿技术，从而保持了强大的创新能力和市场竞争力。例如，苹果公司于 2007 年首次推出 iPhone 手机。根据消费者的反馈，苹果手机无论从通话质量、续航时间、网络性能还是输入上都不及黑莓手机，但是苹果手机重新定义手机后，围绕着 iPhone 发展了 App Store 等在线消费模式，改变了手机在创新生态中的功能。

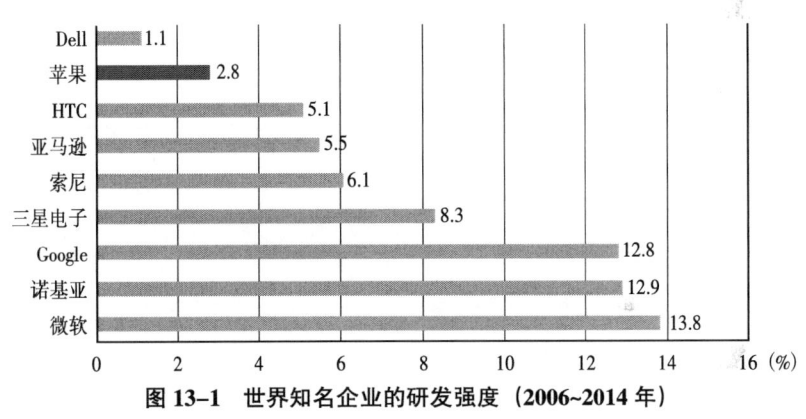

企业	研发强度 (%)
Dell	1.1
苹果	2.8
HTC	5.1
亚马逊	5.5
索尼	6.1
三星电子	8.3
Google	12.8
诺基亚	12.9
微软	13.8

图 13-1　世界知名企业的研发强度（2006~2014 年）

资料来源：Mariana Mazzucato, The Entrepreneurial State: Debunking Public vs. Private Sector Myths, Anthem Press, 2016.

值得注意的是，随着信息技术的发展和知识的极大丰富，开放式创新开始成为企业实现突破性创新的重要途径。IBM 突破性创新方式的变化就深刻地说明了这一点。伴随着知识经济的到来，IBM 非但没有没落，反而扭转了企业整体状况继续下降的局面，继续谱写着它的辉煌。这与 IBM 及时由封闭式创新转向开放式创新、以更为包容开放的方式寻求突破性创新是分不开的。IBM 曾经因为拥有大量的专利而在 IT 领域处于领军者地位。为了长久地保持这一地位，IBM 将公司的研究中心与开发部门相分离，并从最好的高校高薪聘请了最优秀的行业精英参与到产品的研究中。然而，经过几十年的发展，随着计算机技术的逐渐成熟与完善，以及知识经济的逐渐到来，突破性创新在企业生存发展过程中的作用越来越重要，而 IBM 传统的创新模式对突破性创新的制约越来越明显，IBM 的地位受到急剧的削弱。1980~1992 年，IBM 的封闭式创新模式遇到了极大的挑战。为应对这些挑战，IBM 开始冲破封闭式创新模式逐步走向开放式创新模式，在这一过程中 IBM 主要在以下方面进行了改进：

（1）出售、分包非核心业务。信息产业的迅猛发展使 IBM 公司认识到，不仅大量的非核心业务如键盘、鼠标、CPU 内存的生产为其带来的利润大大减少，进行这些业务所耗费的人力与成本还束缚了其进行创新的步伐，因此，IBM 果断地将这些业务出售，而专注于计算机核心及软件业务的开发。

（2）改革投资机制。IBM 以往采用的投资机制是集团中央统一分配研发费用，这种机制十分不利于下属公司进行自助研发创新，因此，IBM 将充裕的研发费用交由子公司直接管理、直接进行研发投资。这一举措在很大程度上调动了子公司开展研发创新的积极性。

（3）改变研发结构寻求外部合作。在这一过程中，IBM 将研发中心与开发部门进行联合。除此之外，IBM 内部的科研人员都受过严格培训，具有很强的科研能力，但他们所掌握的技能往往较为刻板，一旦企业的研发创新呈现出了"假阳性"，IBM 内部的研究创新便将受到严重的破坏，从而影响到企业的创新能力。因此，IBM 放弃了招聘最出色的人才的策略，转而开始从企业外部寻找其他企业的互补性知识和能力。在创新项目的一开始，他们就一起工作，活跃的组织氛围，促使成员之间以及组织之间的交流沟通更加频繁，这一方面使得各方的信息、知识得以顺利地传播，提高了创新效率；另一方面还令组织学习、知识创造的效果大大提高。与此同时，企业的主导思想也发生了翻天覆地的变化，IBM 放弃了 NHI 方式，逐步转向寻求企业外部的技术资源，而不是再对企业内部的知识进行深度挖掘。公司的主导思维模式也发生转变，由原来的 NIH 逐渐转向对外部技术资源、异质知识的利用，通过与承载这些异质知识、能力的企业、人员进行合作，不断吸收整合外部知识，进而将其转变为企业新的创新能力。

（4）改变知识产权管理方式。在封闭式创新模式下，IBM 的技术只能运用在自己的产品/服务中。然而，在开放式创新模式下，IBM 公司则一改常态。在开放式创新模式下，IBM 不再将专利技术保护于企业内部，而是通过向其他企业出售使用权和所有权的方式获得盈利。通过这种方式，IBM 获得了丰厚的回报，远高于其研发投入。事实证明，开放式创新模式为 IBM 带来了新的活力。2001~2006 年，IBM 共取得突破性创新 86 项，远远大于以前年度之和。

（三）颠覆式创新

飞利浦公司善于利用临时团队"拼凑"既有资源，以较低成本实现颠覆式创新。每年都会设立150多个临时性团队，这些团队中的成员来自不同的部门。在团队共同工作的5天中，成员采用头脑风暴法和问题解决法等有机方式让大家提出改进公司产品的构想，之后公司机械式结构运行所提出的构想。此外，在飞利浦公司位于埃因霍温的创新园区，飞利浦的研发人员同来自其他公司的、公立/私立研究机构的人一起工作。高科技园内充满了各种网络和合作关系，不受部门所局限。飞利浦公司除打造临时性创意团队和创新园以外，在公司产品的跨边界创新上可以说独树一帜。它在集团内部进行跨边界创新，整合现有技术，实现低成本的产品创新。Senseo咖啡机是飞利浦整合理念、设计与创新的一个相当好的例子。它源于20世纪90年代末期，当时飞利浦与一家咖啡企业DouweEgberts发现，饮用咖啡的模式正在发生变化。较小的家庭用杯代替咖啡壶饮用咖啡，但他们仍然需要鲜制咖啡的味道和简便的炮制方式。于是飞利浦和咖啡生产商合作推出了Senseo咖啡机。7年来，Senseo咖啡机在全球的销量已逾2000万台。而DouweEgberts目前有15种以上的Senseo咖啡口味可供选择。咖啡企业专门为飞利浦定做品牌咖啡，使飞利浦拓展出一种独特的家电销售模式。

　　3M公司以创新公司著称，而其最为人称道的就是由底层研发员工即兴活动带来的、面向事前不可预计的全新市场的大量创新成果。为了使面向新市场、新用户的产品创新能得到足够的支持，而不至于被埋没在原有的组织结构之中，3M公司采取组织结构上不断分化出新分部的分散经营形式，而不是沿用一般的矩阵型组织结构。在 3M 公司，当一个新的事业开拓组刚成立时，马上就招来一批工程技术、生产制造、市场经理、推销等方面的专职人员。在完善组织机制和人才机制后，3M 公司通过目标评定选择构想，通过技术稽核控制创新，通过严格考评促进创新。在评定构想方面，3M 有两大指标：①被选中的基本上是新构想，3M 只希望选择创新的构想；②构想必须符合人类某种可以证明的需要——可以解决某种真正的问题。创新如果不能"转变成某个地方、某些人觉得有用的产品和工艺"，3M 公司是不会有兴趣的。而利用技术稽核来控制创新是指 3M 公司自 1963 年开始，每 2~3 年针对研发活动进行一次技术稽核，内容包括技术因素、企业因素、一般因素成功的潜力。3M 的稽核人员利用上述对项目进行评分，以评价项目成功的概率，以此作为公司对于项目是否继续或停止的决策参考，此项控制机制持续了近 40 年。通过严格考评来促进创新是指 3M 公司为各部门制定了标准化的目标，包括税前盈利率达到 20%~25%；投资回报率达到 20%~25%；实质销售增长率达到 10%~15%；新产品比率在 25%以上。在这四个标准中，第四项是 3M 的最大特色。即过去 5 年内产品的销售额，必须占其销售额的 25%以上。这项标准也使得公司内部的人员，不论经理还是普通员工，都不断致力于能够开发新市场的突破性产品创新，而不是局限在原有市场之中，进行增长有限的渐进性创新。

四、中国企业实践与发展方向

(一) 中国企业的实践

虽然中国企业在技术创新的战略环境、战略使命和战略机遇方面存在一定的特征,但在创新模式上与世界一些企业之间存在相似之处。

第一,联发科推出的 MTK 手机芯片同样通过行业技术路线的转换实现了突破性创新的成功。芯片是手机生态系统的核心,芯片的功能直接决定着手机的整体性能。芯片的价格和性能在很大程度上决定着终端的价格水平和产品性能,手机的芯片和核心软件往往占到手机售价的 50% 左右。长期以来,手机核心解决方案主要采用得州仪器的 locosto、omap 平台以及英飞凌的 ulc 解决方案,这些芯片企业只单纯卖芯片,其他所有东西都由下游企业自己做。手机企业必须独自完成从芯片平台到手机成品的全部设计和生产流程。1998 年以前,以诺基亚、摩托罗拉等为龙头的全球手机企业,采取的都是相对封闭的垂直分工架构,从芯片设计到最终销售,这些企业独自完成,表现出很强的控制力。中国的手机企业只能以代工的方式生存,国内的手机市场基本上为诺基亚、摩托罗拉等国外品牌所垄断,1998 年国产手机市场占有率接近于零。1999 年 Wavecom 公司率先推出了将基频、中频和射频整合为一个模块的手机芯片,使手机产业的技术门槛大为降低,手机厂商只要在这一模块的基础上加上少量外围元件,再加上 LCD 显示屏、外壳和 MMI 人机界面就基本完成了手机设计。随后专业化的手机设计公司开始出现,它们在成品芯片上进行手机的人机界面设计、射频方案设计、嵌入式浏览器设计等,即可将手机硬件平台整体解决方案变成多种多样的完整的手机设计方案提供给品牌手机公司,从而引发了国产手机的高速发展。虽然出现了专门的手机设计公司,但手机企业仍然需要维持一个很大的研发团队来整合、检测、调试不同的模块,以实现手机的整体性能。面对国产手机的迅速崛起,诺基亚、摩托罗拉、索爱、三星等跨国公司纷纷开展了强烈反击,加速进行产品创新、改善营销渠道,在巩固高端市场的同时向中低端市场延伸,在巩固一线城市的同时加大对二三线城市市场的开拓力度。到了 2004 年,国产手机的质量缺陷暴露出来,返修率居高不下。再加上手机芯片和软件的采购成本高昂,导致国产手机的价格居高不下,利润也被大大地摊薄。这些因素叠加在一起导致了国产手机的节节败退。手机设计公司也因国产手机企业的衰退走向萧条,纷纷转变为 ODM 厂家、直接生产自有品牌手机、进入手机基带芯片设计领域或者寻求被国内外手机企业所收购。进入 2005 年,中国手机的需求结构发生了重大变化,一线城市的换机成为主流需求,三四线城市出现了大量未被满足的最低端的消费群,而且需求量非常庞大。同时,手机进入了多媒体和功能多元化时代,对于新的消费结构,手机的多功能出现了过度服务。突破式创新的条件已经满足,联发科的解决方案也就应运而生。2006年，联发科推出的MTK手机芯片采用了一种将芯片、软件平台以及第三方应用软件捆绑在一起销售的Turnkey解决方案。这个一站式解决方案，将CPU、射频芯片、电源管理等进行集成，软件方面，则提供了最基本的电话、短信、彩信、上网等功能，然后将这些主板和软件集成到一起，也就是把原本需要手机厂商或者第三方软件方案供应完成的开发工作全部打包好，相当于完成了整个手机研发设计工作的80%。在MTK平台基础上，手机制造厂商只需要在主板上加入自己的特色，就可以对主板进行二次开发，然后将主板、键盘、外壳、喇叭、天线、听筒、马达、话筒、电池等元件组装成完整手机。这大大降低了终端厂商的研发难度和时间，提高了手机终端企业的开发效率。过去设计开发一款手机需要超过1年的时间，而采用联发科的Turnkey方案，1~3个月就可以将手机推向市场。联发科Turnkey方案通过更优的技术、更低的价格以及对市场现存者的破坏，一举改变了手机产业的游戏规则，使封闭的手机产业系统迅速瓦解。联发科以低成本和个性化的解决方案为众多下游企业提供支持，解决了国产手机在芯片和软件层面缺乏核心技术的难题，推动了国产手机的"山寨"革命。联发科正是通过由价值链垂直整合转变为模块化整合的架构创新塑造了自己的竞争优势，与高通、博通、TI等竞争对手相比，联发科芯片的售价虽然相对较低，但在2003~2009年实现了接近60%的毛利率；2010年在中国内地企业的低成本挑战下，联发科的毛利率仍然高达53.7%。

第二，比亚迪进入电池产业时的创新策略也是典型的架构创新战略。1995年，比亚迪进军电池制造业时，日本索尼、三洋等公司控制了全球90%以上的电池市场。日本公司为了维持垄断地位，凭借其在技术上的优势，严格禁止充电电池技术和设备的出口，因此采取了封闭的一体化整合架构。日本公司一条镍镉电池的完整生产线动辄需要几千万元甚至上亿元的投入，对于当时只有250万元启动资金的比亚迪而言，无疑是一个天文数字。规模经济效益是一体化整合架构的理论基础，也就是根据专业人员的产品设计，用非熟练和半熟练的工人，使用价格昂贵的专用设备，大批量生产出标准化产品。只有生产规模足够大时，才能大幅度降低设计、技术研发、固定资产摊销等固定成本，实现低成本竞争战略。如果产能规模不能超越竞争对手，后发企业很难生存。在这种背景下，比亚迪创新性地设计出了独特的半自动化生产方式：把日本公司的全自动生产线分解为一个个工序以及若干个工位，通过自制设备和廉价的熟练工人来完成，凡是可以由人工完成的工序一律变成手工操作，只有一小部分不能由人工替代的环节由机器来完成。这种以"手工加夹具"进行生产的生产线成本远远低于日本的自动化生产设备。当时一条日产4000块镍镉电池的生产线进口设备至少需要上千万元，比亚迪的自建成本只要100多万元。正是这种半自动化生产线，造出了低价的镍镉电池，成本比日本厂商低40%。更重要的是日本公司的每条全自动化生产线，只能针对一种产品，如果要推出新产品，必须投建新的产品线。因此三洋等公司全自动生产线的折旧率非常高，占电池成本的比重高达 30%~40%。而比亚迪模式只需对原有生产线的关键环节进行调整，对员工进行相应的技术培训即可完成，因此沉没成本比较低，生产线的弹性非常强。结果表明，这种柔性的生产模式使比亚迪赢得了极大的成本优势，比亚迪也由此获得了竞争优势和商业空间。到 2008 年，比亚迪以近 15% 的全球市场占有率成为中国最大的手机电池生产企业。目前比亚迪在镍镉电池、镍氢电池、锂电池领域的全球排名都是第一。比亚迪采取的这种产品架构创新的本质是把一体化的内部整合架构转变为垂直整合的模块化架构，把电池制造这一资本密集型产业变成了劳动密集型产业，最大限度地将技术与劳动力相结合，获得了外国竞争对手难以模仿的成本优势和产品性能。

第三，大疆无人机是国内企业实施颠覆式创新的典型案例。从技术上讲，无人机技术起源于国外，甚至在大疆无人机出现之前，国外已经出现了 3DR 公司推出的 Solo、Parrot 公司的 AR. Drone、Bebop 等较为成熟的无人机产品。但是，这些国外公司过于追求技术引领，忽视了对市场需求的响应，产品价格居高不下。例如，Parrot 创始人曾说"如果你的构想是全新的，那就不能问用户了"。无人机技术与巨大市场需求之间的"脱节"为中国企业以低成本的方式进入该市场提供了良好的机遇。大疆无人机进入市场时，全行业的利润率极高，但大疆主动转型消费级无人机，把降低产品成本和价格作为创新的重点方向，不断推出了更符合大众消费者支付能力的新产品（如将拍照作为无人机的重要功能），快速抢占消费市场，从而在与国外无人机企业的市场竞争中占据优势。之后，大疆无人机再通过核心技术的突破和应用场景的拓展，短短几年时间内成为引领全球无人机市场的企业。

（二）中国企业的发展方向

中国经济正处于发展阶段的转换阶段，中国企业成为世界一流企业的技术创新战略也相应地存在两个基本类型。一是面向国内需求导向的技术创新战略，即以解决我国经济社会发展面临的重大现实问题为技术创新的基本导向，将企业建设成世界一流企业的微观目标与中国在全球经济中发挥更大影响力的宏观目标统一起来。二是引领全球技术经济范式转变的发展趋势，通过抢占引领新一轮技术经济范式转变的关键领域，或利用新的技术手段改造提升现有业务，以技术创新促进新业态、新模式发展，建设复合型世界一流企业。

1. 面向国内需求导向的企业技术创新战略

技术创新的最终目标是提高供给质量，更有效地满足需求升级。中国企业成为世界一流企业的技术创新战略可以在满足两类需求上实现突破。

第一，中国企业应把握技术路线和产品架构转换的机会，实施突破式创新战略，对接国家重大战略的公共需求。无论从国家有关中央企业成为世界一流企业的战略部署看，还是从世界一流企业的普遍实践看，在中国"由大而强"的转型发展过程中，中国涌现出的世界一流企业首先都需要能够在制约中国产业竞争力提升和国家经济安全的关键技术领域实现技术创新。中央企业在国家技术创新体系中占有重要地位，有责任、有义务发挥骨干的带动作用，更应该将企业创新战略与国家重大战略需求统一起来，瞄准制造强国战略选定的重点领域，找准与世界一流企业的技术差距，配置创新资源。

第二，中国企业应大力实施颠覆式创新战略，着力发掘我国市场需求持续升级的巨大潜力。近年来，顺应我国需求升级的趋势，我国企业在智能电网、电动车、三网融合、新能源、新材料、节能降耗、低碳减排、绿色环保等战略性新兴产业领域已经进行了提前部署、超前谋划，初步具备了相对完整的产业链和一定的产能规模，形成了一批在国际市场上具有较大影响力的中国企业。以中国高铁为例，虽然中国高铁产业起步较晚，整体技术水平相对较低，但中国高铁企业充分发挥中国高铁客运市场需求巨大的优势，贴近本土需求进行了适用性技术创新，形成了一定的技术能力后，再进行自主设计和自主创新，不仅在较短的时间内完成了对国外老牌高铁企业的技术追赶，而且具备了在国际市场与之相竞争的优势，成为世界一流的高铁企业。借鉴中国高铁产业技术赶超经验，中国企业可以以本土市场的需求升级为导向，实施突破性技术的商业化应用战略，在本土市场的快速迭代中抢占先发优势，为新一代技术创新积累技术能力、建设技术平台，在前沿技术的持续创新上与世界一流企业竞争。

2. 把握全球技术革命机遇的企业创新战略

从长期看，每一次科技革命和技术经济范式转变都会涌现出一批世界一流企业。当前，新一轮技术经济范式转变为我国企业打开了若干引领全球技术革命从而跃升为世界一流企业的机会之窗，也相应地存在不同的企业技术创新战略重点。

第一，以控制核心要素为重点的企业创新战略。随着数据要素成为未来决定企业竞争力的最稀缺的生产要素，加快制定以提升掌握和利用数据能力为导向的企业创新战略，推进业务的网络化、数字化、智能化升级，构建具备世界一流水平的企业技术能力。目前，引领新一轮产业变革的世界一流企业都在制定数据要素的应用方案，力图在未来的市场竞争中控制核心要素。例如，德国的博世集团、西门子集团，美国的GE、IBM、思科和韩国的三星等都在抢占数据要素高端平台的制高点。这些企业无论是制造业企业，还是信息（软件）企业，其创新战略的共同之处都是围绕着数据要素提升价值创造能力。这些企业的实践对更多企业的启示在于企业必须结合行业和企业特色，不断提升企业利用数据要素的能力，才有可能在全球经济网络化、数字化、智能化的发展中成为一流企业。与历次产业变革类似，制造业的网络化、数字化、智能化发展趋势将通过示范效应，引发其他行业企业的效仿。这就意味着绝大多数企业也需要紧密围绕着数据要素的利用水平制定相应的技术创新战略，改造提升传统业态。

第二，加强新旧基础设施互通的企业赶超战略。新一代互联网基础设施正在进一步整合全球市场，对中国企业建设世界一流企业具有重要意义，推进新一代互联网基础设施的突破式创新已经成为中国企业迈向世界一流企业的重要路径。更为重要的是，中国企业可发挥在传统交通基础设施快速发展的优势，利用新一代互联网技术推动传统基础设施改造升级,发展智慧交通已经成为一种独特的技术赶超战略。

第三,强化业务协同的企业创新战略。在数据要素和新一代信息基础设施的助推之下,产业之间深度融合,为企业开启了以技术创新战略驱动业务和模式创新的新方向。在制造业与服务业深度融合的趋势下,新业态、新模式加速涌现。中国特大型企业中有相当比例的企业都是多元化经营,包含着不同产业板块,那么在产业融合发展的趋势下,企业(集团)的技术创新战略方向是在基础层面借助新一代信息技术打破不同产业板块之间的边界,激发各板块之间的协同效应,从提供单一产品向为用户提供一体化解决方案转型,从而加速成为世界一流企业。

参考文献

[1] 杰夫·戴尔,赫尔·葛瑞格森,克莱顿·克里斯坦森. 创新者的基因 [M]. 北京:中信出版社,2016.

[2] 乔希·莱尔纳. 创新的架构:创造性的组织经济学 [M]. 北京:中信出版社,2015.

[3] Abernathy, W. J., and J. M. Utterback. Patterns of Industrial Innovation [J]. Technology Review, 1978, 80 (7): 40–47.

[4] Arora, A., Fosfuri, A., and A. Gambardella. Markets for Technology: The Economics of Innovation and Corporate Strategy [M]. Cambridge, MA: MIT. Press, 2001.

[5] Baldwin C. Y., and K. B. Clark. The Power of Modularity [M]. Cambridge, MA: MIT. Press, 2000.

[6] Bower, J. L., and C. M. Christensen. Disruptive Technologies: Catching the Wave [J]. Harvard Business Review, 1995, 73 (1): 43–53.

[7] Carmody, L. E. Disrupting Class: How Disruptive Innovation Will

Change the Way the World Learns [J]. Educational Technology, Research and Development, 2009 (57): 267-269.

[8] Christensen, C. M. The Innovator's Dilemma: When New Technologies Cause Great Firms to Fail [M]. Boston, MA: Harvard Business School Press, 1997.

[9] Christensen, C. M., M. E. Raynor, and R. McDonald. What Is Disruptive Innovation [J]. Harvard Business Review, 2015 (12): 44-53.

[10] Cusumano, M. A., and A. Gawer. The Elements of Platform Leadership[J]. MIT Sloan Management Review, 2002, 43 (3): 51-58.

[11] Dosi, G., and M. Grazzi. Technologies as Problem-solving Procedures and Technologies as Input-output Relations: Some Perspective on the Theory of Production [J]. Industrial and Corporate Change, 2006, 15 (1): 173-202.

[12] Freeman, C., and F. Louçã. As Time Goes by: The Information Revolution and the Industrial Revolutions in Historical Perspective [M]. Oxford University Press, 2001.

[13] Grossman, S. and O. Hart. The Costs & Benefits of Ownership: A Theory of Vertical & Lateral Integration [J]. Journal of Political Economy, 1986 (94): 691-719.

[14] Hart, O. Corporate Governance: Some Theory & Implications [J]. The Economic Journal, 1995, 105 (430): 678-689.

[15] Hart, O., and J. Moore. Property Rights & the Nature of the Firm[J]. Journal of PoliticalEconomy, 1990 (98): 1119-1158.

[16] Henderson, R. M., and K. B. Clark. Architectural Innovation: The Reconfiguration of Existing [J]. Administrative Science Quarterly, 1990, 35 (1): 9-30.

[17] Lazonick, W. The Innovative Firm[A]// Jan Fagerberg, David Mowery, & Richard Nelson, eds The Oxford H&book of Innovation [M]. Oxford Press, 2005.

[18] Moore, G. A. Crossing the Chasm: Marketing and Selling High-Tech Products to Mainstream Customers [M]. New York, NY: Harper Business, 1991.

[19] Nelson, R., and W. Sidney. An Evolutionary Theory of Economic Change [M]. Harvard University Press, 1982.

[20] Perez, C. Technological Revolutions and Financial Capital: The Dynamics of Bubbles and Golden Age [M]. Cheltenham, U.K.: Edward Elgar, 2002.

[21] Rajan, R., and L. Zingales. Power in a Theory of the Firm [J]. Quarterly Journal of Economics, 1998, 113 (2): 387-432.

[22] Zingales, L., and R. Raghuram. The Governance of the New Enterprise [A]// X. Vives: Corporate Governance: Theoretical & Empirical Perspectives [M]. Cambridge: Cambridge University Press, 2000.

第十四章
人力资源管理

企业是市场经济的基础单元,所有者、经营管理者、劳动者在此处会聚,生产能被消费者接受的产品及服务,在谋求自身经济利益的同时,为国家提供税赋。因此,健全企业的管理制度,使企业稳定、持久发展,是社会发展的前提。企业是人的集合体,而劳动者是企业人群中的大多数,他们的劳动创造附加价值,是企业发展的基础。在世界一流企业的人力资源管理中,积累了不少有益的经验。正是这些具有普遍意义的管理经验,最大程度地发挥了劳动的创造性,提高了生产率,使企业在技术、产品创新、市场份额以及收益方面达到了世界前端。本章将对世界一流企业的人力资源管理模式进行理论归纳,并引入案例展开说明。在此基础上,分析中国企业的管理现状,探索在人力资源管理方面学习国外经验、创造中国的世界一流企业的途径。

一、理论研究

（一）人力资源管理模式的基本类型

20世纪90年代，美国学者巴尼（Jay B.Barney）提出资源基础理论，指出组织资源与能力是带来企业持续竞争优势的关键来源（杰伊·B.巴尼、德文·N.克拉克，2011）。而人力资源是组织资源的重要部分，具有成为持续竞争优势来源的最大潜能，因此，在人力资源管理中采取怎样的方式，对企业竞争优势的形成有着至关重要的影响。很多研究发现，人力资源管理模式由一系列管理政策和活动构成，如果它们之间相互依存并高度互补，便可产生协同效应，提高组织绩效，并且人力资源管理模式的内部相关性使其难以被竞争对手所识别和复制，因而能够为企业持续发展提供独特竞争能力（Wright & Snell, 1991; Lado & Wilson, 1994; Delery & Doty, 1996）。基于这种内部契合性的角度，许多研究通过对企业实践的考察取样、定性或定量分析，抽象出了具有普遍意义的四种管理模式：控制型、承诺型（High Commitment）、参与型（High Involvement）和绩效型（High Performance）（詹姆斯·N.巴伦、戴维·M.克雷普斯，2011；刘善仕、刘辉健、翁赛珠，2005）。不同类型的模式在人力资源管理的理念与职能上有明显的不同，其中，承诺型、参与型和绩效型被认为是"最佳人力资源管理模式"。

"控制型"管理模式认为,员工仅能按指令提供劳动,劳资关系是纯粹的利益交换关系。因此,该模式较少提供长期的工作保障,解雇是应对经营变化的常用手段,劳动力主要通过外部市场调剂;在招聘中采取实用主义做法,注重考察应聘者的技术胜任能力;员工入职后只有少量的培训,范围仅限于岗位或者少数精英;把绩效评估作为对员工进行控制的手段,强调结果而较少关注过程;薪酬制定着眼于外部公平性,采取固定的、以岗位或年资为基础的薪酬体系,同时依据量化指标奖励员工,以达到降低成本、提高效率的目的;采取依靠外部市场的劳动力政策,内部晋升渠道较少;强调组织层级区别,采用严格的工作定义和详细的工作规程来约束员工,对员工较少开放企业信息,不期望员工对工作提出建设性意见。

"承诺型"管理模式则以信任员工为理念,认为员工具有可塑性,能够在理解的前提下为组织努力尽职,并且也有能力为改进组织绩效做出贡献。因此,该模式致力于发展与员工之间的信任关系,把它作为人力资源管理的运作基础来看待,通过向员工承诺劳动权利保障,以换取员工对组织的高度忠诚和努力付出;在承诺型管理模式下,企业为了提高员工的命运共同体意识,往往会提供长期雇佣的工作保证,绝不轻易采取解雇手段;在招聘环节注重对应聘者价值观、品行、能力等潜在品质的考察;对员工提供大量的价值观教育和技能培训,实施广泛的岗位轮换,并且鼓励员工通过培训提高技能,与组织发展长期的雇佣关系;绩效评估不单纯是监视考察,而是开发员工能力的手段,采取过程与结果相结合、伴有反馈的评估方法，帮助员工改进绩效；在薪酬制定中强调外部竞争力和集体贡献，提供优厚的薪酬和福利，并根据团队、部门及企业效益奖励员工；向员工提供内部职业发展通道，当在高层次出现职位空缺时，首先通过内部晋升来弥补空缺；采用较宽的工作定义和自我管理团队方式，向员工开放各方面的企业信息，建立多种沟通渠道，缩小职务层级差别，鼓励员工提出改进工作的意见。日本大企业的管理模式被认为具有承诺型特点。

"参与型"管理模式，是指通过增强员工责任感和权力、发挥员工自主性来提高组织绩效的人力资源管理实践组合（Lawler，1986）。参与型管理模式的目标重点是工作组织，主要政策与措施包括鼓励员工改进工作、向员工授权、工作设计丰富化、工作范围扩大化、强调团队自我管理和团队内部合作、开放信息与沟通渠道等。

"绩效型"管理模式可以从广义和狭义两方面界定。从广义上看，高绩效模式是指将人力资源与技术、组织结构相匹配，以促进企业绩效提升的管理模式（Nadler，Gerstein & Shaw，1992；Neal & Tromley，1995；Noe et al.，2004）。从狭义上看，高绩效模式是指一系列不同但高度互补的人力资源管理手法（Pfeffer，1994；Huselid，Jackson & Schuler，1997），它们涵盖人力资源管理的重点领域，能够为企业带来良好绩效。在众多人力资源管理政策和措施中，以下10个是被认为最有可能带来组织绩效提升的"最佳人力资源管理实践"：激励性薪酬和奖励、大量的培训、严格的招聘与选拔、员工参与和授权、绩效管理、信息共享和沟通、工作设计、工作保障及雇佣安全、内部晋升、团队合作。

不难看出,承诺型、参与型和绩效型管理模式之间有着诸多共同点。实际上,很多研究并未对这三个管理模式进行严格界定,存在着相提并论和模糊使用的情况。有研究表明,承诺型管理模式更能提高组织绩效,因此它本质上也是一种绩效型模式。但这三者之间在目标、手段上还是存在差异的。在目标方面,绩效型模式旨在提高企业绩效,而承诺型模式更加强调增强员工的组织承诺(Baron & Kreps, 1999),参与型模式注重对员工授权,让员工充分发挥作用(Xiao et al., 2006)。在手段方面,绩效型模式侧重生产运作方面,强调通过人力资源实践、工作结构和过程的组合来提升生产运作效率;参与型模式则侧重于工作组织层面,即对基于知识、观念和抽象劳动的组织活动进行管理,强调通过员工参与机会、利用隐性知识来提升组织绩效;承诺型模式侧重员工关系层面,兼顾生产运作和组织维系两方面,通过改善员工雇用环境、获得员工承诺来实现组织目标(张正堂和李瑞,2015)。

(二)人力资源管理模式对组织绩效的影响机制

企业竞争优势的重要标志,就是超越竞争对手的绩效,而产生绩效差异的源头,就在于其独特的人力资源及管理方式。人力资源管理模式是怎样影响组织绩效的?从"组织结构要素"分析可以找到答案。Appelbaum 等(2000)认为,人力资源管理不会直接增加市场份额、提高劳动生产率等,但会改变组织结构要素,进而释放影响力。员工能力、动机和参与机会这三个要素，被称为组织结构要素。在它们的单独作用或交互作用下，形成了员工在组织中的态度与行为方式。因此，人力资源管理在组织绩效中的作用大小，取决于它能否激活员工能力、动机和参与机会这三个要素。这也意味着，成功的人力资源管理，必定包括三方面内容。一是旨在提高员工能力的政策措施，如严格的招聘与选拔、广泛的培训与开发；二是致力于提升员工工作动机的政策措施，如激励性薪酬、绩效管理、内部晋升与选拔；三是用于增强员工自主性和责任感的政策措施，如员工参与和授权、工作设计丰富化、工作范围扩大化、自我管理团队、开放的沟通与信息渠道。基于这一观点，可以推论上面所讲的最佳人力资源管理模式能够对企业绩效起到正向影响。

最佳人力资源管理模式能够培养员工对组织的信任感，增强员工对组织的忠诚度，提高员工的自信心，使员工生成职业意识，进而产生积极主动的工作态度和行为方式，对组织绩效带来正向影响。社会心理学研究认为，承诺型人力资源实践向员工传递了信任和投资的信号（Kalsboven & Boon，2012），根据社会交换理论，这会拉近员工与组织之间的心理距离，增强员工对组织的信任感。而出于对组织的信任，员工会更愿意努力工作，提高参与合作和分享知识的意愿（Jarvenpaa & Majchrzak，2008；Cai et al.，2013），从而对组织绩效带来好的影响。还有研究指出，承诺型或参与型管理模式反映出组织管理导向不是控制员工而是激励员工。它们强调员工自我管理，并提供员工表现自我和发挥作用的机会，因此，能够向员工传递被信任和认可的信号，使员工感知到自己对于组织的重要性和价值。根据自我一致理论，高自尊感的个体会努力维持其正面的形象，他们通过工作投入和个人产出来证明自己是有价值的、有意义的员工，进而影响组织绩效（Keboe & Wright，2013；Zhou，Liu & Hong，2012；李燕萍和刘宗汉，2015）。

最佳人力资源管理模式还具有塑造组织学习行为的作用。组织学习行为，是指组织成员作为整体持续更新知识、改进个体行为和组织体系、使组织在变化的内外环境中持续发展的行为。组织学习行为的形成，既与员工个人的学习能力有关，也取决于组织环境是否提供学习机会。承诺型、参与型和绩效型管理模式，都采取了有利于组织学习行为养成的具体措施，例如，重视应聘者的潜在学习能力和团队合作精神；入职后实施有计划的培训，为员工学习创造条件；规范考核制度，按照能力标准进行晋升；建立考核反馈系统，帮助员工反思和总结，激励员工掌握新知识和技能；建立技能数据库，促进员工之间的知识分享。这些措施不仅会提升员工的组织学习能力，而且会促进企业不断创新，在激烈的市场竞争中立于不败之地（颜爱民等，2015）。

最佳人力资源管理模式不仅注重增大高素质人力资源的存量，而且还注重促进员工间的知识分享，在组织内部推动知识融合和知识创新，提高组织整体的智力资本存量。注重能力的招聘政策有利于雇用高素质员工，提高员工的整体知识与能力水平；基于能力的薪酬水平、绩效考核增强员工提升新知识与能力的动机；

员工参与和管理授权、工作再设计、开放式信息沟通等措施为员工运用知识、发挥能力创造条件。这些措施都能增大组织的人力资本存量。同时，旨在提高动机的激励措施与提供参与机会的措施还会交互作用，促进员工良好关系的培育，增进员工之间的信任和知识分享，提升组织的社会资本。以上所有措施的交互作用，将不断促进员工学习和创造新知识并转化为组织知识，从而提高组织资本存量，为组织创新奠定基础（李辉等，2015）。

（三）人力资源管理模式的基本要点

综上所述，我们认为，世界一流企业的人力资源管理模式，是能够提升人力资源价值、为企业带来竞争优势的管理方式。它建立在劳资双方相互信任的基础上，通过企业对员工劳动权利的承诺，获取员工对企业忠诚尽职的承诺，从而实现员工行为与组织目标的一致，带来卓越的组织绩效。它以尊重员工、信任员工为核心理念，把员工视为可以增值的资本而不是成本，创造各种条件，鼓励员工发挥潜能，提高能力，为组织创造价值。我们赞同 Appelbaum 等提出的 AMO 理论框架，认为世界一流企业的人力资源管理模式能够最有效地改进员工能力（A：Employee Ability）、动机（M：Motivation）和参与机会（O：Opportunity to Participate）三要素，因此，它的工作重点在于员工关系层面，并兼顾工作运作与组织维系两方面，通过改进能力、动机和参与机会三要素，以提高员工的组织承诺，进而取得良好的组织绩效。

我们还认为，世界一流企业的人力资源管理模式在能力、动机和参与机会三方面有其独特的理念,并贯穿于人力资源管理各个环节之中。在能力部分,采取严格的、注重潜质的招聘方式;实施大量、广范围的培训。在动机部分,承诺雇用保障,尽可能地避免使用裁员手段;把绩效评估作为改进员工绩效的手段;实施薪酬领先战略,提供行业最优厚的薪酬和福利,谨慎平衡个人与集体贡献对奖金的影响;提供内部晋升通道,提供大量交叉锻炼的机会,注重从内部提拔优秀人才。在参与机会部分,提供多种沟通渠道;鼓励员工提出建设性意见;采取工作丰富化、扩大化措施。

世界一流企业人力资源管理的目标,是造就积极主动、具有专业能力、能够解决问题的员工队伍。而上述措施能够有效地支撑这个目标的实现。注重潜质的招聘方式有助于把那些符合组织文化、有学习能力的高素质人才揽入旗下。大量、广范围的培训能够有效弥补员工在知识和技能方面的不足,增强他们在团队中的工作能力,并教给他们必需的行业与企业特殊性的知识与技能。长期雇用保障能提高员工的安心感,使他们可以对未来的职业发展与能力提升进行正确规划。与工作改进相关的绩效评估促进员工提高解决问题的能力。充足的薪酬与福利能够吸引优秀人才,建立良好的市场口碑,增强员工的自豪感,防止人才流失。注重集体贡献的奖励方式鼓励员工合作和分享,有利于推动组织创新。制定内部晋升通道,提供交叉锻炼机会,给员工提供有希望的职业发展前景,促进员工提高能力和长期就业,可以最有效地提高长期培训政策的收益。员工在培训、改进工作方面付出努力,需要信息、机会和权威的支持,而开放的沟通渠道、员工建议制度、工作设计方面的措施,可以提供所有这些支持。

世界一流企业的人力资源管理模式,还应该符合组织环境尤其是企业战略的发展需要。企业发展是有阶段性的,每个阶段所面临的社会经济、市场、技术等环境不同,战略目标与重点也可能差别很大,人力资源管理作为企业战略的重要支持,必须对这些组织环境变化做出灵敏反应,从理念、制度到手段及时做出调整。体现在人力资源制度调整与创新方面的这种能力,可以为企业带来竞争优势。从动态角度看,任何成功企业都是从"不成功"的企业发展而来的,因此,它的人力资源管理模式也必定走过了一段从"不成熟"到"成熟"的进化路程。但"成熟"模式和"不成熟"模式并不一定是对立的关系。例如,前文介绍的控制型管理,实际上是管理的基础,与承诺型管理不是对立的关系,而是进化、辩证的扬弃关系。企业的各种规章制度是管理的规范,是员工必须承诺遵守的基本准则,只有在此基础上,才有条件建立具有承诺性质的人力资源管理模式:企业尊重员工人格,注重雇用保障,唤起员工潜在能力,创造更大价值。

二、国外一流企业的经验分析

要在激烈的市场竞争中获胜,企业的人力资源必须具有稀缺性和不可模仿性。稀缺性,是指出类拔萃的特殊人才,如创意泉涌的技术人才、经验丰富的管理人才、专业精湛的技能人才。不可模仿性，指人力资源具有企业独特的价值观、文化和技术特征。企业要取得超越竞争对手的绩效，就必须以这两个特征为目标，培养自己的员工队伍，充分发挥劳动的创造性，构建坚实的竞争力基础。本部分运用世界一流企业案例来深入分析人力资源管理在企业竞争优势中的作用。考察重点有两个。第一，国外一流企业怎样发展和培养出了独特的、不可模仿的员工队伍？第二，国外一流企业怎样维持人力资源管理各功能间的一致性，以取得最大化的管理效果？

（一）能力提升系统

1. 选人机制

国外一流企业的案例表明，"选人"是获取人力资源优势的第一步，其重要性甚至超过了"育人"。它们采用慎重、注重潜质和可塑性的招聘方式，通过全面考察，把符合企业价值观、文化和技术要求的人才筛选出来。对于稀缺人才，它们采取广泛、深入的招聘方式，从全球范围、顶尖大学、发达产业地区中进行选拔，并且不惜重金。国外一流企业的另一个特点是注重控制雇用规模，这是由其重视与员工的长期雇佣关系所决定的。它们从长期需求来决定雇用人数，将招聘人数控制在最小必要水平，严格防止过度雇用，并且，不雇用没有价值的人，一旦雇用就要承担工作保障的责任。因此，国外一流企业高度重视招聘质量，为此投入大量时间和精力。另外，这些企业也注重通过优厚的薪酬待遇、获得良好口碑来吸引更多应聘者，增加与合格人才的邂逅机会。

丰田公司（以下简称丰田）的招聘目标，是找到能与公司共度"一生"的人①。因此，它对招聘极为慎重。很多企业把雇用权交给部门经理，但丰田的人力资源部门掌握最终决定权，以防止各部门缺乏长远、整体判断而造成过度雇用。人力资源部通常采取长期模型来预测未来3年各类职位的增减，并据此决定所需要的招聘人数。为了吸引更多应聘者，增加与合格人才的邂逅机会，丰田几十年来一直保持行业领先的薪酬待遇，并注重形成良好的雇主形象，努力成为汽车行业的首选雇主。丰田倡导"信任、团队和持续改进"的组织文化，因此在招聘中格外重视应聘者的团队精神、沟通能力、主动性、学习能力、解决问题能力和适应性等潜在素质。为了考察这些潜在素质，它采用了包括笔试、活动测评、面试、在岗考察在内的多种手段。整个招聘过程就像用漏斗筛选金子，经过层层筛选，只有极少数应聘者能够通过招聘程序。

以丰田乔治城工厂为例。该工厂的招聘分为7个阶段。第1阶段发布广告。第2阶段进行定位、申请和测试。应聘者在了解公司情况和填写申请表之后，将接受两个测试。一个是一般能力倾向测试，考察应聘者的推理和学习能力，通过率约为40%；另一个是工作适应测试，检查应聘者是否与丰田工作要求相匹配，通过率约为50%。通过上述测试的人进入第3阶段。在该阶段，应聘者要参加两个半天的测试，形式是通过团队活动展示自己的团

---

① 本章丰田案例的资料均来源于杰弗瑞·莱克、迈克尔·豪瑟斯. 优质人才与组织中心（2016），森野边荣次郎（1989），门田安弘（2012）。

队精神和生产技能。比如，把应聘者分成若干小组，交给他们一些典型问题，让他们对提高生产率、解决纠纷等提出一致性建议；让各小组收集数据，提交解决问题的方案，并进行口头演讲；让各小组通过合作在规定时间内将电子元器件组装到电路板上；让应聘者接受简单培训后按照规定节奏完成组装任务，并提出改进措施。最后，在团队合作与沟通、学习能力、解决问题能力和适应快节奏、高质量工作方面具有良好素质的人将通过测评，比例约为40%。第4阶段筛选见习生。由产品经理、团队领导和人力资源专家组成面试小组，按照测评指南，考察应聘者的口头表达能力、适应性、积极主动性、胜任能力以及机械技能。面试要求应聘者描述他所经历的能够展示自己能力的实例。约60%的人能够通过面试并进入第5阶段参加体检。第6阶段为在岗考察。见习生被分到各工作部门，接受为期6个月的在岗考察。第7阶段做出最终筛选决定。公司根据见习生的实际表现，最后决定哪些人可以继续留下来。从这个例子可以看到，丰田的招聘具有鲜明的文化特色，它对招聘的投入力度，超出了一般企业。但正是如此的投入，使丰田能够长期雇用那些遵循公司价值观并致力于持续改进的员工，降低离职率，由此得到远远超出招聘成本的收益[1]。

三星公司（以下简称三星）在招聘中最看重应聘者的综合能力高低[2]。它的筛选方式主要由工作适应性测试和综合面试构成。

---

[1] 例如，丰田乔治城工厂从2007年起每年的离职率不到3%。
[2] 本章三星案例的资料均来源于彭剑锋、金贤洙（2015），李炳夏（2012）。

工作适应性测试旨在客观评价应聘者的综合思维能力与发展潜力，分为两个部分：通用能力测试和工作能力测试。通用能力测试考察应聘者是否达到三星要求的语言、数理、逻辑推理等水平。工作能力测试则检查应聘者是否具有处理日常工作的基本素质。工作适应性测试采取笔试形式，总时间为3.5小时。三星从1995年起引进工作适应性测试，每年都有数万名应聘者参加测试，但只有约5%的人能够通过测试。综合面试的目的是全面观察应聘者的创造力、挑战性和解决问题的能力。三星从2002年起把综合面试的时间延长到2小时50分钟，强化了对应聘者潜在素质的考察。综合面试分为人格评价、能力评价、组织适应性评价和英语口语能力评价四部分。在人格评价环节，应聘者要与面试官进行20分钟的面谈，内容涉及三星文化、价值观、企业观、组织观、责任意识、道德等方面。面试官由公司高管、部门领导和人力资源部专员组成。在能力评价环节，应聘者首先要用20分钟时间陈述自己对应聘职业专题的理解，然后在60分钟里对面试官给出的课题做出解决方案，展示自己在创造性、目标意识、解决问题、专业知识各方面的能力。在组织适应性评价环节，应聘者要参加集体讨论和集体合作课题，时间为1小时。面试官将从逻辑思维能力、说服能力和沟通能力三方面评价应聘者。最后的英语口语环节采取小组讨论形式，时间为10分钟，目的是考察应聘者的国际化素质。

三星除了建立严格的、注重能力的招聘程序，还通过"人才招聘责任制""会员制度"等措施来发掘和引进优秀人才。三星公司走向世界舞台是在 20 世纪 90 年代初期。当时三星依靠内部晋升制度培养了大批的管理人才，但还缺乏能够熟练从事国际化经营的国际化人才和能够引领产业技术发展的专业领军人才。而这些人才单纯依靠内部培养比较困难，必须采取广泛、深入的引进方式。于是，三星制定了"人才招聘责任制"，对稀缺人才进行分级管理，要求从公司最高管理者到部门主管亲自负责稀缺人才引进，并与绩效考评挂钩。三星总裁（李健熙）本人经常到日本、美国和欧洲参加稀缺人才的面试。为了聘请稀缺人才，三星不惜重金，经常付出高于市场水平 3~5 倍的薪酬。另外，三星建立了以大学生为对象的"软件会员制度""设计会员制度"和"用户体验设计会员制度"。该制度采取项目制，从国内外大学中挑选出优秀学生，对他们提供资金、设备和相关培训，让他们承担实际项目研究或对感兴趣的课题进行研究，但对项目参与者的就业去向没有要求。通过体现尊重和信任的制度设计，三星发现了一大批具有创新潜质的人才，并且有相当一部分人最后成为三星员工。据统计，"会员制度"在 1991~2001 年吸收了 540 名会员，其中 370 人成为三星员工。三星还设立"奖学金贷款制度"，以奖学金名义对本科以上学生进行学费贷款，并对入职三星公司者免除偿还义务，吸纳了一大批硕士、博士生。

2. 育人机制

国外一流企业的经验还表明，"培训"不单纯指"技能训练"，而是含有培养人的品质、态度、技能和能力等更广泛的内容。它们往往对员工实施大量、广范围的培训项目，范围涉及企业价值观、文化、工作技能等方方面面，并且，从长期而不是短期视角构建培训体系，注重在持续学习过程中塑造员工，重视为未来发展不断积累人才。这种长远目光建立在企业对员工高度信任的基础上，也符合"百年树人"的育人规则。在很多世界一流企业，管理者被明确规定具有"育人"职责，被列入考核范围。管理者在下属的培训中发挥着重要作用。国外一流企业高度重视培训的实践性，它们把培训和解决问题、提高生产率完美结合起来，最大限度地增强培训效果，充分发挥培训措施的作用。因此，它们的培训管理体系与其生产技术以及企业价值观和文化高度匹配，竞争对手很难模仿。

丰田为员工提供大量、广范围的培训。以生产工人为例。员工在入职后要参加为期 5 周的入职培训，包括体能训练、人力资源政策培训和生产培训；在正式工作之前要参加各部门实施的工作培训，学习丰田模式和基本工作规范；在正式工作之后还要通过在岗培训系统地学习生产技能。丰田的在岗培训由基本技能培训、标准化工作、生产培训计划等组成。基本技能培训由丰田全球生产中心负责实施。丰田全球生产中心设在日本（总部）、泰国、欧洲和美国，建有先进、完整的生产线，开发了培训员工的标准化程序。培训采取多层扩散方式。中心负责对各工厂小组或团队领导进行培训，这些人回到工厂后负责对新员工进行培训。中心还录制了大量的培训视频和最佳实践做法，供员工上网自学。在岗培训的另一个方式是标准化工作。标准化工作是建立生产所需产品的重复生产流程的基础，同时也是培训的基础。丰田对动作、零部件、环境等进行了界定，制定了工作指导法。小组或团队领导按照工作指导法对新员工进行培训。基本技能培训和标准化工作是和日常工作结合起来的培训。生产培训计划则融合了课堂讲座、情境模拟以及强化实践的车间培训。计划包括 2 个阶段。新员工必须在 2 年内完成第 1 阶段的培训（40 小时），在 3 年内完成第 2 阶段的培训（24 小时），内容包括安全原则、丰田模式价值观、丰田生产方式原则、团队合作、交流技能、解决问题。

三星在 1977 年创立了韩国最早的人才培养"研修院"，也就是后来的"三星人力开发院"，后来在世界各业务地区又陆续建立了数十个独立的培训中心。大多数培训，不论内容是经营哲学、核心价值观还是专业知识、管理能力，都由这些培训中心来承担。三星的培训体系包括两方面：一个是为满足各部门实际业务和经营战略需要而设立的专业知识技能培训，另一个是为支持公司管理、满足员工职位升迁需要而设立的管理技能培训。经过多年研究与实践，公司已积累起了一批成熟、固定的培训课程，但仍然认为不够，还在根据各部门的需要不断地开发新的培训课程。三星的培训课程现已可以具体覆盖到人力资源部、销售部、研发部、生产部、品质部和采购部等部门。三星是个务实的企业，对培训的实际效果有很高的要求。大多数培训课程都由内部讲师来担任，只有少数针对经营高层的培训或对专业性要求非常高的培训才聘请外部讲师。每个三星培训中心均配备了大批内部专职讲师，这些讲师本来就具有较高的专业能力，但每年还要接受一次以上的培训，内容涉及课程内容理解、内容改进、教学技巧、教学问题解决等方面。讲师能力的维持与提升，保证了三星的培训质量。三星曾提出"人才第一"理念，而这种理念不只是一种口号，而是可以看到的行动。比如，三星为了达到最好的培训效果，在培训的软硬件建设上从不吝啬。三星韩国总部培训中心的设备设施是世界最先进的，韩国国内的13个培训中心可同时容纳9000多人培训，3000多人住宿。培训中心开发的课程软件几乎覆盖了所有层级、所有部门的员工。20世纪90年代，三星建立了"地区专家制度"，每年派遣300名年轻员工到国外研修，学习当地语言并建立人脉关系，为全球化战略做准备。1991~2013年共向80个国家170多个城市派遣了4700多名地域专家，而这些人才成为三星走向国际化的主力。

惠普认为培训不是投入，而是投资[①]。惠普创始人戴维·帕卡德曾说："教育开支是值得的，意味着员工有机会做出更大的贡献，获得更多的成就感。大多数人认识到了教育和自我发展的价值，这不仅能促进事业的发展，而且能为公司的发展做出有意义的贡献。"在20世纪90年代，惠普每年大约花2亿美元为员工制定和提供课程培训。公司支持员工脱产培训或外出培训，参加与工作相关的课程，在这方面的支出每年大约有3亿美元。惠普针对不同目的设计了三个培训板块：第一个是通用培训板块。这里的培训课程是为员工理解惠普价值观、公司发展和学习通用工作

---

① 本章惠普案例的资料均来源于戴维·帕卡德（2016）、中国人力资源网（2017-05-28）。

技能而设计的。比如，新员工定位培训、演讲技巧、自我激励、时间管理等。公司通过内部开发和外部购买计 3000 多个课程，全部放在网上供员工选择。第二个是专业培训板块。这是为员工提高专业技能而设计的，主要和各业务单元的实际工作相关。专业技能培训有长期和短期两种形式。长期培训是一个跨年（3~5 年）计划，它分阶段来进行培训，逐步提高员工技能，把员工塑造成优秀的专业人士。短期培训则更加关注员工的实际技能缺陷，它通过较短时间的集训来帮助员工弥补不足。第三个是管理能力培训板块。这是为那些希望升到管理岗位的员工准备的。比如，高级经理人的"狮子计划"。惠普非常重视培训的实战性。它遵循效果最优原则，尽可能地制定最适合本企业需要的课程、聘请讲课效果最好的讲师。如果外部机构有更好的课程，就花钱购买；如果购买的课程不完全符合要求，就按照本企业要求改变内容；如果外部讲师讲课效果不好，就派自己的业务经理去听课，获得授权讲课资格，回来担任培训讲师；如果外部机构没有更好的课程，就组织优秀业务人员自己编写课程。总之，惠普员工非常幸运，一旦入职，公司就为他们准备了一个跨阶段的职业培训计划，他们只要跟随这个计划，在合适的时点参加不同培训，就可以学习各种知识，从而成为优秀的职业人。

（二）动机激励系统

国外一流企业的人力资源管理的基本理念，就是与员工共建长期关系。为了发展与员工之间的信任关系，它们致力于提供长期雇用保障，尽可能地避免使用解雇手段。企业注重通过多种劳动力政策应对经营变化，维护员工队伍的稳定和忠诚。比如，分散经营；控制雇用规模；工作调动与轮换；增减劳动时间；采用临时工制；设立以冗员为对象的工作改进组织；等等。只有当以上措施全部用到极限，但还存在人员过剩时，才会启动裁员程序。但企业一般不会直接裁员，而是通过自愿辞职、新设企业（分离业务）、提前退休等手段处理冗员，并且，会提供充足的经济补偿，为辞职员工提供再就业和培训服务。这些企业如此高成本的做法，是和其不惜花费时间和精力筛选人才、对人才实施长期大量的培训的政策措施相适应的。因为没有企业愿意放手自己花大成本培养起来的人才。研究表明，采取上述措施的企业往往员工队伍比较稳定（离职率较低），在被迫裁员时也能够比其他企业顺利地渡过难关。

1. 长期的职业安全

丰田在 20 世纪 50 年代立下不减员的目标。它真诚地相信人才是竞争力的来源，而不是可随便置换的资源，不能因为经营状况变化就随意裁员。丰田仔细设计了生产组织系统，提前调整需求以避免解雇员工。比如，它制定了"人力资源管理指导模式"，指导业务单位建立中长期用工计划，将固定人数控制在必要最小水平，然后根据市场变化进行调整。丰田的基本原则是避免过度雇用。因此，业务单位首先"不能多雇人"，其次当市场发生变化时，要想办法使劳动生产力不能因此下降。事实上，丰田为进行劳动力调整采取了多种方法。其一，临时或永久性调动岗位，并且使组织结构扁平化以支持人员调动,如车间只划分四个职位:生产组长、生产成员、技术组长、技术成员。其二,培养多能工,以适应不同岗位需要。员工根据业务量的增减而灵活改变工作内容。其三,调整加班时间。在制定生产日程表时预设一些加班时间,以便能够在销售需求下降时起到一定缓冲作用。其四,让更多小组领导上线或从其他项目中抽调人员。因为公司持续通过岗位轮换来培养多能工,所以,包括小组领导在内的很多员工都能胜任各种岗位。其五,雇用临时工。但临时工不是调整劳动力的首选,前面几个程序是首选。当市场需求下跌严重时,丰田不是将剩余人员直接推向社会,而是把他们组织起来进行改进活动。比如,20世纪90年代行业萧条时,丰田在所有手段用尽后还是面临人员过剩问题,在这种情况下本来应该有理由裁员,但它没有,而是利用剩余人员组建了一个巨大的改进部门,买进了几十辆竞争对手的汽车,把它们拆分开,对成千上万个零部件进行研究,提出了数以百计的改进建议提交给设计部门。设计部门根据这些想法又开发出了降低成本的办法。

三星在1997年亚洲金融危机爆发前实行"55岁退休制"(即终身雇佣制)。但亚洲金融危机导致韩元大幅度贬值,三星面临严重财务危机,不得不大幅度裁员。以三星电子为例。三星电子当时有近6万名员工,要在3年里削减1/3,也就是1.8万人的员工。公司采取了分离业务、自愿辞职两个措施。首先,精简业务,把非核心业务分离出去,组成新公司,人员随之整体分流。对分流出去的员工提前支付未来三年的基本工资。这些人员大约占裁员人数的40%。其次，由事业部与员工协商签订解除劳动合同的协议。对自愿辞职的员工除了支付退休金，还支付相当于1年年薪的经济补偿金。对不同意辞职的员工，公司人力资源部首先与其面谈，听取员工意见，并提出再就业建议，向员工提供3~6个月的转岗培训机会。最后，一些员工同意以这种方式自愿辞职。最终，有50%多的员工选择自愿辞职，有400多人选择转岗培训后辞职。因为这次裁员，三星电子放弃了以前一直坚持的终身雇佣理念，但从裁员中深刻认识到了维护劳资关系的重要性，于是成立了"职业开发中心"（CDC），对自愿辞职员工和裁员对象员工提供再就业支持服务，比如介绍他们到优秀中小企业工作。由于三星制定了明确、统一、有说服力的裁员指导方案，为员工提供了可观的经济补偿和后续服务，所以整个裁员进行得较为顺利，而没有发生激烈的劳资纠纷。

惠普的人力资源政策的根本原则是"同舟共济"。其核心思想是，员工和企业是命运共同体，员工执行业务，也参与决策制定，并通过股票购买权计划分享企业所有权、利润和职业发展机会，同时也在企业经营出现下滑时分担责任。惠普创始人戴维·帕卡德认为，公司要求员工创造利润，做出贡献，反过来，公司也有责任尽最大努力为员工提供工作保障。惠普不能成为一个只知道"雇人和解雇人"的公司，应该建立一支稳定、专注的员工队伍。20世纪70年代，惠普遭遇了全国性的经济萧条，但惠普采取两周工作9天的办法，减少工作量和所有员工工资，避免了裁员。全体员工共同承担了经营危机所带来的负担，优秀员工没有遭到解雇而进入艰难的就业市场。后来惠普又遇到了更长时间的经济萧条，但它通过区域间的产业转移来度过这些萧条时期。20世纪90年代以后，惠普也和其他企业一样不得不裁员，但它尽可能地控制裁员规模，是计算机行业裁员数量最小的企业，并且大部分裁员通过提前退休和自愿辞职实现，并向员工提供了可观的经济补偿。

2. 优厚的薪酬福利

国外一流企业大都采取薪酬领先政策，努力使自己成为行业薪酬领先者之一。其薪酬一般长期处于行业前列，对吸引优秀人才起着关键作用。这些企业不单纯以工龄为依据，而是根据员工的技能或能力制定工资等级；它们重视与员工分享利润，根据企业经营绩效支付奖金，或者提供股票期权分享公司的所有权，并且，为了鼓励员工团结合作，把薪酬和部门或团队绩效挂钩；它们有时也会提高对个人贡献的奖励程度，但考核很严格，目的在于发掘人力资源的稀缺特征；它们注重维护总体公平，但对个别特殊人才也会采取破格措施；它们把福利作为稳定员工队伍的重要手段，善于创建一些能体现本公司价值观的福利项目（如全勤奖）。

丰田的薪酬目标是成为行业领先者之一，并成为所在地区员工的首选雇主。事实上，丰田已经达到了这个目标。丰田从长远目标着眼于与员工建立合作关系，同时又能保持薪酬与经营绩效的紧密联系。以丰田的美国子公司为例。薪酬包括基本工资、部门绩效奖金和公司绩效奖金三部分。奖金占薪酬的20%~25%。基本工资每半年调整一次。丰田薪酬的第一个特点是奖金比例不是很高，这是为了避免薪酬的巨大变动，也是为了维持短期内的公平并维持长期内的稳定。当经营状况发生下滑时，不至于因为奖金过高而解雇大量员工。第二个特点是薪酬不和个人绩效，而是和团队绩效挂钩，这是为了鼓励员工合作，也是为了避免员工之间的过度竞争。不过，注重团队绩效的薪酬，使丰田失去一些优秀员工，但也留下了很多能够理解丰田文化的优秀员工。第三个特点是公司的利润大多数用于技术开发，一部分作为经营困难时的员工工资被储存起来，只有少部分拿来作为短期奖金。丰田为了让员工了解公司薪酬所处地位以及薪酬制度，每两年回顾一次自己的薪酬在汽车行业中的排名，并绘制成图表向员工公示。丰田还向员工提供休假时间、带薪休假、退休金计划等福利，鼓励员工长期工作；提供进修学习、弹性工作时间、员工购车折扣、无息贷款等福利，提高员工的生活质量。

三星的薪酬福利在20世纪90年代初期就已经是韩国同行业最高水平。但三星想从美国硅谷等地引进更多卓越人才，必须要拿出至少能与美国硅谷不相上下的待遇，而在当时的制度下无法满足这个要求。因此，三星进行了薪酬体系改革。一是废除了自动涨薪制度，降低了固定工资比重，增大了绩效工资比重。二是引进了利润分享、核心人才特殊薪酬。从此以后，三星的薪酬体系变得更加弹性，偏向绩效，对卓越人才的吸引力大大增加。三星实行年薪制，普通员工的固定年薪包括基本工资、能力工资、能力加薪和奖金四部分。后两项与绩效有关，能力加薪以能力工资为基础，根据个人绩效考核而定，为能力工资的15%~130%。

奖金根据公司或部门经营业绩而决定,大约为基本工资的200%。基本工资和能力工资分别占二者之和的40%和60%。而被公司认定的核心人才,则在以上薪酬的基础上,再得到一个特殊人才激励薪酬,为500万~15000万韩元不等。最高可使年薪达到普通员工年薪的5倍。另外,公司还设立了重大贡献奖,奖金最高可达到基本工资的3倍;同时实施了利润分享,分享额相当于固定年薪的0~50%。三星通过奖金、利润分享等制度,把个人贡献与企业经营绩效联系起来,使优秀员工和普通员工的年薪差距达到了2~3倍。三星认为如此优厚的待遇没有招不来的人才。

惠普在设计薪酬时的一个重要原则就是成为行业领先者之一。因此,它在制定薪酬时特别重视市场调研。惠普对竞争对手历年各个级别的薪酬范围进行调查分析,预测它们的薪酬变化趋势,据此制定本公司的薪酬标准,使本公司薪酬高于市场水平,保持足够的外部竞争力。惠普人力资源管理的根本原则是"同舟共济",鼓励员工参与管理,承担责任,同时允许他们分享企业利润。公司于20世纪50年代就建立了员工股票购买计划和利润分享制度。员工只要在公司工作6个月以上就可以分享利润,每年分到的红利按公司的税前收益计算,这笔钱一直占员工基本工资的4.1%~9.9%。这项制度一直延续到现在。惠普特别强调目标一致性和团队精神。公司奖励业绩优秀的部门或团队,但不专门奖励个人。利润分享也是合格员工人人有份。另外,惠普很早就建立了优厚的福利制度,为员工及其家庭提供保障,加强企业与员工的互信基础。

3. 长期的晋升通道

国外一流企业为员工提供长期晋升通道，通过阶段性培训、跨岗位培训和横向调动，把员工培养成既有深厚的专业能力又有广泛相关知识的人才，并提拔到相应的管理岗位。将长期晋升通道，与长期培训政策、严格的绩效考核制度结合起来，为企业造就了一支实力雄厚的管理团队，同时也让员工可以对自己的职业发展和能力提升做出正确规划，进而增强职业自信。此外，国外一流企业也重视从外部引进高层管理者和高级技术人员两类特殊人才，以便更好地进行战略管理和技术创新。它们在人才引进上往往会投入远高于市场水平的资金，有的还会采取最高管理者全权负责、与高层管理者的绩效挂钩的机制。

丰田为员工构建了一个缓慢但清晰的内部晋升制度。其目标是，通过提拔和轮换，把员工分配到各种相关岗位，让他们学习各种技能，逐渐成长为团队领导或管理者。如果员工是工人，只要他努力工作并达到规定能力，就有可能在35岁时晋升到团队领导（生产组长）岗位；如果他有更出色的表现，还有可能在40岁时晋升到流程团队领导岗位，甚至于在50岁晋升到经理助理岗位，60岁晋升到经理岗位，不过，后两个岗位的晋升概率比较小。对于技术员工，他的晋升路径是：在35岁时晋升到经理助理岗位，40岁晋升到经理岗位，50岁时晋升到总经理助理岗位，60岁时晋升到总经理位置。管理员工也有类似的晋升路径。在员工晋升途中，公司安排了各种培训机会，让员工达到更高岗位所需要的能力。丰田的内部晋升过程比较缓慢。为了不让员工失望，公司采取横向调动和跨岗位培训的办法，把员工分配到各种岗位，开阔他们的知识面，提高他们的综合能力，把他们培养成既有深厚专长，又有丰富经验的"T型人才"。而这些人才日后便成为了丰田高效组织能力的关键载体和重要推手。

三星的内部晋升通道是一个长期的、竞争激烈的过程。三星非常重视从外部引进各种卓越人才，但也同样重视通过内部晋升来培养一支高效的管理团队。三星提拔员工主要看绩效。公司有一套基于成果评价的绩效考核体系，对员工的绩效从对销售额、经营增长的贡献度两方面进行评价。员工必须连续三年在绩效考核中获得A级考评，并且有超出同级别员工的突出业绩，才有资格参与晋升。在三星能够连升2级的员工，不超过晋升总人数的2%。按最快速度计算，一个入职三星的大学毕业生，要花18年时间，也就是在40岁时才能晋升到部长职位。正是因为对内部晋升的高度重视和严格把关，三星构建了一支高效的管理团队，而在企业发展需要时能够真正发挥超强的执行力。

（三）参与系统

员工要发挥潜力需要信息、机会和权威。国外一流企业向员工提供多种沟通渠道，不仅促进了互信和相互理解，而且为员工改进工作提供了信息。其中一些是公司出版物、公司内网、宣传栏这样的自上而下的渠道，但国外一流企业更加重视面对面的、自下而上的沟通。有的企业建立了工作会议制度，保证所有员工每天都有与其主管见面沟通的时间；有的企业推行开放式办公，为沟通创造合适环境。国外一流企业注重根据员工需求调整人力资源政策，它们通常采取让管理人员到各部门调研、开通热线电话、匿名问卷调查等方式，以了解员工需求并做出反馈。很多成功企业都建立了员工建议制度，鼓励员工对改进工作提出建议，并且，通过团队讨论等方式帮助员工完善新设想。国外一流企业的另一个独特之处，是采取团队工作方式，并赋予一定工作自主权，如团队可以自主决定工作方式与职责分工等。但为了防止滥用授权，这些企业非常强调流程建设，严格规范工作标准。它们通过把团队和流程结合起来，实现了创造性和纪律性之间的平衡，培养了员工遵守规章制度的特质，也提高了员工的积极性和创造性。

丰田建立了各种各样的沟通渠道，尤其重视面对面的双向交流，其目的是促使员工关心企业，为改进业绩建言献策。公司建立了每天、每月、每季度的工作会议制度。人力资源部、业务部门、团队成员共同确定每月、每周、每天最需要哪些信息，并将这些信息公布在公司各单位的交流墙上。每个团队每天要利用休息时间的5分钟开会，组长与成员就生产中出现的问题进行讨论。相关团队的组长每天有5分钟的碰头会，讨论与彼此相关的关键业务指标实现情况。丰田还注重收集员工的真实意见，把它作为改进工作的重要参考。比如，企业设立了匿名热线电话，人力资源部负责记录，部门经理负责处理问题；企业定期进行匿名调查，并注重保护员工隐私，每个业务部门（包括团队）有责任分析调查数据，部门领导必须当面和员工一起对需要解决的问题进行讨论，并制定解决方案。企业给予一定的加班时间和财务预算，支持他们解决问题。在日常工作中，丰田向团队充分授权，以激发成员的责任感和积极性。员工的工作方式、责任等（包括生产节奏、分工、轮换等）都是由团队成员协商决定的。丰田严格实施标准化的工作流程，同时又赋予团队一部分自主管理权，鼓励员工发挥潜能。工作流程和团队自主管理的有效结合，实现了纪律性和创造性之间的平衡。

惠普充分尊重和信任员工。它有两个著名的制度。一个是弹性工作制度。惠普是美国首个实施弹性工作制的企业。按照这项制度，员工可以上午很早就来上班，也可以9点到，然后按照规定的时间干完活就可以下班。虽然并不是所有工作都适合这种做法，但大多数都适用。另一个是开放管理制度。惠普要求管理人员要深入到一线，了解员工的想法和工作情况，而不是依据下达指令和书面文件来推动工作，同时鼓励员工在遇到个人或与工作有关的问题时，去找适当的管理人员讨论。如果员工感觉和他们的直接上司谈不舒服，也可以越级找更高的上司谈。惠普把办公室打通，每个人都在开放式办公室里办公，为公司上下沟通创造合适环境，让员工有机会自由表达看法。惠普鼓励员工为提高业绩而积极思考，对于员工提出的新想法、新思路不是一概否定，而是不过多干涉。20世纪80年代初期，惠普没有大众消费市场的销售经验，但当时计算机外设部经理得知佳能公司正在研制一种价格便宜的小型台式打印机后，他没有征求总部的意见，就决定生产一种性能更优越、价格更便宜的激光打印机。而当时的总裁也没有过多干涉，而是放手让他去干。事实证明，那款激光打印机给公司带来了巨大收益。

三、中国企业实践与发展方向

国外一流企业在人力资源管理上具有共性。它体现了人力资源管理的基本理念与原则，具有普遍性意义，并且值得借鉴。第一，兼顾企业发展与员工利益。合作共赢是人力资源管理的基本原则。管理不是为了"控制"，而是为了"激励"，尤其要调动人的潜能和正面力量。制度设计既要满足组织效率也要体现人文关怀。第二，长期效益和短期效益的平衡，为长期发展，作为战略投资，宁可放弃一些短期利益。比如，舍得为员工培训做出慷慨投资并建立长期晋升通道；采取着眼于中长期雇用方式、提前调整用工人数避免裁员等。第三，保持政策间的一致性以提高系统效果。人力资源管理的各个政策措施绝不偏离合作共赢的基本原则，相互之间不矛盾，能够产生协同增效作用。第四，强调与企业文化的紧密联系。企业文化能够有效支持人力资源管理实施，而反过来，人力资源管理可以有效地强化企业文化。

中国企业经过多年发展，普遍接受了市场经济理念，提高了人力资源管理水平。一些优秀企业以国外一流企业为标杆，大胆进行管理改革，创造了一些颇具亮点的实践。

华为提出人力资本优于财务资本增长的理念[1]。公司每年用于培训的投资高达数亿元，不仅建有自己的培训学校和培训基地，设有专职培训岗位，建立了强大的培训师队伍，而且还为各类员工制定了长期培训规划和个人成长计划。华为在其公司宪法中承诺，"公司保证在经济景气时期和事业发展良好的阶段，员工的人均收入高于区域、行业相应的最高水平"。公司按照员工能力与贡献支付工资。工资包括职能工资、奖金、安全退休金及股权分红。奖金根据部门业绩和个人业绩决定，安全退休金根据个人劳动态度和敬业精神来决定，股权分红根据个人贡献决定，人人都有资格。华为的薪酬体系做到了兼顾企业发展与员工利益，不论是业绩突出的精英员工，还是工作认真、兢兢业业的"雷锋"式员工，都能从公司得到物质回报。华为还对干部实行"末位淘汰"，保持10%~15%的内部流动率，试图建立良性新陈代谢机制，培养高效的干部队伍。

海尔在成为世界最大白电制造商之后仍不忘继续进行组织变革，它把组织分成由10人左右组成的小单元（小微组织等），或由这些小单元按照业务联系组成较大的单元（"利共体"），让它们独立核算、自负盈亏，同时赋予其经营决策、人事管理和收入分配的权利[2]。在这种制度设计下，员工与小微组织、"利共体"命运相连，其收入直接由小微组织、"利共体"的业绩决定，因

---

[1] 华为案例的资料来源于张继辰（2010）。
[2] 海尔案例的资料来源于作者调研。

此，主动性和创造性受到了极大激发，带来了业绩增长，不仅增加了自身的收入，也为公司创造了更多的绩效。

然而，对比国外一流企业，中国企业的人力资源管理总体上具有"控制"特征。从理念上来看，尽管很多企业声称人力资源重要，但所采取的措施基本反映出它与员工是一种纯粹的利益交换关系。很多企业（国有企业是例外）较少提供长期的工作保障，解雇是应对经营变化的常用手段。劳动力主要通过外部市场调剂；在招聘中采取实用主义做法，注重考察应聘者的工作技能和经验，对潜在素质缺乏考量；员工入职后只有少量的培训，范围仅限于岗位或者少数精英；把绩效评估作为对员工进行控制的手段，强调结果而较少关注过程；薪酬制定着眼于外部公平性，采取固定的、以岗位为基础的薪酬体系，同时依据量化指标奖励员工，以达到提高绩效的目的；采取依靠外部市场的劳动力政策，内部晋升渠道较少；强调组织层级区别，采用严格的工作定义、详细的工作规程和错误惩罚机制来约束员工，对员工较少开放企业信息，不重视员工对企业管理的参与。

当然，这种管理方式在中国现在的发展阶段有其必然性和合理性。中国是从计划经济转型到市场经济的，以前的管理不重视市场效率，过分推崇平均主义，无助于激发员工积极性，而随着市场经济的发展，中国企业认识到了这种管理方式的弊端，便会把在市场经济国家常见的、强调效率的管理做法作为制度纠偏和改进管理所参考的样板。另外，强调规则、效率优先的管理做法本身没有错，也是人性化管理的必要基础。如果没有严格的工作流程，没有效率，就没有效益，也就没有条件谈人文关怀。但是，追求长远发展和祈求长青的企业应该超越只讲企业效率而忽视人文关怀的管理方式，做一个值得员工尊敬和信赖的企业。

总的来看，中国企业的人力资源管理还处于"现代化"的途中。今后，要以尊重员工、信任员工为核心理念，通过增进互信来发展和培养有竞争力的员工队伍。在制度设计与实施中要逐步提高理念与手段的一致性、人力资源管理模式的内部契合性。在能力系统方面，要注重吸纳有潜质的人才，重视企业价值观与文化特征的考察；从长远视角构建培训体制，加强培训体系与战略的联系，增强培训的目的性、持续性和前瞻性，努力开发具有实践价值的培训系统，持续、广泛开展员工培训。在动机系统方面，采取灵活的劳动力政策应对经营环境变化，尽量少用解雇手段；保持与市场接轨的薪酬福利待遇，加强薪酬与企业、团队绩效挂钩比例，增强凝聚力；完善内部晋升通道，防止过度使用内部淘汰机制或惩罚机制。在参与机会系统方面，要加强自下而上的沟通机制，建立上下双向的交流制度，在确保上级战略意图贯彻到底的同时，吸取战略实施现场的反馈信息，及时纠偏改进；鼓励员工对管理提出改进建议，并提供完善建议的平台和机制，提高企业承诺水平，保障人力资源的品质与数量的平衡增长；建立团队工作方式，工作经验、技术背景、年龄等方面不同层次人员相互配合，培养技术、业务人才，形成专业意识，稳定员工队伍。

参考文献

[1] 刘善仕，刘辉健，翁赛珠. 西方最佳人力资源管理模式研究 [J]. 外国经济与管理，2005(3).

[2] 张正堂，李瑞. 企业高绩效工作系统的内容结构与测量 [J]. 管理世界，2015(5).

[3] 李燕萍，刘宗汉. 高承诺人力资源管理实践对知识分享的影响机制 [J]. 南京大学学报，2015(4).

[4] 颜爱民，徐婷，吕志科. 高绩效工作系统、知识共享与企业绩效的关系研究[J]. 软科学，2015(1).

[5] 李辉，苏勇，吕逸婧. 高绩效人力资源实践、智力资本和企业自主创新能力的关系研究 [J]. 人力资源管理，2015(6).

[6] 詹姆斯·N.巴伦，戴维·M.克雷普斯. 战略人力资源——总经理的思考框架 [M]. 北京：清华大学出版社，2005.

[7] 杰伊·B.巴尼，德文·N.克拉克. 资源基础理论：创建并保持竞争优势 [M]. 上海：上海人民出版社，2011.

[8] 杰弗瑞·莱克，迈克尔·豪瑟斯，优质人才与组织中心. 丰田文化：复制丰田DNA的核心关键 [M]. 北京：机械工业出版社，2016.

[9] 门田安弘. 新丰田生产方式 [M]. 保定：河北大学出版社，2012.

[10] 戴维·帕卡德. 惠普之道 [M]. 重庆：重庆出版社，2016.

[11] 彭剑锋，金贤洙. 赢在用人 [A] // 三星人才经营思变 [M]. 杭州：浙江大学出版社，2015.

[12] 张继辰. 华为的人力资源管理 [M]. 深圳：海天出版社，2010.

[13] [日] 李炳夏. 三星的战略人事：不为人知的竞争力的真相 [M]. 东京：日本经济新闻出版社，2012.

[14] [日] 森野边荣次郎. 丰田的人才战略 [M]. 东京：钻石社，1989.

[15] 中国人力资源网. 惠普短期销售培训 [EB/OL]. http://www.hr.com.cn/p/1423395779，2017-05-28.

[16] Appelbaum E., Bailey T., Berg P., Kallebergerg A. L. Manufacturing Advantage：Why High-Performance Work systems Pay Off [M]. Ithaca：Cornell

University Press, 2000.

[17] Baron, J. N. and Kreps, E. D. Strategic Human Resources [M]. New York: John Wiley and Sons, 1999.

[18] Cai, S., R.de Souza and Li, G. Knowledge Sharing in Collaborative Supply Chains: Twin Effects of Trust and Power [J]. International Journal of Production Research, 2013, 51 (2): 2060-2076.

[19] Delery, J. and Dorty, H. Modes of Theorizing in Strategic Human Resource Management: Tests of Universalistic, Contingency, and Configurational Performance Predictions [J]. Academy of Management Journal, 1996 (39): 802-905.

[20] Huselid, M., Jackson, S. E. and Schuler, R.S. Technical and Strategic Human Resource Management Effectiveness as Determinants of Firm Performance [J]. Academy of Management Journal, 1997, 40 (1): 949-969.

[21] Huselid, M. A. The Impact of Human Resource Management Practices on Turnover, and Corporate Financial Performance [J]. Academy of Management Journal, 1995, 38 (3): 635-672.

[22] Jarvenpaa, S.L., and Majchrzak, A. Knowledge Collaboration among Professionals Protecting National Security: Role of Transitive Memories in Ego-Centered Knowledge Networks [J]. Organization Science, 2008, 19 (2): 260-270.

[23] Kalsboven. K. and Boon, C. Ethical Leadership, Employee Well-Being and Helping: The Moderating Role of HRM [J]. Journal of Personnel Psychology, 2012, 11 (1): 60-68.

[24] Keboe, R. R. and Wright, P.M. The Impact of High-Performance Human Resource Practices on Employees' Attitudes and Behaviors [J]. Journal of Management, 2013, 39 (2): 366-391.

[25] Lado, A. and Wilson, M. Human Resource Systems and Sustained Competitive Advantage: A Competency-based Perspective [J]. Academy of Management Review, 1994 (19): 699-727.

[26] Neal, J.A., and Tromley, C.L. From International Change to Retrofit:

Creating High Performance Work Systems [J]. Academy of Management Executive, 1995 (9): 42-54.

[27] Noe, R. A., Hollenbeck, J. R., Gerhart, B. A. and Wright, P. M. Fundamentals of Human Resource Management [M]. McGraw-Hill Education (Asia), 2004.

[28] Pfeffer, J. Competitive Advantage Through People [M]. Boston: Harvard Business School Press, 1994.

[29] Wright, P. M. and Snell, S. A. Toward an Integrative View of Strategic Human Resource Management [J]. Human Resource Management Review, 1991 (1): 203-225.

[30] Xiao, Z., Bjorkman, I. High Commitment Work Systems in Chinese Organization: A Preliminary Measure [J]. Management and Organization Review, 1991, 2 (3): 403-422.

[31] Zhu, Y., Liu, X.Y.and Hong, Y. When Western HRM Constructs Meet Chinese Contexts: Validating the Pluralistic Structure of Human Resource Management Systems in China [J]. International Journal of Human Resource Management, 2012, 23 (19): 3983-4008.

第十五章

财务管理

　　财务管理是基于企业再生产过程中客观存在的财务活动和财务关系而产生的,是企业组织财务活动、处理与各方面财务关系的一项经济管理工作。它通过对资金运动和价值形态的管理,如同血液一样渗透贯通到企业的生产、经营等一系列管理领域中。价值管理带来了管理思想的变革,经济全球化与激烈的市场竞争及信息技术的不断进步,促使企业财务管理从传统的"事务型+核算型"企业财务管理向"战略型+价值型"的财务管理转变。国外一流企业经过几十年甚至是上百年的经营实践,其财务管理日趋完善。近年来,国外一流企业除了具有扎实可靠的基础管理和财务管控外,更加注重财务战略的引领和财务理念方法创新,供应链财务、共享财务、财务与业务的融合发展等财务创新层出不穷。改革开放以来,中国企业财务管理在学习西方国家成功经验的基础上,越来越深刻地认识到"洋为中用",必须结合中国企业的实际。虽然现阶段大多数中国企业财务管理还停留在事务型和核算型阶段，但也不乏一批大企业在学习借鉴国际成功经验的基础上，形成了各具特色的财务管理，这些大企业特别是中央企业在全面预算、风险管理与控制、精益成本管理等方面成效显著。但与国外一流企业相比，除少数大企业在战略引领、共享服务、业财融合等方面略有建树之外，很多大企业在这些方面任重道远，还有很多不足。

一、理论研究

价值管理带来了管理思想的变革，经济全球化与激烈的市场竞争，信息技术的不断进步，促使世界一流企业财务管理从传统的"事务型+核算型"企业财务管理转变为"战略型+价值型"财务管理。一流企业财务管理强调以价值管理为指导，充分发挥财务管理对公司战略推进和业务发展的决策支持与服务功能，使财务管理成为业务发展的最佳合作伙伴，成为价值创造的重要驱动力，成为帮助企业提升核心竞争力的重要力量。

（一）世界一流企业财务管理模式

在价值管理、战略管理的引导以及信息技术推动下，世界一流企业财务管理已经由传统的"事务型+核算型"管理模式转变为"战略型+价值型"财务管理模式。"战略型+价值型"财务管理的目标是有效地支撑企业经营活动全过程，实现从以核算为重点向资源整合、决策支持和价值管理为重点的财务管理转变，引导和协助相关部门对经营活动进行全过程的价值管理，实现企业经济增加值不断提升。具体表现为：

逻辑起点从历史财务数据向理财环境分析和企业战略引领转变。传统财务管理主要以历史财务数据为逻辑起点，多采用简单趋势分析法规划财务计划。而价值型财务管理则是以理财环境分析和企业战略为逻辑起点，围绕企业战略目标规划战略性财务活动。传统财务管理多属"事务型"管理，主要依靠经验来实施财务管理工作。而价值型财务管理则运用理性战略思维，着眼于未来，以企业的筹资、投资及收益的分配为工作对象，规划了企业未来较长时期（至少3年，一般为5年以上）财务活动的发展方向、目标以及实现目标的基本途径和策略，是企业日常财务管理活动的行动纲领和指南。

财务角色由"配角"转向"主角"。传统财务部门通常定位为"成本中心"，企业资金需求由销售、生产等部门确定，财务部门只负责供应，是被动的配角角色。但在价值创造型财务管理下，财务部门的功能将从对内服务转向价值创造，强调通过科学的预算管理、投融资决策的支持、各项风险的控制等为企业创造价值，从而确立了主角地位。

财务管理的职能范围从成本核算、管控向价值创造延展。价值型财务管理的职能范围比传统财务管理宽泛，它除了应履行传统财务管理所具有的筹资职能、投资职能、分配职能、监督职能外，还应全面参与企业战略的制定与实施过程，履行分析、检查、评估与修正职能等。因此，财务战略管理包含着许多对企业整体发展具有战略意义的内容，是牵涉面甚广的一项重要的职能战略。财务管理的重心由财务报告和交易处理转向更能为价值管理服务的决策支持和业务支持上。决策支持和业务支持从面向企业整体向面向企业内部的每个业务单元，尤其是直接创造价值的业务单元。企业内每个业务单元在价值上的贡献不一致，同时，企业业务单元面对的内外部市场条件、问题也不一致，这需要更为专业的针对业务单元的财务支持。

绩效考核由追求利润转向追求价值转变。传统财务管理通常以净利润、净资产收益率等作为企业绩效的核心考核指标，但在价值创造型财务管理下，利润导向将转为价值导向。在经济层面，价值考虑资本成本，具有效率性；在时间层面，价值考虑长效的现金流入，具有未来性；在社会层面，价值更考虑员工、管理层、社区、关联方等其他利益相关者的需求，具有全面性。

此外，世界一流企业发掘财务管理的价值，即财务也要向自身要价值，如创新财务管理的方式和手段，如提高财务管理效率的财务共享、财务外包等。

总体而言，"战略型+价值型"财务管理的目标是有效地支撑企业经营活动全过程，实现从以核算为重点向资源整合、决策支持和价值管理为重点的财务管理转变，引导和协助相关部门对经营活动进行全过程的价值管理，实现企业经济增加值不断提升。当然，财务转型是复杂经济环境中企业实现长期可持续发展的必由之路，但财务转型并不是一蹴而就的，需要一个过程。

（二）世界一流企业财务管理转变动因

价值管理是企业财务管理转型的内在动因。1958 年 M&M 理论的提出奠定了现代企业价值理论的基础，而价值管理是 20 世纪 80 年代在美国企业界出现，经麦肯锡顾问公司提倡和推广的一种新型管理理念。价值管理（Value Based Management，VBM），是指以价值评估为基础、以价值增长为目的的一种综合管理模式。它强调以创造价值、实现价值增长为目标，在企业的经营管理中遵循价值理念和价值增长规律，其核心内容是进行价值衡量，通过对价值驱动因素的分析和评估，挖掘企业生产、采购、销售、研发、投资、财务等经营环节的价值增值潜力。因此，整个企业管理就是价值管理，而销售、市场、财务、生产管理均是围绕实现企业价值的职能活动，价值管理除了财务管理之外还需要几乎企业所有部门的管理活动来支撑，它强调的是一种整体视角和观念。对企业财务管理而言，VMB 不仅是一种方法论或者手段，它更是企业财务管理遵循的价值理念，以价值评估为基础，依据价值增长规则和规律，探索价值创造的运行模式和管理技术，整合各种价值驱动因素，梳理管理与业务过程的新型管理模式。价值管理驱动了企业财务管理的变革，具体表现为：VBM 引发企业财务管理自身变革、 VBM 引发企业战略变革进而传导对财务管理变革、VBM 引发企业运营变革要求财务管理变革予以支持、VBM 引发企业文化变革对财务管理变革潜移默化的影响。

经济全球化与激烈的市场竞争是企业财务管理转型的外在动因。20世纪末，经济全球化以及新兴经济体的出现使得世界各国经济相互交融，加剧了经济发展的复杂性。1997年，国际货币基金组织（IMF）发布了《世界经济展望》，其对经济全球化表述为：跨国商品与服务贸易及国际资本流动规模和形式增加，以及技术的广泛迅速传播使世界各国的相互依赖性增强。而经济合作与发展组织（OECD）认为，"经济全球化可以被看作一种过程，在这个过程中，经济、市场、技术与通信形式都越来越具有全球特征，民族性和地方性在减少"。一般可以从三方面理解经济全球化：一是世界各国经济联系的加强和相互依赖程度日益提高；二是各国国内经济规则不断趋于一致；三是国际经济协调机制强化，即各种多边或区域组织对世界经济的协调和约束作用越来越强。总的来讲，经济全球化是指以市场经济为基础，以先进科技和生产力为手段，以发达国家为主导，以最大利润和经济效益为目标，通过分工、贸易、投资、跨国公司和要素流动等，实现各国市场分工与协作、相互融合的过程。经济全球化使得企业供应链国际化转变为企业全流程的全球化，企业的采购、生产、销售、研发、服务、投融资等环节实现了全球化，企业的客户、供应商、伙伴和竞争对手也呈现全球化特征。面对全球化的竞争和瞬息万变的市场趋势，要求企业更为合理地规划和运用自身各项资源，及时对市场动态做出反应，而作为企业管理的重要组成部分的财务管理也应转型变革以顺应企业管理全球化的需要。为了谋求企业长期生存和不断发展，发达国家和地区如美国、日本、欧盟等出现了以财务转型为核心内容的"企业转型"的浪潮。

信息技术不断进步是企业财务管理转型的技术基础。20 世纪 90 年代以来，信息技术不断创新，信息产业持续发展，信息网络广泛普及，信息化成为全球经济社会发展的显著特征。网络应用的无限延伸，网络技术的不断进步推动企业 ERP 应用系统的不断升级。基于网络技术的 ERP 系统使企业集团能够在全球范围的各个环节的业务集中、实时、共享、统一管理。这种信息即时共享使得企业财务管理转型具备了技术基础：一方面使得大量的企业财务人员从传统的会计核算岗位解放出来，去进行企业财务管理工作；另一方面又使得数据的获取与分析变得简易，创新财务管理在技术上成为可能。

（三）世界一流企业财务管理的主要特征

随着外部环境及内部管理要求的转变，世界一流企业财务管理也处在动态调整之中，财务理念与方法与时俱进。但总体来看具有以下主要特征：

1. 理念方法新

随着外部环境及内部管理要求的转变，世界一流企业财务管理也处在动态调整之中，财务理念与方法与时俱进。财务理念从由过去的以利润为导向，到以公司市值、现金流和利润为导向；由处理交易为主，转向更多地提供未来的信息；由简单的记账核算，到运用财务专业知识，参与公司业务发展、营销政策的研究制定，扮演业务部门的财务咨询顾问的角色；由仅仅是信息储存，到成为信息的提供者和分享者；由以事后反应为主，以结果为驱动，到计划主导、结果和过程驱动。随着财务管理观念的转变，财务角色及职能也从"记录员""监督员"向"评论员""业务伙伴"发展。世界一流企业财务管理更强调业务合作伙伴关系，突出财务管理价值整合作用，表现为财务与业务的融合。财务人员成为公司战略规划的主要参与者，也是公司创造价值的协助者、保护者和促进者。让财务人员学会与管理者、业务部门的沟通。如 IBM、HP 鼓励财务负责人到采购、销售、生产等部门就职，促进财务人员了解业务部门工作内容及所面临的工作问题，调整财务团队判断问题的角度及行为方式。如此一来，财务部门就能更多地从市场、从竞争的视角去满足核心业务的需求。

2. 财务战略明

财务战略是企业发展战略的重要组成部分。要想成为世界一流企业，则应该围绕企业的发展战略构架，用战略眼光和战略思想来规划、设计财务战略体系，研究适合自身特点的财务管理框架、流程、制度、机制，并针对企业薄弱环节和不足之处谋划财务定位、财务目标和具体财务战略，通过切实可行的管理流程加以保障实施。

财务定位。财务定位是企业立足全球化、一体化和市场化，立足企业发展目标、发展战略，面对国内外市场，围绕业务链、资金链和价值链，以整体价值最大化为目标，充分整合并发挥资产、资金、技术的优势，统筹财务资源，优化资金配置，控制财务风险，在企业发展目标的统领下，完善匹配和支持实现企业发展目标的财务管理措施。

财务目标。结合企业自身优势，针对不足之处，通过对标（业内第一、行业顶级等），统筹长期和短期，平衡现实和未来，逐步建立包含反映量（产量、规模、成本、消耗等）、反映质（回报率、盈利能力、利润、EVA 等）的财务指标体系和目标体系。

具体战略。财务战略的制定依赖于企业发展战略，以支持企业发展目标和发展战略决策的实现为切入点，将人、财、物等资源的均衡有效配置和合理流动作为核心环节，充分体现资源、市场、一体化、国际化、差异化的要求，规划建立以资金战略（融资、投资、收益分配、税收筹划）、资源战略（预算管理、成本管理、财务风险控制）、会计战略（机制体制、会计核算、财务人员、财务信息化）为主要内容的财务发展战略体系。

流程管理。财务战略的实施是一项重要而复杂的系统工程。在全面评估内外部环境、存在的风险和管理现状的前提下，财务战略应围绕企业发展战略的重点内容和要求，从支持配套企业发展战略的实现出发，清晰财务战略实施的影响因素，统筹安排，分步实施，定期进行评价和总结分析，改进提升，确保财务战略的科学性、先进性和独特性。

3. *基础管理实*

要想成为世界一流企业必须重视财务管理基础工作。通过财务标准化、信息化、智能化建设，不断提高财务人员的素质和财务管理能力，强化和完善基础制度、会计核算，完善和提升企业价值创造和战略目标的落实。事实上，只有基础工作扎实可靠，才能寻求更大的发展。基础管理具体又涉及以下内容：

建立科学的、符合现代企业运营规则的财务机制。首先，建立科学的组织机制。按市场经济的运行规则，企业单独设立财务管理部门，负责组织、协调、规划、落实企业内部的财务活动。其次，建立科学的管理机制。对企业的资金筹集和配置，企业的平衡与发展，风险的防范与处理，生产的开拓与约束等重大财务活动，建立分析、预测、研究比较、决策等工作机制，并广泛应用电子计算机技术处理财务信息，按照科学、可靠、便利、及时的原则，为企业生产经营提供科学的决策依据。此外，还应建立科学的监督和评估机制，以确保企业正确的生产经营方向。

加强会计核算，强化成本控制。首先，大力推进和完善责任成本管理。确立全员成本意识，把责任成本管理的重点从部门扩展到个人，把降低成本的具体措施落实到基层，实行标准成本管理，保证成本目标的实现，并将完成成本的好坏与经济利益挂钩。其次，切实加强成本预测工作。以目标成本管理为中心，重点控制企业的费用。对承担成本费用指标的部门、班组，严格按下达的成本目标计划进行，以控制费用的支出。

加强财会人员培训，提高财会人员素质。采取得力措施，有针对性地进行学习培训，认真抓好财会人员队伍建设，努力提高财会人员的业务素质。既要学习财务管理知识，又要拓宽知识面，使财会人员在立足本职工作的同时，钻研与本职工作相关的多方面技能，不断提高工作效率和质量。财会人员应成为知识全面、结构合理、经验丰富的复合型管理人才。

有效使用科学技术，提高财务管理水平。科技迅猛发展，科技的运用也越来越广泛。加强财务管理信息化，有效运用计算机网络管理以及使用财务管理软件，以提高财务管理水平。特别应对财务、生产、销售等各个环节实施信息化管理，以促进企业的资金流、信息流以及物流融合。

4. 财务管控强

世界一流企业应该具备强大的财务管控能力。通过对日常财务活动及资金运动进行组织、指导、督促、约束和控制等财务管控的实施，确保经营目标落实，达到企业财务稳健运行和价值创造目标的实现。

财务管控目标。企业集团组建的根本目标在于优化配置资源，实现集团内企业的价值最大化。企业集团财务管控的目标应确立为保障集团业务健康高效运作、实现集团整体财务价值的最大化、推动集团持续发展。世界一流企业财务管控目标一般分为三个层面：集团层面的财务管控目标，即在集团战略目标的指导下，制定、实施集团总体财务战略，服务于集团战略目标的实现；职能层面的财务管控目标，即根据总体财务战略对集团内财务资源进行整合、配置，实现资源利用效率最大化、资源消耗最小化、集团价值最优化；运营层面的财务管控目标，即降低代理人因违背集团决策、不遵守职业道德而产生的成本。

财务管控模式。随着企业集团组织模式的变化，世界一流企业财务管控职能也随之发生了变动，由此产生了不同的财务管控模式。财务管控模式类型以财务控制权限的分配为划分依据，具体可划分为集权模式、折中模式、分权模式。

全面预算管理体系。世界一流企业形成了全方位、全过程、全员参与的全面预算管理机制。全面预算管理是企业集团对资金实行集中控制的重要手段,一般采取"自上而下"与"自下而上"相结合的管理方式,对经营预算、投资预算、融资预算、财务预算进行全方位管理,从预算制定、下达,到具体实施、差异控制,再到总结、考核、激励乃至预算的完善和调整,都建立了具体的工作制度,形成了完整的、闭环式的全过程管理。

资金管控体系。资金管理是企业财务管理的核心组成部分,也是集团企业整体运作非常重要的抓手。世界一流企业都成立了资金运作部门专门研究集团资金管理,确保资金周转安全、高效,降低资金冗余度,减少财务费用,提升管理效益。资金管控具体包括:账户管理,资金计划,资金集中管理(结算中心、内部银行、财务公司、收支两条线等),运营资金管理(应收账款、付款政策),融资及担保控制,重大投资决策支出,大额现金流动监控等。

风险控制体系。风险管控是一种规避企业风险的决策管理方式。世界一流企业均有健全且有效的风险控制体系。通过这种风险管理,可以规避企业在法律、财务、社会责任以及投资方面的风险,减少企业非正常情况下的损失,保持稳定持续的经营活动。一般风控体系涉及风险管理信息收集、风险辨识、风险评估、风险策略制定和实施、风险管理解决方案制定和实施、内控体系完善和风险管理监督与改进等。

财务管控量化考核体系。企业集团的财务管控量化考核将经营者的绩效评价与预算管理相结合，以真实、全面地反映财务管控的成效。具体的量化考核评价指标包括盈利性指标、营运性指标、偿债能力指标、发展能力指标等。

5. 经营绩效优

经营绩效显著是世界一流企业最为直接和醒目的特征。《财富》世界500强排行榜一直是衡量全球大型公司的最著名、最权威的榜单，被誉为"终极榜单"。作为世界一流企业首先其规模体量应该达到世界500强水平。《财富》世界500强以收入为依据进行排名，比较重视企业规模。除了规模指标外，衡量经营绩效的指标还涉及盈利性、成长性以及债务风险等方面。国务院国资委连续多年出版《企业绩效评价标准值》，将企业绩效评价从盈利能力、资产质量、偿债风险、经营增长和补充资料这5个方面进行考核，共28个具体指标，行业包括10个大类、52个中类和110个小类。同时，《企业绩效评价标准值》公布了18个行业绩效评价国际标准值，具体包括盈利能力、资产质量、债务风险、经营增长4个方面共计20项指标，并将分值划分为优秀值、良好值、平均值、较低值和较差值5个档位（见表15-1）。例如评价一家石油化工企业2017年经营绩效是否达到世界一流水平，至少该公司的盈利能力、资产质量、偿债能力和业绩增长所包含的20项指标均应超过表15-1所列示的优秀值。当然，一家真正意义上的世界一流企业绝不是某一年经营绩效超过行业优秀值，而应该是其经营绩效持续多年处于行业领先的地位，方能显现其世界一流企业的经营水准。

表 15–1 石油石化工业绩效评价国际标准值（2017 年）

	优秀值	良好值	平均值	较低值	较差值
一、盈利能力状况					
净资产收益率（%）	10.6	2.9	−5.3	−16.0	−27.9
总资产报酬率（%）	6.3	1.8	−2.3	−7.5	−22.0
销售（营业）利润率（%）	6.2	0.1	−10.2	−26.8	−39.3
盈余现金保障倍数	3.2	2.4	1.7	1.2	0.3
成本费用利润率（%）	6.8	0.3	−13.6	−25.1	−37.4
资本收益率（%）	29.4	2.4	−6.5	−24.2	−53.0
二、资产质量状况					
总资产周转率（次）	0.8	0.4	0.3	0.2	0.1
应收账款周转率（次）	8.1	6.1	5.0	4.0	2.9
流动资产回转率（次）	3.5	2.4	1.8	1.2	0.7
资产现金回收率（%）	11.6	8.7	6.4	4.2	−0.2
三、债务风险状况					
资产负债率（%）	41.1	52.1	62.1	73.2	95.6
已获利息倍数	5.6	0.8	−1.5	−4.1	−6.4
速动比率（%）	169.2	116.5	83.8	62.8	39.7
现金流动负债比率（%）	79.0	60.0	40.4	22.3	−0.4
带息负债比率（%）	38.2	48.1	58.6	71.4	81.0
四、经营增长状况					
销售（营业）增长率（%）	−5.9	−13.9	−21.1	−31.3	−45.5
资本保值增值率（%）	115.5	106.3	97.5	88.8	70.5
销售（营业）利润增长率（%）	32.5	−4.2	−48.7	−93.7	−121.6
总资产增长率（%）	6.3	0.6	−5.1	−11.9	−23.1
技术投入比率（%）	3.8	2.7	1.3	0.8	0.2

资料来源：国务院国资委财务监督与考核评价局. 企业绩效评价标准值（2018）[M]. 经济科学出版社，2018.

二、国外一流企业的经验分析

国外一流企业经过几十年甚至是上百年的经营实践，其财务管理日趋完善。近年来，国外一流企业除了具有扎实可靠的基础管理和财务管控外，更加注重财务战略的引领和财务理念方法创新，供应链财务、共享财务、财务与业务的融合发展等财务创新层出不穷。

（一）战略引领

财务战略管理是企业战略管理不可或缺的部分，它既要体现企业战略管理的要求，又要遵循企业财务活动的基本规律。财务战略的选择和制定决定了企业财务资源配置的取向与模式，同时也影响着企业理财活动的行为和效率。财务战略以服从和服务于企业战略为前提，对企业资源筹集和配置活动进行全局性及长远性的谋划。财务战略是战略理论在财务管理领域的应用与延伸。企业通过对所处行业环境、自身能力和资源的分析，针对企业投资、融资和营运资本管理等财务活动制订一套系统的、长期的行动方案，并以价值管理作为指导思想，进而帮助企业明确使命，以更好的财务决策来创造更高的价值。

通用电气（以下简称 GE）财务管理有着清晰的财务战略。GE 财务战略在谁来制定、如何制定、财务战略具体内容三个方面有其鲜明的特征。谁来制定这方面，GE 丰富战略规划为规划制定者。如何制定这方面，GE 采用的互动式规划综合了自上而下和自下而上的特点，努力适用于各种不同的国际经营环境中运作但寻求统一的全球战略。GE 财务战略规划包含新项目或新产品投资战略、资产组合调整战略、营运资本战略规划等内容。GE 经常调整其资产组合，如出售变现一些非核心资产用来支持其在全球经济恢复中获得重要的财务灵活度①。

（二）财务供应链

财务供应链管理是指对从客户下订单、单据核对，到付款给卖方所有与资金流动有关的交易活动的管理。企业以安全透明的方式管理从订购至结算的购买和财务交易活动流程，从而优化现金流转，更好地管理企业的营运资金，提高资金利用率。其本质是财务管理与供应链管理的整合，其基本理念是物流和财务活动之间密切配合和信息交换，以达到成本节约和为股东创造价值的目的。一方面，物流信息可以从相关的物流供应链中获取，那么，现金信息也可以从相关的财务供应链中获取，增加现金的来源和使用的透明度，从而降低现金管理的不稳定性，最终达到降低企业总成本的目的；另一方面，资金属于稀缺资源，一个企业拥有的资金是有限的，然而企业外部融资又相对非常困难，弥补资金

---

① 王蔚松. 如何制订企业财务战略——美国通用电气公司案例研究［J］. 上海国资，2012（6）.

缺口便成为急需解决的问题。企业管理者和决策者希望能及时追踪和分析企业的支出、成本、收益的来源，以便降低企业的库存现金，提高企业的运营管理，最终降低产品成本。

随着供应链的发展，丰田公司基于供应链的营运资金管理也日臻完善。丰田公司通过与供应商建立紧密的合作伙伴关系实现信息共享，有效地消除了"牛鞭效应"，[①] 提高了采购渠道营运资金的管理绩效。丰田生产方式（TOYOTA Production System，TPS）又被称作精益生产方式（Lean Production System，LPS），[②] 即将必要的产品在必要的时间生产出必要的数量。精益生产其实质是由订单和需求驱动的生产，通过消除供应链上下游各种浪费，诸如在订单处理、运输、库存以及零部件质量不合格或是交货期不准所产生的浪费等，最终达到降低成本的目的。准确的生产数量、苛刻的质量要求和对交货时间的控制，使得丰田公司实现了零库存，[③] 也帮助丰田公司将成本降到了最低，从而提高了运营效率。

（三）共享服务

财务共享服务是依托信息技术以财务业务流程处理为基础，以优化组织结构、规范流程、提升流程效率、降低运营成本或创

[①] 牛鞭效应，即终端客户需求在向上传递时，由于信息无法共享，信息逐级放大，最终使得信息扭曲，导致需求信息出现越来越大的波动。

[②] 安纳兹·V.艾弗，谢里.丰田供应链管理：透视丰田产业链制胜的秘密武器［M］.北京：机械工业出版社，2010.

[③] "零库存"作为一种物流管理理念，并不是指实际库存数量为零，而是指没有多余的库存。

造价值为目的,以市场视角为内外部客户提供专业化生产服务的分布式管理模式。财务共享服务是将公司(或集团)范围内的共用的职能/功能集中起来,高质量、低成本地向各个业务单元/部门提供标准化的服务。它给企业带来了成本控制的机会、增强了财务管控能力、提升了风险防范的水平。在中国,这一新模式陆续得到大型企业的借鉴和尝试。在国内,中兴通讯、中国联通以及海尔集团的共享财务服务在深度和广度上都得到了充分应用。财务共享服务中心实现了流程标准化,并提高了效率;财务共享中心将财务部门从相对成本高的国家(地区)搬到相对成本低的国家(地区),节省了成本。此外,财务标准流程化,资金集中控制,企业风险可以得到较好的控制,降低了风险。正是由于财务共享服务有如此之多的优点,世界一流企业纷纷设立财务共享服务中心,以夯实和提高财务基础管理。如通用电气、摩托罗拉、壳牌公司等公司财务共享服务中心是业内的楷模,值得借鉴和学习。

财务共享服务中心建设是个系统工程,不可能一蹴而就,而且其实施的过程也是一个不断学习、改进并提高的过程。以壳牌公司为例,壳牌于1998年在英国格拉斯哥设立了首家财务共享服务中心,后来陆续在马来西亚和菲律宾建立了财务共享服务中心。但项目的实施并不顺利,而且效果也不理想。为此,壳牌在2006年重新调整了财务共享服务中心项目,提出要打造世界一流的共享服务业务,满足壳牌整体利益,以世界先进的成本水平和服务标准提供职能支持的战略方向。壳牌通过尽量统一ERP系统、进一步推动业务及财务流程标准化、提高财务共享服务中心覆盖率以及风险控制水平、改变财务人员构成及促进财务人员角色转型等手段提升财务共享服务水平。壳牌创建财务共享服务中心的最终目标是实施低成本服务战略,通过控制人工成本,持续压缩成本支出,更加严格地持续改进项目以及卓越运营计划。[①]

(四) 业财融合

业财融合是财务向业务环节纵深延伸的一种方式,从市场需求出发,在公司经营的规划设计、采购管理、投资运维、产品开发、市场营销及客户服务等方面均需要财务的介入参与。本质上讲,业财融合是管理会计的范畴,实现基于业务活动全过程成本管控,为企业管理人员提供各方面资源的计划与配置参考;而非传统的财务管理更多侧重于财务会计,主要服务于监管部门和对外的信息披露。业财融合将财务管理的理念渗透在业务管理全过程中,业务管理不再是仅关注业务指标的变化,更应该结合财务指标关注业务的效益问题。业财融合通过对生产经营各个环节的价值分析与管理控制来实现企业价值最大化,进而将提升企业核心业务竞争力。业财融合使得财务人员的工作不再是业务的事后核算和监督,已经从价值角度对前台业务事前预测,计算业务活动的绩效,并把这些重要的信息反馈到具体业务人员,从而为其行动提供参考,扮演了策略咨询专家的角色。业财融合推动财务成为业务最佳的合作伙伴。业财融合把财务体系与整个业务流程

[①] 周慧洁.财务共享的中国探索(下)[N].中国会计报,2014-05-23.

紧密地结合起来,通过制度和流程,确保每一份订单都能清楚地计算出成本和利润。此外,有效利用财务数据,结合业务深入挖掘数据背后所反映的经营问题,及时反馈异常情况,帮助企业对症下药,从而搭建起企业问题监控平台和经营管理指挥窗,为企业下一步发展制定更加科学准确的目标。

财务公司被视为产融结合的最佳平台。事实上,从财务管理来看,财务公司也是业财融合的具体表现。西门子集团对其财务公司定位是:金融服务中心、金融营运中心和利润中心。按照这种定位,其职能分为两个方面:一是针对工业企业的特殊性提供专业化的融资服务与安排,即"内部银行"职能。二是以满足集团成员企业需求为导向,向它们提供全方位的财务管理咨询与金融支持。财务公司是为整个西门子公司提供金融服务的窗口,是一个受控制的金融服务提供商,其业务模型基于产业技术和金融市场的联合,为集团提供产品、服务、专业化证券投资的解决方案。[1] 业财整合的例子还有很多,比如,强生公司为促进业务单元的正确决策,引导财务参与业务单元活动;通用电气通过工作培训,跨部门轮岗,让财务深刻理解业务要求;福特公司采取联合小组,将财务人员融入业务之中;等等。

---

[1] 解洪波. 解密西门子财务公司 [J]. 中国外汇,2012 (5).

三、中国企业实践与发展方向

改革开放以来,中国企业财务管理在学习西方国家成功经验的基础上,越来越深刻地认识到"洋为中用",必须结合中国企业的实际。虽然现阶段大多数中国企业财务管理还停留在事务型和核算型阶段,但也不乏一批大企业在学习借鉴国际成功经验的基础上,形成了各具特色的财务管理,这些大企业特别是中央企业在全面预算、风险管理与控制、精益成本管理等方面成效显著。

(一) 中国企业的实践

1. 战略财务管理

战略财务管理指的是将企业为期 10 年或 20 年的长期目标(包括财务目标、客户目标、内部流程目标等)和行动计划转换为财务预测模型,在不同的经营、投资和筹资的预设条件下,模拟和分析单个目标企业或集团的盈利、资产负债和现金流量的可能情况,并且根据不同的企业价值评估方法对企业和股东价值进行评估,以便高层管理者分析不同战略对企业的长期财务影响,最终选择对企业具有最佳财务效果的战略方案。新形势下,企业管理变革要求财务不能再扮演战略上被动反应的角色,经营战略与财务分析紧密结合的诉求越来越强,战略财务模式也被越来越多的企业认可。

上汽集团以倾力打造富有创新精神的世界著名汽车、引领未来汽车生活为愿景，以坚持市场导向，依靠优秀的员工队伍，坚持创新产品和服务，为各利益相关方创造价值为使命。为此，上汽集团采取了垂直一体化经营战略，通过这一战略将若干个零部件制造商兼并或收购从而增加企业的经济效益，这一战略的优势在于给企业带来了经济性，稳定了企业的经济关系，确保了供给和需求，更好地协调了企业的内部管理。

为了与垂直一体化的经营战略相匹配，上汽集团采取了扩张型财务战略与稳增型财务战略兼容的财务战略，通过扩张型财务战略的实施，企业不断向外扩张，大量对外筹资，解决了上汽这种大型制造业内部积累的不足问题。但是，扩张型财务战略也有它的不足，随着企业资产规模的快速扩张，企业的资产收益率可能在一个较长时期内表现为相对较低的水平，所以上汽集团也采取了稳增型的财务战略，通过实行稳增型的财务战略，很好地保留了部分企业利润，使企业内部投资与外部筹资更好的结合。例如，上汽集团主要通过上市公司上海汽车进行权益融资。同时，利用贷款、金融投资为上汽集团提供现金流。多元化的筹资战略为上汽集团发展战略的运作提供了可靠、稳定的资金保障[1]。

2. 全面预算管理

全面预算管理是企业集团对资金实行集中控制的重要手段，

---

[1] 敬志勇，王周伟. 市场竞争、融资约束与营运资本政策——来自上汽集团的证据[J]. 金融管理研究，2016（7）.

一般采取"自上而下"与"自下而上"相结合的管理方式,对经营预算、投资预算、融资预算、财务预算进行全方位管理,从预算制定、下达,到具体实施、差异控制,再到总结、考核、激励乃至预算的完善和调整,都建立了具体的工作制度,形成了完整的、闭环式的全过程管理。全面预算管理作为对现代企业成熟与发展起过重大推动作用的管理系统,是企业内部管理控制的一种主要方法。这一方法自20世纪20年代在美国的通用电气、杜邦、通用汽车公司产生之后,很快就成了大型工商企业的标准作业程序。从最初的计划、协调,发展到现在的兼具控制、激励、评价等诸多功能的一种综合贯彻企业经营战略的管理工具,全面预算管理在企业内部控制中日益发挥核心作用。戴维·奥利指出,全面预算管理是为数不多的几个能把企业的所有关键问题融合于一个体系之中的管理控制方法之一。近年来,这种现代管理模式的理论方法和成功经验日益被中国企业所重视和接受,很多大型企业纷纷把全面预算管理作为企业加强集权管理、开展集团化管理的突破口。2011年11月,国务院国资委公布《关于进一步深化中央企业全面预算管理工作的通知》,要求中央企业加强关键指标的预算控制,包括加强投资项目的预算控制,严控亏损或低效投资;加强现金流量预算管理,加快资金周转;加强债务规模与结构的预算管理,严控债务规模过快增长。

神华(集团)有限公司(以下简称"神华集团")在不断探索和借鉴国外先进经验的情况下已经形成了具有自身特征的预算管理体系。为此,神华集团以"价值溯源、业务求本、三位一体"

为核心的全面预算管理体系方案,荣膺"2012 年度管理会计实践奖"。神华集团采用专业化发展战略,考虑到各成员企业之间业务关联度高、区域分布较为集中等因素,实行统管人财物、供产销,提供共享服务并进行横向协调,属于全能型总部。这种集团总部的权力和能力较大,而子公司的自主权相对较弱。全面预算作为一项战略手段和系统工程,是为了更好地与集团类型相匹配。神华集团的预算表现为总部统筹兼顾、全程规划、全程控制和全面考核,呈现出集权型全面预算管理模式,这样有助于实现集团的整体战略①。

3. 风险管理与控制

内部控制体系是为合理保证单位经营活动的效益性、财务报告的可靠性和法律法规的遵循性,而自行检查、制约和调整内部业务活动的自律系统。企业的内控体系应当贯穿于企业经营活动的决策、执行和监督的各个阶段、各个层级,涵盖经营管理企业每一项经营活动的过程始终,体现了内部控制的全面、全员、全过程控制的特性。完善的内部控制由五个相互关联的要素组成:控制环境、风险评估、控制活动、信息与沟通、监控的实施。其中,控制环境是内部控制体系的基础和核心,决定着其他控制要素能否发挥作用。良好的内部环境离不开优秀的企业文化。企业文化作为一个企业的上层建筑,是企业经营管理的灵魂,它能以

---

① 刘凌冰等. 集团公司全面预算管理模式适配模型研究——基于神华、华润和国投集团的多案例分析 [J]. 财务研究,2016(6).

一种无形的管理力量影响企业员工的思维方式和行为方式，从而影响内部控制系统，推动企业的健康发展。近年来，政府有关监管部门对于全面风险管理与内部控制工作高度关注。财政部、国资委相继出台《企业内部控制基本规范》《中央企业全面风险管理指引》及其相关配套措施等，要求企业要高度重视并加强全面风险管理工作，完善内部控制体系建设。2012年5月，国资委下发《关于加快构建中央企业内部控制体系有关事项的通知》，要求中央企业两年内建立规范的内部控制体系。

海尔集团的成功，与其重视并切实落实内部控制密切相关。一是海尔集团重视企业文化建设，企业价值观深入职工内心。海尔通过制度建立、文化培训、绩效考核、以身作则、事例推广等方式，将企业精神与文化宣扬得淋漓尽致，深入员工与消费者内心。这也正符合内部控制体系中对企业文化的提示与要求。二是海尔集团将战略目标纳入内部控制的审核范畴，在实施国际化、多元化、信息化等相关战略时，采取相应的内控程序评估发展战略，同时不断变革创新，使得企业的发展与内部控制体系相辅相成，不断完善和提升。三是海尔集团拥有严格的授权和控制系统。集团从上到下对于资金、事务的处理都有明确的职位权限，对于重大事务或大额资金的支出，必须按规定的权限实行审批和联签。同时，对于授权审批权限还建立了监督机制，给企业的重大事项和大额资金上了双保险。四是海尔集团以ERP财务控制体系作为内部控制的核心。ERP系统将日常的工作流程固化成了电脑系统中的固定流程，极大减少了人为操作的空间，也提高了工作效率[①]。

4. 精益成本管理

现代经济的发展，世界范围内的企业竞争，赋予了成本管理全新的含义，成本管理已从传统的成本管理，发展到精益成本管理。精益成本管理是以客户价值增值为导向，融合精益采购、精益设计、精益生产、精益物流和精益服务技术，把精益管理思想与成本管理思想相结合，形成了全新的成本管理理念——精益成本管理。它从采购、设计、生产和服务上全方位控制企业供应链成本，以达到企业供应链成本最优，从而使企业获得较强的竞争优势。精益成本管理包括成本规划、成本抑减和成本改善。与生产过程管理一样，也是在逆向思维指导下，形成独特的精益的成本管理思想。精益成本管理把成本加利润等于售价的公式变成为：售价–利润=成本。意即以用户市场上能接受的售价减去确保企业必要的利润后的数额作为企业生产产品的最大成本。这样就把售价和用户的外在矛盾转化成企业降低成本的内部矛盾。从成本决定售价到售价决定成本的转变，也派生出一系列思维方法与管理体系的变革。

宝钢特钢有限公司（以下简称宝钢特钢）是宝武钢铁集团有限公司旗下主要从事特种钢材冶炼和轧制的子公司，其经过不断探索和实践，宝钢特钢逐步建立起以责任体系化（Responsibility

---

[①] 徐芳.海尔集团的成功与其重视并切实落实内部控制密切相关[J].行政事业资产与财务，2018（9）.

Systematization)、数据精细化（Data Refinement）、价值可视化（Value Visualization）为核心的"三化"（SRV）成本管理。"责任体系化"强调现场人人有指标，将个人绩效融入责任体系中，与班组绩效和劳动竞赛挂钩。"数据精细化"利用信息化"大数据"系统支撑，通过全流程成本数据的挖掘和整理，分析明细产品全流程成本，并与产品负责人和成本工程师相挂钩。"价值可视化"强调"信息流""价值流"和"物流"的结合，通过作业动因的不断优化，提升员工操作水平和成本管控意识。"三化"纵横结合，相辅相成，促进成本持续改善并为公司经营决策提供支撑①。

宝钢金属有限公司（以下简称宝钢金属）是宝武钢铁集团有限公司多元业务板块之一。宝钢金属作为阿米巴模式②的重要践行者，在导入阿米巴经营理念和经营会计等方面有许多创新。在宝钢金属管理会计的实施过程中，始终围绕阿米巴经营理念和经营会计学，将组织划分成若干利润中心，采用单位时间价值核算制度，进行独立核算、独立经营，提高了组织反应能力和组织绩效考核的市场化。同时，依据单位时间价值分析，找出阿米巴之间存在的差异，以便进一步改进③。

---

① 宝钢特钢有限公司. 基于成本作业法的"三化"成本管理在制造企业中的应用[J]. 冶金财会，2017（3）.
② 阿米巴属于原生动物，是一种变形虫，能够根据环境任意改变体形。日本"经营之圣"稻盛和夫创造了阿米巴经营模式，其定义为：经营公司不是只靠一部分的领导，而是让所有的员工都参与经营的想法下，尽可能地把公司分割成各个细小的组织，并通俗易懂地公布各个部门的业绩来促进全体员工参与经营。其实质是划小核算单元，通过授权、赋权把权责下移至最小单元。
③ 黄贤环，吴秋生. 阿米巴模式下的管理会计理念、方法与创新[J]. 云南财经大学学报，2018（8）.

除了上述比较成熟的财务管理实践外，中国企业也尝试着在财务共享服务、业财融合等新领域有所建树。如华为通过全球共享中心，支持全球化业务拓展。华为作为一家信息与通信解决方案供应商其产品和解决方案涉及全球140多个国家和地区，华为财务着眼于如何更好地服务企业在全球化的拓展。从2006年起，华为集团统一体系规范，在全球范围内陆续建立了七大区域账务共享中心。共享服务中心的建立和网络的完善，加强了公司总部对全球业务的财务控制，成为财务内控有效实施的最强有力的保障；同时通过持续推动流程的标准化与简化，大幅提升了财务专业流程的运行效率。又如中兴通讯通过财务共享中心，实现了效率的提升。中兴通讯的财务共享中心以财务代表为其特色所在，财务代表具有财务专业背景，但不是财务人员，而是业务人员。这些财务代表虽然不会做账，但会进行信息的处理。他们不制定财务政策，但会将财务政策执行到业务中去，是财务与业务之间的桥梁。中兴通讯在每个部门都设有财务代表，将财务思维结构传授给业务团队，让他们也学会从财务的角度上思考问题。

（二）财务管理发展方向

总体来看，中国企业财务管理处在"事务型、核算型、控制型"及夯实基础的阶段。中国企业财务管理表现为技术层面的"低头拉车"有余，战略和价值层面的"抬头看路"不足。与国外一流企业相比，除少数大企业在战略引领、共享服务、业财融合等方面略有建树之外，很多大企业在这些方面任重道远，还有很

多不足。为此,中国企业财务管理的方向应体现在以下方面:

聚众创新,经验分享与智慧融合制度化。世界上没有最优秀的财务管理体制和管理模式,也没有一成不变的财务管理体制和管理模式。通常情况下,公司需要根据外部环境、自身战略、发展阶段、规模、业务构成的变化进行不断优化和灵活调整财务管理体制和模式。只有适合公司实际和适应市场竞争需要的财务管理体制和模式,才能提高管理效率、激发各方面积极性,才能满足公司战略和经营发展需要,推动公司可持续发展。要想成为世界一流企业,必须用先进的财务管理理念武装头脑,确立与公司战略发展目标相协调的财务目标,借鉴领先的管理模式,运用科学先进的方法和手段,以高素质的财务人员为保障,不断改进创新,不断追求卓越,在企业核心价值理念的指导下,服务、支撑公司发展战略,打造企业的核心竞争力,保持企业的竞争优势,实现公司战略目标。例如 GE 公司的内控管理不是局限于传统的方法,GE 认为,内部风险控制职能应侧重提高风险管理和流程控制方面,并且以一种"有远见"的方式充当公司"咨询顾问"的角色,将内控从合规性审计、发现问题风险向预防性解决机制、提高工作效率、风险管理咨询转变。

夯实基础,业财融合与价值创造双落地。在大数据时代,企业财务部门汇聚了企业经营数据、财务数据和资金数据,如何挖掘蕴藏在数据背后的价值,从而让数据开口说话,为企业经营决策提供科学依据和控制经营风险,成为财务管理的创新方向。随着供应链、价值链、生态链的不断延展,互联网、物联网、云计算和大数据的不断渗透，企业甚至行业的边界不断模糊，业务模式和技术架构的创新，共享经济模式逐步被企业经营所采用。共享经济在财务管理中的体现就是财务共享服务。财务共享服务是将公司（或集团）范围内的共用的职能/功能集中起来，高质量、低成本地向各个业务单元/部门提供标准化的服务。由于财务共享服务模式通过提高财务运作效率和客户满意度，优化、细化财务流程，实时监控分（子）公司的财务状况和经营成果，最终推进企业集团发展战略的实施。因此，财务共享服务模式已成为跨国企业集团实施全球化扩张战略的必然选择。目前，众多《财富》500强企业都已引入、建立"共享服务"运作模式。根据埃森哲（Accenture）公司在欧洲的调查，30多家在欧洲建立"财务共享服务中心"的跨国公司平均降低了30%的财务运作成本。在国内，宝钢、海尔、华为、平安、中兴等大型企业建立了各具特色的财务共享服务模式。

稳健发展，实现激励与约束相兼容。现代企业制度使企业所有权与企业经营权相分离，企业的所有者通常不直接参与企业的经营管理，而是委托职业经理人进行企业的经营管理，这就造成了在企业中所有者、经营者和普通职员三者之间不同的利益关系，他们为了各自的利益通常会形成不同的利益冲突。由于地位和身份的不同使得企业的所有者在三种关系中具有绝对的优势和主动权，为了保证自己的利益达到最大化，使企业能够长远地获得发展，企业需要制定合理的财务激励和约束机制来实现这一目标。良好的财务激励约束机制是企业经营发展的制胜法宝，是企业财务机制的重要组成部分。世界一流企业通过制定科学有效的财务激励约束机制，实现了企业所有者、经营者、普通职工三者之间关系协调发展。一方面，通过科学制定企业内部财务管理权限，完善企业内部财务制度，使企业运行制度化，强化了内部监督；另一方面，制定合理的薪酬考核制度和员工发展的晋升体系，提高了企业员工工作的积极性。

参考文献

[1] 德勤华永会计师事务所. 对标世界一流企业 [M]. 北京：经济管理出版社，2013.

[2] 夏明涛. 企业集团全面预算管理案例研究——来自上汽集团实践 [J]. 新会计（月刊），2015（2）.

[3] 戚艳霞. 国外跨国公司资金管理经验谈 [J]. 财会月刊，2010（1）.

[4] 秦书亚，李小娜. 面向供应链的营运资金管理策略——以戴尔和联想为例 [J]. 财务与会计（理财版），2011（5）.

[5] 范松林，李国平等. 宝钢精益成本管理应用案例研究 [J]. 科研管理，2006（7）.

[6] 郑永强. 世界 500 强 CFO 的财务管理笔记 [M]. 南昌：江西人民出版社，2015.

[7] 傅元略. 财务管理理论 [M]. 厦门：厦门大学出版社，2007.

[8] 齐民学. 惠普公司的供应链革命 [J]. 企业改革与管理，2012（6）.

[9] 林敏等. 论宜家的降低成本设计战略 [J]. 科技与管理，2007（3）.

[10] 解希文. 关于建设世界一流财务的思考 [J]. 化工管理，2013（3）.

[11] 方启来，吕回. 财务管理在建设"世界一流"企业进程中的作用 [J]. 石油化工管理干部学院学报，2011（12）.

[12] 杨蓉，张旭. 如何构建价值创造型财务管理体系 [J]. 上海国资，2013（1）.

[13] 乔宝杰. 构建价值创造型财务管理体系三大要领 [J]. 上海国资，

2013(2).

[14] 祝飞. 推动财务管理由利润型向价值创造型转变 [J]. 中国石化, 2016（6）.

[15] 王华兵. 价值型财务管理体系建设 [M]. 昆明: 云南大学出版社, 2015.

[16] 陈基华. 公司价值管理: 财务管理的归宿 [J]. 首席财务官, 2010（1）.

[17] 陈虎, 陈东升. 财务共享服务案例集 [M]. 北京: 中国财政经济出版社, 2014.

[18] 汤谷良, 林长泉. 打造 vbm 框架下的价值型财务管理模式 [J]. 会计研究, 2003（12）.

[19] 杨晓彤, 范英杰. 基于文化视角下的企业内部控制环境研究——以华为为例 [J]. 财会研究, 2016（7）.

[20] 姜妍, 王卓. 集团管理财务信息化过程研究——以招商局集团为例 [J]. 工业技术经济, 2013（11）.

[21] （英）玛格丽特·梅著. 财务职能转变与公司增值 [M]. 北京: 电子工业出版社, 2002.

[22] （英）卢斯·班德, 凯斯·沃德著. 公司财务战略 [M]. 北京: 人民邮电出版社, 2003.

[23] Deloitte Consulting. Empowering the CFO: Key Findings from the Deloitte Consulting [J]. Business Week Survey of Corporate Executives, 2003（7）.

[24] Christopher D Utner, David F.larker, Assessing Empirical Research in Managerial Accounting: a value-based management perspective [J]. Journal of Accou-nting & Economics, 2001.

| 第十六章 |

世界一流企业的未来发展趋势

当前世界正处于深度调整和变革时期,政治、经济、社会和文化等领域都在不断发生着变化,企业发展因此面临着越来越复杂的内外部环境。在这样的大背景下,任何状态或均衡都是一个相对短暂和特殊的时刻,持续的变化才是社会经济系统更为普遍的现象和事实,对于世界一流企业来讲也是如此。世界一流企业内嵌于各种制度、文化和社会结构的变迁中,它的发展与内外部环境之间是互动的,需要我们从演化的视角来看待世界一流企业未来发展趋势的"动态性""变化性"和"调整性"。

一、共同演化理论

针对企业的演化路径,有些学者认为企业无法事先预知或准备环境变化的方向，企业的演化是环境对企业自然选择的过程（Aldrich，1979；Hannan & Freeman，1984），也有些学者认为企业演化并不是无方向的或随机的，其可以能动地适应环境的变化（Lawrence & Lorsch，1967）。两种观点都具有一定的片面性，事实上，企业的演化是自然选择和能动改变的综合体，企业与环境之间是一种动态的互动关系，企业是环境系统的一个要素，企业通过与环境中其他要素的互动来影响环境的变化，从而创造对自身有利的外部条件，而环境又反过来影响企业的行为，迫使企业适应其他企业和要素的变化。对企业来说，环境的改变既是威胁，也是机会。因此，企业的演化是企业和环境的共同演化（Volberda & Lewin，2003），不能单从微观或个体的视角探讨企业本身的成长和发展过程。

共同演化理论是在自然选择理论的基本框架下，融合了复杂系统理论，并尝试建立互动者和复制者多层级共同演化的关联逻辑。共同演化理论强调演化主体之间的演化轨迹相互交织，并且相互适应，主体之间存在双向或多向因果关系（Murmann，2003），且这种演化不仅仅发生在一个层级中（如企业内部），即共演主体存在跨界、跨层的现象（Baum & Singh，1994），并形成一个复杂的系统。非均衡分析是共同演化理论的基本分析方法，强调从动态和变化的视角考察事物的发展规律，但非均衡分析并不否定在调整过程中事物会收敛于某一稳定的均衡状态，其主要体现在对企业和环境调整过程的分析。

二、世界一流企业发展的可能趋势

企业不是生来就是世界一流企业,而是要向世界一流企业发展。从字面意思来看,对世界一流企业发展趋势的探讨,不仅包括已经可以称之为"世界一流企业"的企业未来发展之路(企业能动地根据环境进行调整),也包括"世界一流企业"这个概念的未来标准(环境对企业的自然选择)。

(一)"世界一流企业"与环境的共同演化机制

企业嵌入于所处的环境之中,这种环境不仅包括技术环境、制度环境、竞争环境,还包括消费者偏好、社会转型等,这些环境都在不断地发生变化,企业是一类生命体,在"世界一流企业"的未来发展中,其核心要素——资源基础、动态能力、战略柔性和价值导向都会随着环境的改变而改变。例如,社会文化环境会影响企业家的认知动力,科学知识环境会影响企业的技术空间,与消费者主体的互动可以影响企业的市场需求,而与政府的互动则可以影响企业发展的政策、制度构建等。企业是由人所经营和运作的,在经营者理性的指导下,企业会对环境做出主动的预测和反应,把握环境变化所带来的机会,并通过主动变异来适应环境的变化。而此时,当前的资源基础和动态能力在很大程度上决定了企业在面对环境变化时的反应行为,也决定了企业在新的环境下构建新的资源基础和动态能力的方向，企业的内部变异可能发生在新的战略定位、新的组织结构中，而外部变异则可能发生在兼并收购或者采取影响政策的活动等方面。

"世界一流企业"的核心构成要素与环境之间的作用是复杂的、相互交织的，最终达到共同演化的结果，而当面对环境的动态变化时，企业可以采取的行动一般为遵循惯例、搜寻经验或创新做法三种。在现有的资源基础和能力下，企业会根据相关理论、以往经历或国际国内经验形成一定的惯性，当企业在发展过程中遇到相类似的问题时，企业就会从自身的知识储备中"抽取"相应的方法和措施，遵循惯例来解决当前所遇到的问题，而当企业遇到新问题时，企业会在原有方案"附近"搜寻，同样依据相关理论或者国际国内经验，选择知识、资源和能力来解决问题，而当搜寻不到合适的知识、资源和能力来解决问题时，企业就可能自身进行创新，不断摸索，以求通过创新形成新的惯例和经验。在解决问题的过程中，企业正是通过自身的行为与外部环境的不断交互作用影响企业的基础要素构成和企业边界，实现企业在环境中的不断演化。其与环境的共同演化机制如图 16-1 所示。

（二）"世界一流企业"的演化可能结果

"世界一流企业"这一概念不断变化，从狭义上讲，它是一种基于最佳实践的"标准"，是靠资源、能力、业绩、价值创造等要素逐步树立起来，并能够经得起时间考验的公认标杆；从广义上讲，它是所有企业为永葆青春而不懈追逐的"目标"，是一个不断

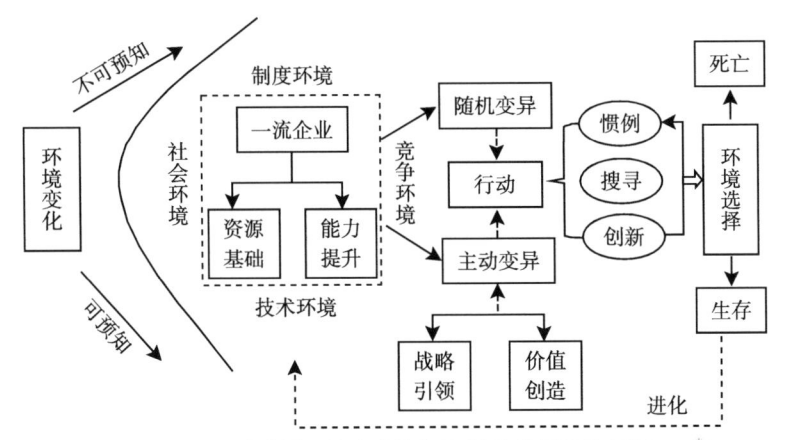

图 16-1　"世界一流企业"与环境的共同演化机制

资料来源：作者编制。

对自己的资源、能力、业绩、价值创造提出更高要求的过程，目前可以称之为"世界一流企业"的企业只是那些在当前环境下略胜一筹的企业，它们在未来的发展中也会同样接受环境的选择并进行自身的不断调整和修复，这些企业在某个时点会为后续拥有"世界一流企业"梦想但各要素实力较差的企业形成标杆。但无论是哪种企业，在面对环境变化时，都可以根据相关理论、以往经历或国际国内经验来指导自身的发展路径，而当企业面临着新环境所带来的新问题时，则也有可能选择另辟蹊径，充当第一个吃螃蟹的人，以谋求自身的独特发展。

1. 追随相关理论发展的"世界一流企业"

理论源于实践，是从实践中高度提炼出的思想精华，并对实践有一定的指导意义，它为人们提供时代水平的世界图景，从而规范人们对世界的理解和对世界的改造。世界一流企业的成长历程是基于资源基础、动态能力、战略柔性和价值导向的支撑，并就此获得持续的竞争优势。从历史的角度看，成为"世界一流企业"的条件在逐步提高，在每一个时代，成为"世界一流企业"的条件是不一样的，在日益全球化的今天，成为"世界一流企业"的条件则远远高于过去。这是不同的环境对企业的自然选择。随着时代的发展，"世界一流企业"各个支撑维度中的要素也会不断丰富，这些要素的内涵也会不断深化，而相关理论则指导了企业在面对相关问题时的选择。

在世界一流企业的成长历程中，资源基础包括企业家、核心产品、财务资本和人力资源四个关键要素，且关键要素会因为企业成长的阶段性背景发生持续的动态更新和演化，进而支撑企业获得竞争优势。但根据目前全球经济发展的特点，我们可以看到：①资源固然重要，但更好的配置资源的能力更重要，尤其在信息化和全球化的背景之下，"世界一流企业"海外业务的繁杂，使以共享服务为理念在全球范围内进行资源调配和管理成为趋势，例如中海油的海外公司财务集中管理（以共享服务为理念的海外公司财务集中管理体系，是指将海外业务中所有相似的活动进行集中，实现管理资源的共享，并通过提供在结构上近似的服务，以满足海外公司财务管理的需要，实现一种"如同运行一项业务"效果的财务管理体系）（杨华、李龙飞，2010）。②企业家领导力是影响群体实现目标的过程，是管理架构中特别重要的一环。未来，"世界一流企业"的发展也对领导者提出了更高的要求和挑战，世界一流企业领导者不仅需要为企业经营效应和股东价值而奋斗，还要立志于超越自我，超越现状，甚至把目标定为在某一方面为社会和人类做出杰出贡献，"全球领导力""合理配置资源""敏锐的洞察力""跨职能技术"等将成为领导者的基本素质，领导力是企业发展的导向标，未来更加要能够"审时度势、相时而动"。③标准引领是企业技术创新的方向。打造核心产品的技术创新固然重要，但经济全球化浪潮逐步使标准竞争上升到了战略地位，技术标准是创新产品走向国际市场的"通行证"，促进世界的互联互通，在国际经济往来中，以对方的标准不让自身的创新产品进入，再先进的技术也无济于事，也便成不了商业竞争或者垄断的力量。④各类资源向资本逐步转变，并注重要素资本结构的重要性。资本的增值性原理告诉我们，资源和资本是有区别的，资源只有在它不断被运用的过程中，为企业创造出大于其自身价值的价值的时候，才会被称为资本。未来，"世界一流企业"势必要采取有力的资源开发和管理措施，构筑有效的市场条件和机制，不仅要使资源更好地通过市场的作用实现物态转换，还要注重资本转化利用与资源保护相结合。

在世界一流企业的成长历程中，动态能力包括管理创新、组织变革、技术创新和制度创新四个关键要素，其中技术创新和制度创新是能力提升中的最核心要素。随着新时期、新背景的到来，创新发展的大趋势也会不断出现新的规则：

（1）我们以往对于技术创新的理解是，企业要在现有的资源和知识基础上，形成新的 idea，自行研究和开发，改进、创造产品和服务，按照这个逻辑，企业要比竞争者投入更多的内部研发，雇用最聪明的人，并能够审时度势，想出最伟大的 idea，如此才能抢占市场先机，进而控制知识产权，获得垄断利润，在下一个周期中利用获得的利润投入更多的研发，形成创新的良性循环。然而，随着知识型工人数量的增加和流动，企业控制专有想法和专长变得十分困难，且单一组织很难拥有创新所需的全部要素。在未来，企业需要通过内外部市场路径的部署来将 idea 商业化，这要求企业不仅需要具备自主创新的能力，还需具有可以通过其当前业务以外的渠道来将内部想法商业化的能力，或者将某些在企业外部产生的 idea 吸收进内部的能力（徐瑞前、龚丽敏，2011）。因此，从这个角度上讲，企业与其他类型组织之间的协同共生成为了创新产生的新趋势，并由此形成全球范围内的开放式、动态创新生态系统。

（2）相对于初创能力，再创能力使企业的爆发力更强。初创能力是企业通过自身的经验积累或对其他企业产品的模仿，来掌握产品创新的规则和方法，而再创能力则是一种企业对创新知识进行有效的调整、配置和不断迭代的动态能力（孙黎、邹波，2015）。再创能力使创新由原来大规模、一次性的"状态 A 到 B 的惊险一跃"转变为可循环的、分阶段的"龙卷风式持续创新"，这种创新更加符合互联网、制造外包、开放源代码运动等企业外部环境的变化，且创新成本相对较低、开发新产品的速度更快的特点使其更易及时对客户需求做出反应。因此，再创能力是未来企业实现技术赶超的有力途径。

（3）技术创新还需要制度创新来引导、支持和保护，研发成果、成果转化及商业价值实现全过程需要制度创新跟进。即技术创新和制度创新并不是孤立的,两者之间通过良性互动,产生黏合、协同与溢出效应而达到耦合状态(即创新内生耦合)也是未来企业成功创新之道,能够使企业获得持续成长的动力(邱国栋、马巧慧,2013)。同时,在制度创新中,实现企业制度同构和制度异构之间的均衡,是企业既能从制度层面形成独特竞争力,又能彼此形成一致认知的前提,也是未来企业在快速技术创新进程中不容忽视的难题。同时,随着互联网等新技术的发展,制度创新的主体越来越趋向于平台化,并由平台来提供制度形成的资源聚合功能。

(4)传统管理模式下,管理仅是为了实现企业的利润目标而进行的管理,这在很大程度上束缚了人的个性和创造力,将人仅仅变成了实现企业利润最大化的工具和手段。未来成功的企业必须尊重人的个性,发展人的潜力,发挥人的创造力,实行人性化管理;管理者必须为组织中每一个成员获取信息、终生学习、掌握新知识提供服务和创造条件;组织必须不断满足其成员的不同需要、实现其成员的个人价值。未来社会,企业员工知识更加丰富,获取信息更加便捷(例如,华为的基于人性基础之上的激励制度实验)。

在世界一流企业的成长历程中,战略柔性包括战略定位、战略规划、业务转型和国际化战略四个关键要素。四个关键要素中:

(1)在全球化推动下,行业的界限、企业的界限日趋模糊,竞争的概念也会由单打独斗发展为不同联盟之间、不同商业生态系统之间的竞争,企业的战略规划也不再限于既定的行业内市场份额、产品或服务竞争,必须从全球和跨行业的角度来考虑配置自身的资源,在资金、人力资源、产品研发、生产制造、市场营销等方面进行有机地组合,以获得最佳的管理整合效果。而信息化的发展,使企业组织结构向扁平化发展,企业战略规划的制定主体也会相应由最高决策者向普通员工参与转变(汪涛、万健坚,2002)。

(2)企业的战略会具有高度的弹性。战略弹性即战略变革能力,是企业自身的资源、知识和技能的储备对外界环境的应变能力,这种弹性不仅包括生产能力和生产技术的弹性,还包括资源弹性、文化弹性以及管理、组织架构的随时可调节性。未来,企业面临的经营环境会更加复杂,环境的变化趋向是企业无法事先预知的,在不确定的风险之下,企业需要具有快速的反应能力,这必然依赖于企业战略变革的弹性能够伸缩自如。企业拥有强大的战略弹性,其内部的协调系统也会因此而确立,这种协调系统能够随环境的变化而发生变动,且因其独特适用性和复杂性,其他企业对其模仿和复制的可能性较小,由此形成了企业的战略优势。

(3)从竞争的性质看,竞争的程度遵循着由弱到强,直至对抗,然后再到合作乃至共生的发展脉络。从未来发展趋势来看,在全球化系统下,企业间的合作会比竞争更重要。

(4)为了更好地获取资源、降低运营成本、拓展市场规模,"世界一流企业"大多实行全球化战略,在发展思路、业务经营、组织管理等方面放眼全球进行谋划和实施。在国际化战略的不断推动和国际经济大格局调整背景下,企业全球范围内的整合、重组、并购会更加频繁，事实证明，不管是海外，还是日本本土，日本企业都是通过并购的手段来保证持续经营。全球整合购并之后的资源有效整合将成为未来"世界一流企业"的国际竞争力的重要体现。可以说，企业并购的价值创造最终依赖于并购后资源的整合是否有效，它保证了购并双方战略性资源和能力的转移和最终运用，尤其是文化和人力资源的整合、组织结构和业务架构的调整等，都对"世界一流企业"的未来国际化发展提出了挑战。

在世界一流企业的成长历程中，价值导向包括企业价值、组织文化、企业家精神、政治使命、社会责任五个关键要素。企业社会价值创造是企业获得社会赞誉、提升企业品牌形象的重要渠道，也是获得国际社会认可、进入国际市场的通行证（杨依依，2007）。全球化浪潮使跨国公司正以一种超然的姿态，以全球生产的指挥者和组织者的身份，协调着全球价值创造活动。它在东道国的发展不能只考虑企业股东的经济利益，还应该重视东道国的公共利益，包括就业办法、劳工权益、环境政策、与供应商和消费者的关系、与政府的互动与其他活动等，这也被称为跨国公司在东道国所要履行的社会责任或所创造的社会价值。事实上，有多家500强跨国公司曾被揭露在东道国存在企业社会责任缺失问题，比如违背环保要求的米其林、生产不合法口腔护理品的宝洁、一天浪费百吨水的星巴克、排污超标的联合利华等。在海外从事直接投资的中国企业同样遭遇到类似的批评和指责，比如不尊重东道国工人和民众、不尊重当地文化、不按照东道国相关规定进行工程开发、忽视当地经济社会的可持续发展等（张爱玲、邹素薇，2017）。这些直接影响着跨国企业的健康运营。未来，"世界一流企业"的国际化之路必然要将东道国本土化和为东道国进行价值创造、履行社会责任充分考虑在内。

2. 寻求各支撑维度的相对均衡发展，要素比例不断动态调整

非均衡分析是共同演化理论的核心方法，而这种非均衡分析并不是强调最终的状态，而是强调不断动态调整的过程。非均衡性是企业环境的本质特征，对于世界一流企业而言，这种非均衡性不仅指企业内部结构和外部环境本身的不均衡，也指企业内部结构和外部环境之间的不均衡，"世界一流企业"不断进化的过程实际上是企业在各要素间不断调适、不断寻求相对均衡的过程。在其成长历程中，资源基础、动态能力、战略柔性和价值导向等各要素对企业不同发展阶段所起到的作用是非均衡的。在初创时期，形成企业竞争优势的关键在于占据和控制了相应的资源，能力的存在是因为形成了惯例，能够持续对企业资源进行加工来形成差异化资源或者战略资源，进而成为竞争优势的源泉之一，在该阶段，企业的战略和价值创造目标较为简单。在增长阶段，企业一般会立足于企业自身来加强变革创新，从而形成新的竞争优势。特别是当企业已经开辟了新的业务领域之后，会有更多的企业采取模仿跟随策略来进入该市场，并形成较强的市场竞争氛围，战略柔性在这一阶段显得尤为重要。此外，随着企业规模的扩大，需要不断地对组织结构进行有效的调整，构建新的制度体系，形成新的管理方式等来提升内部工作效率，发掘新的资源、市场机会等。在转型阶段，资源类型要素的影响作用逐渐稳

定；能力类型要素的影响依然显著，但是程度有所降低；战略类型要素的影响有所提升；价值类型要素的影响则出现较大增长，表明在调整阶段，企业继续重视能力和战略要素，同时提升价值要素的重要性。在超越阶段，各企业支撑要素分布较为广泛，影响较为均衡，其中资源的影响有所提升，能力的影响依然显著，但程度有所降低；战略的影响有所增强，而价值的影响保持相对稳定，表明在转型阶段，企业更加追求稳定发展。总体来看，在世界一流企业的成长历程中，虽然不同要素对不同阶段起着重要的支撑作用，但依然可以看到，有些要素一直保持影响作用，例如制度创新、业务转型、战略规划和企业价值等；有些要素会在很长一段时间内都产生重要影响，例如企业家精神、管理创新、国际化战略等；有些要素仅仅是在特定的时间点会对企业产生重要影响，在另一个阶段则被弱化。

未来，随着调适能力的增强，"世界一流企业"的发展会在更多时点上出现要素间的相对均衡、内部结构和外部环境的相对均衡，在这些时点上，资源、技术、制度、理念、人才、人性、产品、市场、环境等要素之间处于一种相对均衡状态，内部能力和外部环境也处于一种相对均衡状态，但这种相对均衡，并非是要素比例的均衡，而是指在相互作用的关系中，每一方都同时达到了约束条件下可能实现的利益最大化目标。从"世界一流企业"发展的整个历程来看，这种相对均衡非常短暂，经常被破坏，处于不断调整状态下，因为各种环境和要素都在不断发生着变化。"世界一流企业"在不断寻求相对均衡的过程中实现长效的发展，比如企业利益，是注重短期利益，还是注重长期利益？这长与短的均衡就是一个企业发展的关键。假如企业的生存与发展要以破坏环境、透支能源、牺牲员工、牺牲消费者的利益为代价，那么，这种发展必然是短暂的，是毁灭性的，它最终会让管理者品尝自己种下的苦果。从总体上讲，世界一流企业的相对均衡调适是一个系统工程，资源、能力、战略和价值是系统中不可或缺且相互交织、博弈的有机组成部分。在外界环境快速变化的情况下，企业必须通过战略规划来不断调整发展目标，而这同时要求企业必须不断地改变它们的资源组合和对自身价值的定位，系统内的这些要素牵一发而动全身。Noda 和 Collis（2001）提出，除非企业能认识到建立一个很有促进作用的资源配置的动态过程和机制，否则资源难以为企业提供持续的竞争优势。为此，企业只有不断地提升其内部的各项能力，才能持续对运营活动进行修正来适应新的发展需求；世界一流企业的相对均衡调适也是一个动态的过程，这正如一个国家的经济发展平衡问题。快速发展战略的推行，能给某个区域或某个领域带来巨大的生机和利益空间，也一定会使区域间产生不平衡的情况，如资金供求不平衡，市场供求不平衡，发展目标与实现能力不平衡，以及整体与局部之间、部门之间不平衡等。对于一流企业来讲，在未来的发展中如果某一个要素出现了短板，那么这个要素迟早会蚕食其他要素所带来的效益，从长远看，企业只在意某一要素的优先发展，永远是短暂的。只有实现各种要素的动态均衡，协同推进，企业才能够基业长青。"坚持均衡的发展思想，推进各项工作的改革和改良。均衡就是生产力的最有效形态。通过持之以恒的改进，不断地增强组织活力，提高企业的整体竞争力，以及不断地提高人均效率。"这是华为在较短时间内能够异军突起而长期坚守的核心价值观。可以看出其对相对均衡状态的持续追逐，从这个意义上讲，真正能够实现经营者管理动态均衡的企业，必定是商业领域的赢家。

而系统内的各个要素，在未来也会逐渐呈现融合或耦合发展的趋势。例如：①技术创新和管理创新的互动融合。成为世界一流企业要求两者相伴而生，因为从理论上来讲，技术的进步势必会推动管理的进步，管理的变革必须适应技术的进步。技术创新会相应带来新的管理思路、管理理念、管理体制或管理流程，为管理创新提供必要的技术支撑条件和方法手段，而也只有管理创新与技术创新相匹配才能使企业在信息化、全球化、激烈化的竞争市场中取得竞争优势。网络经济时代的发展，信息技术应用的创新，创造了电子商务经营模式，信息技术与生产技术应用的融合及其创新，促进了生产方式的变革与创新，以计算机集成制造、敏捷制造、精益生产、大规模定制为代表的先进生产方式反映了管理思想、管理模式的创新（严新忠，2003）。②创新和战略之间的交互融合。一个企业的创新能力和水平是该企业制定战略规划的前提，企业的战略定位又必须与该企业的技术能力和水平相适应，所制定的战略规划又为企业未来的创新能力和水平提出需求和要求。同时，创新本身也是一种战略思想的体现，产品战略的选择对创新战略的选择产生直接的影响，而企业创新战略必须服从企业的总战略，技术的战略角色意味着技术和战略在一定程度上的融合性，一改以往的从属性的手段角色与边缘性的环境角色，这是技术与企业战略的相互关系上的一大进步和未来趋势。③人力资本作为资源与创新、员工价值的融合，其主旨均为以人为本。人力资本是一种占据主体地位的能动性资源，既能推动其他物质资源的发掘，也能主动适应于各种复杂内外部环境，并形成创新活动的主体和价值创造的力量。有效开发和利用人力资源，特别是大规模开发企业发展需要的各种专业人才，使人力资源转化为人力资本，是"世界一流企业"资源和能力提升、创新发展的内在要求，是员工价值实现的重要目标，也是企业可持续发展的关键所在。

3. 随时代背景出现个性化案例

如前所述，"世界一流企业"的成长受到时代背景、经济周期、市场机遇、企业素质等诸多外部环境的影响，这些环境有些时候会改变"世界一流企业"传统的发展轨迹，甚至会使一些企业绕近道而实现赶超。全球资源配置的深入，世界经济一体化发展、行业整合、企业整合、一体化集约化运作是未来大势所趋，而这样的企业运作需要有强大的信息系统来支撑。目前，信息技术正全面深入到生产和生活中的方方面面，企业的生存环境也随之发生了巨大的变化。互联网技术是信息技术中的代表，它具有全连接和零距离的优势，不同于实体企业，几乎每一家上市的互联网企业都能够在极短的时间内，迅速完成财富的积聚，并使企业价值实现翻番，甚至某些开始并不被看好的互联网企业，只要能够顺利上市并获得足够的支持，都能在市场上有所斩获。2017

年,谷歌一跃位居世界500强榜首,这不得不说是互联网时代的产物。

从具体来看,相较于实体企业,未来互联网企业在诸多方面存在着优势:①互联网企业所拥有的动态能力使其在调整自身资源和能力组合方面具有更大的便利性。这种动态能力表现在其对环境中的机会信息的搜索和感知能力、资源整合能力、组织灵活性、技术改进能力都较强,善于在利用市场机制的同时,充分发挥社会网络的作用,低成本、分散化并精准地进行资源有效配置及核心能力获取。前文已论述,企业对外部环境所做出的反应是基于目前所拥有的资源和能力组合,而随着行业内竞争基础的不断改变,企业原有竞争优势基础的资源和能力组合就有可能失效,互联网企业较强的动态能力有助于企业维持与外部不稳定性、未来不确定性和环境高复杂性的匹配互动关系,不断形成适合外部环境的资源和能力组合,构建和维持持续的竞争优势,获取比实体企业更好的市场表现(刘力钢、田瑞岩,2014)。②互联网企业打破了企业的内外部边界,使企业以新的产权制度组织起来。在原企业产权制度中,资本具有专用性,即资本的归属权和利用权是合一的,但互联网企业所建立起来的新的产权制度使企业资本的归属权和利用权实现了分离,打破了资本的自给自足,具有借助无形资本可以零技术成本复制的特性。从这个角度上讲,互联网企业可以被视为与产业内诸多企业(及个人)分享资本,同时按照资本的使用情况来结算的新产权单位,大大提高了资本的利用效率,可以称为一种比现代更现代的企业制度(姜奇平，2014）。③互联网企业是依靠无组织的组织力量所形成的智慧型企业。实践证明，现代企业管理越来越向"零管理化"发展。零管理化的实质是自组织管理，即从整体来看，所有成员都是一个利益共同体，而从个体来看，每个成员又都是一个自主经营体（李海舰等，2014）。网络是企业的升级，互联网可以通过信息流传递的畅通性使企业打破内部的垂直边界，形成"去中心化"的扁平组织结构，通过建立模块化运行架构，激发员工的主人翁意识，促使企业员工都围绕共同的企业使命和愿景目标努力，并在这个过程中实现自我管理。④互联网的特质驱动了新的商业模式的发展，改变了价值创造的逻辑。互联网企业在信息传播上有着明显的优势，各种平台的建立可以在很大程度上减少信息不对称现象的产生，信息的加速流动直接影响着消费者的行为，进而反过来影响企业的经营环境、价值主张和顾客观念等。索尼的创始人井深大认为，互联网公司是"顾客平台级公司"，即消费者在价值创造过程中越来越起到举足轻重的作用，互联网的应用使消费者由被动接受转为主动参与，包括产品创新环节、设计环节、品牌传播环节等，企业所生产的产品越来越具有独特性（罗珉、李亮宇，2015）。同时，互联网公司所催生的商业模式是不可复制的，也是不固定的，这使企业没有坚固的堡垒可以依托和支撑，不断求新、求变成为企业可持续发展的关键，这也使互联网企业较其他企业拥有更加持续的创新动力。

互联网企业凭借这些优势，可以在较短的时间内形成支撑"世界一流企业"各维度要素的深化和拓展，实现"世界一流企业"的飞跃。

三、对中国企业的启示

随着中国经济的持续增长，中国企业开始逐渐走出国门、走向世界。根据《财富》世界 500 强排行榜数据，中国上榜公司数量连续第 14 年保持增长。截至 2017 年，已经达到了 110 家，其中国务院国资委监管的中央企业有 48 家入围。可以说，中国企业正在迈向世界一流企业，特别是有一批中央企业已经开始按照国务院国资委在 2011 年提出的"建设具有国际竞争力的世界一流企业"战略发展目标努力前行。由于世界 500 强的衡量标准，大多是从营业收入、利润总额等量化指标入手，并不能完全展示出世界一流企业综合实力的全景。一些中国企业虽然能够入围世界 500 强，但并不意味着企业的发展质量是良好的，很可能在一些方面还存在明显的欠缺。与具有行业领先地位和影响力的世界一流企业相比较，大多数的中国企业仍然有巨大的差距和提升空间。因而，对那些当前正在努力成为世界一流企业的中国企业而言，更为重要的工作是探索到底什么是世界一流企业，它们的发展历程中有哪些值得学习和借鉴的经验，拥有哪些关键要素，又体现为何种特征等。通过与其进行比较和学习，寻找差距，中国大企业可以进一步明确未来需要努力的方向。

"世界一流企业"的地位是行业和社会公认的，这些企业之所以被称为"世界一流"，一定在某些方面对其他企业具有借鉴价值，是其他企业发展的标杆。在全球化浪潮中，中国企业的发展嵌入了全球企业发展的大环境下，自然也更多地会遵循一般"世界一流企业"发展的规律或轨迹。成为"世界一流企业"目标的实现需要中国企业继承目前被称之为"世界一流企业"的优秀经验和管理成果，同时发扬创新精神，通过内生和外延两种途径来寻求企业地位的提升路径。而对"世界一流企业"优秀经验和管理成果的借鉴，需要中国企业以对标管理为手段，从自身实际出发，按照内部一流、国内一流、世界一流的工作顺序，分别以标杆企业为标准开展对标，找差距、定措施、补短板，进而赶超标杆企业，加快跻身世界一流企业行列的步伐。

由于特定的国情，所处的外部环境不同和企业间的现实差异，中国企业在向"世界一流企业"目标迈入进程中，必定也会呈现出一些不同的发展特征和轨迹，因此其在与世界一流企业对标时，需要考虑区别于大多数世界一流企业的特殊性因素，即中国企业的发展特色。例如：①中国企业具有显著的资源积累型增长特征。通过对《财富》世界500强企业进行国别和行业对比可以发现，从盈利模式来看，中国上榜公司最多的是资源型企业，这些企业主要靠国家政策扶持和资源市场垄断来获取高额利润，而相比之下，美国上榜公司最多的是服务业企业。这意味着，中国企业仍处于迈向世界一流企业的发展进程中的相对早中期阶段，还没有完全脱离由资源基础主导和国家扶持企业发展的运行规律。②正因为国家会给予更多的政策支持和物质投入，以及国有资产保值增值的需要，国有企业的特殊性也更多地体现在"政治使命"的价值导向维度上，例如，在新加坡淡马锡公司的创业阶段，"国家利益"成就了企业，引导着企业的随后发展，并起着至关重要的作用，然而到转型阶段，淡马锡则开始淡化"国家利益"因素，并逐渐向商业化公司进行演变，以另一种方式来实现国有资产的保值增值。这种基于企业成长的转型经验，对中国企业发展有一定的借鉴意义。③在实现了规模的迅速扩张之后，中国企业开始普遍面临以完善管理与制度构建为内核的能力提升的艰巨挑战，中国上榜的《财富》世界500强企业中，其所有制结构决定了其与世界其他500强企业有很大程度的不同，大部分企业均为国有或国有控股企业，甚至中央直属企业，这些企业的运行模式、管理体制机制（领导人任命方式、人才培养与选拔机制、分配激励机制等）、资源整合、经营方式等方面无不显现出与世界大企业不同的中国特色。国有企业内部资源整合、体制机制束缚的消除、企业活力的激发都是具有"世界一流"眼光的中国国有企业在向"世界一流企业"迈进过程中需要考虑的因素。

与此同时，一些中国企业也有望在新时代背景下异军突起。企业的发展往往是与时局绑在一起的，所以能在与时局的互动中更好地把握时代和外部环境的脉搏也是企业成功的一大法宝，在当前以信息技术为主导的新一轮科技革命孕育、开放程度不断提高的新局势下，世界经济格局有望面临新一轮洗牌，全球企业都在寻找赶超的切入点和市场机会，在这样的背景下，一些中国企业有望通过信息化水平的提升，利用最新技术通过业务创新实现"世界一流企业"的另辟蹊径，当然这需要企业拥有在开放环境中的敏锐洞察力。

参考文献

[1] Aldrich.H. E. Organizations and Environments [M]. Englewood Cliffs, NJ: Prentice-Hall, 1979.

[2] M. T.Hannan, J. Freeman. Structural Inertia and Organizational Change [J]. American Sociological Review, 1984 (49): 149-164.

[3] P. R. Lawrence, J. W. Lorsch. Organization and Environment: Managing Differentiation and Integration [M]. Boston: Graduate School of Business Administration, Harvard University Press, 1967.

[4] 李大元,项保华.组织与环境共同演化理论研究述评 [J].外国经济与管理, 2007, 29 (11).

[5] Volberda, H. W., A.Y. Lewin. Co-evolutionary Dynamics within and between Firms: From Evolution to Co-evolution [J]. Journal of Management Studies, 2003, 40 (8): 2111-2136.

[6] Murmann, J. P. Knowledge and Competitive Advantage [M]. Cambridge University Press, 2003.

[7] J.A.C. Baum, J.V. Singh. Evolutionary Dynamics of Organizations [M]. New York: Oxford University Press, 1994.

[8] 杨华,李龙飞等.海外公司财务集中管理 [J].中国石油企业, 2010 (11).

[9] 徐瑞前,龚丽敏.开放式创新理论的视角、过程和未来研究方向[J].科技进步与对策, 2011, 28 (21).

[10] 孙黎,邹波.再创能力:中国企业如何赶超世界一流[J].清华管理评论, 2015 (1-2).

[11] 邱国栋,马巧慧.企业制度创新与技术创新的内生耦合——以韩国现代与中国吉利为样本的跨案例研究 [J].中国软科学, 2013 (12).

[12] 汪涛,万健坚.西方战略管理理论的发展历程、演进规律及未来趋势 [J].外国经济与管理, 2002, 24 (3).

[13] 杨依依.企业社会价值创造与企业可持续发展 [J].经济师, 2007 (9).

[14] 张爱玲, 邹素薇. 跨国公司在东道国履行企业社会责任的国别差异——以戴姆勒集团为例 [J]. 对外经贸, 2017 (2).

[15] 严新忠. 技术创新、管理创新互动与竞争战略融合 [J]. 现代管理科学, 2003 (9).

[16] 刘力钢, 田瑞岩. 基于动态能力理论的互联网企业竞争优势研究 [J]. 沈阳师范大学学报 (社会科学版), 2014, 38 (1).

[17] 姜奇平. 透视互联网企业的基因和特征 [J]. 互联网周刊, 2014(9).

[18] 李海舰, 田跃新, 李文杰. 互联网思维与传统企业再造 [J]. 中国工业经济, 2014 (10).

[19] 罗珉, 李亮宇. 互联网时代的商业模式创新: 价值创造视角 [J]. 中国工业经济, 2015(1).

后记

本书是中国社会科学院工业经济研究所研究团队的一个集体成果，得到中国社会科学院学科建设"登峰战略"企业管理优势学科经费的资助。企业管理优势学科建设定位于探寻国内外企业管理学科领域的理论与实践的最新进展，保持在国内企业管理学领域的发展前沿地位。与这个定位相适应，自2016年以来，我们将研究对象设定为世界一流企业的管理研究。虽然国家政策层面早就提出"世界一流企业"的概念，但学术界关于对世界一流企业管理的专门研究的学术著作国内很少见。与世界一流企业概念接近的"卓越企业"等相关文献比较丰富，但大多是"追求卓越"之类的相关管理学畅销书。本书是对世界一流企业管理进行深入系统学术研究的一个尝试。

2017年第11期《中国工业经济》刊发了我和余菁、王涛的《培育世界一流企业：国际经验与中国情境》一文，这是我们在研究过程中形成的阶段性成果。此书中收录了这篇论文，并作为第一章，仅对标题作了微调。在此文中，我们将"世界一流企业"定义为："在重要的关键经济领域或者行业中长期持续保持全球领先的市场竞争力、综合实力和行业影响力，并获得全球业界一致性认可的企业。"基于对壳牌（Shell）、丰田（Toyota）、通用电器（GE）、国际商业机器（IBM）4个样本企业的案例研究，我们提炼出"四维度—四阶段"的分析框架，用于概括世界一流企业发展的基本规律。书中的第二章对"四维度—四阶段"的分析框架进行了相对深入的理论论述。第三章结合国内外企业实践，探讨了世界一流企业发展的规律性问题，这两章的作者为王涛。第四章的作者是邵婧婷，该章通过对典型案例企业管理实践的分析，尝试构建了世界一流企业指标体系。书中的第五章至第十五章分别从11个专题入手，阐述了世界一流企业管理的理论与实践经验，其中，第五章、第六章和第十四章的作者是刘湘丽；第九章和第十章的作者是李晓华；其他各章作者依次序分别是：肖红军、江鸿、王欣、赵剑波、贺俊和黄阳华、张航燕。第十六章的作者是李芳芳，探讨了世界一流企业的未来发展趋势。本书的写作提纲提出、书稿审阅、修改和最终定稿由我和余菁共同完成，王涛也做了大量工作。

通过本书的研究，我们总体认为：虽然中国存在一批正在接近于世界一流企业的企业，但迄今为止中国还没有出现跻身世界一流企业之列的企业。在全球化和工业革命、信息革命的新时代背景下，中国企业在走向世界一流企业的过程中，需要努力向世界贡献更多的中国特色的企业管理智慧与企业管理方式方法。

本书写作体例上倾向于学术著作，但为了更方便供企业家、企业

/ 后记 /

管理人员和学生学习使用，我们引入了一些案例，使得本书也可以作为一本教材或知识读本。当然，本书是对世界一流企业管理研究的初步尝试，可能会有这样、那样的问题，希望更多的社会各界人士批评指正，将来有机会进一步完善。

在通向世界一流企业的这条漫长而不乏艰辛的奋斗道路上，我们期望通过本书与更多的中国企业一道知难而进，砥砺前行。

黄群慧

2019年1月3日